中国経済の新時代

成長パターンの転換と日中連携

郭 四志 編著

文眞堂

はしがき

　中国経済は2010年の10.6％の高成長率から2015年に6.9％，さらに2016年には6.7％まで鈍化し，いわゆる高度成長から，新常態（ニューノーマル）の中高速成長段階に入っている。すなわち，2011年以降，労働力と固定資産・不動産投資の拡大によって成長していくという従来の投資型，鉄鋼・石炭など重化学工業に依存する成長パターンが限界に来ている。つまり，中国は，需給ギャップが深刻化する中で，中高速成長を持続するために，成長エンジンを生産性の向上に切り替えていく「経済発展パターンの転換」と，産業構造の調整が求められているのである。

　他方，2015年秋開始された小型乗用車減税や16年に入り大幅に増大したインフラ投資，消費刺激等の政府各種政策効果もあり，景気は持ち直しの動きがみられる。低下を続けていた実質経済成長率は，2016年10〜12月期前年比6.8％，2017年1〜9月期同6.9％となった。中国は中低速の経済成長を維持するなか，投資主導から消費主導への経済転換を目指し，労働集約・資本集約的工業構造から技術集約度の高い工業へのシフトに力を入れている一方，インターネット販売・電子商取引及びシェア経済など新しい経済成長ポイントが注目されている。

　本書では，減速している中国経済の現状とその背景を概観し，産業構造転換・グレードアップの政府の取り組み・対策を検討し，さらに13次五カ年計画（2016〜2020年）に関する中国政府の産業構造調整への取り組みを分析し，中国経済転換期における産業構造変化やグレードアップ・イノベーションの特徴を明らかにする。加えてこれまで，特に1970〜80年代における日本の産業構造の転換や産業構造の調整政策に関する経験／ノウハウは，今日の中国の産業構造の転換・調整にとって，大変参考になる。異なる経済発展段階にある日中産業構造が補完・連携する余地が大きいと考えられるゆえんである。

　本書のねらいは，日中双方の共同研究により，中国の産業構造変化やグレー

ii　はしがき

ドアップ・イノベーションの特徴を明らかにし，中国産業構造の調整・変化の日本経済への影響や日中両国産業の補完・連携の可能性及びそのプロセス・方法をも解明することである。

　その意義は，上述のような研究を通して，中国の経済パターン・産業構造の新たな転換に伴う日中の相互投資・貿易や経済関係の新たな展開の方向性を提示・把握することができることである。

　本書は，帝京大学，東京大学など日本側の研究者たちと，中国国家発展改革委員会産業経済・技術研究所，中国社会科学院工業経済研究所及び中国吉林大学北北東アジアセンターの専門家との共同研究の成果である。研究調査にあたっては，関連企業・団体へのヒアリング，現地での実態調査を行った。

　こうして，中国経済転換期における産業構造変化・グレードアップの動向や特徴，日中産業連携の可能性を考察することを通じて，中国の経済パターン・産業構造の新たな転換に伴う供給側改革・産業高度化に関する最新の動き，及びそれに伴う日中の経済関係の新たな展開の方向性を提示・発信してゆきたい。

　本書は，上述の問題意識に基づいて，次の9章と補章から構成されている。

　まず，第1章「中国経済の転換―「ニューノーマル」段階に入った経済現状と課題―」では，転換期における中国経済の現状とその背景を概観し，生産・供給過剰への政府の取り組み・対策を検討し，さらに13次五カ年計画に関する政府の取り組みを分析する。それを踏まえて，今後の中国経済のゆくえにかかわる，中国の直面している問題点を明らかにする。

　第2章「中国工業の構造調整の特徴と問題」では，中国工業の段階的な構造変化とその特徴を検討し，工業成長の効率性の向上，中国工業のパターン転換とグレードアップを実現する粗放・低効率型から集約的高効率型への転換や要素駆動型から革新駆動型への転換などを分析する。そして工業パターン転換とグレードアップにおける問題点を明らかにするとともに，中国工業のパターン転換・レベルアップを抑制する主な障害を指摘することにする。

　第3章「資本・技術集約型へ転換する中国の製造業」では，中国の製造業が従来の労働集約型の生産技術から資本・技術集約型の生産技術に転換する必要性を指摘し，集計データを用いてそうした転換が中国工業の各業種において実際に進行していることを確認したうえで，衛生陶器，ドローン，アパレルの3

業種における労働集約型から資本・技術集約型への転換の様相を企業現場の調査をもとに明らかにする。

　第4章「経済成長"新常態"下における中国産業の構造調整とイノベーション」では，2008年の金融危機以降における中国の経済発展過程の中での産業構造調整，グレードアップとイノベーションについて実証的な研究を行っている。中国政府が進めている産業の構造調整とイノベーション戦略・政策と制度改革及びこれらの戦略と政策の特徴と変化について詳しい整理と評価を行った上，さらに中国の産業構造調整とグレードアップ推進における困難と課題を提起し，今後の中国産業構造の変遷とイノベーションの将来像を展望する。

　第5章「中国政府債務拡大について―その背景・影響および対策―」では，構造調整が進められている中国の政府債務問題が深刻化した中，地方政府債務の実態を明らかにするとともに，その拡大の要因とメカニズム及びマイナス影響を究明しようとする。これまでの政府による債務対策の展開動向と重用視されるPPP（官民連携）戦略推進の成果と課題を概観し，足許における政府債務リスクよりも企業債務の対応によるレバレッジの削減が急務であることを指摘し，将来に向けての若干の政策提言と戦略展望を試みるものである。

　第6章「日本の産業政策と産業構造の転換について」では，現在の中国の産業構造改革の参考とするため，73年の石油危機以降の日本の産業構造改革の経験を紹介する。重厚長大から軽薄短小，そしてサービス経済化という産業構造の転換の中で，各産業内の企業努力が如何に行われ，そして産業政策がどのような役割を果たしたかを検討することにする。特に，産業として中国でも過剰供給能力が問題となっている鉄鋼業に焦点を当て，石油危機後の過剰生産能力の発生の中で，日本の鉄鋼業がどのような構造改革を行ったのかを議論し，また，日本の産業政策が，介入主義的な政策から，市場メカニズムを重視した政策に移行した経緯を紹介する。

　第7章「日本の産業構造と消費構造の変化―1960年代―」では，経済発展のプロセス，特に中所得国から高所得国への発展過程において，所得上昇によるミドルクラスの増大をコアとした国内消費の拡大と消費構造の変化が，どのように産業構造変化と関係しているのかという点について検討する。1960年代の日本を事例として，高度成長の中で台頭したミドルクラスが最終需要パ

iv　はしがき

ターンの変化を通じて，どのように産業発展に影響を与えたかについて，1960年－1970年接続産業連表（1970年固定価格）によるシミュレーション分析を交えて考察することにする。

　第8章「中国産業の競争力と日中産業比較」では，ポター等の理論を参考に，資源の賦存量，産業技術のレベル，経営管理，政策的環境，産出の実現という5要素モデルをもって，中国の産業競争力を計量し，ケーススタディーとして幾つかの産業の競争力について日中間の比較を行う。現段階において一部の産業の競争力が日本に接近しており，さらに農業，電気製品製造業，コンピューターなどの産業が日本の同産業の競争力を超えるといった趨勢を明らかにする。

　第9章「日中産業の補完と日中企業の連携」では，まず日本企業の対中ビジネスの現局面について，日中産業の補完性を日中貿易における主要品目から検証するとともに，投資統計やアンケート調査を基に，日系企業の対中ビジネスの方向性を考察する。その上で，中国の事業環境の変化および政策動向を踏まえた日中企業の連携について，最近の具体的な事例を取り上げ検討して，日中連携の在り方を示そうとしている。

　補章「中国の対外経済戦略─対外直接投資を中心に─」では，現下の中国の供給過剰や技術資源不足に対応する有力な手段として，過剰生産能力の海外へのシフト，技術資源獲得型の対外M&Aを促進するための中国対外経済戦略と対米ビジネスの方向性を考察する。さらにトランプ政権による保護主義貿易やイギリスのEU離脱に伴う世界経済先行きの不確実性が高まるにつれ，中国の対外投資・買収を取り巻く国際環境はますます厳しくなっている。こうした中で，中国が抱える問題と今後の対外経済戦略の行方を検討する。

　本書が大学・研究機関の研究者のみならず，企業業務や日中ビジネスに携わっている人々の参考になれば幸いである。

　最後に，本研究を支援していただいた帝京大学・公益財団法人産業構造調査研究支援機構に心から謝意を表したい。

2017年10月

編者・研究者代表　郭　四志

v

目　　次

はしがき……………………………………………………………………… i

第1章　中国経済の転換 ………………………………（郭　　四志）…1
―「ニューノーマル」段階に入った経済現状と課題―

はじめに …………………………………………………………………… 1

1. 「新常態」に入った中国経済 …………………………………………… 2
2. さらなる景気の失速を防ぐ政府の対策・取組と構造転換 ……………12
3. 供給側改革・構造的転換への取り組みの動向 ………………………19

結びに代えて―直面する問題点 …………………………………………25

第2章　中国の工業構造調整の特徴と問題……………（付　　保宗）…33

はじめに …………………………………………………………………33

1. 中国工業の構造の段階的な変化とその特徴 …………………………34
2. 中国のパターン転換とグレードアップの進展と問題 …………………39
3. 中国工業のパターン転換・レベルアップを抑制する主な障害 ………45

おわりに―サプライサイドの構造改革と過剰生産能力解消の

政策的構想について ……………………………………………53

第3章　資本・技術集約型へ転換する中国の製造業…（丸川知雄）…59

はじめに …………………………………………………………………59

1. 賃金の上昇 ………………………………………………………………60
2. 資本・技術集約度の上昇 ………………………………………………66
3. 資本・技術集約型への転換――個別産業の事例 …………………69

おわりに …………………………………………………………………75

第4章　経済成長"新常態"下における中国産業の構造調整とイノベーション ……………………………（趙　　英）…78

はじめに ……………………………………………………………78	
1. 中国産業構造調整の原因について ………………………………82	
2. 中国産業構造調整の実際的効果について ………………………87	
3. イノベーションにおける大きな進展 ……………………………93	
4. 中国政府の産業構造調整促進の主要政策 ……………………102	
5. イノベーションの計画，政策と制度改革の推進 ……………110	
6. 残されている主な課題について ………………………………119	
おわりに―今後の展望 ……………………………………………121	

第5章　中国政府債務拡大について
―その背景・影響および対策― ……………………（邵　永裕）…123

はじめに …………………………………………………………… 123
1. 地方政府債務の拡大動向とメカニズム ……………………… 124
2. 地方債務拡大の要因とマイナス影響 ………………………… 132
3. 政府債務の対応策の強化とPPP戦略の重点推進の成果・課題 …… 139
おわりに―今後の展望 …………………………………………… 144

第6章　日本の産業政策と産業構造の転換について …（堀内英次）…151

はじめに …………………………………………………………… 151
1. 産業構造変化の概要：重厚長大から軽薄短小へ …………… 152
2. 素材産業の構造改革：鉄鋼業のケース ……………………… 167
3. 政府の産業政策とその結果 …………………………………… 174
おわりに―中国の産業構造転換への含意 ……………………… 185

第7章　日本の産業構造と消費構造の変化―1960年代― …（長田　博）…189

はじめに …………………………………………………………… 189
1. 高度成長期の成長実績と内外需による成長寄与度

目　次　*vii*

　　―東アジア諸国と日本の比較― ··· 191
　2.　仮説：中間所得層の増大と産業構造および経済発展メカニズムの変化 198
　3.　2000 年以後の東アジアにおける中間所得層の台頭と増大 ············ 200
　4.　日本における中間所得層の増大と消費構造の変化 ····················· 201
　5.　需要構造・消費パターン・産業構造における変化の概観 ············· 203
　6.　消費構造の変化が生産構造に与える変化のシミュレーション分析 ··· 208
　おわりに ··· 213

第 8 章　中国産業の競争力と日中産業比較·············（趙　儒煜）···216

　はじめに ··· 216
　1.　産業競争力について ··· 217
　2.　中国産業の競争力 ··· 224
　3.　現段階における日中両国の産業競争力の比較 ··························· 229
　4.　産業競争力への影響要素についての考察 ································· 235
　まとめ ··· 245

第 9 章　日中産業の補完と日中企業の連携·············（真家陽一）···247

　はじめに ··· 247
　1.　日本企業の対中ビジネスの現局面 ·· 248
　2.　中国の政策動向を踏まえた日中企業の連携 ··························· 258
　むすびにかえて ··· 292

補　章　中国の対外経済戦略
　　―対外直接投資を中心に― ····························（郭　四志）···296

　はじめに ··· 297
　1.　中国の対外経済戦略の動向 ·· 298
　2.　中国の対米ビジネスの方向性 ··· 316
　3.　おわりに―中国の対外経済戦略と対米ビジネスの展開への展望 ······ 323

　索引·· 326

第1章

中国経済の転換

―「ニューノーマル」段階に入った経済現状と課題―

要約

　中国は，経済・産業構造の大きな転換期に差しかかっている。政府は，経済構造の転換を目指し，供給サイドの構造改革を進め，鉄鋼・石炭を中心に過剰設備削減，過剰債務・ゾンビ企業の処理のために「三去一降一補」（即ち：余剰能力削減，在庫解消，債務削減，企業のコストダウン，弱み補強）の政策やイノベーションの強化，海外進出の推進などの取り組みを実施し始めた。これを通して供給側の構造改革を深め，構造転換による新たな経済発展を推進しようとしている。

　だが，中国政府の景気対策や構造的転換への取り組みは様々な問題に直面している。過剰設備能力の削減やゾンビ企業の整理・淘汰に伴う難点やイノベーションの制約，過剰生産能力の海外移転のリスクなどの問題をいかに克服するかが重要なカギとなる。

はじめに

　1970年代末から始まった改革開放以後約30年にわたって実質GDP成長率約10％の高度成長を遂げた中国経済は，2010年の10.6％から，15年に6.9％まで鈍化し，さらに2016年に6.7％，いわゆる「ニューノーマル」の中高速成長段階に入っている。

2　第 1 章　中国経済の転換

　2011 年以降，中国経済は労働力と固定資産・不動産投資の拡大によって成
長していくという従来の投資型，鉄鋼・石炭など重化学工業に依存する成長パ
ターンが限界に来ている。中国は，需給ギャップが深刻化する中で，中高速成
長を持続させるために，成長エンジンを生産性の向上に切り替えていくという
「経済発展パターンの転換」や，産業構造の調整と新たな成長が求められてい
る。
　本章では，転換期における中国経済の現状とその背景を概観し，生産・供給
過剰への政府の取り組み・対策を検討し，さらに 13 次五カ年計画をはじめと
する政府の取り組みを分析する。それを踏まえて中国経済の直面している問題
点を明らかにし，今後の中国経済のゆくえを見てみたい。

1.　「新常態」に入った中国経済

1.1　減速している中国経済の現状とその背景・影響

　中国経済は 30 年間あまりの高度成長を経て 2010 年の 10.6％から，2015 年
に 6.9％まで鈍化し，いわゆる「ニューノーマル」の中高速成長段階に入って
いる。2015 年の全人代においても政府が中国経済は「新常態（ニューノーマ
ル）」に入ったと表明した[1]。2011 年以降の GDP 実質成長率は，従来と比べて
大幅に 6％台に下降している（図 1-1）。
　2017 年 1 月 20 日の中国国家統計局公表によると，中国の 2016 年の実質
GDP 額は 74 兆 4,127 億）で，成長率は 6.7％とさらに 2015 年より減速した。
ただし中国政府が GDP 目標とした「6.5 〜 7.0％」は達成した。四半期ごとの
成長率はそれぞれ 6.7％，6.7％，6.7％，6.8％となっている。また，工業生産
は GDP とほぼ同レベルの成長で，6.0％増加しており，そのなかでハイテクノ
ロジー産業は 10.8％増と，GDP の成長率を上回っている。
　図 1-1 に示したように，近年，中国の産業別付加価値の増加率も 2011 年か
ら大きく変化し，なかでも第 2 次産業と 3 次産業の付加価値の増加率は，それ
ぞれ 10.3％，9.4％から，6％，8.3％まで下がっている。2015 年に鉱工業生産
は，過剰設備・余剰生産能力の拡大や在庫削減に伴い，工業生産高の増加率は

1.「新常態」に入った中国経済　*3*

図1-1　中国の主要経済指標の推移（単位：％）

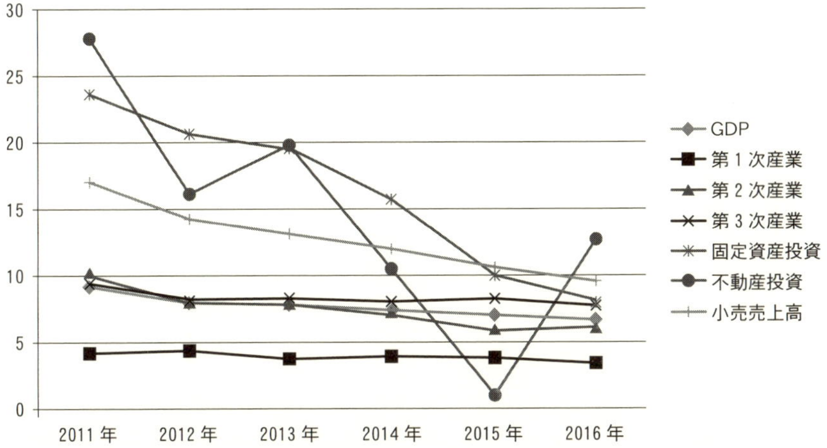

出所：中国国家統計局統計年鑑より作成。

前年比 1.3 ポイント減の 6％ と，同統計が始まった 1998 年以来最も低い水準で
あった。また，製鉄，粗鋼，板ガラス，セメントなど製品需給ギャップの拡大
により，生産量も減少している。なお，2015 年にエネルギー消費量は 30 年ぶ
りに減少しその伸びはマイナス 0.5％ となった。これも工業生産の低迷や資源・
エネルギー多消費産業の設備稼働率の低下を反映した。

　さらに 2016 年には，固定資産投資について，その増加率は 2010 年から約
25％ から，2015 年には 9.7％，さらには 2016 年に 8.1％ にまで鈍化し，59 兆
6,501 億元と，17 年ぶりの最低値となった。高速列車・地下鉄や高速道路，公
益事業などのインフラ投資は，17.4％ の高水準を維持しており，投資全体の約
20％（11 兆 8,878 億元）となっている。インフラ建設・整備のための投資が投
資全体の下支え要素となっている。

　他方，2015 年には，不動産投資は 2.8％ まで大幅に低下し，投資全体の伸び
を押し下げ，経済成長の足を引っ張っている。2015 年末時点で，全国の不動
産在庫面積が 7 億㎡以上，なかでも住宅在庫面積は 4 億 5,000 万㎡に上った。
それが原因で不動産投資全体の減速につながった。しかしながら，2016 年の
中国不動産投資は，前年比 6.9％ 増加した。「北上広（北京，上海，広州）」や
深圳など大都市の不動産ブームで，販売の伸びが 2010 年以来の 7 年ぶりの高

水準になった。

　一方で，中国は投資が過熱する都市で住宅購入規制を相次いで導入し，価格抑制を急いでいる。つまり 2016 年 10 月に，中国政府は，不動産投資への加熱を警戒する声が高まる中，中国の主要 20 都市が，不動産購入に関する新たな規制（購入できる不動産の数の制限や頭金の額の引き上げなどの規制）を相次いで発表した。ただし国内で投資の選択肢が限られていることから，不動産への投資は依然人気があると指摘。「現行規制にも関わらず，不動産投資は打撃を受けていない」との見方を示した [2]。中国国家統計局によると，不動産投資は，投資全体拡大の貢献率の 14.7％に達している。不動産投資は中国経済の成長の下支え要素となっている。

　貿易について，中国の輸出は経済成長に大きく貢献してきている。言い換えれば，中国経済はかなりの度合いで輸出に依存している。2008 年まで中国製造業の対外依存度は 2 割強に達していた。つまり 2000 年から 2008 年にかけて，中国経済の輸出の依存度は 22.4％を占め，輸出主導型が経済成長パターンであった。しかしながら，2008 年のリーマン・ショック以後，欧米諸国をはじめとする世界不況や消費低迷で，中国の輸出が伸び悩んでおり，国内の製造業の対外依存度が，大きく低下した。2008 年に 18.5％へと，さらにその後，1 割台にとどまっている [3]。

　中国の貿易額は 1990 年代以降，市場経済体制への移行や 2001 年の WTO 加盟に伴い，大きく伸ばしてきた。輸出額はアジア通貨危機に見舞われた 1998 年とリーマン・ショック後の 2009 年を除いて増え続け，世界最大の輸出大国に成長した。なかでも WTO 加盟後，輸出は 2002 年から大きく拡大してきた。2000 代初期の 2,660 億ドルから 2014 年には 2 兆 3,423 億ドルにまで拡大し（図 1-2），経済の成長に大きく寄与してきた。しかしながら，2015 年から経済けん引役の輸出の勢いが衰え減少に転じた。2015 年はピーク時の 2014 年に比べ約 3％減少した。さらに 2016 年には同 7.5％下がっている。

　そして輸出の GDP に占める比率が 2010 年の 26％から，2016 年には 17.9％に大幅に減少している。これより，中国経済の成長の輸出の依存度が低下していることがうかがえる。2016 年中国の輸出は 7.7％減の 2 兆 974 億ドルで，2015 年に続いて減った。最大の輸出先の米国向けが約 6％減となったほか，日

本向けと欧州連合（EU）向けがいずれも 4.7％減少している。背景には世界経済の回復が遅れ，外需が伸び悩んでいることがある。これは，減速する中国経済にとって一層の足かせになっている。

他方，中国税関総署によると，2017 年 1～6 月の輸出額は前年同期比 8.5％増の 1 兆 472 億ドルであった。輸入額も増加し同 18.9％増の 8,622 億ドルとなった。輸出，輸入ともに前年同期の水準を上回った。中国輸出を取り巻く外需環境が改善し世界経済の穏やかな回復が輸出を押し上げ，中国国内の積極的なインフラ投資が輸入拡大につなげた。

ただし，2017 年上半期の輸出は，ピーク時の 2014 年上半期（1 兆 621.42 億ドル）より 1.4％減少している。2014 年以来の輸出額の減少は，外需原因のほかに，かつて比較優位であった繊維や雑貨など労働集約型製品が人件費など生産コストの上昇に伴う輸出競争力の低下によりもたらされたと考えられる。

近年需要サイドにおける外需の落ち込みだけではなく，内需にも陰りが見え始めた。2015 年には消費の代表指標である小売売上高は伸びが前年比 10.6％と鈍化し，さらに 2016 年に 10.4％に減速している。しかも 2010 年に比べると 8 ポイントも大きく減少した（図 1-2）。

図 1-2　中国輸出の推移（単位：億ドル）

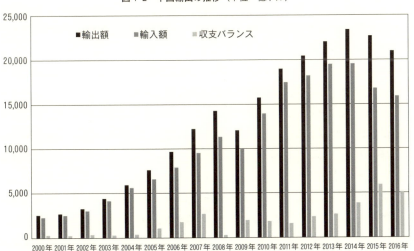

出所：中国『海関統計』商務部資料より作成。

こうした中国経済が減速した主な背景として，以下のいくつかの点があげられる。まず第1は，リーマン・ショックをきっかけとして中国経済を取り巻く世界経済の環境が変わったことである。国際金融危機以後，世界経済が低迷し，欧州など中国の主要輸出先の消費が落ち込んでおり，それまでの中国投資・輸出に依存したパターンが制約され，限界にきている。加えて，これまで，中国は労働集約型比較優位性を活用し，輸出を拡大した。しかしながら，近年，生産年齢人口の減少や，人口のボーナスのメリットが薄くなり，人件費や土地価格など生産要素価格が上昇し，従来の中国の生産コストの優位性が失われつつあることで，輸出にマイナスの影響を与えている。例えば，中国の人件費が90年代より10倍以上，土地価格が60倍以上も上昇した。

英オックスフォード・エコノミクス社によると，2002年，2012年，2016年と3つの時期で，アメリカと中国の労働コストに関する比較において，2003年時点では中国の労働コストは米国の4割前後，2012年では中国は米国にかなり接近し，2016年にはわずか4％しか差がないことが判明された。それは，近年，中国の生産年齢人口の減少に加え，生産性上昇の制限で人件費・コストの嵩上げがもたらしてきたものである。それが中国の対内投資や輸出の拡大に影響を及ぼしている。

第2は，近年とりわけ2015年に不動産・住宅開発投資の低迷や過剰生産設備・余剰能力を抱える鉄鋼，石炭，セメントなど重工業・素材産業の投資の落ち込みである。国際金融危機後の世界的景気低迷への対応措置として，2008年秋に発動された4兆元（約57兆円）の景気刺激策によって，固定資産や住宅開発，重化学産業への投資を加速し，設備能力を拡大してきた。

これまで，2009年〜2014年に中国の重厚長大産業を中心とする投資率（総固定資本形成のGDP比）は4割以上という高水準に達し，莫大な設備過剰能力が積み上がった。2014年以後，内需と外需の低迷を受け鉄鋼，石炭など素材・資源価格は下落の一途をたどり，資源多消費産業など多くの関連業種が経営・生産の難局に陥り，生産過剰となっている。特に鉄鋼，石炭，セメント，電解アルミ，平板ガラスの5産業でその過剰能力が際立っている（表1-1）。なかでも，従業員を800万人以上持つ鉄鋼・石炭産業の過剰は深刻化しており，稼働率がわずか6割ぐらいしかなく，余剰能力がそれぞれ4億トン，20

表 1-1　産業別生産過剰の現状及び削減目標

産業別	鉄鋼	石炭	セメント	電解アルミ	平板ガラス
生産能力	12 億トン	57 億トン	33.3 億トン	3,216 万トン	10.6 億重量箱
生産量	8 億トン	20 億トン	25 億トン	2,206 万トン	7.3 億重量箱
余剰能力	4 億トン	20 億トン	8.3 億トン	1,010 万トン	3.3 億重量箱
稼働率%	67%	65%	75%	68.6%	69%
今後の削減目標	16 年から 5 年間で 1 ～ 1.5 億トン	16 年から 3 ～ 5 年間で 5 億トン以上	n.a.	491 万トン（15 年）	n.a.
従業員数	363 万人	442 万人	90 万人	n.a.	n.a.
失業者数	50 万人	130 万人	n.a.	n.a.	n.a.

注：鉄鋼と石炭生産能力の削減目標は 2016 年に 4,500 万トン，2 億 5,000 万トン，2017 年に 5,000 万トン，1 億 5,000 万トンとなっている。
出所：国家発展改革員会など各種資料より作成。

億トンに達している。

　こうした鉄鋼，石炭など重厚長大産業は，供給過剰の問題のみなならず，深刻化した大気汚染・環境汚染問題ももたらした。それは経済発展の制約や転換期の中国経済社会の重荷になる。中国では，重厚長大型の資源・エネルギー多消費産業に依存する経済成長は，莫大（ばくだい）なエネルギー消費を促し，その結果二酸化炭素（CO_2），二酸化硫黄（SO_2），窒素酸化物（NOx）などの工業汚染排出物を生じた。2016 年には中国の 1 次エネルギー消費量は 36 億 TCE（石炭換算トン）以上と，世界エネルギー消費量総計の 2 割以上を占めている。そして中国の CDO（化学的酸素需要量），SO_2（二酸化硫黄），NOx（窒素酸化物）の排出量がそれぞれ 2,201 万トン，1,817 万トン，1,816 万トンに達した。

　とりわけ資源・エネルギー多消費産業である重化学工業の影響により，都市部のスモッグによる PM2.5 など大気汚染が深刻化し，2015 年の政府環境部門によるモニタリングの 338 都市の中で空気質が標準値を満たしたのは 21.6%に過ぎなかった。2016 年末に京津冀を中心とする華北地域では，これまでに無かった長期間の重度のスモッグ現象が現れた。中国政府は既に 2013 年 2 月，中国の総面積（960 万キロ平方メートル）の 4 分の 1 が大気汚染による有害物質を含む濃霧に包まれ，人口の半分近い約 6 億人が大気汚染の影響を受けたと

8 第1章 中国経済の転換

公表していた。また，中国で近年大気汚染の関係による肺がん・肺病などによる死亡者は，年間50万人に上ると言われている。このように，深刻化している中国の大気汚染により国民の健康はますます脅かされていることに加え，中国の社会生活・産業活動に大きな影響を及ぼし，経済成長の重荷になっている。資源・エネルギー多消費産業の重化学工業の調整や産業高度化・グリーン化が転換期の中国経済の必要不可欠な課題である。

　第3に，過剰投資の裏側としての深刻な過剰債務問題だ。

　2008年のリーマン・ショック以降，中国において企業を中心とする各部門の債務が急増しており，景気の減速に伴う銀行が抱える不良債権の拡大が，経済危機の引き金になりかねない懸念が高まっている。中国政府（国務院）は債務問題の深刻さを認識し，経済成長に及ぼした影響を弱めるために企業債務（＝銀行債権）の株式化（「デット・エクイティ・スワップ」）を積極的に推進している。2017年6月9日の時点で，債務株式化に関して，56のプロジェクトと45社の企業が契約し契約額は7,095億元となっている。

　中国の債務問題は，深刻化している。BIS（Bank for International Settlements, 国際決済銀行）によると，2008年から2016年にかけて，政府と民間非金融部門（企業と家計）を合わせた債務の対GDP比は，147%から257%にまで上昇し債務額は27兆4,930億ドルに達している（図1-3）。そして2017年9月17日のBISのアップデータでは，2017年3月末の時点にその債務の対GDP比率が約258%に拡大し，債務額は28兆5,870億ドルと，さらに債務規模が膨らんでいる。政府セクターを除いて，民間非金融セクターに限ってみると，2008から2016年まで債務の対GDP比は115%強から約211%に，その内，企業債務の対GDP比は97.2%から166.3%に上がって，債務額は17兆7,850億ドルに上がってきている。しかも2017年3月末時点で企業債務の対GDP比率は165.3%になって1ポイント減少したものの，債務額は18兆3,331まで拡大している[4]。

　こうした債務急増問題の主な背景は，2008年秋の国際金融危機を受けて，4兆人民元（57兆円）に上る大型景気対策が講じられたことにある。大規模な景気対策を実行するためにその中に含まれる国有大企業が投資プロジェクトの主役として，鉄鋼，石炭，セメントなどの重厚長大産業をはじめ，生産能力拡大

図1-3 企業を中心とする各部門の債務の拡大

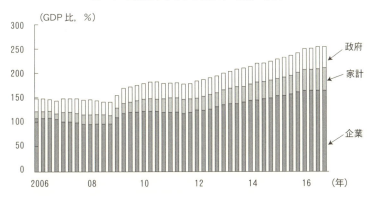

注：BIS "Credit to the non-financial sector" より作成。資金の出し手は国内外の全金融機関。与信形態はローン、証券引受け等。
出所：経済産業省『通商白書』2017年版より。

や，設備増強投資を行ってきた。国有企業は，政府の減税・サポートなど優遇措置を受け，設備投資を押し上げた。そして国有企業として政府系金融機関・国有銀行から融資を受けやすいメリットで，投資プロジェクトの資金が国有銀行借入によって賄われてきた。しかしながらプロジェクトがいったん上手くいかず，債務が不履行になったにもかかわらず，損失が政府によって補填され，関係者に対する責任追及がほとんどないという「ソフトな予算制約」が，借りる側と貸す側のモラルハザードを招き，債務の膨張を助長した[5]。なお，国有企業などが債務問題につながる過剰投資のほかに，国有銀行など金融機関も，政府からの国有企業の融資返済への暗黙の保証を期待し，与信を増加させやすい事情も国有企業などのレバレッジ比率の上昇に影響してきた。

企業の過剰債務問題を抱える企業を形態別にみると，財務データベースに統計として計上されている大中型企業のうち，地方政府系の国有企業は，企業数が10％強の比率を占めるに過ぎないが，企業債務全体に占める比率の50％強に達している。これより地方政府系の国有企業で過剰債務傾向が突出していることが判明した。

また，業種別にみると，企業数でみて鉱業が占める比率は5.6％，不動産・建設が占める比率は7.6％に過ぎないものの，債務全体に占める比率は，それ

それ2割強，3割近くと大きい。鉱業については，国有石油，石炭など大手資源企業だと考えられる。企業の数こそ少ないものの，個々の企業規模が大きいため債務のシェアが大きくなっているとみられるが，不動産・建設が主に不動産投資に偏重した傾向がみられるとしている[6]。

2009年以後企業を中心とする債務は大きく拡大してきた。なかでも民間債務残高は2億近くと約27兆5,000億ドルにまで増加した。うち企業債務は18.3兆ドルに膨らみ，米国の企業債務の13.7兆ドルをはるかに上回っている。過剰債務が膨張した結果，企業の経営が悪化し，固定資産投資が大きく下ブレした。2017年3月末時点で民間債務の対GDPは前年同期比4.8ポイントに上昇し，210.8％に達している。

2011年以降の経済成長率減速を受けて，鉄鋼，石炭などの政府景気対策の恩恵を受けた業界・企業は，政府の景気対策効果が薄れてくるにつれ，過剰な投資とともに過剰設備や，過剰人員と過剰債務を抱えるようになった。その債務返済力が問われ，深刻な社会問題となっている。例えば，中国の国有鉄鋼大手である東北特殊鋼は，過剰な設備投資で債務がかさみ，鉄鋼市況の低迷もあって経営が悪化した。その負債総額は500億元（約7,700億円）以上となっている。2016年3月以降，同社は満期を迎えた社債などを償還できないデフォルト（債務不履行）を9度も起こし，同年10月，経営破綻し，破産処理手続きに入った[7]。

債務問題を抱える企業を形態別にみると，大中型企業のうち，地方政府系の国有企業は，企業数が1割強の比率を占めるとは言え，企業債務全体に占める比率の5割以上に達している。これにより地方政府系の国有企業で過剰債務傾向が突出していることが判明した。

世界金融危機を契機に債務が膨張し，その返済圧力が景気を下押ししている。国際決済銀行（BIS）によると，中国の非金融セクターが債務・借金を積み上げている。中国における政府や家計の債務水準は日本や米国に比べ低いとはいえ，非金融民間・国有企業部門の債務水準が高い。前述のように2008年以降，経済全体での債務残高は大きく膨張している。これは企業部門における過剰な設備投資・不動産投資の増加によりもたらされたものである。

中国の債務比率を年平均の上昇率で見ると，1985～2008年の民間非金融部

門の年平均伸び率は2.1％だったが，2009年以降は13.4％に加速し，債務残高の伸び率がGDP伸び率を大きく上回っている。実額の変化率を見ても，2009年以降の名目GDP成長率は，年平均11.9％に鈍化したが，債務残高の伸びは逆に加速して年平均18.6％とGDP伸び率を大きく上回っている[8]。

中国の民間債務対GDP比は，日本がバブル末期の1990年末に記録した214.4％に匹敵する高い水準である。中国の民間債務問題は，中国経済が2016年に達成した6.7％増という堅調な成長率をみる限り，これまでのところ，信用危機の発生などマクロ経済全体に重大な影響を与えるほどの状況には至っていない。しかしながら，民間債務の深刻化したことが，様々な問題をもたらしてくる。つまり①インフレの高進／資本流出の加速→②金利の上昇→③企業部門の業績悪化／住宅市況の低迷→④国内景況感の悪化→⑤資本流出の加速／元安の進行→⑥金利の上昇／企業部門の信用スプレッド拡大→⑦デフォルトの増加，といった負の連鎖[9]である。

中国人民銀行が公表したデータの算定によると，中国の債務対GDP比は，2008年の126％から，2015年には210％に達していた。2016年1〜11月の社会融資データに基づき，2016年の負債率は低下せず，8ポイント上昇しており対GDP比は218％になっている[10]。なお，2017年9月27日の中国社会科学院の報告によれば，2017年6月時点に中国の民間部門（金融を除く企業部門と家計部門）と政府部門の債務の対GDP比率は238％に達している。過剰債務問題は，依然として深刻化している。

中国の債務問題が深刻になったのは，国有企業をはじめとするレバレッジ比率の上昇によるものである。今後政府は特に鉄鋼，石炭，非鉄金属など重化学工業セクター国有企業を相手にレバレッジを引き下げるために，企業の合併，業績不振企業の整理，デット・エクィスティ・スワップに取り組まなければならない。

2. さらなる景気の失速を防ぐ政府の対策・取組と構造転換

2.1 過剰問題を中心とする取り組み・措置

上述した景気の失速を防ぐために中国政府は様々な対策を講じ，供給側構造的改革にメスを入れようとしている。

2015年暮れの中央経済工作会議と，2016年3月の「13次五カ年計画（2015～2020年）」において，供給側改革を中心とする取組として，①過剰な生産・設備能力の解消，②企業のコスト削減，③不動産在庫の解消などの対策が打ち出されている。即ち供給サイドの構造改革を進め，鉄鋼・石炭中心に過剰設備削減，過剰債務・ゾンビ企業の処理のために「三去一降一補（即（余剰能力削減，在庫解消，債務削減，企業のコストダウン，弱み補強）」の方針を実施し始めた。これを通して供給側の構造改革を深めようとしている。

生産過剰など供給側構造の問題を解決するために，まず過剰生産能力の解消が必要不可欠である。2015年末の中央経済工作会議でも，過剰生産能力の解消がサプライサイド構造改革の5大任務目標の筆頭に掲げられた。国務院は2016年2月に鉄鋼・石炭産業に対する指導意見を発表し，今後の生産能力削減方針を示した。

なかでも過剰生産能力の解消対策は，13次五カ年計画」における景気対策の核心として注目されている。2016年3月に，李克強首相が全人代で，生産過剰・債務問題を抱えるゾンビ企業について，「破産清算措置により，積極的に対処すると強調し，鉄鋼，石炭など過剰生産能力の解消・削減にメスを入れようとする政府の姿勢を示している。「13次五カ年計画」の景気対策の力点とする，過剰設備の削減・改善への取り組みが，供給側構造改革の成功の鍵を握っている。

鉄鋼と石炭産業において，2016年年初の国務院常務会議と3月の全人代（「13次五カ年計画」）で，今後数年間で，鉄鋼・石炭の生産能力と人員を削減する計画を打ち出している。現在全国の粗鋼生産能力は12億トンで，削減する生産能力が全体の1割前後に相当する。中央政府は，2020年までに全国に

おいて鉄鋼の1〜1.5億トン削減に加え，石炭5億トンの設備・生産能力を削減する計画である。中央政府の目標計画の下で，地方政府が鉄鋼・石炭生産能力の削減に積極的に取り組んでいる。鉄鋼は河北省が6,000万トン，石炭は内モンゴルが1億トン，貴州省が7,000万トン，河北省が4,000万トンの削減を計画し，まず鉄鋼と石炭主要基地で行う。なお，国家の能源局によると，2016年に老朽化炭鉱1,000カ所以上を閉鎖するなどして，石炭産業の合併再編に力を入れている。

過剰生産能力解消は，簡単に実現することができない。軽減・解消を乗り越えるべきハードルも多い。まずは，過剰した生産能力・設備や工場を閉鎖，生産調整を行った場合，余剰従業員をスムースに他の産業・セクターにシフトし，再就職させるかどうかのことである。日本では，1950年代半ば以降，炭鉱離職者が増加した際，政府による再就職支援などが行われた[11]。中国政府も，供給過剰・生産調整に伴って発生するとみられる失業者への対策基金として，1,000億元（約1.7兆円）を投入するなど対策を講じているが，産業構造の転換が進み，労働者の受入余地が広がらなければ，失業率の上昇など社会不安につながりかねない。

また，余剰従業員・閉鎖対象の工場・セクターの反対と地元政府も消極的に対応することも考えて中央政府の対策の効果とゆくえが注目される。とくに表1-1に示したように，余剰生産能力・設備の削減に伴う数百万人の人員削減が社会不安につながることから，政府にとって圧力が大きいと考えられる。

実は，中国政府供給過剰の生産能力が計画目標通りに進まない場合には，鉄鋼・石炭など素材産業の調整・削減が停滞し，不良債権問題が深刻化する事態を招きかねず，供給側の改革や経済の構造的転換を遅らせてしまうことが認識され，積極的に削減計画を推進してきている。

しかしながら，根本的な解決には国有企業改革（＝国有部門の縮小・再編や効率化）が不可避である。経営効率の低い企業が延命することで，本来生産性の高い企業に向かうべき資金を囲い込み，経済全体の発展を妨げているからだ。

中国の鉄鋼・石炭など過剰供給の削減・調整は，短期的には景気の下振れ要因や，地方経済発展への負の影響要素となる。しかしながら，中長期的には生

14　第 1 章　中国経済の転換

産性の低い企業の再編・淘汰は，産業構造の転換や企業を活性化させ，経済の発展につながっていく。

　なお，債務問題への対応においては，中国政府は，企業を中心とする民間非金融部門の債務の抑制に積極的に取り組もうとしている。2016 年 10 月 10 日に，「企業のレバレッジ比率を積極的かつ着実に引き下げることに関する意見」と，その付属資料として，「市場化した銀行債権の株式化に関する指導意見」（「以下，指導意見」）を発表した。これを通じて，まず企業のレバレッジ比率を下げる手段として，① 企業の合併と再編，② コーポレートガバナンスの強化，③ 企業の資産の活用，④ 企業の財務構造の最適化，⑤ 市場ルールによる銀行債権の株式化の推進，⑥ 法に基づいた企業倒産の実施，⑦ エクイティファイナンスへの取り組み，を行う。そして，⑤ の「銀行債権の株式化」（デット・エクイティ・スワップ）を実施させる。前述のように 2017 年 6 月まで，債務株式化の契約プロジェクトと企業は 56 件と 45 社に達している。契約額は 7,095 億元となっている。そのうち，鉄鋼，石炭などの国有企業は債務株式化の主体で，契約した企業の 98％を占めている。

　中国政府は不良債権拡大を抑制するために，貸し倒れ引当金や資産管理会社（AMC）の拡充，債務の株式化（DES）に積極的に取り組むとともに，直接金融の拡大を推進させようとしている。

　なお，最近中国共産党トップ層がさらに過剰債務問題など金融リスク管理体制の強化に乗り出した。7 月中旬 5 年に一度の全国金融会議では，習近平国家主席の指示により金融安定発展委員会を設置，企業の資金調達の監督を強化して，借金漬け企業・ゾンビ企業の破綻などが経済全体に影響するのを防ごうとしている。そして同月 24 日，共産党の中央政治局会議で，今後の経済運営について「金融の乱れた現象を深く正し，金融監督を強め，実体経済への金融の貢献の効率性と水準を高める」との党の方針として決定した。トップ層の習近平指導部・国務院が，過剰債務問題・「ゾンビ企業」の処理をより一層強化・加速する動きが見せている。

2.2　海外移転にも注力

　他方，国内余剰能力の解消・削減のためのもう 1 つの取り組みの動きとし

て，鉄鋼など中国企業の海外進出が挙げられる。

　鉄鋼産業など生産能力過剰の深刻化につれ，中国政府が「一帯一路」戦略の下で，過剰能力を抱えている鉄鋼など素材企業の海外移転を推奨している。「13 次五カ年計画」期間中，中国はインフラ関連で 17 兆円を投資してカザフスタン，ワルシャワ，マドリード，ハンブルグ，アムステルダムなどに向けた鉄道関連で 8,000 億元以上，交通道路には 1 兆 6,500 億元を投資する予定である。一方，海のシルクロードでは西アフリカから西アジアや南アジア・東南アジアに投資する。民間の沿岸投資に 1.6 兆円，政府系金融機関からは 500 件，5 兆 1,000 億円に上ると見込まれている。

　中国政府はこうした投資を通して鉄鋼などのインフラ関連の素材産業の海外シフトを推進し，余剰生産能力の削減につなげたい。

　昨今，河北鋼鉄などの鉄鋼会社による海外進出の動きが活発化している。河北鋼鉄は 2014 年 11 月，鉄鋼商社であるデュフェルコ社（スイス）の子会社の株式 51％を取得。2016 年 3 月 24 日，河北省の張潔輝副省長によると，河北鋼鉄は，南アフリカと合意し，生産能力の 11％（過剰分に相当する 500 万トン）を南アフリカに移転させることになっている。なお，2016 年 4 月 5 日セルビア経済省の公表によると，河北鋼鉄は 4,600 万ユーロで同国 Zelezara Smederevo 鋼鉄企業を買収する予定。この他に首鋼集団は，マレーシアで現地側と合弁によるミニ高炉を稼働した。宝鋼集団がタイに鋼管工場，ベトナムで製缶工場を稼働。現在，自動車用鋼板の海外工場建設を計画中である。

　河北省政府は，2015 年に『河北省鉄鋼セメント板ガラスなど生産・供給過剰能力の移転の促進』文書を公布し 2017 年までに海外に 500 万トンをシフトし，2017 年までに鉄鋼製品 2,000 万の目標を達成させる計画である。その投資地域は主に東南アジア，西アジアおよびアフリカ地域だ。

　過剰企業は積極的に対外投資を通して事業ポートフォリオの多角化を進めている。例えば河北鉄鋼集団は，カナダ，オーストラリア，南アフリカなどに進出した子会社は，20 余りがある。投資は鉄鋼，鉱石，金融，不動産などにわたっている。

　また，同省の徳龍鉄鋼公司とタイ Permsin 鉄鋼公司など 3 社はタイに年間 60 万トン熱延鉄鋼製品を生産することで合意している。

16   第1章　中国経済の転換

　2016年10月18日の中国商務省スポークスマンによると，中国企業による
アフリカの鉄道，道路，港，空港，エネルギー，電力などインフラ建設プロ
ジェクトは，中国の設備プランの輸出を促進した。2016年9月末時点で中国
企業は36の国家に77の経済協力区を設置，紡績や家電，鉄鋼，建築材料，化
工，自動車，非鉄金属などを生産するための投資が240億ドルに達した。加え
て，中国は「一帯一路」という対外戦略の下で，官民を挙げて中東やロシア・
中央アジア，欧州等に投資を拡大してきた。2016年末の時点で「一帯一路」
沿線国への直接投資総額は600億ドル以上に達している。16年に沿線諸国へ
の投資額は186億ドルに増加，進出企業が1,082社に達している。業種は繊維
や家電，移動・固定通信のほかに，インフラ設備や，生産能力の余剰している
建材・素材等多岐にわたっている。例えば，中国の中央アジアのタジキスタン
への投資は，2016年までに12億ドルに上って，冶金，セメントなど素材産業
に集中している[12]。特に近年中国は，カザフスタンへの投資を加速し，2017
年5月の時点で中国とカザフスタンは51の産業・設備能力協力プロジェクト
に署名し総額は260億ドルに達している。すでに同国のAktuoの年産2,500
万トンの銅コンセントレータ，Pavlo Dahlの年産25万トンのアルミニウム工
場，カスピ海の年産100万トンのアスファルトプラント，Lalの年産3,000ト
ンのセメント工場など計34の中国プロジェクトが竣工，稼動している。

　2016年に中国対外直接投資のフロー額（非金融分野）は1,000億ドルを超え
ており，2022年までの5年間総額をさらに7,500億ドルに拡大する見込みであ
る。そのうち，「一帯一路」沿線国への直接投資は1,500億ドルに達する。

　こうして中国政府は積極的な海外投資を通して，国内の過剰生産能力など製
造部門の海外移転を積極的に促進しつつある。

　総じて，中国政府は，海外進出を生産余剰能力の対策の1つとして，「設備
製造の海外進出」戦略を打ち出し，シルクロード基金や融資優遇措置などを実
施，企業特に生産能力過剰企業の海外進出を促進している。

2.3　イノベーションによる構造転換

　注視すべきもう一つの対策・取組は，政府が経済失速を防ぎ，経済の安定性
成長（2020年までにGDP成長率6.5%）をめざし，イノベーションによって，

経済の構造的転換を狙うことだ。13次五カ年計画は次のように強調している。イノベーションは発展を牽引する第1の原動力である。イノベーションを国家の発展全体の中核に置き，理論・制度・科学技術・文化など各方面のイノベーションを絶え間なく推進する。

　中国政府は景気減速が続く中，人件費などの製造コスト上昇に伴う労働集約的産業の衰退や生産能力の過剰による重工業・素材産業の低迷の対処に苦慮している。現在，政府は従来の高度成長から中高速成長へと，成長速度をシフトダウンさせ，労働・資本投入の量的拡大に依存した発展の限界を克服しようとする。そのために，新たな成長のけん引役・原動力であるイノベーションにより，産業構造調整・経済構造の転換を図ろうとしている。

　そのイノベーションはローエンドの製造業から，中・ハイエンドの製造業への転換を主眼にしている。具体的に過剰生産能力の解消と中速成長を両立させるには，これまでの重厚長大産業に代わる牽引役，即ち従来の中国には得意ではないハイエンド産業を創出・構築することだ。技術集約度・付加価値の高い産業の発展や経済の新たな成長を促すにあたり，中国政府は「メード・イン・チャイナ2025」と「インターネット＋」という戦略を掲げている。

　「メード・イン・チャイナ2025」は，IoT（モノのインターネット）・AI（人工知能）をはじめとする世界の第四次産業革命を契機に，2025年までに製造大国から製造強国への転換を推進していく。イノベーションを通して製品品質の向上，国産ブランドの確立を図り，先端的な10大重点分野（次世代IT，ハイエンドNC工作機械・ロボット，航空宇宙関連設備，海洋プロジェクト用設備・ハイテク船舶，先進的軌道交通設備，省エネ・新エネルギー自動車，電気設備，新素材，バイオ医薬・高性能医療機器，農業機械設備）における自主開発技術を実現し，そのハイエンド製造業の地位を確立させる。

　一方，「インターネット＋」は，IT技術と従来型産業との融合で，サービス産業を中心に電子商取引，工業インターネット，インターネット金融，教育，環境保全，医療福祉など新経済を拡大させる戦略だ。

　中国政府は，こうしたイノベーションを通じて新しい産業を育成し，従来の重厚長大な伝統産業を淘汰・再編する一方で，産業構造のグレードアップや経済の成長パターンの転換を図って行こうと考えられる。加えて中国政府は，

18　第1章　中国経済の転換

2020年までにGDP原単位当たりのCO_2排出量を2005年より40%～45%に削減することを公約しており，「第13次5カ年計画（2016～2020年）綱要」においてもGDP原単位のエネルギー消費量とCO_2排出量に関する拘束性目標を定めている。こうして中国政府は，グリーン・省エネなど産業の高度化に取り組み，工業構造を資源・エネルギー多消費型，環境負荷の大きい重厚長大産業から，技術・知識集約をはじめとする産業へと転換することを目指している。

　2016年3月，中国政府は全人代において第13次五カ年（2016～2020年）計画により経済発展とイノベーションの目標を打ち出している。

　表1-2は（1）経済発展と（2）革新的駆動（イノベーションドライバー）の2つの分野の主要指標を示している。まず（1）経済発展分野における革新的駆動は，新たな指標として労働生産性が導入されたことである。

　つまり革新的駆動は，イノベーションによりモノやサービスの質が改善され労働生産性を上昇させて経済成長を図っている。そのために2016年から2020年までの5年間で年平均労働生産性の伸び率を6.6%以上に設けており，実質

表1-2　第13次5カ年計画期間の経済発展・革新的駆動（イノベーション）分野における主要指標

指標		2015年	2020年	年平均増加（累計）	属性
経済発展					
(1) 国内生産総額（GDP）（兆元）		67.7	>92.7	>6.5%	予測性
(2) 労働生産性（就業者1人あたりGDP）（万元／人）		8.7	>12	>6.6%	予測性
(3) 都市化率	常住人口都市化率（%）	56.1	60	[3.9]	予測性
	戸籍人口都市化率（%）	39.9	45	[5.1]	予測性
(4) サービス業の付加価値比率（%）		50.5	56	[5.5]	予測性
革新駆動（イノベーションドライバー）					
(5) 研究開発費の対GDP比（%）		2.1	2.5	[0.4]	予測性
(6) 1万人あたりの発明特許保有量（件）		6.3	12	[5.7]	予測性
(7) 科学技術進歩の経済成長に対する貢献度（%）		55.3	60	[4.7]	予測性
(8) インターネット普及率	固定ブロードバンド過程普及率（%）	40	70	[30]	予測性
	移動ブロードバンドユーザー普及率（%）	57	85	[28]	予測性

出所：住友商事グローバルリサーチ。

GDP 成長率 6.5% よりやや高い伸び率を目標としている。

その背景として，2017 年の初めごろから労働人口が減少すると予測されており，実質 GDP 成長率の目標を達成するためには，1 人当たりの労働生産性の引き上げの必要性があげられる。(2) 革新的駆動（イノベーションドライバー）分野をみると，2015 年から 2020 年で，研究開発費の対 GDP 比を 2.1% から 2.5%，1 万人あたりの発明特許保有量を 6.3 件から 12 件，科学技術の経済成長に対する貢献度を 55.3% から 60% としている。更に初めてインターネット普及率が主要指標に加わり固定ブロードバンド家庭普及率を 2015 年から 2020 年で 40% から 70%，移動ブロードバンド普及率を 57% から 85% まで引き上げることが盛り込まれている。研究開発において，民間企業による研究開発費の貢献度が 76.6% を占めるため，より一層の民間企業に研究開発が促進されることが期待されている [13]。

要するに中国政府はイノベーション・革新的駆動に積極的に取り組んで，中国産業の高度化，技術集約型・付加価値の高い産業・経済構造や経済発展パターンへの転換を目指しているのである。

3. 供給側改革・構造的転換への取り組みの動向

上述の取り組みは，いくつかの成果が表れつつある。

2015 年末の中央経済工作会議以後，特に 2016 年 2 月に鉄鋼・石炭産業に対する指導意見による鉄鋼，石炭，アルミなど生産能力削減に取り組んだ。

2016 年に政府の目標が達成された。

表 1-1 に示した 2016 年の目標の下，2016 年，鉄鋼産業の設備削減量は 4,500 万トン，石炭業界は 2 億 5,000 億トンを達成した。なお国際石炭市場の低価格の影響により，石炭輸入量が増加した原因があるものの，非効率の国内炭鉱の閉鎖などで，石炭生産量（年間約 34 億トン）は前年比一割近く減少させた。

さらに 2017 年に入って以来，削減が進められている（表 1-3）。上半期に鉄鋼と石炭の生産能力はそれぞれ 4,250 万トン（2017 年目標の 85%，1 億 1,100 万トン），（同 74%）削減された。

20 第1章 中国経済の転換

表 1-3 鉄鋼・石炭産業の生産能力削減の目標と実績（単位：万トン）

生産能力削減の目標と実績	2016～2020年の目標	2016年の目標	2016年の実績	2017年の目標	2017年上半期の実績
鉄鋼	1億～1億5,000	4,500	6,500	5,000	4,250
石炭	(3～5年) 50,000	2億5,000	2億9,000	1億5,000	1億1,100万トン

出所：国家発展改革委員会などより作成。

　上述の結果は，主に中国政府が強力的に以下のような具体的な措置を講じたことによるものである。すなわち ① 行政審査により新規投資・増産を禁止させること，② 過剰生産能力を解消・削減させること，環境保全・排出基準・鉄鋼など生産原単位，品質，安全，技術基準に関する法律・規定により，基準に満たない業者を退出させること，③ 企業に積極的に余剰能力を削減，再編させる一方，海外移転・国際協力を行うよう推奨すること，④ まず，準備が整う対象に対して強制的に設備・工場を撤去，しばらく準備に必要とする会社に対し電気・水供給を中止，動力装置を取り除き，高炉など生産設備に封をしてしまっておくこと，である。

　なお，2016年末の時点で，大中型工業企業の完成品在庫量は前年比3.2%増，前年同期比0.1ポイント減速した。建売住宅の在庫率も持続的に下降し，2016年12月末の在庫面積は前年末より2,314万㎡減少した。

　大中型工業企業の資産負債比率とコストは下がっている。2016年末の資産負債比率は55.6%，2015年比0.4ポイント減少している。供給不足の分野への投資が拡大し，環境保全や，水利管理業，農林牧漁業の投資はそれぞれ39.9%，20.4%，19.5%増加し，製造業など工業全部門の投資をはるかに上回って，それぞれ31.8，12.3，11.4ポイント高くなっている。2016年の工業企業の利益は前年比8.5%上昇している。注目すべきは製造業の投資は2015年に比べ4.2%増加させたのみならず，投資構造も合理化させつつある点である。うち，設備投資は4.4%上昇し製造業投資増加への寄与率が42%に達しており，食品や服装，健康など消費財投資は8%以上になっている。一方，資源多消費産業への投資は0.9%下がった[14]。経済の構造的改善は，ハイテク産業の付加価値の増加率が10.8%上昇し，一般の工業よりも4.8ポイントが高いことも現れている。そしてサービスなど第3次産業は経済成長をけん引する主要ファクター

の1つとして経済発展を促進し，2016年にはGDPに占める割合が前年比1.4ポイント増の51.6%に達している。

　さらに，鉄鋼企業の合併・再編と構造調整が進んでいる。鉄鋼分野では2016年9月に宝山鋼鉄，武漢鋼鉄が合併再編によって中国宝武鋼鉄集団公司が設立された。両社の全株式を保有する国家国有資産監督管理委員会が経営統合を承認した。中国政府は国内鉄鋼業の再編による経営効率化を加速させている。今回の宝山鋼集団と武漢鋼鉄集団の統合・再編は，既視感がある，意義が大きい統合・再編といえる。かつて日本の大手鉄鋼メーカーである八幡製鉄と富士製鉄が1970年に国際競争力の向上と秩序ある市場形成を目指し統合し，新日本製鉄（現・新日鉄住金）が誕生した。

　宝鋼と武鋼の統合は，政府の「鉄鋼産業調整計画」による「超大型の国際競争力あるメーカーを形成し，各地区や市場での主役を担う」目標の一環として，位置づけられる。新しい宝武鋼鉄集団は，華東・華南など沿岸部や華中など内陸部及び海外市場にアクセスする面で，地理的なメリットが大きい。統合によるシナジーの一例では主力製鉄所の一体運営で，沿海部にある上海の宝山製鉄所が輸出，武漢製鉄所が内陸部への供給を増やし，物流面でコスト競争力を高めることが期待される[15]。

　こうして，経営・生産の効率化や国際競争優位の向上を目指す鉄鋼をはじめとする重厚長大産業の構造調整を進める中国政府の下，さらなる再編の呼び水となると考えられる。今回の統合以外にも，世界大手の河鋼集団と首鋼集団や，鞍山鋼鉄集団と本鋼集団の合併が取り沙汰されている。たとえば，世界7位の鉄鋼大手である鞍鋼集団と中堅の本鋼集団の合併協議も進んでいる。

　なお，昨年10月経営破綻した中国の国有鉄鋼大手，東北特殊鋼集団は，2017年9月12日に同業の民営最大手の江蘇沙鋼（江蘇省）集団の傘下に収められた。江蘇沙鋼が子会社の沙州投資有限公司を通して44億6,200万元出資し，再建後の東北特殊鋼集団43%の株式を保有し，第一の株主となっている。中国の景気減速で鉄鋼業が生産過剰や経営不振に陥るなか，国有東北特殊鋼は赤字でも経営が続く「ゾンビ企業」の代表格であった。東北特殊鋼は破綻から約1年を経て，国務院の国家資産監督管理員会と地方政府の指示・影響の下で，民間企業による経営再建が実現された。

石炭業界では，全国 6,000 箇所の年産 30 万トン以下の小型炭鉱のうち，2,600 箇所以上が削減対象範囲に指定された。中国鋼鉄工業協会の統計によると，2016 年 73 社の会員企業が累計で 287 億元の営業利益を計上し，2015 年同期の赤字 385 億元から一転して大幅な黒字に転じた。大中堅石炭企業は前年同期比約 1.13 倍増の 574 億元を取得している。背景は，石炭企業の効率化や国内石炭市場のニーズの拡大と石炭価格の回復にある。

供給側改革に伴う余剰設備の削減において進展が見られたものの，鉄鋼，セメント，電解アルミ，板ガラスなどの素材産業には過剰設備の問題が依然として厳しい。よって，過剰設備の削減・解消は中国政府の喫緊の課題である。

中国政府は，供給側改革によって経済構造と産業構造における脆弱部分を取り除き，補強させ，国際競争力の向上に積極的に取り組んでいる。2016 年，工業・製造業分野における実績を収めつつある。その実績として以下のいくつかの点が挙げられる。まず第 1 に，在庫水準が低下し始めたことである。2016 年末，大中型工業企業の完成品在庫量は前年比 3.2％増え（0.1 ポイント減少），完成品在庫の回転日数は 13.8 日で前年より 0.4 日短縮した。第 2 にレバレッジ率が下がったことである。例えば，2016 年末，大中型工業企業の資産負債比率は 55.8％で前年より 0.4 ポイント減となった。第 3 に単位コストがやや下がったことである。2016 年，大中型製造業・工業の売上 100 元当たりの費用は 85.52 元，前年比 0.1 元減少した。

他方，インターネット経済の発展により中国経済の新たな成長を牽引している。例えばビッグデータが活用され，新しい産業，業種，新しいビジネスモデルがふ化され，生活スタイルや生産様式の変化を生じている。2016 年にサービス業付加価値は前年比 7.8％増加し第 2 次産業を 1.7 ポイント上回っている。サービスの GDP に占める比率は 51.6％に達し，GDP 成長への寄与率は 58.2％となっており，製造業より 2 割以上高い。2016 年には中国の上場インターネット企業の売り上げが 1 兆元に達し，前年比 40％増加した。

また，2016 年に中国のインターネット経済が GDP に占める比率はイギリス，韓国に次ぎ，世界第 3 位を占めている。2010 年の GDP に占める比率は 5.5％から，2016 年には 6.9％にまで増大している。そしてインターネット業界の投資・融資は 15 年比 3 割近く拡大している。

今年さらに中国のインターネット企業の売上高は1兆4,000億元に増加し増加率は35％になる見通しである。

2017年1月に中国工業情報化部が公表した『国家インターネット発展研究報告』によると，インターネット経済をベースにする情報・データ経済は経済成長をけん引し，産業グレードアップの主要エンジンとしつつある。同報告書によると，中国のインターネット経済は2015年の時点ですでに18兆6,000万元になり成長率は17.5％とGDPの成長をはるかに上回っている。そして中国のインターネット経済はGDP増への貢献率が68.6％と，先進諸国なみにあるいは幾つかの先進国を超えている。

目下，中国では，インターネットを実体経済に融合し，「中国製造2025」の戦略の下で，IoTやビックデータなど技術を活用し，製造から「製造＋サービス」への転換に取り組みつつある。

なお，カーシェアリング大手Didi Chuxing（滴滴出行会社）のデータによ

図1-4　中国インターネット経済

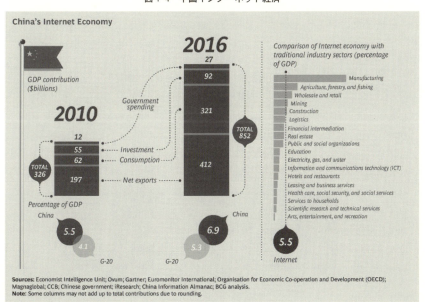

出所：The Boston Consulting, *The Internet Economy in the G-20*.

ると，2016年5月末に17の省における鉄鋼・石炭など余剰能力削減によりリストラされた失業者のために，100万人以上のポストを提供した。2016年10月のドイツRoland Bergeコンサルティング『2018年中国自動車シェアリング市場分析報告』によると，中国はすでに625億ドルの自動車シェアリング市場規模と54％の増加率を持っている。同報告書の予測では，中国の自動車シェアリング市場は，2018年にさらに2,300億ドルの規模になり，世界シェアは現在の33％から44％にまで上る見通しである。加えて自動車シェアリング市場の需要・利用回数は，2015年の816万回/日から2018年には3,700万回/日にまで拡大していく予測である。

このように，インターネット経済をはじめとする情報経済は経済成長をけん引し，産業高度化を促進する駆動力となっている。

そしてシェア経済は，経済転換期を迎えた中国にとって，伝統的産業の生産能力が余剰している中，輸送道具など資源供給・配置が1人当たりの不足・アンバランスを克服するための有効な道である。足元の中国は発展の原動力転換という重要な時期にあり，シェア経済の発展は新たな経済成長エンジンの育成，転換期における供給側改革に伴う痛みの解消・軽減に良い影響を与えている。上述の中国配車アプリ「滴滴出行」はこの4年間30万倍成長して新しい

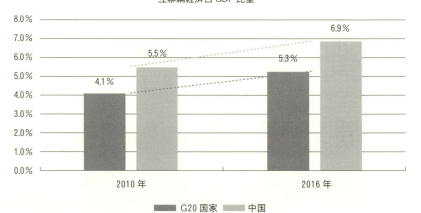

図1-5　G20国家与中国互聯網経済占GDP比重変化

出所：The Boston Consulting, *The Internet Economy in the G-20*.

ビジネスとして，庶民の生活スタイルを変えるだけではなく，雇用機会・従業員収入・副収入も拡大させている。

　2017年に入って以来，中国経済成長の新しいエンジンが際立っている。中国国家統計局によると，2017年1～6月，戦略的新興産業，ハイテク産業の増加額は前年同期比それぞれ10.8%，13.1%増加し，情報伝達・ソフトウェア・情報技術のサービス業の増加額は同21%増加している。なお，レンタル・ビジネスのサービス業の増加額は同約10%増加，さらに宅配・速達サービスによる郵政業とネット小売販売の増加額は，同32%，33.4%と大幅に増加している。

　このように新興産業・ハイテク産業（工業のロボット，民間用のドローン，都市の軌道の車，IC，光ケーブル，オプトエレクトロニックデバイスなど）と情報サービス業・電子商取引などサービス業は発達し，経済の新たな成長の起爆剤として注目を集めている。

結びに代えて―直面する問題点

　しかしながら，上述の政府の景気対策や構造的転換への取り組みは様々な問題に直面している。

(1)　過剰設備削減やゾンビン企業の整理・淘汰に伴う難点

　鉄鋼や石炭，セメントなど過剰生産能力の削減，及びゾンビン企業の整理・淘汰に伴い，数百万人の失業者が生じる。中央政府が毎年1,000億元の拠出で支援する方針だ。とはいえ，余剰設備能力を抱える企業が河北省，河南省，山西省，内モンゴル，遼寧省，黒竜江省などの地方企業である。それらの企業は，地方経済発展や財政収入と地域社会の安定を支えている一方，行政や土地の使用，融資，社会公益などの面で，地方政府に管轄されている。現地の政府と企業の利益は密接にリンクされていることで，地方政府は，中央政府の過剰生産能力の削減やゾンビ企業の整理・淘汰，債務のある不動産案件の閉鎖にどこまで真剣にメスを入れるかどうか，見極める必要がある。

2016 年 3 月に，現地で政府系研究機関の専門家と国有銀行の幹部へのヒアリングによると，地方政府の多くの幹部やゾンビ企業に対する債権のある銀行が消極的な態度を取っている。要するに中央政府の過剰生産能力の削減への取り組みは，地方政府など積極的な対応を必要不可欠としたうえ，余剰設備能力削減や，企業整理・再編・リストラされた労働者の再配置などで極めて大きな困難を伴っている。中国では各地に鉄鋼メーカーが乱立し，地方政府や民間が株式を握るなど中央政府の影響が及びにくいケースも多い。再編は生産効率の悪い高炉の閉鎖，失業など雇用と地方の財源問題に直結することから，地方政府や鉄鋼メーカーの抵抗も今後さらに存在していくと考えられる。

他方，政府の債務株式化対策は，銀行の不良債権の拡大などの制約により実行が難しい。これまで債務の株式化のための 56 プロジェクト（金額 7,095 億元）が契約されたが，実行したのが 1 割（金額 734.5 億元）しかなかった。また，短期の内に，債務株式化はたとえ焦眉の急を解くことができても，長期的に，国有企業の独占や既得利益・企業統治などの問題を根本的に解決できないと，国有企業が経営悪化に陥りかねなくなる。そこで，債務株式化はリスクをただ金融部門あるいは住民部門だけに転嫁して，金融のリスクを激化させてしまう。

なお，2016 年の中国の鉄鋼生産能力は，政府主導で休眠設備が閉鎖されたにもかかわらず，実質的に増加したことが分かった。中国は 2016 年，供給過剰問題に対応するため，今後 5 年で年間の粗鋼生産能力を最大 1 億 5,000 万トン削減すると発表した。2016 年の生産能力は 3,659 万トンの純増であった[16]。また，2016 年は新規高炉建設が停止されたにもかかわらず，生産能力 1,200 万トンの設備が操業を開始。さらに，鉄鋼価格の回復を受けて，2016 年に推定で 4,900 万トンの鉄鋼生産が再開されたと見られる。こうしたことにより，中国では，政府が非能率・生産性の低い鉄鋼企業を閉鎖させた一方，効率・生産性の比較的高い鉄鋼企業が市場のニーズの拡大に応じて増産するのを許した。

ただし，長期的に市場の需給を考えて，生産供給がますます拡大してくことから，長期的視点で，根本的に生産能力を削減させるべきである。

（2）　過剰生産能力の海外移転のリスク

中国政府は鉄鋼など素材産業の過剰設備能力が深刻化するにつれて，「一帯一路」の戦略の下，東南アジア，中央アジア及びアフリカなどへの企業の進出を推奨している。確かに「一帯一路」沿線エリアに途上国が多く，中国の設備製造や素材産業の優位性により，インフラ整備などでの現地との分業・補完，協力する余地が大きい。

しかしながら，鉄鋼やセメント，アルミなど資源・エネルギー多消費産業は環境汚染を招きがちだ。昨今，現地に進出した中国企業にとって，ほとんど問題はないが，将来的に現地住民に反対され，撤退を迫られるリスクがあると考えられる。かつて，1980 年代初期，東南アジアへ進出した日系企業が，環境汚染問題による市民反対で，撤退したケースがある。

加えて，進出先の中東やアフリカなどの地域では，テロ・紛争など地政学リスクが高い。これまではアフリカだけで，中国系企業の従業員数十名が拉致・殺害に見舞われていた。なお，今年 6 月には「一帯一路」沿線の重要国であるパキスタンで，過激派組織「イスラム国」のメンバーに中国人 2 人が殺害される事件も起きた。パキスタンなど一帯一路エリアの治安悪化が懸念されれば，シルクロード経済圏構想「一帯一路」に関連した中国のインフラ建設・素材産業の移転に影響を与えかねないと考えられる。これから，素材産業・メーカーなどが海外進出を拡大するにつれ，現地でのリスクは避けられにくいであろう。したがって，中国政府は企業が対外進出するにあたって，様々な対策・工夫を凝らし，慎重に対応する必要がある。そもそも海外移転による生産能力の過剰問題は簡単に解決されないと思う。

（3）　イノベーションのための制約

中国政府はイノベーションを強化し，経済の構造的転換・新たな経済成長をめざしている。確かに中国で，2013 年以来，IT 技術を活用し，インターネット経済が発達しその対 GDP 比 4％以上に至り，先進国並みの水準に達しており，新しい経済の成長に寄与している。しかし，政府が提唱している上述のモノづくり技術にかかわっているイノベーションは，いかに実現するかどうかを見極めるべきである。

28   第1章　中国経済の転換

　目下，中国ハイテク製品の輸出は世界1位とされているが，自主ブランドの輸出は1割に達しておらず，8割以上は外資系企業による輸出だ。「フォーチュン誌」の2017年の世界企業ランキングの上位500社には，先進諸国のハイエンド製造業メーカーが多く入っている。一方，中国企業は米国（132社）に次ぎ，105社で多く入っているとはいえ，相当多くの企業が金融，資源・エネルギー・建設系でモノづくり技術系のメーカーは少ない。中国では，研究開発は長い間十分に重視しておらず，政府の研究開発投資はGDPの1％に満たず，日米欧をはるかに下回っている。また，近年，中国政府がようやく力を入れ，その投資はGDPの2％前後に達した。しかし効果が表れるまで相当の時間がかかる。とりわけ，研究開発の主役であるべき企業の多くでは，経営者が利益と配当を重視，投資期間が長く，リスクを秘める研究開発への関心が薄い。投資の多くは研究開発よりは収益率の高い不動産取引など流通分野などに向けられがちである。

　電気自動車のBYD，通信技術の華為技術，家電のハイアールなど数少ない経営者を除き，かつての豊田自動車の豊田喜一郎，パナソニックの松下幸之助などのように，イノベーションに尽くし，モノづくり技術や自主ブランド及びその誇りにこだわる経営者はまだ少ない。政府がイノベーションを原動力にし，経済の新たな発展を推進しようとするとはいえ，そのイノベーションを担う企業が成功の鍵を握ることで，政府の戦略目標の達成は制約されると思われる。中国政府はこうした制約を克服するために，長期的に更なる融資，税金などの対策をとって，イノベーションを起こしやすい環境づくりに取り組むべきだ。

　また，図1-6に示したように，中国全体の研究開発費総額の対GDP比率の経年変化により，各国の研究開発への投資水準が推移していることが表れている。中国は1996年を境に増加している。しかし韓国，米国，日本，ドイツなどに比べ，まだ一定の格差が存在している。こうした状況を受けて2016年6月30日に開催された全国科学技術革新大会では，李克強首相が2020年までに中国の研究開発費がGDPに占める比率を2.5％にするという目標を打ち出した。

　革新支援の政策・措置を実施・改善し，全面的な革新における科学技術革新

結びに代えて―直面する問題点　*29*

図 1-6　主要国の研究開発費総額の対 GDP 比率の推移

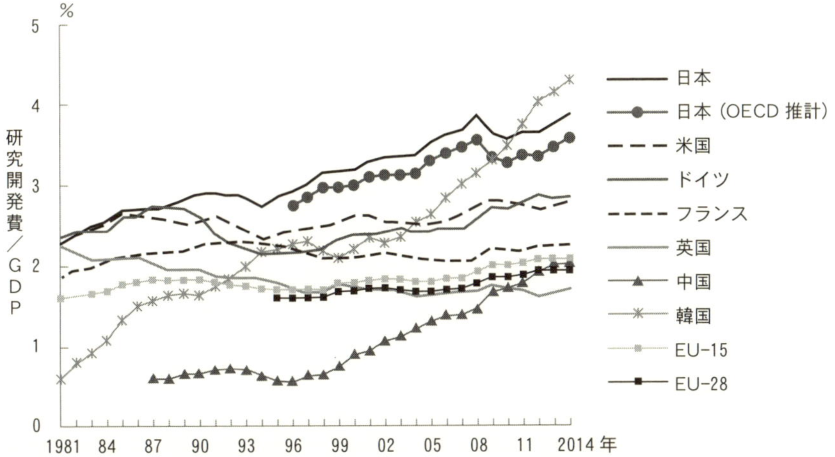

研究開発費／ＧＤＰ

凡例：
日本
日本（OECD 推計）
米国
ドイツ
フランス
英国
中国
韓国
EU-15
EU-28

（横軸）1981　84　87　90　93　96　99　02　05　08　11　2014 年

出所：科学技術・学術政策研究所（総務省「科学技術研究調査報告」）。

のけん引力を十分に発揮する。まず基礎研究の不足を補う。長期的で安定的な支援を拡大し，2020 年までに研究開発費が GDP に占める比率を 2.5% にする。国家実験室，総合性国家科学センターなどの高水準革新プラットフォームを設立し，科学研究機関および大学の担い手としての力を十分に発揮する。企業と民間の積極性を高め，オリジナルの革新力を強化する。

　中央政府が積極的に研究開発推進しつつあるものの，大学研究機関による研究・応用の産業化のボトルネックを解消するのが必要不可欠な課題である。つまり産官学はいかに連携，市場と上手く結びつけるかが極めて重要だ。

　中国経済は果たして 13 次五カ年計画が掲げた 6.5% 目標を達成できるか，つまり 2020 年までに国民所得の倍増を実現できるかどうか，その関連する課題及び上述した問題点を，いかに克服するかどうか，習金平政権・中国政府は難しい舵取りを求められている。

　中国は，今後経済の中高速成長を実現するために，経済の構造的転換のための供給サイドの改革に取り組むにあたって，鉄鋼，石炭，アルミ産業などの生産能力過剰問題の解消，ゾンビ企業を含む国有企業の改組・再編，淘汰をうまく実施できない場合には，大量失業者，不良債権増加などにより，金融不安の

30　第1章　中国経済の転換

発生，社会政治の不安定化ひいては経済悪化につながるリスクが存在するであろう。

　他方，上述の過剰問題への取り組みにおいては，中央と地方政府や各集団・グループなど既得権益の柵を突破させるための習政権の政策・取組に対して，その利益を代表する各集団・グループが抵抗や消極な姿勢で臨むと考えられる。今後，習政権が中央政府と地方政府との関係や各既得権益集団の間の関係・矛盾および，国有企業の生産性・効率化問題の解決に如何にメスを入れるか，果たして市場経済・競争原理に基づいて徹底的に解決できるかどうかが，中国の経済の構造的転換や経済発展のゆくえに影響を与える。そのゆくえに目を配るべきだ。

注

1　新常態経済のパターン・特徴として，主に以下のようないくつかの点があげられる。第1に高速成長から中高速成長への転換のこと，第2に経済構造のレベルアップ，産業の高度化実現のこと，第3に経済の牽引力を投資駆動からイノベーション駆動への転換，などである。要するに中国政府は経済成長率の低下を容認し，量的経済成長から質的経済成長を目指しているのだ。

2　ただし国内で投資の選択肢が限られていることやさらなる人民元安観測で，不動産分野への投資は儲かる見込みがあることから，依然人気がある。政府の現行規制にも関わらず，不動産投資への影響は限定的と見られる。「中国主要20都市，住宅購入規制を相次ぎ発表，バブル警戒―」『Record China』2016年10月9日。

3　例えば，2009年～2012年の中国製造業の海外依存度はそれぞれ14.2%，14.5%，13.8%，13.5%となっている（叶芳和「中国経済を見る目―輸出主導か内需依存型か」『みんな株』2013年1月11日）。

4　BIS "Credit to the non-financial sector"（Table F1.1;Table F1.2）Updated 17 September 2017.

5　関志雄「企業債務の削減に乗り出した中国―「デット・エクイティ・スワップ」は切り札となるか」『RIETI』経済産業経済研究所 2016年12月16日。

6　細尾忠生「「中国の不良債権懸念について」『経済レポート』三菱UFJリサーチ＆コンサルティング，2016年12月26日，3頁。

7　中国政府は経営改善の見込みがない「ゾンビ企業」は救済せず，産業の構造改革を進めようとしている。2016年10月に経営が苦しくても成長の見込みがある企業のみを対象に，債務を株式に振り替える負担軽減策を認める方針を発表した。

8　竹中正治「中国の経済成長の失速と累積債務問題」『国際金融論考』国際通貨研究所 2016年9月23日，7頁。

9　村上和也（2017）「膨張を続ける中国民間債務がもたらすリスク―グローバル経済金融レビュー2017年冬―」『調査月報』三井住友信託銀行，2017年2月，3頁。

10　深圳創新発展研究院『2016年中国改革総報告』中国戦略知庫，2017年。

11　『2016～2018年度の内外景気見通し』三菱総合研究所，2017年2月14日，3-4頁。

12　中国外交部HP「在タジキスタン中国大使館大使の習近平主席によるダボスフォーラームの講話に関するインタビュー」20017年3月2日。

13　片白恵理子「中国のイノベーション政策」（調査レポート）住友商事グローバルリサーチ，2016

年5月18日。

14 賈海「2016 年全国固定資産投資増速中趨穏,結構調整持続推進」『中国経済網』2017 年 1 月 22 日。

15 黒澤広之「中国,宝鋼と武鋼が統合検討,世界 2 位・粗鋼 6,000 万トン規模」『日刊鉄鋼新聞』2016 年 6 月 28 日。

16 庄鍵潘悦「2016 年钢铁去产能目标超额完成 但实际运行的炼钢产能反而更多了」『界面』 2017 年 2 月 13 日。

参考文献

郭四志（2016）「世界経済における第四次産業革命について」『帝京経済研究』2016 年 12 月 31 日。

郭四志（2016）「過剰設備,過剰債務……急減速する中国経済を習近平は立て直せるのか」『中央公論』2016 年 6 月号

黒澤広之「中国,宝鋼と武鋼が統合検討,世界 2 位・粗鋼 6,000 万トン規模」『日刊鉄鋼新聞』2016 年 6 月 28 日。

関志雄（2015）『中国「新常態」の経済』日本経済新聞社。

関志雄（2016）「企業債務の削減に乗り出した中国―「デット・エクイティ・スワップ」は切り札となるか」『RIETI』経済産業経済研究所,2016 年 12 月 16 日。

関辰一（2017）「中国経済展望」日本総合研究所調査部マクロ経済研究センター,2017 年 2 月。

孫元捷（2016）「中国共有経済市場の実態と展望～経済成長の新たなエンジンに」『BTMU（China）経済週報』（第 302 期）三菱東京 UFJ 銀行,2016 年 5 月 18 日。

賈海（2017）「2016 年全国固定資産投資増速緩中趨穏,結構調整持続推進」中国国家統計局網,2017 年 1 月 22 日。

三尾 幸吉郎（2016）「図表でみる中国経済（過剰債務編）」ニッセイ基礎研究所,2016 年 4 月 20 日。

村上和也（2017）「膨張を続ける中国民間債務がもたらすリスク―グローバル経済金融レビュー 2017 年冬―」『調査月報』三井住友信託銀行,2017 年 2 月号。

三菱 UFJ リサーチ＆コンサルティング（2016）「中国の不良債権懸念について」『経済レポート』2016 年 12 月 26 日。

竹中正治（2016）「中国の経済成長の失速と累積債務問題」『国際金融論考』国際通貨研究所,2016 年 9 月 23 日。

三菱総合研究所（2016）『内外経済の中長期展望 2016－2030 年度』2016 年 6 月 22 日。

三菱総合研究所（2017）『2016～2018 年度の内外景気見通し』2017 年 2 月 14 日。

王国剛 編（2017）『中国金融発展報告』（金融青皮書）社会科学文献出版社,2017 年。

金子厚（2015）「中国債務問題已経刺刀見紅」『新財富』2015 年 11 月 24 日。

李揚 編（2017）『中国経済形勢分析与予測』（経済青皮書）社会科学文献出版社,2017 年。

中国鉱業網「河北鋼鉄海外収入比重計画 3 年昇至 3 成」2015 年 5 月 14 日。

李若谷（2016）「中国鋼鉄産能過剰是因為技術含量不行」『新浪財経』2016 年 9 月 19 日。

中国商務部（2016）「中国推進国際産能合作取得実効」2016 年 10 月 25 日。

内閣府（2017）『世界経済の潮流』2017 年 7 月。

ロイター（2017）「中国の鉄鋼生産能力,2016 年は工場閉鎖でも純増＝グリーンピース」2017 年 2 月 13 日。

国家統計局（2017）「国家統計局何平博士解読 2016 年工業企業利潤数拠」2017 年 1 月 26 日。

国務院新聞弁公社「中国企業対沿線国家直接投資逾 600 億美元」2017 年 5 月 12 日。

賈海（2017）「2016 年全国固定資産投資増速中趨穏,結構調整持続推進」『中国経済網』2017 年 1 月 22 日。

劉偉（2016）「我国経済面临历史性新机遇」『中国経済 50 人論壇』2016 年 12 月 15 日。

許剑毅（2017）「2016 年我国服务业持续快速増长」『人民網』2017 年 1 月 22 日。

Alice 金融思享汇（2016）「数字経済—中国経済発展新動力」『財経頭条』2016 年 12 月 6 日。

深圳創新発展研究院（2017）『2016 年中国改革総報告』中国戦略知庫，2017 年。

呉敬連・劉鶴等『走向「十三五」中国経済新開局』（Chinese Economist 50Forum）中信出版集団，
　　2016 年。

魏潔（2016）「"退二進三" 新常態下的経済結構調整」『中国経済 50 人論壇』2016 年 12 月 20 日。

中国工業化情報部通信信息研究院（2017）『互連網趨勢発展報告』2017 年。

解读中国経済増速第一：経済結構更加优化。

雷建平（2016）「罗兰贝格 Roland Berger 报告：中国已形成 625 亿美元共享经济市场」『雷帝網』2016
　　年 10 月 21 日。

中国政府網「解読：中国経済変動能在何処？」2017 年 8 月 11 日（http://www.gov.cn/zhengce/2017-08/
　　11/content_5217146.htm）。

The Boston Consulting（2012），*The Internet Economy in the G-20*, March 2012.

OECD（2016），*G20 INNOVATION REPORT* 4, NOVEMBER 2016.

（郭　四志）

第2章

中国の工業構造調整の特徴と問題

要約

　現在の中国工業には質の高い成長および効率性の向上が早急に求められている。企業のイノベーション主体の地位が増強されているが，研究開発の投入水準とイノベーション効率性の改善が待たれている。産業構造は高加工度へグレードアップし始めているが，産業組織構造の調整テンポが緩慢である。省エネ・環境保護の政策目標は予期通り達成できる見込みだが，グリー製造発展の任務は依然差し迫ったものがある。工業のパターン転換とグレードアップを制約する多くの制度的障害の打破・解除が必要不可欠だ。

　足元における一連の経済問題の対応をするために，今後の一時期においてサプライサイドの構造性改革が中国政府の経済運営における一本の重要な基本線になる。サプライサイドの構造性改革の基本構想とは，一連の体制・制度（メカニズム）改革を通じて供給側に存在する構造的な問題の解決に着眼し，経済成長のための新たなメカニズムを形成させることである。

はじめに

　現在，中国はすでに工業化を実現する肝心な時期に入っており，徐々に高所得国の入口に踏み出している。将来，工業が健全な発展を続けることができる

34　第2章　中国の工業構造調整の特徴と問題

かどうか，そのパターン転換とグレードアップは，中国の経済構造の戦略的調整の成否に直接かかわる。ここ数年，中国の工業成長は継続的に減速し，工業発展を駆動する内外の条件にも深刻な変化が生じている。中国工業のパターン転換とグレードアップにも多くの挑戦が待ち受けているため，系統的かつ詳細な研究を行う必要がある。

1.　中国工業の構造の段階的な変化とその特徴

1.1　工業の比重が他国の一般的な基準よりも顕著に高く，工業発展の形態が次第に市場化の軌道へ向かっている

改革開放以前，中国は計画経済と閉鎖的条件の下にあったため，政府は直接関与することで工業発展を主導した。要素供給と市場需給のメカニズムが抑制されたり歪曲されたりしていたために，その発展の形態は市場型経済の一般基準とは顕著な差異があり，具体的には，工業，特に重工業の超過発展における持続動力の欠如に現れていた。改革開放以降，市場化水準と対外開放レベルの不断な向上により，要素供給と市場需給による工業成長の役割は日増しに顕著になった。製品市場の漸次開放で，長期的に抑圧された国内の需給も開放され，生産要素の価格付けメカニズムが次第に市場化し，要素移動が更に自由化し，要素構造による工業構造への役割発揮がよりスムーズになった。

また，対外開放は中国工業発展の国際成長も助長し，中国工業に巨大な外生的原動力をもたらした。工業が高成長態勢を保ち続け，また経済成長を推進する主導的な力になった。1978年〜2015年，不変価格ベースにおいて中国工業付加価値の年平均増加率は11.0%，国内総生産の年平均成長率は9.6%となっており，同時期の世界の多くの国を上回っている（表2-1）。

改革開放からこのかた，中国工業生産の割合は全体的にまず低下，後に上昇，また再低下という変化過程をたどっていた。1978年〜1991年，第11回3中全会を起点に中国の改革開放が展開期に入った。この時期における改革は「計画経済を主とし，市場調整を補助とする」という政策基調のもとで進められた。

1. 中国工業の構造の段階的な変化とその特徴　*35*

表 2-1　改革開放以降の中国工業の成長率と GDP 比の推移

年　次	GDP 年平均成長率 (%)	工業の年平均伸び率 (%)	GDP に占める工業付加価値の比率 (%)
1978–2015	9.6	11.5	44.1（1978 年）
1978–1991	9.2	10.5	37.0（1991 年）
1992–2001	10.2	13.3	39.6（2001 年）
2002–2012	10.5	11.1	38.7（2012 年）
2013–2015	7.3	6.9	34.3（2015 年）

出所：中国国家統計局。

　企業経営自主権の漸次拡大が進められたとともに，製品・要素市場の漸次開放が進み，工業成長の原動力が徐々に計画から市場へ切り換えられ，工業成長のスピードと比重が改革前より下がっていった。この時期の工業の年平均成長率は 10.5％ で，GDP に占める工業の比率は 1978 年の 44.1% から 1991 年の 37.1% に減少した。1992 年〜 2001 年，鄧小平氏の「南巡講話」を起点に中国は改革の深化時期に入った。社会主義市場経済体制の建設基調の下で，現代的企業制度の構築を目標とした企業改革が深く推進され，製品と要素市場の規制緩和が大幅に実施され，市場メカニズムによる工業成長への主体的機能が明確に強まり，工業年平均成長率が 13.3% に高まった。これと同時に，GDP に占める工業の比重が再び向上し，1997 年には 42.2% に達した。

　2002 年以降は，中国は WTO 加盟を起点とした対外開放の拡大時期に入った。2001 〜 2007 年において中国の貿易依存度は 36.3% から 66.3% に上昇し，外国からの直接投資も上昇傾向を呈した。比較的高度な市場化と国際化の環境において国際・国内市場需要が不断に拡大し，国内低コストの比較優位性が集中的に発揮され，2006 年の GDP に占める工業付加価値の比重と工業の伸び率がそれぞれ 42.3% と 14.9% の高い数値を記録した。

　近年，中国工業の GDP 比と成長スピードは下降傾向にあり，特に 2006 年以降継続的に下がり続け，次第に改革開放以来の最低水準に近づいた。2013 年〜 2015 年，中国経済の年平均成長率は 7.3% に減速し，工業付加価値の年平均伸び率が 6.9%，GDP に占める工業の比率が 34.3% になり下がった。短期的にみると，2008 年以降の国際金融危機と景気循環による調整が工業成長に大

きな衝撃を与えたが，長期的にみると，長年にわたる高成長の後の中国工業発展の内部条件がすでに深刻な変化を生じていたために工業構造と外部環境の間の矛盾が蓄積し，これによって工業の潜在的成長率が傾向的に下がっていると考えられる。

　特殊な体制・制度・環境と具体的な国情のもとで中国工業の比重変化は国際一般の基準と比べ，長期にわたって明確な乖離が見られた。

　中国工業の比重と1人当たりGDPとの間の相関性が弱く，つまり工業比重の国民1人当たり所得増加による変化が顕著ではない。一方，中国工業の比重は終始1人当たり所得水準が相応する多くの国よりも高い状況にある。歴史的にみると，米国，英国，ドイツなどの先行工業国と韓国，日本などの後発・キャッチアップ型の国の工業比率が40％を超えた時に1人当たりGDP水準が1万米ドル（1990年不変価格）に近づき，またはそれを超えていたが，中国では1人当たりGDPがまだかなり低かった時期にも工業の比率が40％を超えている。その原因は，突き詰めれば，改革開放前の計画経済体制の下で政府が直接関与の方法で前倒しに工業発展を推進したことにある。改革開放以降，体制移行の経済体制に入ったが，一部の非市場要因が直接または間接的に工業成長を促していた。要素市場化改革の遅れにより，資本，土地，資源環境などの要素コストにねじれが生じ，工業発展に潜在的な補助機能が働き，工業の高速発展を下支えした。これに加え，低い要素コストとその他の要素作用の下で中国は高い投資率と高い輸出依存度の需給構造を保持でき，工業の高成長と高比重の形成にけん引的な効果を与えた。したがって，体制移行のもとでの独特な需給構造は中国工業の高成長と高比重の内在的要因である。中国の市場化水準の更なる向上により，工業発展の形態も逐次に市場化軌道へ理性的に回帰すると思われる。

1.2　工業構造の重工業型化におけるエネルギー・素材産業を主体とした特徴と高加工度化と技術集約化へのグレードアップの制約

　改革開放以前，中国は計画経済体制下で前倒しに重工業化を発展させた経済戦略を採用し，工業における重化学工業の比重を引き上げてきた。改革開放後，重化学工業が先に低下，後に反発といった発展軌跡を呈した。1978年か

ら20世紀80年代中期にかけて，政府による住民消費への関与と規制の減少により長期的に圧迫された消費財需要が回復し，消費財を主とした軽工業生産が迅速に拡大し，軽・重工業間の不均衡がある程度是正された。1978〜1982年，重工業総生産額のGDPシェアは56.9%から49.8%に低下し，重工業生産額と軽工業生産額の比率が1.32倍から0.99倍に下がった。20世紀80年代中後期以降から1999年にかけて軽・重工業は基本的にバランスよく発展し，重工業対軽工業の比重が1.03倍〜1.16倍の間で小幅に変動していた。

　20世紀末から中国の工業発展は新たな重化学工業化の段階に入った。1999年〜2012年における重工業の総生産額は50.8%から一気に71.8%に上がり，重工業対軽工業の比率も1.03倍から2.55倍に高まった。需給構造の変化が重化学工業発展に重要な牽引力を与えた。近年では，中国ではインフラ建設と不動産投資を主とした投資需要が迅速に拡大し，消費構造は"食べる，着る，用いる"主体から住宅，自動車などをはじめとした"住む，行く"主体へレベルアップしているので，重化学工業の製品需要も急速に伸びている。また，要素賦存構造の変化も，資本集約型の特徴を持つ重化学工業にとって重要なサポーティングとなっている。長年の発展を経て中国国内の資本蓄積が不断に拡大し，要素資源賦存における資本・労働のレシオも絶えず高まり，金融規模も拡張し，外資導入が更に資本供給の力を増強し，重化学工業の発展にも促進的な効果を与えた。

　経済高成長への過度な追求と要素価格のねじれの影響を受けて，中国の新たな工業構造の重化学化における顕著な特徴はエネルギー・素材工業主導に現れ，高加工度化と技術集約化が明らかに制約された。近年，電力，石炭，石油などのエネルギー工業と鉄鋼，非鉄金属，建材などの伝統的原材料工業の比重が不断に上昇している。現在，中国のエネルギー・原材料工業の工業生産額のGDP比は50%近くになっている。エネルギー・原材料主導の工業構造重化学化は環境資源へ負荷を与えているだけでなく，需給構造の変化により生産能力過剰の問題も厳しさを増している。しかも中国の加工製造業は依然として一般加工製造を主としており，生産工法，技術水準，管理方式などは先進国に大きく後れを取っている。

1.3 国際分業問題とローエンドでのロックインリスク

　20世紀80年代中後期から中国は加工貿易と外資導入の方式を通じて次第にグローバルバリューチェーンの分業体制に入ったが，国際分業における地位向上の能力と動力がこの方式により大きく削がれていた。まず，加工貿易が迅速に発展し，また対外輸出の主体になった。1985年～1996年，中国の輸出総額に占める加工貿易のシェアが12.1％から55.8に拡大し，工業製品輸出に占める加工貿易の比率が24.5％から65.3％に増えた。その後2005年に至るまで加工貿易輸出の全輸出シェアと工業製品輸出シェアが始終50％以上に高止まりしていた。

　次に，外国直接投資利用の規模が迅速に拡大し，外商投資企業が迅速に中国工業品輸出の主導的な力になった。1985年～2005年に中国全輸出に占める外資企業のシェアが1.1％から58.3％に拡大した。これとともに，世界の産業構造高度化の趨勢に応じ，中国工業品貿易の製品構成も次第に労働集約型産業分野から労働集約型分野と資本・技術集約型分野平行の方向へ発展した。1985年は軽工業，紡績などの関連製品輸出が中国全輸出の33.2％を占めており，機械・運輸設備の輸出はわずか5.7％であった。20世紀90年代から中国が大規模に先進国の資本・技術集約型産業の生産製造過程に組入り，機械・輸送設備輸出の持続増加がもたらされ，同製品の輸出シェアが50％以上に引き上げられ，軽工業・紡績関連製品の輸出が20％以下に下がった。現在，機械・輸送設備と軽工業・紡績関連製品が中国の国際バリューチェーン分業参入における主要分野であり，両者の輸出シェア合計で中国全輸出の約70％を占めている。近年，中国の加工貿易輸出と外資企業の地位が低下し続けているが，比重がまだ高い状況である。

　多数の工業分野での国際分業における中国の立場は，簡単，あるいは複雑な生産能力の国際配置段階におかれている。まず，中国は主に製造業の加工・組立の段階を受け持ち，複雑なパーツ部品の研究開発と製造は依然外国に依存しなければならない。具体的に言えば，中国製造業はパーツ部品などの中間財を大量に輸入し，組立・加工してから輸出するという分業特徴を持っている。中間財の中国輸入品に占める割合は際立って高く，長年60％以上の水準を保っており，米国，日本，韓国などの先進国より明らかに高い。中でも輸入額が比

較的大きい中間製品には，集積回路などのハイエンドのパーツ部品が含まれている。

一方，最終製品が中国輸出に占める比重も比較的高い。近年，中国の最終製品の輸出シェアは50%を上回っており，米国，日本，韓国などの先進国より高いばかりでなく，マレーシア，インドネシアなどの新興国よりも高い。中でも加工貿易を主とした機械設備と一部の労働集約型最終製品の輸出品に占める割合が高い。次に，中国は多くの業界で高品質製品を輸入し，低品質商品を輸出するという特徴を持っている。さらに，近年中国が比較的深く国際分業体制に参入している産業は，普遍的に価値増加能力が低下する傾向を見せており，中国工業が世界産業と製品内分業のローエンド部分にロックインされ，一部業界の国際分業状況が更に悪化するリスクさえ存在している。

2. 中国のパターン転換とグレードアップの進展と問題

2.1 中国工業のパターン転換とグレードアップの進展

中国政府の関連計画では，工業のパターン転換とグレードアップをするには工業発展を革新駆動，集約高効率，環境友好，民生有利，内生的成長という基礎のうえに据え置き，不断に中国工業の核心的競争力と持続可能な発展力を増強させる必要がると指摘している[1]。この政府文書に基づき，本章における工業のパターン転換とグレードアップとは，工業の核心的競争力と持続可能な発展力の増強という目標を目指して工業発展が伝統的様式から新型様式へ転換していくプロセスを指す。当面の中国工業発展の実際状況から見れば，工業のパターン転換とグレードアップは以下の重点分野に現れている。即ち，工業成長の効率性実現は粗放・低効率型から集約的高効率型へ転換し，工業発展の動力は要素駆動型から革新駆動型へ転換し，産業構造は外延的成長型から内生的成長型へ転換し，省エネ環境保全能力も環境損耗型から環境友好型へ転換することが達成されるということである[2]（表2-2）。

工業のパターン転換とグレードアップを誘導・促進するために，中国政府は2011年に「工業のパターン転換とグレードアップ計画（2011−2015）」（以下

40 第 2 章 中国の工業構造調整の特徴と問題

表 2-2 中国工業のパターン転換とグレードアップの方向性と任務・目標

重点	伝統様式	新型様式	主要任務	戦略目標
効率性の向上	粗放的・低効率性	集約効果	工業成長の質と効率の引上げ	工業の核心的競争力と持続可能な発展力の増強
発展の動力	要素駆動	革新駆動	企業のイノベーション能力の底上げ	
産業構造	外延的拡大	内生的成長	産業の加工水準と技術の集約度及び規模経済業界の産業集中度の向上	
省エネ・環境保護	環境損害・消耗	環境友好型	産業のエネルギー消費・汚染排出の削減	

出所：筆者作成。

「計画」と略す）を制定して，多方面から"12・5"期における工業のパターン転換とグレードアップの具体的目標を掲げたが，しかし同期の計画が終了した時点になっても多くの目標は予期通りに実現できていなかった（表 2-3）。

2.2　中国工業のパターン転換とグレードアップにおける問題点

（1）工業規模の拡大が明らかに緩慢化し，工業成長の質と効率性向上が待たれている。長年の高成長を経た中国工業は近年成長力が明確に弱まり，成長率が顕著な下降傾向を見せている。「計画」では"12・5"期の中国工業の年平均成長率は 8 ％だとされていたが，実際には 2010 〜 2015 年の中国全体の工業付加価値は 12.6 ％から 6.1 ％に下がり，年平均では 7.8 ％ぐらいで 8 ％という計画目標には及ばなかった。

また中国工業の規模的拡張の縮小傾向がすでに形成され，今後の一定時間内の成長動向は楽観視できず，更に低下していく可能性も否定できない。工業成長が低下したことは工業成長の質と効率性の低下と密接な関係がある。足元の状況から見ると，工業経済の質と効率性も予期目標に達することが難しいと思われる。「計画」では 2015 年の工業付加価値は 2010 年より 2 ポイント向上し，工業の労働生産性が年平均 10 ％増と掲げられたが，実際，近年の工業付加価値は増えるどころか下がってしまった。2014 年の工業増付加価値[3] は 2010 年より累計 2.7 ％下がっており，労働生産性[4]（第 2 次産業ベース）は年平均 7 ％増に過ぎず，計画目標値を 3 ポイント下回っている。工業発展の質と効率性の低下により規模拡大による工業発展の持続が明らかに困難になり，中

2. 中国のパターン転換とグレードアップの進展と問題　　*41*

表 2-3 "12・5"期に中国工業のパターンチェージ・グレードアップの主要指標の進展状況

区分	指 標		2010 年	2015 年目標	2014 年実績	達成状況
経済運営	工業付加価値成長率		12.1%	年平均増加 8%	年平均増加 8.3% 2015 年まで年平均増加 7.8% 見込み	未達成
	大中型企業付加価値比率 5		<23.3%	累計増加 2 ポイント	累計 2.7 ポイント増加	未達成
	全員労働生産性 6 （元／人）		86 441	年平均増加 10%	113,189 （年平均増加 7%）	未達成
技術革新	大中型企業の R&D 支出の業務収益に占める比率（%）		–	>1.0	0.84	未達成
	科学技術機構を有する大中型工業企業の比率（%）7		–	>35	16.9	未達成
産業構造	エネルギー・原材料産業売上高比率(%)		41.3	–	40.0	低下
	設備製造業の売上高比率（%）		33.5	–	33.0	低下
	その他製造業の売上高比率（%）		25.2	–	27.0	増加
	戦略的新興産業売上高の工業付加価値に占める比率（%）8		7	15	10.6	未達成
	産業集中度（%）	鉄鋼業上位 10 社	48.6	60	36.6	未達成
		造船業上位 10 社	48.9	>70	50.6	未達成
		自動車業上位 10 社	82.2	>90	89.7	達成
省資源と環境保護	規模以上工業企業の単位当たり工業付加価値エネルギー消費量削減率（%）		–	21 (5 年累計)	21 （4 年累計）	達成
	単位当たり工業付加価値の水消費量削減率（%）		–	30 (5 年累計)	28 （4 年累計）	完成

出所：「工業転型昇級計画（2011-2015 年）」及び国家統計局，関係業界協会の統計数値による。

国工業の長期にわたる粗放的な発展によって蓄積した構造的な矛盾が顕在化してきている。工業規模の拡張が阻害され，品質と効率性の向上が緩慢であるといった二重の特徴が中国工業のパターン転換が急務となっており，また必然な選択であることを裏付けている。

42　第2章　中国の工業構造調整の特徴と問題

(2) 企業のイノベーション主体という位置づけが強まり，研究開発の投入水準もいくらか改善している。近年，中国政府は積極的に企業を主体とするイノベーション体制づくりに取り組んでおり，企業のイノベーション主体の位置づけも明確に強まってきた。2013年，中国企業の研究開発支出と研究開発事業経費はそれぞれ中国全体の74.6％と76.6％[9]を占めており，アメリカとドイツよりも高く，日本と韓国のレベルに近い。しかし，中国の第2次産業特に工業のGDP比率が上述の国より顕著に高いことを考えれば，企業全体の研究開発支出額と比率が高くても具体的な業界と企業の研究開発投資水準がまだ高くない状況である。中国企業全般の研究開発投資水準とイノベーション能力は厖大な産業規模に相応しくない。「計画」では，2015年における大中型工業企業のR&D支出は売上高の1％を占めるという目標を提出していたが，2014年の同指標の実績は0.84％で2015年に若干高くなっても依然目標値に届かないのが実態である。比較して見ると，中国企業のR&D投入水準は先進国とはまだ大きく差がついている。

現在，中国製造業のR&D支出水準はおよそ米国と日本の4分の1程度で，ハイテク産業のそれは米国と日本の10分の1と5分の1程度に及ばない状況である。また企業のイノベーションの効率性と科学技術の移転率も相対的に低い。2012年，中国の10億ドルGDP当たりの3大市場（米国，EU，日本）における発明特許は0.07件に過ぎず，米国の10分の1，ドイツと韓国の約20分の1，日本の40分の1に相当。現在の中国科学技術研究成果の移転率はわずかに10％程度だが，先進国では約40％になっている[10]。こうした低い研究成果の移転率では科学技術資源の無駄が生じているばかりでなく，研究開発投資による工業成長への貢献度も大きく低下させられている。技術革新の能力不足は，人的資本水準が低いことと大きく関連している。現在，中国の就業者に占める科学技術研究者の比率は極めて低い状況にある。2012年の中国1,000名当たり従業員の研究者数はわずか1.83人でアメリカとドイツの4分の1，日本の6分の1，韓国の7分の1に相当する。

(3) 産業構造は高加工水準に向けて向上しているが，産業組織構造の調整歩調が緩慢である。先進工業国の経験で証明されているように，工業化の過程において重化学工業の段階[11]は越え難く，重化学工業段階の後期における高加

工水準と技術集約化へのレベルアップが工業構造のグレードアップの必然的な道筋である。21世紀に入ってから中国は重化学工業化段階に入った。しかし，同様の段階にあった先行工業国とは，エネルギー・原材料工業の工業に占める高比率とそれに対して加工製造工業の割合が極めて低い，という点で大きく異なる。近年中国工業におけるエネルギー，素材産業の比率は継続して40％を超えており，産業規模の持続拡大と市場需給情勢の変化により設備過剰の問題が日増しに浮上してきている。現在，中国の鉄鋼，セメントなどの大口製品の生産と需要は共に世界一になっており，将来多くの製品需要が次第にピーク水準に達することが見込まれる。これに加えて，エネルギー，素材産業の発展は日増しに強まる環境資源の制約を受けるため，成長の抑制力が顕著に増大している。

2010～2014年，中国のエネルギー，素材産業による工業成長への寄与率は41.1％から38.4％に下がり，設備製造業（電子設備除く）の寄与率は27.8％から24％に下がった。同時期におけるその他製造業の寄与率は31.2％から37.2％に上がり，そのうち計算機，通信その他電子設備製造業の寄与率は6.3％から7.4％に高まり，医薬産業のそれは1.6％から3％へ上がった。このことは，工業構造では高加工度水準への転換がなされ，グレードアップが始まっている傾向を示している。しかし，中国工業の加工度は先進国に比べてまだ大きな差がある。現在，中国の機械類製品の粗金属に対する加工度指数は3倍足らずだが，2009年の日本と韓国の同指数はそれぞれ5.94と5.69に達していた。

中国の製造業は一般に加工製造を主としており，生産工法，技術水準，管理方式が相対的に遅れている。産業組織構造からみると，規模的経済工業の市場集中度を引き上げることが構造最適化の目指す重要方向である。近年中国政府は一連の誘導促進の政策措置を講じてきたが，実際の効果は予期した通りではなかった。政府計画では，2015年の鉄鋼，造船，自動車の上位10社の産業集中度がそれぞれ60％，70％，90％以上になることが提起されたが，2014年には自動車分野の産業集中度だけが89.7％になり，計画目標に近づいたものの，鉄鋼産業の集中度が逆に2010年の48.6％から36.6％に下がり，造船業の集中度はわずか50.6％に高まったに過ぎず，計画目標値と大きく乖離している。ちなみに現在の韓国と日本の上位10社造船企業の集中度はそれぞれ90％以上と

70%以上である。産業組織構造の最適化の基本目的は市場の効率性の向上にあるが，これは高効率の大企業による有効な市場競争を経て生まれるもので，市場集中度の向上はこのプロセスにおける副産物に過ぎない。集中度の向上を図るために更に多くの行政的政策で大企業を育成するのでは本末転倒になりかねず，最終の政策目的は達成しにくいであろう[12]。

(4) 省エネ・環境保護目標は予期通り実現する見込みだが，グリーン製造発展の任務が依然として差し迫っている。近年中国政府の省エネ・排出削減を重視する姿勢が明確に強まり，一連の関係政策の公布と実施強化が工業の省エネ・汚染排出に大きな抑制効果を与えた。計画によると，2015年までに1万元当たりの工業付加価値生産のエネルギー消費量と水使用量が2010年比でそれぞれ21%減と30%減となっていた。2014年現在，工業のエネルギー消費量と水消費量は2010年よりそれぞれ累計21%と28%削減し，"12・5"計画目標を繰り上げて達成できる見込みであった。工業の省エネ・節水の実績が予期以上に良かった。しかし，この状況が足元の経済減速と密接に関連していることを看過してはならない。

最近の重化学工業を主としたエネルギー高消費，高汚染産業の減速度合いは明確に工業全体よりも速く，工業における産業シェアも下がっておりこれによる原単位の工業エネルギー消費と水消費量の削減に重要な影響があった。それにもかかわらず，中国工業のグリーン発展の任務が依然切迫としたものとなっている。

まず，工業のエネルギー総消費量と汚染物質排出総量が上限値にせまっている。2014年の中国石炭消費量が世界全体の約半分を占めており，原油輸入依存度が59%に高まった。工業によるエネルギー消費量が中国全体の70%を占め，工業の二酸化硫黄，窒素酸化物排出量が全国排出汚染物質量の90%と70%にのぼり，煙塵，粉塵の排出量が全国の85%を占めている。特に危険性の高い多くの非常規汚染物質がほとんど工業に由来している[13]。

資源環境の損耗は中国工業付加価値の10%以上を占めている[14]。2014年の中国大中型工業の付加価値は前年比8.3%増であったが，これよって試算すれば資源環境の損耗で生じた成長が1ポイントを超えることになる。次に，工業原単位のエネルギー消費と汚染排出がまだ世界の高水準に留まっている。中

国の二酸化炭素の排出量は世界全体の24％を占め，中国GDPの世界シェアよりも10ポイント高い。中国工業の付加価値原単位のエネルギー消費量は世界平均水準の1.5倍で，米国，日本，韓国それぞれの1.5倍，2.7倍，1.6倍で日本の20世紀80年代中期のレベルに相当する。1 m³当たりの空気中の顆粒状物質の含有量が世界の1.4倍で，上記3カ国それぞれの3.3倍，2.4倍，1.9倍に相当する。インドとブラジルなどの発展途上国と比較しても中国のGDP原単位当たりのエネルギー消費量と汚染排出量がやはり高い状況にある。

　最後に，中国工業の省エネ・環境保全の技術能力の早急な向上が求められている。中国工業の技術設備と管理水準が不揃いで，エネルギー高消費，高汚染のローエンド技術設備と製品がまだ大きな比重を占めている。世界の先進水準に比べ，中国の鉄鋼，建材，石化などの主要業界のエネルギー・資源利用の効率が10％〜20％程度遅れている。中国の工業付加価値原単位の水消費量は日本と韓国それぞれの6倍と10倍に当たる。このほか，グリーン製造発展のための関連条件の整備改善も求められている。機械設備と製品のグリーン設計能力とソフトウェアサポートツールが足りず，廃棄家電，車，産具機械などのリサイクル率が低く，2次汚染問題が起きている。

　総じていえば，中国工業のパターン転換とグレードアップにはまだ実質的な進展が見られず，工業のイノベーション能力，リスク対応能力，持続可能な発展能力，及び国際競争力のいずれも増強する必要がある。工業発展の基本的規則に順応し，新情勢下において体制とメカニズムの改革を加速させ，工業のパターン転換と高度化における多くの障害を取り除かなければならない。

3. 中国工業のパターン転換・レベルアップを抑制する主な障害

　本質的にみると，工業のパターン転換・レベルアップの過程は市場と政府の総合作用の下での企業競争と選択実施のプロセスである。中国は体制移行段階にあるキャッチアップの国として先行工業国と異なる新しい技術環境や国際競争の新情勢に直面しており，将来的には産業を中高レベルへ邁進させる必要があるため様々な制約要因を早期に排除しなければならない。

3.1 一部の産業の余剰設備問題による企業の収益性の制約

　近年，経済成長の低下と需要減速などの多くの要因による影響を受けて，一部業界の設備余剰問題が深刻化し，特に鉄鋼，石炭などの重化学工業分野に顕著である。

　【鉄鋼業界】　2015年現在で中国鉄鋼産業の設備能力は11.3億トン前後に達し，重点大中型企業の負債率は70％を超え，粗鋼生産設備の稼働率は2010年の79％から2015年の70％前後に下がり，鉄鋼設備の余剰は地域的，構造的なものから絶対的過剰に転化し，業界全体は長期的に低収益の状況で運営されている。2015年，全国の粗鋼生産量は8.04億トン，前年比2.3％減少し，30年間で初めてマイナス増を記録した。中国国内の鉄鋼見かけ消費量は7億トンで前年比5.4％減となり，2年連続の減少であった。重点鉄鋼統計対象企業の売上高が2.9兆元，前年比19.05％減，645億元の赤字を出しており，赤字の企業は50.5％に及んだ。

　中国の鉄鋼企業の発展水準はばらつきがあり，ローエンド，低付加価値の産業設備がまだあり，監督管理や処罰及び劣後設備削除機能の不全により低生産性またはゾンビ企業の市場退出が難しく，業界自律性が低く，無秩序な競争で市場機能に歪みが生じている。トン当たりの製鉄エネルギー消費量と汚染物質排出量が逐年下がっているが，鉄鋼生産量の増加によるエネルギー消費量と汚染物質総量の増加を相殺することはできないため，特に京津冀，長江デルタなどの鉄鋼設備集積地帯の環境負荷は極限状態に迫り，早急に劣後設備と企業の淘汰実施を通じてグリーン・持続可能な発展を図らなければならい。

　【石炭業界】　エネルギーの構造調整により石炭消費の需要が大幅に減少し，供給能力の過剰状況が持続し，需給バランスが大幅に崩れ，多くの石炭企業の収益が減少し，市場競争秩序が乱れ，安全生産のリスクが拡大している。国家統計局によると，2015年大中型石炭企業による原炭生産量は36.85億トン，前年比1.34億トン減（同3.5％減）であった。全国鉄道の石炭輸送量は20億，前年比12.6％減，主要港湾による石炭運送量が6.44億トン，5.5％減であった。2015年1～11月期の全国大中型の石炭企業の売上高は2.28兆元で前年比14.6％減，利益は425.5億元，前年比61.2％減となった。全体的にみると，中国石炭生産の効率性はまだ低く，1人当たりの生産性は先進国と比べて大きな

開きがある。炭鉱の発展のレベルも不揃いで，先端的で高効率の大型現代化炭鉱と技術設備が劣後で安全保障や管理水準が立ち遅れている炭鉱が併存しており，年産30万トン以下の小炭鉱がまだ6,500箇所ある。石炭産業の集中度が低く，企業競争力が弱く，低効率な企業が大量に資源を独占しているので市場退出の任務遂行が難しい。

このほか，電力，セメント，電解アルミなどの業界にも程度の異なる設備過剰問題があり，効率性が大きく制約され，産業のパターン転換とグレードアップの能力も削がれている。

3.2 産業技術システムと企業のイノベーション能力・問題点

現在，中国では各種産業のイノベーション主体の位置づけが曖昧で，相互間の協調関係と体制づくりが不完全かつ資源の有効利用と配置に不利で，産業のイノベーション発展を大きく制約している。中国工業の規模拡大空間の縮小に伴い，工業企業の発展による技術への期待が顕著に高まっている。それにもかかわらず，長期的な市場拡大のなかで効果的なイノベーション奨励体制の欠如により中国の多くの工業分野の内資企業は自主的なイノベーションの成果蓄積に乏しく，イノベーションの動力と能力不足が工業のパターン転換とグレードアップの主な制約要因になっている。特に，イノベーション能力の欠如により国際産業競争への参入戦略の推進をサポートすることが難しく[15]，全体的にみると，当面の政府によるイノベーション支援の方式にはまだ大きな改善余地が存在している。

まず，政府の研究開発への支出が増加されるべきである。2014年の中国全社会のR&D支出額はGDPの2.09％を占めており，2012年の米国，ドイツ，日本，韓国よりそれぞれ0.7，0.89，1.26，2.27ポイント低い。また中国のR&D投資主体の中で政府支出分が比較的少ない状況である。2013年の中国政府によるR&D支出額が社会全体の21.1％を占めており，米国，ドイツ，韓国より明らかに低いレベルにある。

次に，産業技術イノベーションのための公共サービスと基礎研究の供給が不足している。現在，中国のイノベーション資源の分散化などの問題が早急な改善を要している。キーテクノロジーやジェネリックレクノロジーにおける重要

48 第2章 中国の工業構造調整の特徴と問題

なブレークスルーが極めて欠如しているため，有効なイノベーション連鎖の形成が難しく，イノベーションによる業界発展へのサポーティング効果がうまく発揮できない。

現在，中国の企業，研究機構のイノベーションは単独作戦の状態で行われているのが一般的で，多くの重要業界領域では国家クラスまたは業界クラスの重要技術研究共有プラットフォームがないため，産業の重要工程技術が長期的に確立されていない。先進国の経験から見ると，大学などの公益性科学研究組織が基礎型研究の主力である。中国の基礎研究力は相対的に弱く，大学などの科学研究機構は基礎研究の重要な力であるが，2013年の中国大学のR&D支出は全体の7.2%に過ぎず，米国，ドイツ，日本，韓国よりそれぞれ7，10.8，6.3，2ポイント低い。2012年の中国基礎研究支出の割合は全体の16.6%で日本と韓国の半分程度である。基礎研究が薄弱であることは中国全体のイノベーション能力形成を大きく制約している。基礎研究支出が足りないことと市場指向であることにより一部の大学と科学研究機関は企業が担当すべき応用研究と開発研究を多く肩代わりしており，一部のものが大学や研究院直属の企業を通じて直接生産領域に入っている。

これはある程度において基礎研究とジェネリックテクノロジー研究の公共性を破壊している。企業自身の技術開発能力の迅速な向上に伴い，大学の産業技術イノベーション体制における分掌は更に基礎研究とフロンティア技術領域に傾斜すべきであろう。

最後に，科学技術成果の移転メカニズムが十分に機能しておらず，科学技術成果の移転率が低い。現在の中国科学技術研究成果の移転率はわずか10%程度で先進国の40%前後の水準に大きく開かれている。低い成果移転率は，全社会のR&D投入による産業技術イノベーションへの寄与度を弱体化させてしまう。関係研究によると，近年における中国の技術革新促進策は発明特許の取得と申請の件数増加に一定の促進効果があるが，新製品の生産額などの経済的アウトプットに影響を与えていないようであり，経済的アウトプットが逆に下がってしまう傾向もあるという。

3.3 人的資本供給支援能力の向上の必要性

　人的資本によるイノベーションレベルへの影響が著しいので，イノベーション能力の向上には高い資質の人材システムから切り離すことはできないが，目下中国の人材支援能力は先進国に比べてまだ大きな開きがある。

　第1に，中国の研究開発と科学技術人材の密度がまだ低い。人材不足が中国のイノベーション発展を制約する際立った課題の1つである。近年，中国の科学技術の人的資源の総量と研究開発従事者数は世界一になっており，2013年の中国科学技術的資源の総量は7,105万人，R&D人員数が501.8万人，R&D専従換算量が353.3万人・年になっている。この2つの指標については世界最大のレベルになっている。中国は人的資源の大きな国に成長したが，科学技術者人口の比率では先進国にまだ大きく遅れている。2014年，中国の1,000名当たり従業員の研究者数がわずか4.8人であるが，ドイツ，日本，韓国はそれぞれ14.41人，13.73人，16.83人である。中国の1,000名当たり従業員の科学技

表2-4　中国の研究開発人員投入の水準変化と国際比較

年次	従業員1,000人当りのR&D従事者数（人）				従業員1,000人当りの科学技術人員数（人）				
	中国	ドイツ	日本	韓国	中国	ドイツ	日本	韓国	米国
2000	1.28	12.14	13.64	6.53	0.96	6.46	9.85	5.13	7.06
2001	1.31	12.07	13.35	7.69	1.02	6.64	10.03	6.32	7.28
2002	1.41	12.11	12.92	7.78	1.11	6.71	9.66	6.41	7.55
2003	1.48	12.05	13.28	8.42	1.17	6.86	10.08	6.84	8.04
2004	1.55	11.97	13.41	8.60	1.25	6.87	10.04	6.93	7.81
2005	1.83	12.09	13.67	9.42	1.50	6.92	10.38	7.87	7.65
2006	2.00	12.31	13.82	10.26	1.63	7.06	10.40	8.64	7.71
2007	2.31	12.56	13.80	11.50	1.89	7.21	10.35	9.47	7.64
2008	2.60	12.81	13.45	12.49	2.11	7.41	10.00	10.02	8.07
2009	3.02	13.08	13.60	13.15	1.52	7.76	10.15	10.38	8.80
2010	3.36	13.38	13.61	14.07	1.59	8.00	10.17	11.08	8.48
2011	3.77	13.83	13.52	14.91	1.72	8.15	10.21	11.92	8.81
2012	4.23	14.06	13.21	16.04	1.83	8.38	10.03	12.79	8.73
2013	4.59	13.91	13.35	16.02	1.93	8.37	10.18	12.84	8.95
2014	4.80	14.14	13.73	16.83	1.97	8.22	10.47	13.49	－

出所：OECDデータベース。

術者数がわずか 1.97 人で，ドイツ，日本，韓国，アメリカ（2013 年）はそれぞれ 8.22 人，10.47 人，13.49 人，8.95 人である（表 2-4）

　第 2 に，教育の方法と体制が新しい人材育成需要に適応していない。中国現在の教育方法は依然に知識取得を主としており，革新的な思考や手を動かす能力素質面の教育を重要視しておらず，教育構造が産業構造と科学技術の発展から逸脱しており，人材開拓とイノベーションマインドが弱く，潜在的人的資源の現実的人的資源への転換メカニズムが十分に機能していない。現在，中国の人材面にける世界ランキングが芳しくない状況である。Deloitte 社公表の「2016 世界製造業競争力指数」では，中国の製造業競争力に影響する人材要素分野の得点は 55.5 で，米国，ドイツ，日本，韓国それぞれの 89.5，97.4，88.7，64.9 とは大きく離れている。中国の成年人口の平均的教育受容年数がわずか 7.5 年なのに対し，米国とドイツは 12.9 年，韓国と日本は 11 年以上となっている。中国の大学卒業者の数は膨大ではあるが，大多数の理工系卒業生は十分な実用養成技能が身についていない。将来の産業技術イノベーション発展による人的資源の需要に応えるために教育内包的な発展を推進し，イノベーション型の人材を養成することが強く求められている。

　最後に，中国の人材移動制限が科学技術者の最適配置に大きな制約を与えていることが挙げられる。中国の人的資本の市場化水準が高まっているが，労働力市場における人材資源への差別や分断がまだ広範に見られており，特に体制内外と異なる地域での人材移動に大きな障害が残されている。現在，中国の大多数の科学技術者が企業外の体制内機関に集中している。全国の R&D 人員の中で博士号取得者の 13.4％が企業に在籍し，企業の R&D 人員総数の 1.1％を占めるに過ぎない。体制内外における人材移動の障害が人材の最適化配置に大きな制約をなしており，潜在的な人的資源の優位性のイノベーションへの転換に不利である。

3.4　遅れている科学技術金融

　科学技術金融とは科学技術のイノベーションとハイテク産業発展を促進するための金融資源の総合配置と革新サービスであり，科学技術と金融の密接な結合を実現させる一連の制度的手配である。また科学技術資源と金融資源の接合

を実現し，産業技術のイノベーションを促進するための重要な経路である。現在，中国の科学技術金融の発展は比較的遅く，科学技術イノベーションと科学技術型企業発展の差し迫った需要に適応していない。

まず，政府の科学技術型企業に対する支援力が強化されるべきである。科学技術型企業，特にベンチャー型の企業がハイリスクにあり，市場での融資が難しく，政府からの一定の支援を必要としている。しかし，関連の体制やメカニズムの影響により，財政資金は利益の保持と増殖を重視しがちで，優良・成長企業を助け，科学技術型のイノベーション事業に対する関心と重視が足りない。政府資金による利子補填政策も多くは企業の収益状況に応じて補填レートを決めるので，スタートアップ期の科学技術型企業は利益がまだないことで門前払いにされてしまう。政府部門の支援重点は貸付保証などの従来の融資方法に偏重し，株主権融資や知財質権低投融資などの方式に対する認識が低く，規制が多いのが実態である。

それから科学技術金融の融資チャネルが狭い。信用貸付においては科学技術型中小企業の規模が小さく，担保獲得能力も弱いため大型商業銀行による信用貸付を得ることが難しい。

中小型の科学技術企業に対応する中小型銀行，民営銀行は発展が不十分で，科学技術型企業の区融資需要に応えられないことが多い。直接金融においては，資本市場のエントリー条件が高いので大多数のスタートアップの科学技術企業が上場による資金調達が困難である。なお，中国の株主権による投資機構の多くは私的募集株主権投資（PE）であり，主に上場予定企業向けに投資しており，主に初期創業企業を対象としたベンチャー投資（VC）及びエンジェル投資が比較的少ない。また株主権の退出システムが不完全かつ退出方式が上場を主としていて，私的募集株主権資産取引市場，M&A市場が盛んではなく，投資者が株主権譲渡による収益の獲得が難しい。

最後に，科学技術金融における仲介，公共信用サービスの発展が不十分である。現在中国企業の信用情報が工商，税務，科技，税関，工業情報などの各政府管轄部門に分散されており，情報の整合，共有，集積，開発利用が足りず，科学技術企業への誘導・促進の役割発揮が進んでいない。また市場化信用評価機構の信頼度がまだ確立されておらず，知財権質権対応と移転経路も不足して

52　第2章　中国の工業構造調整の特徴と問題

いるので，知財権質権抵当融資などの科学技術金融業務の展開が大きな制約を
受けている。

3.5　グリーン製造の法律法規の整備の必要性とグリーン製造補助サービスの問題

　グリーン製造発展の差し迫った要求に応じて中国ではグリーン製造を推進し
ているが，法律法制，体制，サービスシステムなどが完備されていない問題に
直面している。

　まず，グリーン製造法規と標準システムの整備が必要である。現在中国工業
のエネルギー消費の指標体系が比較的揃っているが，エネルギー制限指標の基
準値や許容値が低いレベルに設定されており，特に鉄鋼，石油化学などのエネ
ルギー高消費，高汚染産業に対する制限指標の調整が遅れている[16]。また科学
的で健全なグリーン製造のための技術規範，標準，法規システムがまだ整備さ
れておらず，グリーン製造の発展に明確一致な政策誘導が足りない。

　それから，地域間の環境保護法規の執行基準と実施状況における差異が大き
い。地方保護意識の影響特に一部の地域で今なお一方的に経済規模の追求で発
展の質が疎かにされてしまう傾向がある。企業と資本誘致の過程において，
時々エネルギーや資源利用価格の優遇提供で，環境法の執行基準や厳格性を寛
容的にしてしまうことがあることで異なる地域間において資源環境コストによ
る不平等競争がもたらされ，エネルギー高消費，高汚染の企業が即時に淘汰さ
れず，省エネ・環境保船善型企業の市場優位性が発揮できず，「悪貨が良貨を
駆逐する」のような不良効果が生じている。近年，中西部地域が工業化の加速
発展の段階に入ったことにつれて，中西部地域における省エネ・排出削減の状
況と全国の事業進捗が懸念される。

　また要素価格体制の改革が遅れており，環境監督管理政策が環境保全に適応
していない。現在中国の一部のエネルギー，資源などの製品価格形成がまだ完
全に市場化されておらず，関連の環境標準改訂も遅れており，環境監督管理や
法執行・処罰において地方政府による内部化妨害が多く，いわゆる資源環境の
外部性を企業損益の内部化にすることができず，企業における資源利用効率と
環境保護水準の向上に対するモチベーションも弱まってしまう。

最後に，グリーン製造のための補助支援産業の発展が遅れている。省エネ・環境保護産業がまだ初期発展の段階にあり，市場不規範，業界独占，地方保護，悪質競争などの現象がまだ少なくない。合同的なエネルギー管理，環境施設特許経営などの環境保護サービス様式の探索と改善が求められ，省エネ・環境保護産業公共サービスのプラットフォームの建設強化も待たれている。中国内のグリーン製造のためのジェネリックテクノロジーの研究開発が不足しており，基礎データも欠如し，統一標準によるデータ情報が不足し，技術の開発研究と産業化支援力が足りない。

おわりに―サプライサイドの構造改革と過剰生産能力解消の政策的構想について

　足元における一連の経済問題に対応するために 2015 年末に中国の指導層から「適度に総需要の拡大と同時に供給側の構造性改革に注力し，供給体系の質と効率性向上に注力し，経済の持続成長の原動力を増強させ，我が国の社会生産力水準の全体飛躍を実現する」ことが提起された。これを受けて，国務院から公布された "13・5" 計画綱要では「供給側の構造性改革を主線に有効供給を拡大し，有効需要を満たし，新常態の解決発展をけん引する体制・メカニズムと発展方式の形成を加速する」ことが提起された。

　今後にわたる一時期において，供給側の構造性改革が中国政府の経済運営における 1 本の重要な基本線である。供給側の構造性改革の全体的構想は以下の通りである。つまり，一連の体制・メカニズム改革を通じて供給側に存在している構造性矛盾の解決に着眼して，経済成長の新たなメカニズムを形成させることである。当面の主要任務は主に過剰生産能力の解消，不動産在庫の解消，企業のデレバレッジ・資産圧縮，コスト引下げ，有効供給の拡大（"三去一降一補"）の推進である。

　そのうち，過剰生産能力の解消は最も早く開始され，最も進展が速い任務である。2016 年 2 月に「鉄鋼業界過剰生産能力解消による困難脱却と発展実現に関する国務院の意見」（国発［2016］6 号）と「石炭業界過剰生産能力解消

54 第2章 中国の工業構造調整の特徴と問題

による困難脱却と発展実現に関する国務院の意見」（国発［2016］7号）が公布されてから，関係政府部門が立て続けに奨励・補助資金，財税支援，従業員配置転換，国土，環境保全，品質，安全などの8専門項目の付帯政府文書を制定した。事業推進の合力を形成するために，国が25のメンバー企業が参加する鉄鋼・石炭過剰生産能力解消・困難脱却発展事業推進の部間連携会議制度を発足させた。一連の組み合わせ政策が相次いで実施され，過剰設備能力解消事業が深く展開されており，市場化・法治化による過剰生産能力解消の道筋が次第に明確化してきた。

4.1 市場メカニズムによる余剰生産能力の削減への強化

2016年以降，企業の外部性低下と市場競争秩序改善に基づき，関係部門が市場参入・退出メカニズムと市場監督管理体制などの方面から多措置を用い合わせて，不断に市場メカニズムによる過剰生産能力解消を強化してきた。

まず，市場参入管理を厳格化している。これまでの規模や技術などの微視的指標の役割を強調した多くのものと違って，今回の過剰生産能力解消事業は従前以上に環境保護，エネルギー消費，安全確保などの社会的機能性に関する標準の拘束作用を重視し，標準を満たしていない鉄鋼企業の生産能力の退出を即時に追い払うものである。

環境保護については，汚染物質排出が関連法律法規の要求に満たない鉄鋼生産能力に対して日数ベースで連続処罰を行うなどの措置を取り，エネルギー消費，安全生産における強制的標準未達の企業に対し，期間限定による整頓・改造を課している。次に，積極的に各種の解消・退出のチャネルを切り開いている。過剰生産能力解消の最重要課題を踏まえて，長期休業，連年欠損，資産マイナス，政府補助依存，銀行貸し付け離しなどで経営維持をしているゾンビ企業に対し，全体の退出と閉鎖清算の実施を加速させている。宝山鋼鉄と武漢鋼鉄の統合再編の本格実施は，鉄鋼業界のために合併再編による過剰生産能力解消と構造調整事業推進の新たなページを切り開いた。このほか，一連の激励政策の整備により企業が自ら進んで設備能力を削減し，パターン転換・転業，移転改造及び国際への産業移転を進めることを奨励している。

最後に，市場秩序の監督管理を強化している。製品の品質管理を重視し，

「悪貨良貨を駆逐する」現象を途絶し，関係部門が建築用鉄筋，軸受け鋼材の無免許生産や強制性標準鋼材に合わない違法生産行為を厳格に調査・処分し，法に依り"地条鋼"生産企業を取り締まる。市場環境の改善を通じて企業が逐次にコスト競争から品質競争及び革新競争へ転換していく。

4.2 法治手段による企業の過剰生産能力解消への督促

2016年以来，関係政府部門が法律規範による市場行為への誘導を堅持し，法治手段で過剰生産能力解消過程の基本問題を解決した。

まず，法執行と監督管理を厳格にしている。環境保護法，エネルギー節約法，製品品質法の執行を強化し，法に基づき全面的に環境保護基準目標未達鉄鋼企業を調査・処分し，鉄鋼業界主要汚染物質オンラインモニタリングシステムを整備し，法に依り生産工法・単位当たり製品エネルギー消費目標未達の鉄鋼企業を処分し，無許可生産企業の違法行為を打撃し，また，工法設備が劣後かつ環境保護・エネルギー消費目標未達成の企業を閉鎖・休業させている。安全生産に対する法執行を強化し，不良記録のある鉄鋼企業の名簿（ブラックリスト）情報を即時に公表し，法に依る安全生産条件が整備されていない鉄鋼企業を処分している。

さらに，過剰生産能力解消における債務処理の際に，法に依り債権者の合法権益を保護し，企業による銀行債務の逃避行為を打撃し，金融機関を支援して企業の金融債務の再編と不良資産の処理業務を進めている。

最後に，法に依り過剰生産能力解消に関わる労働関係の変更に対処している。企業が従業員と労働関係の解消をしなければならない場合に，法に依り企業に経済的補償を支払わせ，従業員の在職期間中に未払いの賃金，社会保険料がある場合すべて償還させるようにして，また，退職者の社会保険関係の接続手続きを手配している。企業自体が抹消された場合は，法に依り従業員と労働契約関係の中止と善後の対応をすませている。

4.3 補助政策による社会不安への回避

2016年以来，関係部門が多様な政策手段の総動員による補助政策を取り，過剰生産能力解消実施と同時に連続的な社会不安問題の防止を基本線とした。

まず，財税支援を拡大し，企業にあった社会福祉機能や歴史遺留問題を妥当に対応・解決した。中央財政から 1,000 億元の専門奨励補助資金を拠出し，地方政府も多くのチャネルによる専門資金を集め，重点的な従業員の分散配置，多方式による安定再就業の支援に充てた。具体的な対応については，措置を講じて人員削減しない，または少量の人員削減にとどまる生産経営困難の企業に対し，失業保険基金を通じて職場安定手当を交付し，また専門建設基金投入の拡大を通じて創業サービス孵化と雇用吸収力を高めている。これと同時に，再就職困難人員への就職支援を強化し，条件の合った失業人員に規定により失業保険金を交付し，生活保護条件に合った者について社会救援の枠内に入れるなどとしている。

　その次には金融支援・支持を強化し，即時に企業債務と不良資産を処理し，金融リスクに備えている。関係部門が積極的に銀行業・金融機関による債務再編，破産清算などの手段で不良貸し付けの帳消しなどを支援し，企業の悪意による債務逃避行為を断固として食い止めている。企業債務の再編や不良資産処理などの重要問題の意思疎通と協調協力を進め，リスクヘッジの予備方案の準備を行い，一部の劣後企業とゾンビ企業に対し，名簿制管理を実施し，個別企業のリスクが系統性・地域性金融リスクに転化することに備えている。

　1 年間の努力により，2016 年の過剰生産能力解消任務は繰り上げて達成された。2016 年 10 月末に，全国で 4,500 万トンという鉄鋼過剰生産能力解消の任務目標を繰り上げて完遂した。主要な製鋼大省も繰り上げての目標完成を実現し，過剰生産能力解消政策のもとで市場の需給状況が改善された。鉄鋼生産量が低速成長を保ち，2016 年 1 ～ 10 月期の全国粗鋼生産量は 67,296 万トン，前年同期比 0.7％増え（前年度は同 2.2％減），鋼材生産量は 94,829 万トン，2.4％増，前年同期比より 1.4 ポイント伸び，鋼材価格が絶えず回復した。昨年 11 月 30 日時点で鋼材価格指数が 3,320 元／トンで，前年同期より 1370 元／トン値上げており（同期比 70.3％の大値上げ），2014 年 5 月 8 日以来の最新記録を更新した。

　鋼材価格の上昇により企業の経営状況が広く好転した。鋼鉄協会の統計によると，昨年 1 ～ 10 月，73 社の会員企業が累計で 278 億元の利益を出し（前年同期は 385 億元の赤字を計上），大幅に欠損を挽回しての利益創出であった。

おわりに一サプライサイドの構造改革と過剰生産能力解消の政策的構想について 57

同年 10 月 31 日現在，35 社の上場鉄鋼企業の四季報では 29 社が利益計上（全体の 8 割）になっていることを示している（前年同期には 35 社中の欠損企業が 6 割超）。12 月 1 日付けの中物聯鋼鉄物流専業委員会発表の鉄鋼業界 PMI 指数によると，11 月の鉄鋼業の PMI 指数は 51.0% で連続 2 カ月上昇しており，5 月以来の最高記録になっており，鉄鋼業界の景気回復を示している。

今般の鋼材価格の反発は環境保護対策強化，供給減少などの過剰生産能力解消政策の影響を受けている部分があるが，しかし，有効需要がまだ明確に増加していない背景の下では，鋼材価格上昇は季節的要因による需給波動の影響を受けており，また資金投機などの多くの理性的でない要素にも影響されやすいので盲目的な楽観も許されない。

過剰生産能力の解消は並みではないシステマチックな任務であり，一挙にして成就できることではない。当面の過剰生産能力の解消過程で進展が見られたとともに，事業推進にばらつきがあり，個別企業が法律法規に背いて鉄鋼生産能力を新規に増加させているなどの問題が存在している。特に新しい歴史的条件の下で過剰生産能力解消が直面する市場環境，法制環境は深刻な変化が起きており，今後の事業推進に更に高い新たな要求が突き付けられている。2017 年の過剰生産能力の解消任務が 2016 年より少なくなることはない。また鉄鋼企業の過剰生産能力解消が山場を迎える段階に入っており，サプライサイドの構造性改革を中心に市場化，法制化の道に沿って大きく前進しなければならない。

総じていえば，工業のパターン転換とグレードアップを推進するために，現実に立脚するとともに，将来にも着眼しなければならない。また目標に基づきステップごとに実施すると同時に，情勢変化に応じて不断に関連政策措置の調整を行わなければならない。

注

1 「工業転型昇級規画」(2011−2015) の印刷配布に関する国務院の通知（国発［2011］47 号［R].2011 (12)。

2 付保宗「構造調整視角の中国工業発展段階性特徴改革」[J]．2014 (02)。

3 工業付加価値比率＝工業付加価値 / 工業総生産額×%。データの取得状況により，ここでは工業企業の主要業務収入を以って工業総生産額に代替させて計算した。

4 全員労働生産性＝産業の付加価値 / 従業員数×%。ここでは 2010 年の不変価格で増加率を算出。またデータの取得状況により，また第 2 次産業と工業の主要指標の実際変化と基本的に同様な

58   第2章　中国の工業構造調整の特徴と問題

　傾向にあることに鑑みここでは第2次産業を工業と見立てて計算した。

5　全工業付加価値に占める大中型工業企業の主要業務収入の比率を指す。

6　2010～2014年の実質増加率は第2次産業の労働生産性（2010年価格）。

7　2014年の実質指標は大中型企業に占めるR&D投資のある企業の比率。

8　2014年の実質指標は大中型企業の工業付加価値に占めるハイテク製造業の付加価値の比率。

9　特に注釈しない限り，本章で言及している中国と他国との比較に用いるデータはOECDのデータベースに基づく。

10　張暁強「中国経済年会報告（2013−2014）」［R］. 2013。

11　具体的にエネルギー，原材料，重型設備製造業などの重化学工業の中国経済に占める地位が顕著に高まったことに現れている。

12　江飛涛・李暁萍「直接な市場関与と競争規制：中国産業政策の方向付けと根本欠陥」［J］. 中国工業経済，2010（09）：26-36.

13　工業情報化部節能与総合利用司「全面的にグリーン製造を推進し，生態文明の建設を加速せよ」［R］. 2015（7）。

14　データは世界銀行の関連統計により算出。

15　苗圩「新常態下の工業グレードアップバージョン」［J］.『求実』2015（1）。

16　賽迪智庫「2015年中国工業省エネ排出削減発展情勢予測分析報告」［R］. 2014。

参考文献

国務院（2011）「工業のパターン転換とグレードアップ計画（2011−2015年）印刷公布に関する通知」（国発〔2011〕47号）［R］. 2011（12）。

付保宗（2014）「構造調整視角の中国工業発展段階性特徴改革」［J］. 2014（02）。

張暁強（2013）「中国経済年会報告」（2013−2014）［R］. 2013。

江飛涛・李暁萍（2010）「直接な市場関与と競争規制：中国産業政策の方向付けと根本欠陥」［J］. 中国工業経済，2010（09）。

工業情報化部節能与総合利用司（2015）「全面的にグリーン製造を推進し，生態文明の建設を加速せよ」［R］. 2015（7）。

張娜（2015）「破産法の発展過程と前景分析」［J］.『知識経済』2015（13）。

劉燕斌（2014）「過剰生産能力解消における就業問題」［J］.『中国就業』2014（10）。

張麗華（2015）「中国知的財産権保護における欠点と改善方法」［J］.『企業改革と管理』2015（4）。

賽迪智庫（2014）「2015年中国工業省エネ排出削減発展情勢予測分析報告」［R］. 2014.

苗圩（2015）「新常態下の工業グレードアップバージョン」［J］.『求実』2015（1）。

（付　保宗）

第3章

資本・技術集約型へ転換する中国の製造業

要約

　中国の都市部では1998年から，農村からの出稼ぎ労働者が流入する地域では2005年から賃金が急速に上昇しはじめた。いまや中国の賃金水準はマレーシアやタイより高くなっている。こうした状況に適応するために，中国の製造業は従来の労働集約型の生産技術から資本・技術集約型の生産技術に転換する必要がある。

　本章では集計データを用いてそうした転換が中国の工業の各業種において実際に進行していることを確認したうえで，衛生陶器，ドローン，アパレルの3業種における労働集約型から資本・技術集約型の転換の様相を企業現場の調査をもとに明らかにした。

はじめに

　本章の目的は急速な変貌を遂げつつある中国の製造業の現状を統計データおよび企業調査に基づいて解明することである。

　中国はかつては「安価で豊富な労働力」が最大の強みだとされ，労働力を大量に必要とするアパレル，雑貨や玩具といった産業で強い国際競争力を示してきた。中国が「世界の工場」と呼ばれ始めた時期の状況は日経ビジネス編（2002），黒田（2001），関（2002）などに詳しい。しかし，2005年前後を転機として，まず労働力が必ずしも豊富でなくなり，生産現場では労働力不足が叫

ばれるようになった。その頃から，それまで安価だった出稼ぎ労働者の賃金が急上昇しはじめた。賃金上昇の勢いは2008 ～ 2009 年にはリーマンショックの影響で一時弱まるものの，2010 年以降は再び賃金の急上昇が続いている。

賃金の上昇は，それまで「安価で豊富な労働力」を強みとしてきた中国の産業の輸出を困難にする。賃金の上昇を労働生産性の上昇が上回らなければ，あるいは賃金上昇を相殺するような通貨価値の下落がなければ中国の輸出商品は競争力を失い，他国からの輸出によって代替されるだろう。これまでそうした悲観的な予想が，中国の内外で繰り返し語られてきた。

しかし，実際には中国の輸出の世界シェアは2005 年の7.3% から2010 年には10.5%，2015 年には13.9% と上昇しており，このことは中国製品の輸出競争力が総体としてみれば大幅に強まってきたことを意味する。この間に中国の通貨の為替レートは名目では2004 年の1 ドル8.3 元から2014 年には6.1 元へ，実質実効為替レートも筆者の計算では53% 上昇しているので，通貨価値の下落によって中国が輸出競争力を高めたわけではない。競争力の向上は労働生産性の上昇によるものであり，それは資本や技術といった労働以外の生産要素がより大きな役割を果たすようになったことを意味する。つまり，中国の産業は労働集約型生産技術から資本・技術集約型生産技術に移行しているのである。

本章は3 つの部分から構成される。第1 に，中国の賃金上昇の様相を中国国内の統計および国際比較統計から明らかにする。第2 に，中国の製造業が労働集約的な生産技術から資本・技術集約的な生産技術に転換している様相を集計的データから明らかにする。第3 に，資本・技術集約型に転換している様相を個別の産業や企業の事例で示す。

1. 賃金の上昇

中国の労働市場は，計画経済時代には都市公有部門と農村とに分断され，両者の間は戸籍制度による厳しい移動制限によって隔てられていた。改革開放以降，移動制限は徐々に緩んでいったとはいえ，今日でも完全に自由というわけではない。しかし，移動制限を緩める動機を作り出しているのが都市部と農村

部における資本主義セクターの成長である。

農村部, とりわけ都市周辺の農村には多くの郷鎮企業が誕生し, 農村の労働力を吸収して成長した。なかでも広東省南部（東莞, 深圳など）の農村部には輸出製品の委託加工を担う村営工場が数多く立地し, 内陸部からの出稼ぎ労働者を吸収した。また, 都市部には外国企業の直接投資による外資系企業が数多く進出したほか, 私営企業も次第に増加した。

これらを資本主義セクターと呼ぶのは, 他の2部門（都市公有部門と農村）と異なって余剰労働力を抱え込むことは基本的にはなく, 賃金が労働需給によって決まり, それに基づいて雇用量が決まるからである。都市公有部門の場合はそもそも利益追求が至上命題ではなかったため, 効率化のインセンティブが弱く, 従業員子弟の縁故採用や硬直的な雇用賃金制度のために数多くの余剰人員を抱えているのが常態であった。一方, 農村も計画経済時代には都市への自由な労働移動が封じられ, かつ人口が著しく増加していたため, 集団農業の解体によって農民の労働意欲が高まると, 余剰労働力が大きく増加した。

アーサー・ルイスの枠組（Lewis, 1954）でいえば, 都市公有部門と農村という2つの「生存セクター（subsistence sector）」があるために, 資本主義セクターは2つの部門からの無制限な労働供給を得ることができる。郷鎮企業は農村から, 都市部に進出した外資系企業や都市部の私営企業は都市公有部門から労働力を引き出すことができた。

理論的な予測では, 生存セクターが余剰労働力を多く抱えている場合は, 資本主義セクターは生存セクターにおける賃金より若干高い賃金を提示することで無制限に労働力を引き出すことができるので, 両者ともに賃金は上昇しないが, 生存セクターの余剰労働力が減少し, それによって生存セクターの生産性が上昇すると, 生存セクターの賃金が上がり, 資本主義セクターも労働力を引き出すために賃金を上げざるを得なくなる。さらに, 生存セクターの余剰労働力がほぼ枯渇すると, もはや資本主義セクターとの区別がなくなり, 両者は一体化する。

実際のところ, 中国の都市公有部門の従業員は賃金以外に住居や医療などの企業内福利を享受できるし, 終身雇用という安心感も公有部門のメリットであろう。農業にも, 農業をしている限りは食いはぐれる心配はないという安心感

があるし，加えて農村から資本主義セクターに就業先を変える場合，中国では生活環境や言語も異なる異郷へ移住することをよぎなくされることが多い。そのため，資本主義セクターが生存セクターから労働力を引き出そうとする場合には生存セクターよりかなり高い賃金を提示しなければならない。

中国の実質賃金の推移（図3-1）を見ると，実際にこうした理論的予測に沿うように変化していることが分かる。図3-1では1986年の国有企業の平均賃金を100とし，都市部消費者物価指数で実質化した国有企業，都市部の「その他の企業」，深圳市の農村部（鎮・村）の製造業の平均賃金，「外出農民工」

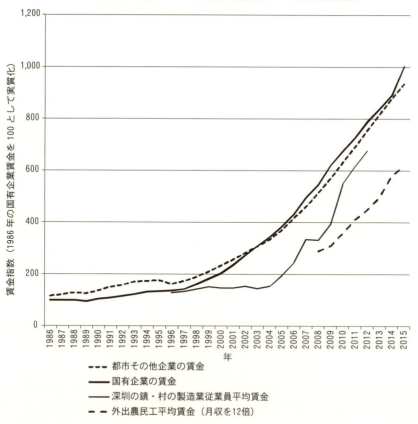

図3-1 各種賃金の動向（1986年の国有企業賃金を100とした実質賃金）

---- 都市その他企業の賃金
―― 国有企業の賃金
―― 深圳の鎮・村の製造業従業員平均賃金
---- 外出農民工平均賃金（月収を12倍）

出所：『中国統計年鑑』，『深圳統計年鑑』，国家統計局・農民工監測調査報告，各年版より作成。

（農村からの出稼ぎ労働者）の月収を 12 倍したものを示している [1]。

　まず都市部の生存セクターを代表する国有企業の賃金を見ると，1986 年から 1997 年の間は実質で 42% の上昇にとどまり，この間に中国の 1 人あたり GDP が実質で 2.5 倍になったのに比べると伸びは極めて鈍かった。この時期に国有企業が多くの余剰労働力を抱え，生産性の伸びが限定的だったことを反映している。

　都市部の資本主義セクターを代表するものとして「その他企業」（主に外資系企業と私営企業から構成されている）の賃金を見ると，1986 ～ 1997 年の期間には国有企業の 2 ～ 4 割増しの賃金を出しており，この差が賃金以外の各種の待遇を享受している国有セクターの労働者たちを引き出すためのプレミアムだったとみなせる。「その他企業」の賃金の上昇ペースは国有企業よりやや速いものの，やはり 1 人あたりの GDP の伸びを大幅に下回る 51% の上昇にとどまっている。つまり，生存セクター（国有企業）からの無制限労働供給を享受していたため，資本主義セクター（「その他企業」）もそれほど賃金を上げる必要がなかったのである。

　それが 1998 年以降は国有企業と「その他企業」の両方の賃金が急速に上昇し始めた。これは生存セクターである都市公有部門の余剰労働力が減少し，その生産性が上昇し始めたことを反映している。ただし，都市公有部門における余剰労働力の減少は，資本主義セクターが国有企業から労働力を吸い出した結果というより，むしろ 1993 年以降，政府が国有企業から余剰労働力を削減するように促し，また大幅な人員整理を可能とするような制度を政府が整えた結果であった（丸川，2002）。図 3-1 によれば 2003 年に国有企業とその他企業の賃金水準は同じになり，それ以降は国有企業がその他企業を上回るようになる。これは 2003 年をもって国有企業が構造的に抱え込んでいた余剰労働力が枯渇し，国有企業と資本主義セクターの労働市場が統合されたことを示すと言ってよい。

　一方，もう一つの生存セクターである農村から資本主義セクターへの労働力の移動はこの時期にもまだ盛んであった。図 3-1 では深圳市の農村部（鎮・村）の製造業の平均賃金を示しているが，これは農村部からの出稼ぎ労働者が向かう先の資本主義セクターにおける賃金を最も純粋に示しているものとして

取り上げた。

郷鎮企業は一般に地元の農民を優先的に雇用するなど必ずしも「資本主義的」に行動しないこともあるが，深圳・農村部の製造業においては地元農民が生産現場で働くことはきわめて稀である。この地域では地元出身の労働力は早々に枯渇し，製造業の労働力はほぼすべて出稼ぎ労働者に頼っている。そこで成立した賃金は制度や政策の制約がなく需給のみで決まる。深圳・農村部での賃金は 1996 年から 2004 年の間，実質でわずか 19% しか上昇しなかった。つまり，農村部の労働力が流入するこの地域では無制限労働供給を享受していた。また，同じ時期に都市部で賃金が急上昇していたのは，都市部では農村からの無制限労働供給の利用を妨げる障壁があったことを示唆している。

しかし，2005 年から深圳・農村部で賃金の急上昇が始まった。もはや労働供給が無制限ではなくなった。注目すべきは，2004 年までは都市部との賃金格差が開く一方だったのが，2012 年には都市部の賃金水準にかなり接近していることである。これは余剰労働力を抱えた生存セクターが都市部にも農村部にも消滅したため，どこでも外部からの労働者の流入に対する制限を緩めた結果，都市と農村の資本主義セクターの労働市場が一体化しつつあることを示している。

ただ，2008 年から統計が得られるようになった「外出農民工（農村出身の出稼ぎ労働者）平均賃金」と都市部の賃金との間にはまだ年収にして 2 万元程度の差がある。これは出稼ぎ労働者の賃金統計が主に非熟練労働者の賃金を反映しているのに対して，都市部の賃金には熟練労働者の賃金も含んでいることも影響していると思われる。ただ，賃金の上昇カーブが平行していることから，やはり都市部の資本主義セクターと農村からの出稼ぎ労働者の労働市場とは連動していることが推測できる。

都市部では 1998 年，都市近郊農村の資本主義セクターでは 2005 年に始まった急速な賃金上昇の結果，中国の賃金水準はアジアのなかでも高くなってきた。図 3-2 はジェトロが毎年世界で実施している「投資関連コスト比較」のなかからアジア主要都市の「一般ワーカー」の賃金水準を抜き出してみたものである。なお，ジェトロの調査では「109 〜 218 ドル」といったレンジで調査結果が示されている場合も多いが，その時はレンジの中間値をとっている。

1. 賃金の上昇　　*65*

図 3-2　アジア主要都市の一般ワーカーの賃金水準

一般ワーカーの賃金水準（米ドル）

凡例：
- ■ 北京（中国）
- ▲ 上海（中国）
- ◆ 深圳（中国）
- ⋯⋯ クアラルンプール（マレーシア）
- − − バンコク（タイ）
- — ・ ホーチミン（ベトナム）
- — ・・ デリー（インド）
- — − ジャカルタ（インドネシア）
- − − − マニラ（フィリピン）

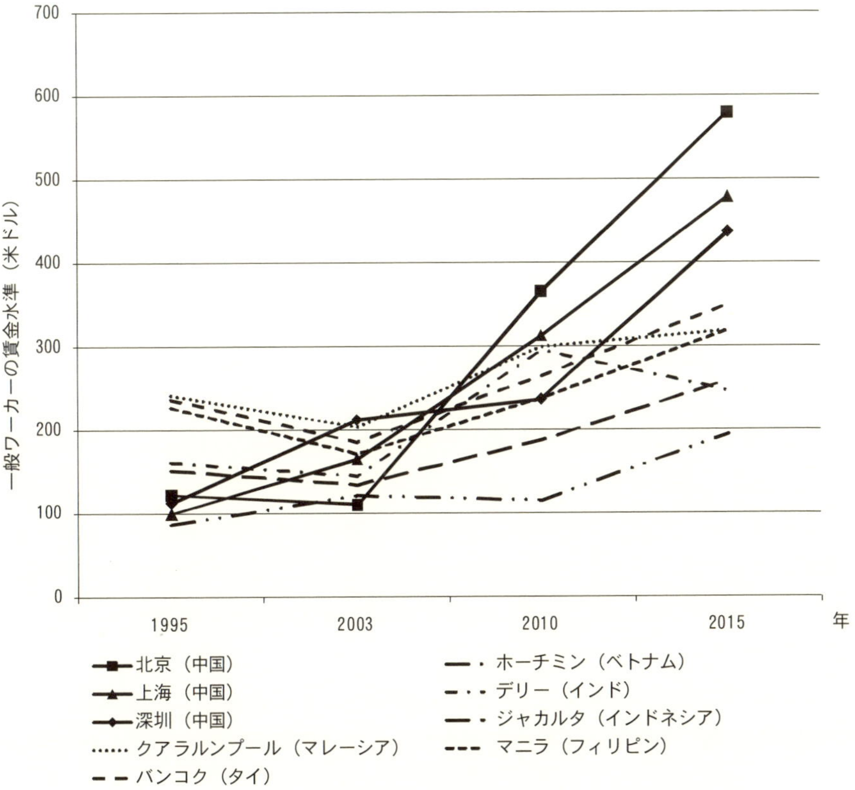

出所：ジェトロ「アジア（オセアニア）主要都市・地域の投資関連コスト比較」各年版。

　これをみると 1995 年時点では，クアラルンプール（マレーシア），バンコク
（タイ），マニラ（フィリピン），デリー（インド），ジャカルタ（インドネシ
ア）の方が中国の 3 都市（北京，上海，深圳）よりも賃金水準が高かった。図
に示した諸都市のなかで中国各都市より賃金が低いのはホーチミン（ベトナ
ム）のみであった。それが 2003 年になると少数の異常値の影響により深圳は
図に示した都市のなかで最高，逆に北京は最低になったが，上海はデリー，
ジャカルタ，ホーチミンより高く，クアラルンプール，バンコクより低く，マ
ニラと同じぐらいである。これが 2003 年における中国の平均的なポジション
であろう。それが 2015 年になると，中国の各都市がクアラルンプールやバン

66　第3章　資本・技術集約型へ転換する中国の製造業

コクよりも高くなった。ジェトロの調査では瀋陽，成都，武漢などの賃金水準
も報告されているがどこも 400 ドル前後ないしそれ以上で，やはりバンコクよ
りも高いのである。こうなると中国は労働集約的な産業の立地先としては東南
アジアやインドよりも劣るということになる。

2.　資本・技術集約度の上昇

　前節でみたように 2005 年以降は，それまで「安価で豊富な労働力」の主力
をなしていた農村からの出稼ぎ労働力においても賃金水準が急上昇し，その後
の 10 年間でざっと 5 倍にもなった。こうした賃金の急激な上昇，そして労働
力が量的にも過剰から不足に転換する中で，各産業はそうした状況の変化に適
応する必要に迫られる。そうしないと図 3-2 が示唆するように，中国の生産拠
点は東南アジアやインドに移転し，中国の産業の競争力が失われる。しかし，
本章の冒頭で述べたように中国の輸出はむしろ世界の輸出のなかでシェアを拡
大している。これは全体として，中国の産業が労働集約的な生産技術から，労
働節約的で資本・技術集約的な生産技術へうまく転換していることを示唆す
る。本節ではその様相を集計データから明らかにする。

　一般に労働，資本，技術を生産要素とする生産関数 $Y=Af(K, L)$ を想定し
た場合，単位生産あたりの資本と労働 $(L/Y, K/Y)$ をグラフ化すると，最も
効率的な生産技術の集合を示す生産フロンティア曲線は図 3-3 でいえば曲線
BB のように原点に向かって凸の形になるはずである。賃金が上昇すれば労働
が資本によって代替されるような生産技術の変化が生じ，各産業の $(L/Y, K/$
$Y)$ の座標は左上の方向へ移動するはずである。一方，技術の向上は上記の生
産関数における A の上昇を意味するので，他の条件が等しければ $(L/Y, K/$
$Y)$ の座標は左下の方向へ動くはずである。

　つまり労賃の上昇によって資本集約化が進めば左上方向のベクトル，技術集
約化が進めば左下方向のベクトルが働くことになり，資本集約化と技術集約化
が同時に進めば，2 つのベクトルを加算した方向に $(L/Y, K/Y)$ が動くと予
想される。

2. 資本・技術集約度の上昇　67

　図3-3は工業全体，および非金属鉱物製品製造業（セメント，衛生陶器，タイルなどの製造業），電子産業，鉄鋼業の3業種に関し，2006年，2010年，2015年の3カ年の (L/Y, K/Y) を示した。なお，ここでは Y として売上収入を用い，L は各産業の従業員数，L/Y を計算する場合は，Y を各産業の出荷価格指数を用いて実質化した。一方，K は各産業の総資産を用いた。K も実質化したいところであるが，そのためには各産業の資産がどのような産業の生産物によって構成されるかを明らかにしなければならない。しかしこれは難しいので，結局 K/Y を計算する際には K も Y も実質化しなかった。これは事実

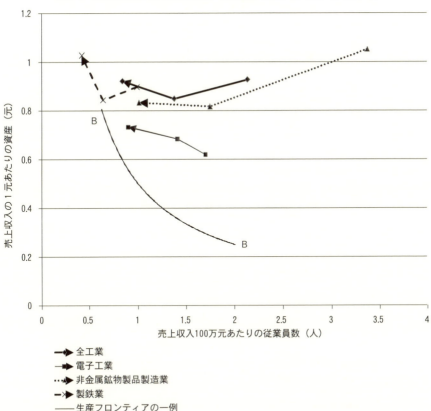

図3-3　各産業の売上収入あたり資産・従業員数（2006年，2010年，2015年）

出所：『中国統計年鑑』より計算。

上，各産業の生産物と資産の価格が同じように変化したと仮定していることを意味している。

図3-3に示した工業全体および3つの産業における座標（L/Y, K/Y）の動きはすべて理論的予想と矛盾しない。まず全工業の動きをみると，2006年から2010年の期間は左下方向に動いているので，資本集約化より技術集約化のほうが進んだが，2010年から2015年の間は資本集約化も進行した。鉄鋼業と非金属鉱物製品製造業も同様の動きを示している。一方，電子工業は両方の期間とも資本集約化が進んでいる。もう一つ注目したいことは，2006年の時点では産業間の生産性の格差が大きく，鉄鋼業と非金属鉱物製品製造業は明らか

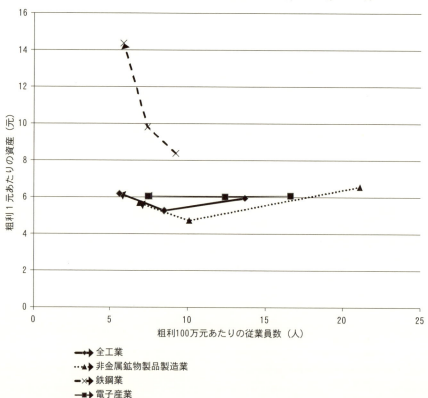

図3-4　各産業の粗利あたりの資産・従業員数（2006年，2010年，2015年）

出所：『中国統計年鑑』より計算。

に同じ生産フロンティアの上にはなかったが，2015年には各産業の座標がかなり接近してきていることである。

図3-3には示していない他の産業の状況を簡単に報告しておくと，まずL/Y（労働生産性の逆数）は例外なく2006年より2010年，2010年より2015年の方が低い。K/Y（資本生産性の逆数）の動きは，いったん下がって上がる，上がり続ける，下がり続ける，とさまざまである。また，2006年には産業間で大きな格差があった労働生産性が2015年には接近していることも確かめられた。

以上の分析では，Yを表す指標として売上収入を用いているが，生産関数の右辺に中間財を含んでいないことから本来は付加価値額をYに用いるべきであるところ，付加価値額のデータが揃わないため売上収入で代替している。ただ，各産業のコストのデータが得られるので，売上収入からコストを差し引いて粗利を計算することができる。粗利には労賃が含まれないので付加価値とは異なるが，これを元に図3-3と同様に（L/P, K/P）（Pは粗利）を作図したのが図3-4である。

工業全体と非金属鉱物製品製造業は図3-3と同様の動きをしているが，大きく異なるのは鉄鋼業である。鉄鋼業においては粗利あたりの資産（K/P）が大幅に上昇している。これは資本集約化の進行を反映している側面があるが，2015年に鉄鋼業が不振に陥り，利幅が小さくなったことも影響しているとみられる。

3. 資本・技術集約型への転換——個別産業の事例

3.1 衛生陶器

本節では筆者が実際に訪問した企業の事例から中国における資本集約型，技術集約型の生産技術への転換の状況を報告する。最初に取り上げるのは便器や洗面台などに使われる衛生陶器である。

中国の衛生陶器産業は1980年代に全国33社でTOTOやINAXなど海外の衛生陶器メーカーから技術導入を行い，発展しはじめた（張，1994）。ただ，

ホテルなどに設置する高級品は輸入に頼る状況が続き，1997 年までは輸入額が輸出額よりも多かった。1998 年以降は輸出額が輸入額を上回るようになり，2015 年には輸入が 3,611 万ドルだったのに対して輸出が 46 億ドルにもなった。いまや衛生陶器は中国にとって重要な輸出品の一つとなった。2014 年には中国が世界の衛生陶器輸出の 46%，2015 年には 58% を占めており，世界最大の輸出国になっている。

　ただ，輸出されている衛生陶器の単価をみると，2014 年の場合，中国が輸出する衛生陶器の重量当たり単価は 2.5 ドル／ kg で，輸出額が第 2 位のメキシコ（1.7 ドル／ kg）より高いものの，第 3 位のドイツ（6.3 ドル／ kg），第 4 位のイタリア（5.9 ドル／ kg）に比べてかなり見劣りがする。また，中国企業の中には自社ブランド製品を積極的に展開している企業もあるものの，アメリカの American Standard や Kohler，日本の TOTO のように世界に名の通ったブランドはまだ存在しない。

　中国の衛生陶器産業は，陶器の食器類や建築用タイルなど他の陶器生産とともに中国国内でいくつかの産業集積を形成している。陶器のうち，食器や茶碗など日用陶器と呼ばれるジャンルにおける最大の産業集積地は江西省の景徳鎮，建築用タイルの最大の集積地は広東省佛山市である。佛山市には衛生陶器における国内の有力メーカーの本社も集まっている。衛生陶器に特化した産業集積地としては広東省潮州市，山東省淄博市などもある（黄，2016）。佛山市の業界団体の認識では中国には衛生陶器メーカーが全部で 2 万社，佛山市だけで 2,000 社あるという。衛生陶器の生産量が最大の産地は河南省許昌市の下にある長葛市，次いで潮州市の下の潮安市，佛山市だが，長葛市と潮安市は中低級品を生産しているため，生産額では佛山市が最も多い[2]。

　佛山市はもともと中国最大のタイル産地であり，全国の建設業者がタイルを調達しに集まってくるため，同じく建設業者を顧客とする衛生陶器の拠点を置くにも好都合だとして，潮州など他の地域で創業した衛生陶器メーカーも佛山市に本社を移すようになった。

　国内の競争は生産条件の異なる産地間の競争でもある。佛山は地元に原料となる粘土はないものの，工業団地が整備され，大規模な工場を建てるのに有利である。また流通の拠点とするのに最適である。ただ，発達した地域のため労

賃が高い。潮安市は佛山よりも労賃がやや低く，地元に粘土の資源がある。また，港が近いので輸出品を生産するには適している。しかし，工場が建設できる土地が極めて限られている。長葛市は地元の粘土の質がよいため，潮安市の粘土よりも低温で焼けばよく，燃料代も安い。おそらく労賃も相対的に安く，国内市場向けの低級品の産地となっている。

中国陶磁品牌網というウェブサイトによれば，中国における便器の10大ブランド（海外ブランドも含む）はKohler（アメリカ），Duravit（ドイツ），TOTO（日本），American Standard（アメリカ），HCG（和成衛浴，台湾），Roca（スペイン），JOMOO（九牧厨衛，福建省泉州市），ARROW（箭牌衛浴，広東省佛山市），Hegii（恒潔衛浴，佛山市），FAENZA（法恩莎，佛山市）だとのことである。また，バスタブの10大ブランドはKohler，Roca，TOTO，HCG，FAENZA，SSWW（浪鯨衛浴，広州市），MEXDA（粤華，佛山市），帝王潔具（成都市），新泰和潔具（佛山市），DOFINY（杜菲尼衛浴，河北省唐山市）が挙げられている。このほか，衛生陶器全般を扱う国内の著名ブランドとしてHUIDA（恵達衛浴，河北省唐山市），東方潔具（佛山市），ANNWA（安華衛浴，佛山市），ORANS（欧路莎，上海）も挙げられる。このように国内の代表的ブランドは佛山市を起源とするものが多い。

中国の衛生陶器の市場構造は非常に分散しており，販売シェアが最も大きいKohlerでさえシェアは2%以下だという[3]。10大ブランドにあげられているような国内のトップメーカーは1%前後のシェアを持っているが，現状に満足せず，製品と生産技術の高度化を目指している。

製品の高度化に関して中国の主要メーカー[4]が取り組んでいるのは洗浄機，乾燥機，ヒーターなどがついた便器の開発である。日本では「ウォシュレット」など洗浄機の商標で呼ばれることが多いが，中国では「知能便器」と呼ばれる。それらの機能は先行する外国メーカーの製品にも遜色がないように見えるが，中国の消費者には余り認知されていないため，日本に旅行した中国人観光客がTOTOのウォシュレットを「爆買い」するようなことにもなっている。一方，生産技術の高度化に関しては，主要メーカーは釉薬を塗る工程でロボットを導入している。

中低級の衛生陶器の産地である潮安市では依然として労働集約的な生産技術

を用いている[5]。釉薬を塗る工程で，比較的自動化が進んでいるケースでもベルトコンベアに載せた焼き物に労働者が手作業で釉薬を吹き付けており，ロボットは使っていない。経済が発達した佛山市では衛生陶器産業に従事する一般労働者の賃金は月 4,000 元（約 640 ドル）とのことだったが，賃金上昇の波は遠く離れた潮安市にも及んでおり，工場内で最も熟練を必要としない包装工でも賃金は月 3,500 元（約 560 ドル）とのことであった。衛生陶器の工場が密集している潮安市古巷鎮は潮州市という広東省の中心地域から遠く離れた中規模の都市の，そのまた郊外であり，働いている労働者は出稼ぎ労働者が多いが，こんなところでも図 3-2 で言えば北京並みの賃金が支払われている。

　工場のなかで最も労働強度が強いのは粘土を型に入れて成形する成形工だが，これは 2 人 1 組で力を合わせて作業しなければならない一方，企業としては出来高払いで報酬を支払いたいので夫婦ないし親子を 2 人一緒に採用している。その報酬は 2 人で月に 1 万 5,000 元〜 2 万元（2,400 〜 3,200 ドル）だという。

　2015 年は賃金が高騰する一方で国内需要が停滞したため，潮安市の産業集積地では 2015 年に入ってから月 30 社ぐらいのペースで工場が閉鎖されているという。少なからぬ企業が資本・技術集約型への転換をしようにもその余裕がないまま衰退する一方で，潮安市の産地の一部では労働を機械で代替する動きも見られた。例えば焼き物に釉薬を塗るために焼き物をベルトコンベアに載せる作業は，あるメーカーでは 2 人の手作業で載せていたが，他のメーカーでは労働者が簡単なリフトを操作して 1 人で載せていた。また，水洗トイレ用のプラスチック製水タンクを生産する潮安市のメーカーでは射出成形機の脇での成形品取り出しやバリ取りなどの作業は大部分手作業で行われていたが，工場のなかで 3 台のロボットが成形品の取り出しを行っていた。

　以上のように，佛山市と潮安市の衛生陶器メーカーは，一方では賃金の上昇，他方では国内の多数のメーカーとの激しい競争の狭間に置かれ，限界的な企業は閉鎖を余儀なくされる一方，上位の企業は製品の高度化によって新たな市場を開拓したり，ロボットなど労働節約的な技術を導入することで労賃上昇に適用しようとしている。

3.2 ドローン

ドローン（無人機）は農薬散布用や軍事用といった限られた用途に使われる製品として主に先進国で開発されてきた。それが2010年代になってから趣味の空中撮影，荷物の運送，防災，橋や送電線の点検，科学的観測などに用途が広がり，その販売台数も急速に拡大してきた。ドローンは先進国でもまだプロダクト・ライフサイクルにおける導入期の製品であるが，現在その世界市場の6〜7割程度を中国企業が占めている。多くの産業で，中国は先進国でライフサイクルの成熟期に入った製品を技術導入によって国産化し，先進国へのキャッチアップを目指すフォロアーであった。しかし，ドローンに関しては中国企業が産業の導入期において既に世界の主役なのである。中国企業が先端的な産業において主導的な役割を担っていることは中国の産業の技術集約型への転換を象徴する出来事である。

中国のドローン・メーカーのなかでも最大のシェアを持っているのが深圳に本社を置く大疆創新（DJI）である[6]。DJIは香港科技大学の大学院生だった汪滔が卒業制作で作ったドローンのフライト・コントローラーを商業化するために研究室からの出資を得て2006年に創設された。創業当初は従業員20人ほどで，深圳の住宅で細々とフライト・コントローラーを製造していた。

フライト・コントローラーは数多く売れるものではないが，1台8〜10万元という高値で売れたため，創業から5年間はそれで会社を維持した。2012年にDJIとして初めてのドローンとなる「ファントム」を発売した。ターゲットとする顧客は趣味で空中撮影をしたい人たちであったが，初代「ファントム」のカメラは他社の製品を搭載していた。2013年に発売した「ファントム2」は自社製カメラを自社製ジンバルによって飛行体に固定していた。防災や点検といった実用目的よりも販売数量の多い趣味用を狙ったことが効を奏し，DJIの事業規模は急速に拡大した。製品を自社工場で生産していることもあり，2015年9月時点で従業員数が4,000人を超え，企業価値は100億ドルと言われる。

空中撮影用のドローンの機能において重要なのは安定した飛行，性能の良いカメラ，そして機体の揺れをカメラに伝えないようにするジンバルであるが，DJIはこの3要素に関わる部分をすべて自社開発している。

74　第3章　資本・技術集約型へ転換する中国の製造業

また，ドローンのような導入期の製品においては，既存の市場があるわけではなく，ドローンがどのような用途に使えるのか，ドローンで何ができるのかがわかっていない。そのため DJI では同社のドローンを購入したユーザーたちのコミュニティをウェブ上に作り，ユーザーが見つけた新しいドローンの使い方を紹介している。つまりイノベーションを企業の枠の中だけで進めるのではなく，むしろユーザーとともにドローンの可能性を発見し，製品の進化につなげようとしている。

3.3　アパレル

アパレル産業は，その主要な工程である縫製において労働者1人がミシン1台を使って縫うという昔ながらの労働集約的な生産方式が今日でも続いており，それ以外の選択肢がない。それゆえにアパレルの工場は労働力が安価で豊富な国に移転しやすいし，労賃が上がった国ではアパレル工場を維持することは難しい。図3-2でみたように中国がアジアのなかでも賃金が高い方になってくると，アパレル縫製業が中国からアジアのより低賃金の国，すなわちベトナム，インドネシア，カンボジア，バングラデシュなどに移っていくのは必然的である。

アパレル産業が高賃金国に存続しつづける方策として，ユーザーの細かい要求や急な需要に即応できるようにすることが有効である。衣服は体積当たりの単価が安いため，航空機で輸送するということは通常は考えられない。海外であれば船で輸送することになるが，そうすると消費地から遠い地域の工場は輸送に時間がかかるという不利を背負うことになる。逆に消費地に近い工場は輸送時間におけるアドバンテージを持つので，それを生かせるような製品戦略をとれば，賃金が上昇しても工場を存続することが可能となる。

労賃上昇に適応するための製品戦略の1つとして，個々の消費者の要求に合わせた注文生産がある。注文してから生産を始めた場合，工場が遠隔地にあると注文した製品が届くまでの時間が長くなるが，工場が近接していれば納期が短縮できる。しかし，注文生産は1品ごとの生産になるため規模の経済性が犠牲になり，コストが高くなってしまう。コスト高のため注文生産品の市場は限定されることが多い。

ドイツが提唱している「インダストリー4.0」のなかで，大量生産による低コストのメリットと，注文生産によって個々の需要に対応できるメリットを両立させることを目指す「マス・カスタマイゼーション」が１つのキーワードになっている。注文生産によって個々の需要に対応すれば顧客満足度を上げてより高い価値を実現できる一方，大量生産を行ってコストを抑えられる。それを実践している中国企業として紳士服メーカーの報喜鳥集団の事例を紹介しよう[7]。

報喜鳥集団は中国全土に1,356カ所ある販売店でオーダーメイドの紳士服を販売している。客は店に備えられた生地のサンプルを見て，体を採寸してもらい，さまざまなオプションを店に備えられた端末上で選択していく。注文が入ると，まず生地を裁断する。同社の工場では型紙を当てての手作業による裁断がまだ主流だが，国内の機械メーカーとの共同開発によってレーザーを使った自動裁断機を上海の工場では４台，温州の工場では８台導入している。同社は温州，上海・松江区，安徽省合肥の３カ所に工場を持っているが，上海・松江区の工場の場合，一般労働者の月収は手取り 3,000－4,000 元（約 480－640 ドル），熟練労働者となると 5,000－6,000 元（約 800－960 ドル）である。このように労賃が高いので，手作業による裁断を自動裁断機によって代替しようとしているのである。

裁断された生地は「インテリジェント・ハンガー・システム」と称するハンガーにかけられ，それが工場内の各工程を回っていく。各ハンガーには一着ごとの服の仕様が書き込まれた IC タグが入っており，さまざまな機能に特化したミシンを備えた各工程を生地が回っていくとき，作業者はその仕様を端末で読んでそれぞれに合わせた作業をする。こうして流れ作業の効率を犠牲にすることなく一品ごとの単品生産を行っているのである。注文生産でありながら，店舗における発注から納品までのリードタイムが７日なのだという。

おわりに

第１節では中国における労賃上昇の状況を跡付けた。いまや中国各都市の賃

76　第3章　資本・技術集約型へ転換する中国の製造業

金水準はバンコク，ジャカルタ，マニラを上回り，アジアの中でシンガポール，韓国，台湾に次いで労賃が高い国となった。そうした状況に適応するために中国の各産業は労働集約的な生産技術から資本集約的，技術集約的な生産技術への転換を迫られており，第2節では実際にそうした変化が起きていることを集計データによって確認した。第3節では筆者が2015年と2016年に調査した衛生陶器，ドローン，アパレルの企業の現場において労働集約的生産技術から資本集約的，技術集約的生産技術への転換がどのように起きているかを紹介した。産業の出発点からして技術集約的なドローン産業と，労働集約的生産技術が宿命ともいうべきアパレル産業において高付加価値化と資本・技術集約型生産技術への転換を試みている報喜鳥集団には今後の発展への希望が感じられるが，衛生陶器産業はなかなか難しい局面にある。高付加価値品の「知能便器」を開発してもなかなか消費者に認知してもらえないし，生産現場での機械やロボットの導入が遅れる一方で労賃高騰にも苛まれている。現状では世界の中で圧倒的な輸出競争力を持っているものの，今後，製品の高付加価値化と生産技術の転換に成功した企業だけが生き残り，転換し損ねた多くの企業が淘汰される可能性がある。

注

1　他の賃金と比較するために12倍したが，出稼ぎ労働者を多く雇っているような沿海部の工場では春節（旧正月）に1カ月程度休業し，その間は賃金が出ないのが通例である。そのため，出稼ぎ労働者の年収は月収の11倍程度になるのが一般的だと思われる。

2　仏山市衛浴潔具行業協会秘書長・劉文貴氏へのインタビューによる（2015年9月11日）。

3　同上。

4　ここでは2015年9月11日に筆者が訪問した東鵬潔具と恒潔衛浴の状況を報告する。

5　ここでは2015年9月12日～13日に筆者が訪問した潮安市古巷鎮の潮安県植如建築陶磁有限公司，牧野陶磁製造有限公司，潮安区丹尼斯陶磁実業有限公司，広東統用衛浴設備有限公司の状況をもとに報告する。

6　以下は主に2015年9月14日に大彊創新（DJI）を訪問して行ったインタビューによる。

7　以下は，2016年11月22日～23日に実施した報喜鳥集団の上海，温州の拠点での調査に基づく。

参考文献

黒田篤郎（2001）『メイド・イン・チャイナ』東洋経済新報社。

関満博（2002）『世界の工場／中国華南と日本企業』新評論。

日経ビジネス編（2002）『気がつけば中国が「世界の工場」』日経BP社。

丸川知雄（2002）『労働市場の地殻変動』名古屋大学出版会。

黄毅青（2016）「中国陶磁産業国際競争力研究」。

張頌甫（1994）「全国衛生陶磁工業基本状況及市場分析」『佛山陶磁』第4期。

Lewis, W. Arthur (1954) *Economic Development with Unlimited Supplies of Labour*, The Manchester School 22 (2), pp.139-191.

（丸川　知雄）

第4章

経済成長"新常態"下における中国産業の
構造調整とイノベーション

要約

　本章では，2008年の金融危機以降における中国の経済発展過程の中の産業構造調整，グレードアップとイノベーションについて実証的な研究を行っている。まず，中国の産業構造の高度化とイノベーションの背景・要因を簡潔に紹介し，マクロ経済，工業経済，産業発展の内部から3つの段階に分けて中国の産業構造調整とグレードアップに関して検討した。それを踏まえて中国のイノベーションにおける成果について概観し考察を行った。さらに中国政府が進めている産業の構造調整とイノベーション戦略，政策と制度改革及びこれらの戦略と政策の特徴と変化について詳しい整理と評価を行った。最後に本章では中国の産業構造調整とグレードアップ推進における困難と課題を提起し，今後の中国産業構造の変遷とイノベーションの将来像を展望した。

はじめに

　産業の構造転換，技術革新（イノベーション）はいずれも大きな研究テーマである。主流の経済理論体系の中で，産業の構造調整と転換，産業構造転換と技術革新の関係について多くの論考が見られている。経済学者のコーリン・クラークやW.W.ロストー，ホリス・チェネリー等の研究では産業構造の転換と

1人当たり GDP の増加との間に密接な関係があることが示されている。産業構造の状態は動的に多数の要素に影響と制約を受ける。

主なものを挙げると，経済発展の原因（生産力の水準の向上，経済発展の歴史段階，社会的分業と専業化水準，経済の全体的規模と成長スピードなど），供給側の要素（自然環境と資源賦存，人口原因，資本・商品供給の情況），需要側の要因（人口増加と1人当たり GDP 水準の変化，個人の消費構造，中間需要と最終需要の割合，消費と投資の比率，投資の産業間移動），技術要素（技術進歩，技術革新），制度的要因（経済制度，経済体制，経済の発展戦略，経済政策），社会的要因（政治，法律，軍事，外交，文化の伝統，教育，人口状況），国際原因（国際分業と国際産業シフト，国際貿易，国際投資）などがあり，産業構造の最適化とアップグレードは以上の諸原因の相互作用の下で実現されるのである。

技術進歩は産業構造の転換に重要な影響を与えている。ドイツの経済学者 W. G. ホフマン（1931）は，工業内部の消費財と資本財の比較を通じて，技術の相違即ち異なる投入産出により資本財工業の優先的発展が引き起こせることを主張した。アメリカの経済学者ロストー（1963）は科学技術が進んでおり，比較的強い拡散効果のある主導産業によって他の産業に対する先導作用をもたらせることを主張している。シュンペーターはイノベーション（革新）とは持続的に生産要素と生産条件を結合させることであり，また新技術を生産システムに取り入れることで，即ち「新しい生産関数を創り出す」ことだと述べている。日本の経済学者の篠原三代平（1957）は日本の産業構造の計画基準を論証するにあたって生産性向上基準を主要な拠りどころとしていたと言われている。

これらの研究成果の比較的一致する結論は，技術進歩が産業構造の改善と転換を促進するということである。技術と産業発展の間に密接な関係が存在することにより，技術進歩が産業構造の転換とグレードアップを促進することができる。技術構造は産業構造の基礎をなし，技術進歩は産業構造転換の基礎と原動力となり，技術のつながりが産業間のつながりの核心的な要素を構成する。また技術力が相当高いレベルにおいて産業のサイクルを影響・決定するので，技術進歩は産業資源の最適な配置を促進する。したがって技術革新（イノベーション）は，産業の最適化とグレードアップを促進する内在的な原動力とな

り，換言すれば，イノベーションと産業構造の最適化・グレードアップとは経済成長の過程において一体化され，経済成長における異なる側面を形成していると言える。

上述の既存研究は中国経済発展の実態に即応する必要があり，つまり理論と実践を結ぶ形で当面の中国経済発展に対する新たな認識を得ることができると思われる。中国経済発展の実践によってもイノベーションは産業構造の高度化を推し進める主な要因であることが裏付けられており，また自主的イノベーション能力の増強は産業構造の調整と経済成長のパターン転換の中心的な部分である。

改革・開放以降，中国の科学技術水準と産業構造に大きな変化が見られたが，経済の更なる発展につれて，イノベーションと産業のグレードアップを主とする激しい国際競争と国内市場の変化を前に単純に外国の技術導入だけに頼っては中国経済の成長レベルと産業の競争力を向上させることができなくなった。また中国工業の技術水準と国際競争力の向上により，海外からキーテクノロジーや中核技術を導入・獲得することも難しくなってきた。したがって中国は自主的イノベーション能力を持っていればこそはじめて，グローバルな発展競争，技術競争に適応し，効果的に技術発展の障害や環境・資源の制約を取り除き，産業構造の高付加価値化，技術集約型のレベルアップを図ることができる。

中国経済は第12次五カ年計画期（2011 ～ 2015年）（以下 "12・5" と記す）において驚異的な発展を遂げており，工業生産付加価値は1兆6,722億人民元から2014年の22兆7,991億元人民元に増加し，2011 ～ 2014年の年平均成長率は8.3％に達した。2013年の中国製造業の輸出は世界全体の20.8％を占めるまでになっており，2010年の中国商品貿易輸出入額は2兆9,740億ドルで，2014年に同4兆3,030億ドルに増え，およそ世界貿易総額の11％を占めている。

"12・5" 期間中，中国工業は工業化の中期から後期への転換期にあったので潜在的経済成長率が下がっており，これに加えて金融危機後に取られた経済刺激政策の消化時期と成長スピードのギアチェンジ時期も重なり，つまり経済構造の「3つの時期の重なり」により中国経済が大きな下向き圧力を受けて比較的高い成長速度から次第に下降し，2011年の10.4％から2015年の6.8％に減

速した。

　中国経済成長のスローダウンは内部にある深い要因によるものである。21世紀に入ってから中国の経済成長をけん引するのは住宅・不動産投資と自動車工業の2大支柱産業である。この2大支柱産業は大きなバブル化のリスクに直面し，成長率を次第に落としたことで，中国工業全般の成長率を低下させて，住宅・不動産と自動車のけん引による1ラウンドの経済高成長が一段落した。

　この2大成長エンジンの減速により中国の今世紀以来の重化学工業発展の好景気のピークも終わった。またこの2大支柱産業と密接な関連のある一連の産業（鉄鋼，石炭，セメント，ガラスなど）も不景気に陥った。さらに外需不振，エネルギーと資源・環境などの要素制約を受けて，鉄鋼，電解アルミ，船舶などの業界の生産能力が極めて過剰になり，利益が目減り，企業の経営難が顕在化し，好景気に潤った鉄鋼，石炭などの業界は利益減に転じ多くの企業が損益の分岐点でもがいた。

　2012年末現在，中国の鉄鋼，セメント，電解アルミ，板ガラス，造船の生産設備の利用率はそれぞれ72%，73.7%，71.9%，73.1%，75%程度に過ぎなかった。更に悪い事には鉄鋼，石炭などの産業はすでに絶対的過剰時代に入ったことで，今後は次第に設備削減を実施しなければならない。このように在来産業は構造調整とモデルチェンジ，グレードアップを図る大きな圧力に直面している。

　一方，中国の経済構造には興味深い変化が現れた。2013年に第3次産業の比率が初めて第2次産業を上回るようになり，工業生産の中では技術集約型産業の成長率が工業の平均成長率をはるかに超えた。即ち中国経済は構造転換とイノベーション推進の中で，発展の“新常態”（ニューノーマル）に突入したのである。経済の新常態入りに伴い，長年高成長の背後に隠れた一連の問題も顕在化してきた。つまり2013年以降，中国経済の下降圧力が引き続き増大し，インフラ投資，工業設備投資が下降し，国内外の需要不足問題も緩和されていないことが明らかになってきた。

　昨今，中国の経済規模はすでに世界第2位に踊り出ており，500余種類にのぼる主要工業製品の中で工業化，情報化，都市化，農業現代化の“4化同歩”的発展の道を歩まなければならない。発展の原動力という角度から見れば，生

産コストが引き続き上昇し、資源・環境の制約が絶えず増大し約200種類の生産量は中国が世界一の座を占めているが生産能力の全体的水準はまだ高くない。従ってイノベーション推進によってエネルギー消費、資源利用を削減し、環境への負荷を軽減し、また生産要素の規模による駆動力が弱まっていくので、人的資本の質の向上と技術進歩をよりどころにして自主的イノベーション能力向上に努めなければならないし、サプライサイドの改革を通じて、余剰設備を削減し、新しい消費需要を喚起させ、新たな経済成長の要素を創り出さなければならない。

　私見だが、中国経済は上述の経済刺激政策の消化期、成長スピードのギア交換期、経済構造の転換期に加えて経済体制・社会体制改革の再開期に当たっていると思われる。つまり4つの時期の重なりが筆者の今回の研究実施がおかれているマクロ経済の背景だと考えている。これを踏まえて本章では従来の関連理論の研究成果に基づきながら中国経済の発展実情に立脚し、21世紀に入ってからの中国の産業構造転換とイノベーションについて実証的研究を行いたいと思う。

1.　中国産業構造調整の原因について

1.1　消費レベルの向上による需給ギャップ拡大

　21世紀に入ってから中国経済の発展につれて中国はいよいよ小康社会に入ろうとしている。需要と供給の総量において大きな変化が現れた。2015年の中国国内総生産（GDP）は67兆6,700億元で、米国に次ぐ世界第2位。1人当たりGDPは5万2,000元（約8,016ドル）で、米国、日本、ドイツ、イギリスなど先進国の3万7,000ドル以上と比較してまだ大きな開きはあるが、すでに中等所得国の仲間入りは果たしている。

　クレディ・スイス・リサーチ・インスティテュートが2015年10月13日に発表した「グローバル・ウェルス・レポート」2015年度版によると、中国の中産階級の人口数はすでに1億900万人に達し、米国の9,200万人を超えた。2016年の中国国民1人当たり可処分所得は2万3,821元で、名目ベースで

2014年より8.4%増加したが，価格変動要因を差し引いても実質6.3%増加した。都市部住民1人当たり可処分所得は3万3,616元で同実質5.6%増え，農村住民1人当たり可処分所得が1万2,363元，実質6.2%増加した。都市部と農村部住民の1人当たり平均収入の格差は2.72倍で，昨年より0.01倍縮小した。全国住民の1人当たり可処分所得の中央値は2万0,883元で，名目ベースで昨年より8.3%増加した。

　全国住民を5等分に分けたグループ別の収入水準を見ると，低収入グループの1人当たり可処分所得は5,529元，中下グループは1万2,899元，中等グループは2万0,924元，中上グループは3万1,990元，高収入グループは5万9,259元となっている。同2016年の全国住民の1人当たりの消費支出は1万7,111元，前年比名目ベースで8.9%伸びており，物価変動要因を差し引いて実質6.8%伸びとなっている。同年の農民工の総数は2億8,171万人で前年比424万人（1.5%増）増加した。そのうち，地元農民工が1億1,237万人（同3.4%増），出稼ぎ農民工が（同0.3%増）で農民工の月収水準は3,275元，前年比6.6%増加した。

　2015年，2016年における内需の構造は引き続き合理化が進み，消費比率の連年下降の局面は挽回され，長年にわたる投資と輸出の偏重状況は顕著に改善した。2016年の社会消費財小売総額が33兆2,316億元で，前年比名目上10.4%，実質9.6%増加した。そのうち，限度額以上の部門の消費財小売額は15兆4,286億元で，8.1%伸びている。

　経営者の所在地域別にみると，都市部の消費財小売額が28兆5,814億元，10.4%増加し，農村部の消費財の小売額は4兆6,503億元，10.9%増加した。また消費の類別では飲食類収入は3兆5,799億元，10.8%増加。商品類は29兆6,518億元，10.4%増加。そのうち，限度額以上部門の商品販売は14兆5,073億元，8.3%増となっている。通信と居住類消費の増加が比較的速く，通信機材は11.9%増，家具類は12.7%増，建築インテリア材料は14.0%増となっている。年末の12月分の社会消費財小売総額は前年同期比名目上10.9%増（実質9.2%増），前月比0.89%伸びとなった。

　また2015年，中国人口の平均寿命が76.34歳に達し，2010年より1.51歳伸びた。国民の主要健康指標値は総じて中高所得国水準を上回っている。中国は

84　第4章　経済成長 "新常態" 下における中国産業の構造調整とイノベーション

すでに高齢化社会に突入した。1980年，1990年以降に生まれた若い世代（"80後" と "90後"）は消費方式，消費心理，消費志向などにおいて大きな変化が見られた。この人口構造の変化は中国の需給動向を変えたと同時に新しい消費様式と消費分野を創り出した。新しい消費傾向が日増しに顕在し，新しい消費ブームも出来ている。中国住民1人当たりの消費支出の中で交通通信，医療保健，観光旅行の支出比率が年ごとに高まっている。

　日増しに拡大している中国の中産階級は海外観光消費のブームを巻き起こしており，2016年海外への旅行者人数が1億2,200万人に達し，継続的に世界一の規模を更新している。

　2015年の郵便通信業務総売上は2兆8,220億元に上り，前年比29.2%伸びた。そのうち，郵便業務は5,079億元，37.4%の増加，電信業務は2兆3,142億元，27.5%の増加となった。郵政業の年間取り扱った書簡類は45億8,000万件，小包類は4,000万件，速達便類は206億7,000万件に達し，速達業務の収入は2,770億元になった。

　電信業務では，通年に新規開設した移動電話交換機が6,529万ユーザ，総ユーザ数が21億1,066万人に上った。年末時の全国電話ユーザ数は15億3,673万に達し，うち移動電話のユーザ数は13億0,574万に上り，移動電話の普及率は95.5台/百人になっている。固定のインターネットブロードバンドユーザ数は2億1,337万，前年比1,289万増えた。移動のブロードバンドユーザ数は7億8,533万で，2億0,279万増えた。モバイルインターネット接続通信量は41億9,000万GBに達し，前年比1.03倍拡大した。インターネットの利用人口は6億8,800万人で，前年比3,951万人増えており，うち携帯電話によるインターネット利用者数は6億2,000万人で，6,303万人増え，インターネットの普及率は50.3%になった。ソフトウェアと情報通信サービスの売上高は4兆3,249億元，前年比16.6%伸びた。

　2015年の全国ネット上の小売額は5兆1,556億元で，前年比26.2%増えた。そのうち，実物商品のネット小売額は4兆1,944億元で，25.6%増えており，社会消費財小売総額の12.6%を占めており，前年比1.8ポイント拡大し，またクロスボーダーのネットショッピングも急速に発展している。同年の消費支出によるGDP成長率への寄与率は51.2%で前年より3%向上した。

スポーツ，文化クリーエーティブ産業が消費のレベルアップ新分野になりつつある。スキー，スケート，マラソンなどは中国都市部の青年の最も好きな運動になっており，スポーツ産業の中でも最も発展の速い分野である。2015年の中国スポーツ産業の売上は4,000億元を超えており，同年の文化クリーエーティブ産業は2兆5,829億元に達し，2013年より名目ベースで21.0%増となり，年平均成長率は10%で同期のGDP成長率より2.3ポイント高くなっている。中国GDPに占める文化産業の割合は3.82%と2013年より0.19ポイント拡大した。

なお，2016年の中国経済の需給構造は更に改善し，最終消費支出によるGDP成長率への寄与率は64.6%に高まった。上述した消費動向と特徴変化は在来産業に消費変化への適応という挑戦を突き付けており，またサプライサイドの改革推進の背景を形作った。

1.2　環境保護圧力の増大

資源・環境の制約は顕著に拡大した。都市部のスモッグによる大気汚染がひどく，2015年の政府環境部門によるモニタリングの338都市の中で空気質が標準値を満たしたのは21.6%に過ぎなかった。2016年末に華北地方ではこれまでに無かった長期間の重度のスモッグが現れた。この重度のスモッグは人々の健康にマイナス影響を及ぼし，各級の政府部門も日増しに増大する厳しい世論の圧力にさらされた。

中国政府は，2020年までにGDP原単位当たりのCO_2排出量を2005年より40%〜45%に削減することを公約しており，「第13次5カ年計画（2016−2020）綱要」においてもGDP原単位のエネルギー消費量とCO_2排出量に関する拘束性目標を定めている。この環境制約は中国の産業構造調整に新たな拘束条件を求めている。因みに中国中西部は伝統産業の比重が大きく，資源が密集し，環境状況が脆弱であるので成長パターン転換の圧力が更に大きいものがある。

1.3　生産コストが全面的持続上昇

今世紀に入ってから中国工業の総合的コストが持続的に上昇し，伝統産業の

86　第4章　経済成長"新常態"下における中国産業の構造調整とイノベーション

利ザヤが急速に縮小した。土地価格，水・電気価格，エネルギー価格，各種資源の価格，汚染退治の支出，労働賃金と融資金利がみな上昇傾向にあり，中国企業を巨大な圧力に直面させてきた。

　中国の労働コストが持続的に上昇している。統計によると，都市部工業企業の平均賃金は 2001 ～ 2005 年の間に年平均 15.9% 増加し，2006 ～ 2010 年に同14.7% 増加し，2011 ～ 2014 年に 9.6% 増加した。各種の社会保険納付金は基本賃金とリンクしているので賃金に占める社会保険料の比率が 40% ～ 50% に上り，企業による社会保険料の納付が大幅に増加し，企業の労働コストを更に拡大させた[1]。今では，中国の東部地域におけるインターネット業界や一部のハイテク製造業の技術者の賃金はほとんど日本のレベルと同様になっている。また東部地域労働者の賃金（"5 険 1 金"を含む）はおよそ日本の 2 分の 1 程度で，中部地域の労賃は大体日本の 3 分の 1 程度になってきた。

　更に世界的な貿易規模の縮小と労働コストの持続的上昇により，中国の伝統産業は国際市場において中国よりも低廉な労働力コストを持つ発展途上国との競争に立ち向かわなければならず，これまでの輸出による利益率が圧縮されている。例えば，タイの製造業の労働生産性は中国と同等であるが，1 人当たりの労働賃金は中国より明らかに低いレベルにある。ベトナム，インド，カンボジア，インドネシア，バングラディシュ，パキスタンなどは労働生産性と平均労賃は共に中国より低い状況にある。

1.4　インフラ建設による成長空間の漸減と都市化のテンポの遅延

　2000 年以降，中国の高速道路や港湾，空港，高速鉄道，地下鉄などの基礎施設の建設は急速に拡大し，重化学工業化の高速発展の主要な原動力となっていた。例えば，高速道路の営業距離は 2000 年の 1.63 万kmから 2015 年の 12 万kmに延長し，年平均 16% 増加した。目下，高速道路の建設は後期段階に突入し，建設投資は主に高速道路網の整備改善と重点インターチェンジと交通量過少地域の路線建設に向けられている。港湾の荷役能力にも過剰が見られ，空港の建設重点は 2, 3 線都市の支線空港にシフトしている。

　2015 年の中国都市化率は 56.1% に達し，1978 年から 2014 年にかけて中国都市部常住人口は 1.7 億人から 7.5 億人に増加し，都市化スピードは年平均 1%

ずつ上昇した。都市数は193から653に増えており，都市部の市街区建設面積は1981年の1.7万km^{2}から2015年の4.9万km^{2}に拡大した[2]。

都市部の急速な拡張と同時に，都市インフラ施設の建設も顕著に加速した。土地供給不足により地方財政の収入が制約されている。将来の中国都市の規模拡大はもはやこれまでの勢いとスピードを保つことができなくなった。インフラ施設投資の余地が縮小し，都市化発展が遅くなったことで投資による経済発展・促進の余地が縮小し，公共施設への投資限界効果も下降するであろう。

1.5 外部環境の変化動向

世界経済成長の基本的な特徴と主な内的要因は金融危機以降大きく変わった。端的に言うと，世界経済の成長は2008年の金融危機によってもたらされた経済秩序の混乱，政府債務危機，デレバレッジに特徴づけられた景気低迷から実体経済における内部成長要因の不足，世界的な消費不足による不景気に変わってきた。世界貿易の総量が委縮し，貿易摩擦が激化している。

発展途上国・新興国経済成長の減速と先進国経済の低迷及び世界経済成長見通しの不確実性が中国工業品輸出の制約要因となった。実際，2008年の国際金融危機以降，経済グローバル化の進行が明確に緩慢化し，または新たな調整期に入っている。先進国は国内の経済難問に対応するために再工業化戦略を打ち出したりしているが，国際資本流動が慢性化，または還流するようになり，国際間の産業移転も遅れてきた。

以上の諸要因により，中国の産業構造転換は切迫性と総体性を有するもので，中国経済発展における最も重要な事項として，中央政府の経済推進における重要な鍵となっている。

2. 中国産業構造調整の実際的効果について

2.1 第1次～第3次産業の構造変化と影響

21世紀に入ってから中国産業構造に見られた最大の変化は第3次産業のシェアと成長スピードがいずれも第2次産業を上回り，経済成長の主要因になった

ことである。

2012年，中国GDPに占めるサービス業の割合が史上はじめて第2次産業を超えており，2014年のサービス業のGDPシェアが48.1％に高まった。

2015年の中国GDP額は67兆6,708億元，前年比6.9％増加した。そのうち第1次産業は6兆0,863億元，3.9％増，第2次産業は27兆4,278億元，6.0％増，第3次産業は34兆1,567億元，8.3％増となった。第1次産業のGDPシェアは9.0％，第2次産業は40.5％，第3次産業は50.5％と初めて50％を超えた（図4-1）。同年の国民1人当たりGDPは9,351元で前年比6.3％増えた。経済成長が減速していると同時に構造調整が進んでおり，農業のGDPシェアが10％以下に下がり，第3次産業の規模が最大になり，工業の比重がピークアウトを迎えた[3]。

2016年のGDP額は74兆4,127億元，前年比実質6.7％増となった。第1次産業は6兆3,671億元，前年比3.3％増，第2次産業は29兆6,236億元，6.1％増，第3次産業は38兆4,221億元，7.8％となっている。第3次産業の成長率は最速を保っており，GDPに占める第3次産業の比率は51.6％で，2015年に

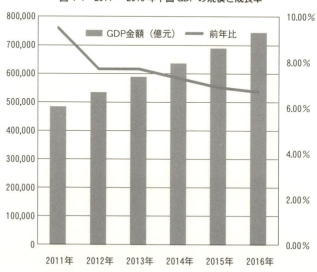

図4-1　2011～2016年中国GDPの規模と成長率

出所：中国国家統計局。

2. 中国産業構造調整の実際的効果について　*89*

図 4-2　2011 ～ 2016 年中国産業構成比の推移

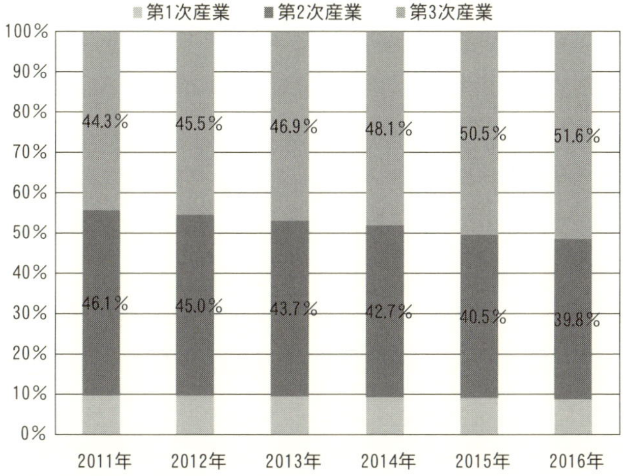

■第1次産業　■第2次産業　■第3次産業

第3次産業: 2011年 44.3%, 2012年 45.5%, 2013年 46.9%, 2014年 48.1%, 2015年 50.5%, 2016年 51.6%

第2次産業: 2011年 46.1%, 2012年 45.0%, 2013年 43.7%, 2014年 42.7%, 2015年 40.5%, 2016年 39.8%

出所：中国国家統計局。

比べて 1.4 ポイントのアップで第 2 次産業より 11.8 ポイント上回っている（図 4-2）。第 3 次産業は依然として経済の安定成長を支える主要因であった。

　特筆すべきは，第 3 次産業は経済成長をけん引していると同時に，税収面の主な貢献者となったことである。2014 年，第 3 次産業による税収の割合は 53.5％に達した。インターネット及び関連サービス，ソフトウェア・IT サービスの税収額はそれぞれ 24％と 23.7％伸びた。産業構造におけるこの変化は就業の面でも見受けられる。人的資源社会保障部の統計によると，第 3 次産業の就業シェアは 2011 年に初めて 1 位になり，それ以降毎年増加し続けており，雇用創出の主要な分野となっている。2014 年，経済低迷の圧力と第 2 次産業の GDP シェア低下の状況にありながら，中国の雇用情勢は総体的に安定しており，都市部新規就業者が 1,322 万人に上り，年間 1,000 万人の雇用目標を超過達成した。いうまでもなく第 3 次産業による雇用吸収が大きく，情報アクセス，ヘルスケア，スポーツ文化，養老サービスなどの新型消費が顕著に拡大し，サービス産業の迅速成長を支えている。

　第 3 次産業の成長の中で，工業発展と密接に関連する生産性サービス業の発展も迅速で，ハイテク産業と密接に関連する現代的サービス業（多くはイン

ターネットと密接に関連）の発展も急ピッチである。ある意味においてこれも中国工業のモデルチェンジとグレードアップの具現と見ることができる。

2.2 工業内部の構造変化

「新常態」の下で，工業内部の構造調整の足並みは加速した。"12・5" 期間中，省エネ，環境保護，ハイテクと設備製造業（医療設備，鉄道，船舶，航空・宇宙及びその他運輸設備，電機，コンピュータ，通信，その他電子設備，計器・メータの製造業）の成長スピードが速く，10% 前後のペースを保ち続けた。一方，採掘，石化，電力，石炭などの産業は伸び悩む状況にあり，工業全体の成長が減速した状況では産業構造の最適化と調整の必要性を伺わせた。

2011 年以来，ハイテク製造業の発展速度は持続的に在来産業より速くなった。2015 年のハイテク製造業の成長率は 10.2% で工業付加価値額の 11.8% を占めている。設備製造業の増加率は 6.8% で工業付加価値額の 31.8% を占めている。

2016 年，工業情報化部から相次いで多くの政策と計画が公布され，先端製造業，新素材，省エネ・環境保護，バイオ医薬，次世代 IT などの産業発展に注力されており，戦略的新興産業の発展の勢いが良くなっている。重大技術設備の一号機に関する保険補償制度の構築が推進され，財政部と共同で新エネルギー自動車の応用普及に関する一連の政策措置も打ち出されている。これに加えて，ソフトウェア・IT サービス，工業設計，現代物流などの産業発展も重要視され，企業の合併再編や産業移転の推進が強化され，構造調整と産業のグレードアップに新たな成果を挙げようとしている。

2016 年の中国工業生産の増加率は 6% で 2015 年と同等水準だが，GDP の成長率（6.7%）には及ばなかった。工業内各業界の成長速度も一様ではない。黒色金属（鉄鋼主体）精錬・圧延加工工業と採鉱業はマイナス成長に転落し，鉄道，船舶，航空宇宙及びその他運輸設備製造業，紡績業，電力・熱力及び水生産・供給業，汎用設備製造業の成長率は工業全体の平均水準を下回っているが，これらの産業の多くは伝統的産業に属している。自動車製造，医薬製造，コンピュータ，通信とその他電子設備製造業の成長率は 10% を超えている。これらの業界は技術水準が高く，イノベーション活動も活発で，業界内部では

新商品の創出や新技術のブレークスルーが追い求められている。IT 産業界の
モバイルインターネット設備と端末機械，物聯網＝ IoT，医薬業界のゲノムプ
ロジェクト，自動車業界の新エネ自動車などが例として挙げられる。2016 年
の中国戦略的新興産業の成長率は 10.5％で規模以上工業より 4.5 ポイント上
回っている。

　2016 年 1 ～ 10 月のハイテク製造業の投資額は 1 兆 6,211 億元で前年同期比
12.6％。2016 年におけるハイテク製造業が速いペースで伸びている状況下で中
国が国際競争に参入するための比較優位が再構成され，工業経済成長の重要な
下支えになっている。2016 年，採鉱業企業の利益が前年比 27.5％下がり，下
げ幅は前年比 30.7 ポイント縮小した。設備製造業の利益は 8.4％増加し，前年
比 4.4 ポイント拡大し，ハイテク製造業の利益は 14.8％増加し，同 5.9 ポイン
ト拡大した。

　2016 年第 1 ～第 3 四半期における中国の大型プラント輸出額は前年同期比
10％増加し，そのうち，軌道交通設備の輸出額は 256.4 億元，同 25％伸びとな
り，欧米などの中高レベルの市場にも進出できた。輸出品目では，11 月に国
産中型旅客機 C919 とシールド掘削初号機のオフラインにより外国の長期的独
占状況が打破された。ハイテク製造業の迅速成長は中国工業の比較優位性を再
構築している。

　自由貿易区（FTZ）建設の加速と「一帯一路」建設の推進に伴ってハイエ
ンド設備を主とするハイテク製造業の投資と輸出が共に拡大した。中国のハイ
テク製造業は付加価値，企業規模，利益・輸出額のいずれにおいても高成長の
傾向を見せており，「中国製造 2025」などの戦略実施につれて，宇宙ステー
ション，宇宙船，ロケット，量子通信，スパコン，天体観測，ジャンボ機など
の分野に科学技術成果が頻出し，工業成長の新たな原動力が迅速に育成されて
いる。

　工業内の成長速度の変化は工業内部の構造変化を反映している。工業の構造
調整，過剰設備の削減にも大きな進展が見られ，「3 除去 1 降 1 補」[4] の成果も
出始めた。2016 年における工業企業の業績が明確に好転し，売上の伸び方が
加速した。規模以上工業企業の売上が前年比 4.9％伸びており（4.1 ポイント
アップ），利益も 2015 年の減少（－2.3％）から増加に転じた。また規模以上

企業の利益率も 2015 年より 0.19 ポイント増の 5.97％に好転した。

鉄鋼，石炭産業は全年の設備削減任務を完遂した。2016 年，鉄鋼産業の設備削減量は 4,500 万トン，石炭業界は 2 億 5,000 万トンの削減目標を繰り上げて超過達成した。同年の規模以上工業の原炭生産量は 33 億 6,000 万トン，前年比 9.4％減少した。2016 年 11 月末現在，規模以上工業企業の完成品在庫量は同年同期比 0.5％増，増加幅は前年同期比 4.1 ポイント減速した。建売住宅の在庫率も持続的に下降し，12 月末の在庫面積は前年末より 2,314 万㎡減少した。工業企業の資産負債比率とコストはみな低下した。11 月末の規模以上工業企業の資産負債比率は 56.1％（前年同期比 0.6 ポイント減），1 〜 11 月の規模以上工業企業の売上 100 元当たりの費用は 86.76 元で同期比 0.14 元の減少になった。供給不足の分野における投資が加速し，生態環境保護業，水利管理業，農林牧漁業の投資はそれぞれ 39.9％，20.4％，19.5％増加し，工業全般よりそれぞれ 31.8，12.3，11.4 ポイント高くなっている[5]。

企業の合併再編と構造調整にも進展が見られた。鉄鋼分野では宝山鋼鉄，武漢鋼鉄が合併再編によって中国宝武鋼鉄集団公司が設立された。石炭業界では，全国 6,000 箇所の年産 30 万トン以下の小型炭鉱のうち，2,600 箇所以上削減対象範囲に指定された。中国鋼鉄工業協会の統計によると，2016 年 1 〜 10 月に 73 社の会員企業が累計で 287 億元の営業利益を計上し，前年度同期の赤字 385 億元から一転して大幅な黒字を実現した。同期中の規模以上（年商 2,000 万元以上）の石炭企業は 573 億 7,000 万元の利益を計上し，前年同期比約 1.13 倍増となった[6]。

余剰設備の削減において明確な進展が見られたとはいえ，鉄鋼，セメント，電解アルミ，板ガラスなどの素材産業には過剰設備の問題がまだ厳しく存在しているため，過剰設備の削減は依然伝統産業の重点任務である。

供給不足の補填によって中国経済構造と産業構造における弱い部分を強化させ，経済全体の競争力向上とサプライサイドの状況改善を図らなければならない。2016 年，サプライサイドの改革推進に伴い，工業分野における重点的な改革任務は大きな進展を遂げた。第 1 に，在庫水準が低下し始めたこと。2016 年末，大中型企業の完成品在庫量は前年比 3.2％増え（0.1 ポイント減少），完成品在庫の回転日数は 13.8 日で前年より 0.4 日短縮した。第 2 にレバーレジ率

が下がったこと。2016年末，大中型企業の資産負債比率は55.8％で前年より0.4ポイント減となった。第3に単位コストがやや下がったこと。2016年，大中型工業企業の売上100元当たりの費用は85.52元，前年比0.1元減少した。

供給不足産業への補填は次第に強化された。第1に重点領域における不足補填を強化したことが挙げられる。政府の供給不足補填事業方案で明記されているように，"13・5"期に貧困脱却，被災後の水利・都市洪水予防・排水，農業，インフラ施設，新産業，企業技術改造と設備更新などの領域において重点的に不足補填建設を実施するが，これらの分野はみな有効な投資を拡大させる対象分野である。

第2に政府の投資誘導の役割を発揮させること。2016年，中央予算内の投資を1,000億元調整し，前後に3回の特別建設資金を手当てし，集中的に貧困脱却難関事業，インフラ施設建設，産業のグレードアップ改造などの重点領域に投入させた。

第3に民間資本による投資不足への支援強化を行ったこと。インフラ施設分野のPPP事業ガイドラインを制定・公布し，民間投資健全発展促進のための26箇条政策措置を実施し，60箇条の地方における民間投資促進の典型的経験と方法を整理し，各地域の参考に供した。投融資体制の改革を深化させ，また"放管服改革"（開放・管理・サービス結合型改革）深化を進め，企業のために便利な条件づくりを図る。住宅市場における在庫削減も進んだ。2016年10月末現在全国の建売住宅の在庫面積が6.95億㎡で史上最高だった昨年2月より0.44億㎡減少し，連続8カ月の低減となった。

3. イノベーションにおける大きな進展

3.1 科学技術投資支出の持続的増加と国内技術採用の安定増加

2015年の研究開発（R&D）支出は1兆4,220億元で前年比9.2％増加し，GDPに占める比率は2.10％となった（図4-3）。基礎研究への支出額は671億元。国が3,574の科学技術支援プログラムを手配し，うち2,561件は"863"プ

94　第4章　経済成長"新常態"下における中国産業の構造調整とイノベーション

図4-3　2011～2015年中国R&D支出額の推移

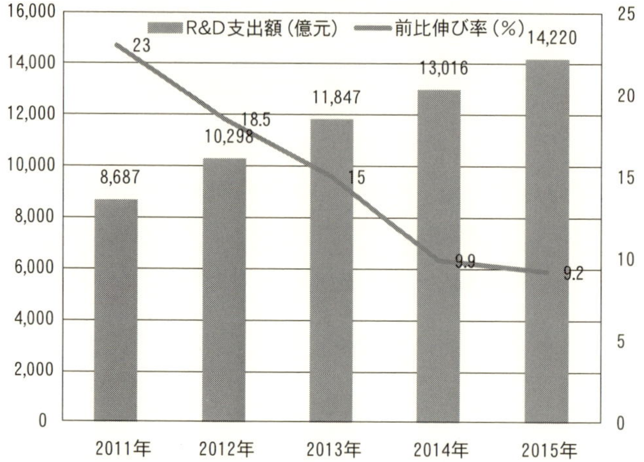

R&D支出額（億元）　　前比伸び率（％）

	2011年	2012年	2013年	2014年	2015年
R&D支出額（億元）	8,687	10,298	11,847	13,016	14,220
前比伸び率（％）	23	18.5	15	9.9	9.2

出所：中国国家統計局。

ログラムに関わるものである。

　2016年末現在までに建設された国家工事研究センターは累計132箇所，国家工事実験室158箇所，国家認定企業技術センター1,187箇所に達している。また国家新興産業ベンチャー投資計画の支援を受けて創設されたベンチャーキャピタル企業が206社，総投資額が557億元になった。ベンチャーキャピタル企業の数は1,233社に上っている。

　工業企業のR&D支出は継続的に増加し，2013年の大中型企業のR&D支出額が8,318億4,000万元で前年比15.5％増，工業売上に占めるR&D支出額の比率は0.8％になっている。

　国内技術の比率が安定的に向上し，自主開発の技術は中国工業技術の主要供給元になった。イノベーションの成果を見ると，中国製造業大中型企業の特許出願件数は2008年の16万9,375件から2013年の53万4,927件に増加し，年平均増加率は43.16％に達している。そのうち，発明特許の出願件数は5万8,101件から19万5,598件に増加し同47.33％となり，発明特許出願数の全体比が年々増加している[7]。

　2016年の中国発明特許の受理件数は133万9,000件，前年比21.5％増で連続6年世界一になっている。2016年末までに国内発明特許の保有量は110万3,000

件に上り，米国，日本に次いで世界3位の発明特許100万件超の国になった。
2016年中国の受理したPCT国際特許出願数は計4万5,000件，前年比47.3％
増。同年の中国発明特許出願件数の特許出願総件数に占める割合は40％のレ
ベルを維持しており，企業による国内発明特許出願数と認可授権数は共に
60％以上を占めており，企業を主体としたイノベーション発展能力が絶えず向
上している。無論，「特許件数が多いが優れたものが多くなく，企業規模が大
きいが強くない」といった問題がまだ残されており，一部の重要領域の特許件
数はまだ少ないというのも事実である[8]。

2013年の中国R&D従事者の総人数は353万3,000人で世界最大となり，ま
た中国は世界最多のエンジニア陣営を擁している。

3.2 工業のイノベーション能力の持続的向上

2013年の中国規模以上工業企業の新製品売上収入は12兆8,460億7,000万
元，前年比16.2％増，同年の規模以上工業企業の発明特許出願件数は20万
5,146件，前年比16.4％増となった。

アジア開発銀行（ADB）発表の「2015年アジア経済統合報告書」による
と，アジアのハイテク製品輸出額に占める中国のシェアは2000年の9.4％から
43.7％に拡大し，アジアの首位となっている。

3.3 GDP原単位エネルギー消費量の低下と新エネ構成比の向上

2015年の中国エネルギー総消費量43.0億トン標準炭で前年比0.9％増であっ
た。石炭の消費量は前年比3.7％下がり，原油消費量は同5.6％増，天然ガス同
3.3％増，電力0.5％増となった。石炭消費量の全体シェアは64.0％を占め，水
力・風力・原子力発電と天然ガスなどのクリーンエネルギーの消費量シェアは
17.9％占めている（図4-4）。GDP1万元当たりのエネルギー消費量は前年比
5.6％低減し（図4-5），工業企業の1トン当たりの粗銅製造のエネルギー総消
費量0.79％低減し，鉄鋼は同0.56％，苛性ソーダ1.41％，セメント0.49％それ
ぞれ低減した。1kW当たりの火力発電のエネルギー消費は0.95％低減した。

2016年の原単位GDPエネルギー消費は前年より5.0％削減し，水力・風力・
原子力発電と天然ガスなどのクリーンエネルギーの消費比率は前年より1.6ポ

図 4-4 中国エネルギー消費量に占めるクリーンエネルギー比率の拡大動向

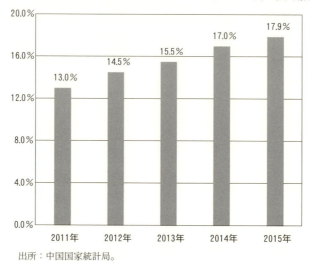

出所：中国国家統計局。

図 4-5 2011〜2015 年中国 GDP 原単位エネルギー消費量低下比率（前年比）の推移

出所：中国国家統計局。

イント拡大した。

3.4 主要製品，キーテクノロジー，コアパーツ，中核原材料の難関突破

2013 年，中国の機械電子とハイテク製品の輸出比率はそれぞれ 57.3％と

29.9％に達したものの，多くの製品技術は外国の企業に握られている。機械電子製品の61.2％，ハイテク製品の73％が外資系企業によって生産されている。高機能の鋼板，ガラス，LNG輸送船などの製品はほとんど輸入に依存しなければならない。ハイエンド医療設備を含む設備製造業の多くの業界は輸入品に占領されている状況である。太陽光発電，LED照明などの過剰状況にある新興産業，チップなどのコアパーツが龍に輸入に頼っている。長年にわたり，中国製品は主に数量と価格の優位に頼っており，コアコンピタンスが不足し，付加価値が低く，バリューチェーンの中下部分にあり，得られる利益が少ない。

　中国工業発展過程に存在している主要製品，キーテクノロジー，コアパーツ，重要原材料などの対外依存や産業チェーンの不完全性，競争力薄弱の問題は中国政府，産業界，学界の長期的な関心を集めている。中国は工業大国であるが，工業強国ではないことがこれらの点に反映されている。これに関し，中国政府，産業界，学界では共同認識を持っており，この問題が解決できるか否かは中国工業が大から強への転換を図るメルクマールである。経済成長，産業発展に関する計画において，主要製品，キーテクノロジー，コアパーツ，重要原材料の研究開発の推進が重点内容になっている。ここ10年前後の努力を通じて，中国工業は政府の支援の下，産学研連携の推進により各産業はそれぞれ発展が見られた。これにより，各産業の実力水準を引き上げただけでなく，産業チェーンの健全化促進にも役立ち，産業内部の製品，技術，生産能力の構造調整を促進した。この方面における成果について，以下の通り簡単に紹介する。

　鉄鋼産業：一群の中核設備・工法技術が応用された。例えば，高機能，低費用の結晶鋼生産技術，大型真空精錬設備と技術，ヒント制御レール冷熱処理設備と工法技術，大型特殊鋼プラントと圧延技術，ブロードバンド鋼熱延自動化システム技術，連続冷延ユニットと方向性ケイ素鋼生産ライン自主集成技術などが広範に利用された。目下基本的に，コークス化，焼結，錬鉄，製鋼，連続鋳造，圧延などの主要工程，主要設備の国産化を実現し，大型冶金設備の国産化率が90％以上になり，自主的に世界一流の現代的製鉄所の建設能力を持つようになっている。また一部の先行的技術も国際的にリードするレベルの成果を得ている。例えば，低温磁気方向性ケイ素鋼製造技術，高速列車用ステンレ

ス箱板工法技術などが国際鉄鋼工法の先端レベルに入っている。

機械工業：シールド掘削機，高速列車，大型発電設備，UHV 輸変電設備，天然ガス長距離輸送パイプライン加圧ステーション設備，各種ロボットなどのハイエンド設備製造レベルが不断に向上し，一部は国際市場にも輸出している。高機能液圧システム，低温高圧鋳造球状バルブ，デジタル制御，ベアリング，特殊専門素材などにも突破的な成果を収めている。

原子力工業：完全な原子力発電産業チェーンがすでに出来上がっており，設備レベルが世界一流に達している。華龍 1 号と CAP1400 型原子力発電所は完全な自主的知的財産権を持っており，世界市場に進出している。中国は原子力発電所の中核デバイスと部品の製造技術（3D プリンタの CAP1400 自主化核燃料原型コンポーネント，CRP1000 サージラインを鍛造レギュレータ，核燃料コンポーネント，世界最長の厚壁シームレス鋼管，鉛系原型炉燃料コンポーネント及びクラッド材などが含まれる），使用済核燃料の後処理技術がブレークスルー実現，地下浸出ウラン採取技術も獲得した。

自動車工業：在来型自動車エンジン，前置前駆 8 段階自動変速機の研究開発が突破的な成果を取得し，新エネルギー車の電池単体容量密度が 220Wh/k，価格 1.5 元 /Wh，駆動モータのピーク時出力密度は 2.0 kW/k に達した。2016年新エネ自動車の生産量は 51.7 万台に達し，燃料電池自動車技術と自動運転技術が世界と同等水準に進んでいる。

造船工業：海洋エンジニアリングのキーテクノロジーにおいてブレークスルーを遂げた。ロットで 1.45 万箱コンテナ船，17.4 万トン LNG 船，9 万トン氷区半潜船，1,600 人乗用の高級豪華船，5,000 トンパイプ敷設クレーン船などを受注した。中船重工の研究開発による船舶の "電力心臓" が数千トンまたは万トン級の船が電力によって駆動できることで，ディーゼルエンジンユニットの低速・低出力下の高騒音・高排出を避けることができただけでなく，ディーゼルエンジンより 10%～ 15% の省エネも可能になった。

IT 産業：2014 年中国がクラウド，IoT，RF コネクタ，同軸通信ケーブルなどの分野の国際標準の制定を主導した。28nm プロセッサー用チップ，北斗ナビゲーションシステム用チップ及び QR コード領域で突破的な成果を挙げ，4G 通信のチップ製造は外国独占を打破し，世界第 2 番目の 8 インチ IGBT（絶

縁柵双極結晶管）生産ラインが稼働した。5年間の中で中国は3Gから4Gへ飛躍的に発展し，今は5Gへの進軍を始めた。目下中国の5Gに関するコンセプトと技術枠組みは世界に広範に受け入れられている。華為，小米などの企業が自主開発したスマートフォンが国内でアップルのシェアを上回り，華為の携帯は自主ブランドのチップを使っている。

原材料工業：炭素繊維はすでに量産化し，幅広く利用されている。グラフェンの産業化も迅速に進んでいる。

軽工業分野：一部の重要ジェネリックテクノロジーにおいて突破的成果を収めた。例えば，ペン製造業界における中性インク，水性インク，中油インク及びペン先用のステンレス材料とペン先精密加工設備，ボールペンのペン先鋼材料，高機能プラスチック加工成型技術設備，製糖業の水密閉循環利用技術など。

紡績工業：2014年，大中型企業のR&D支出が326億9,000万元で2011年比45.5％増，研究開発従事者は10.4万人・年で同比25.3％増であった。発明特許授権数は7,716件で2011年の2.3倍になり，大中型紡績企業のR&D支出の売上高比率は0.67％になっている。"12・5"期間中，紡績業界の16件の成果が国家科学技術賞を受賞し，そのうちチーズ生糸デジタル化自動染色プラント技術と設備が"国家科技進歩一等賞"を受賞した。炭素繊維，間位アラミドなどの高機能繊維と海洋生物基繊維技術も突破的な進展を取得し，情報化集成応用とスマート製造においても複数の試験区が作られた。"12・5"期間中，多くの省エネ・派出削減の新技術が広範に採用され，100m染色布の取水量は2.5トンから1.8トンに減り，水の再利用比率は15％から30％以上にあり，全面的に原単位エネルギー消費量と取水削減及び汚染物質排出削減量目標を達成した。再生繊維の年産量は約600万トン，繊維加工量に占める割合は2010年の9.6％から12％に高まった。

航空宇宙産業：2016年第19回目の宇宙船飛行を完成した。長征6号，長征11号新型ロケットの初発射が成功した。地球静止軌道での最高解像度リモートセンシング衛星"高分4号"の発射が成功し，新世代北斗測位衛星4基の発射を完成し，北斗測位衛星システムの世界ネットワーク化が進められ，国産中型機C919も成功裏にオフラインした。

100 第4章 経済成長"新常態"下における中国産業の構造調整とイノベーション

以上の事例からも明らかなように，主要製品，キーテクノロジー，コアパーツ，中核原材料などにわたる技術のブレークスルーが全面的であり，中国工業のイノベーションが新しい段階に入ったことが確かである。

3.5　次世代ハイテク産業の勃興

2012年前後に中国工業の中で市場ニーズに即応し，力強く発展したハイテク産業が多数現れてきた。これらのハイテク産業は中国政府が2008年に制定した「戦略的新興産業調整振興計画」の適用外で民営企業を主体とした形で自発的に成長したものである。

モバイルインターネット，ビッグデータ，クラウドコンピューティングなどを主とした次世代情報技術の発展が目覚ましく，またいち早く各分野にも波及した。2015年7月，国務院から「"インターネット"アクションの積極的推進に関する指導意見」が公布されたが，政策奨励の利益期待の拡大に伴い，インターネットと製造業の融合推進が加速し，新産業，新業態，新経営様式が急ピッチで続出し，産業構造の最適化に原動力をもたらした。

2016年1～9月現在，電子情報産業の500万元以上の投資案件への固定資産投資額は9,929億7,000万元実行され，前年同期比15.1％増（4.6ポイントアップ），同期の工業投資の増加率（8％）より7.1ポイント高かった。計算機，通信・その他電子設備製造業の成長率は10.7％，同期の工業付加価値増加率より4.5ポイント高かった。

ソフトウェアとITサービス業では，ソフトウェアの売上収入は3兆1,127億元で同期比16.5％増，電子商取引（EC）プラットフォームサービス（オンライン取引プラットフォームサービス，オンライン取引サポートサービスを含むITサポートサービス）が高成長のスポットになり，売上高は24.7％増えた。

統計データによると，ここ2年のビッグデータ応用市場の成長スピードが30％近くに近づいており，2016年の国内ビッグデータ市場の規模が100億元を超える見込みである。主にインターネットユーザーデータ市場，オンライン金融市場及びIT企業のビッグデータ応用とビッグデータプラットフォーム市場など[9]が含まれる。新世代情報技術が伝統産業との融合を加速し，中国製造業とサービス業の一体化を促進し，中国製造業のスマート化，デジタル化，

サービス化の特徴が日増しに顕在化してきた。

ロボット産業も成長スポットである。中国はすでに世界最大のロボット需要市場になっている。2015年の中国ロボット市場も世界一を保持し，6.6万台に達し，世界市場の約4分の1を占めており，前年比16％増で2012年の3倍に当たり，保有量は25.6万台に拡大した。そのうち，中国の自主的ブランドの産業ロボットの販売量は2.2万台で初めて国内市場の30％を超えた。近年，中国の産業ロボットとサービスロボットの生産がそれぞれ初期的産業化と産業育成の段階に入ったが，そのうち，産業ロボットはすでに環渤海，長江デルタ，珠江デルタと中西部の4大産業集積が形成されている。

中国ではすでに比較的強いイノベーション能力を有したロボットの研究開発陣営が形成されている。産業ロボット，サービスロボット及び特殊ロボットなどにおいて多くのメルクマール的な成果を収めている。

① 成功裏に全系列の産業ロボット製品の研究・開発を完遂し，6キロ，10キロ，20キロ，50キロ，165キロ，180キロ，210キロ，300キロ，400キロの系列化産ロボは中国の多くの企業が一定の生産規模を持つようになり，小ロット生産も行ってきた。

② 中国における産業ロボットの導入利用が迅速に発展し，自動車の溶接，鍛造，塗装，デジタル工作機械のロードとアンロード，マドハンと運搬などに利用されている。

③ 中国の産業ロボットの中核部品技術開発も初期の成果が見られている。RV，ハーモニック減速機，サーボーモータ，コントローラなどの基礎部品の性能指標は国際同等水準に達しており，小ロット生産能力を備えており，多種類型番の中国工業ロボット製造に使用されている。

現在，中国には400社の産業ロボット製造企業とシステムインテグレーション企業があり，そのうちの88％がシステムインテグレーション会社である。中国には安川やKUKA，ABB，FANUKなどのような世界的に有名なロボット生産メーカがまだない状況である。

無人機産業も迅速に伸びている。業界統計によると，中国無人機企業の大疆創新（DJI）は無人機市場のリーディング企業になっている。2015年販売価格が400〜1,500米ドル（約2,660〜9,990人民元）の無人機市場においてDJI

は世界市場の77％のシェアを占めており，世界トップとなっている。中国無人機の上位10社企業はDJI，零度智控公司，Xaircraft公司，Power Viroment公司，北京航空航天大学研究所，億航智能技術公司，普洛特無人飛行器科技公司，中科学遥感信息科技公司，智能鳥無人機公司，愛生技術集団公司で，上位5社は世界上位10社に入っている。

　中国の税関統計によると，2015年の中国本土からの無人機輸出は89万1,000台，前年比427.2％増で，輸出額は5億1,500万米ドル（約32.7億人民元）で前年比730.6％増となった。主な輸出先は香港，北米，EUで，輸出平均価格は約3,670人民元。香港向け輸出分の40％が北米とEUに再輸出されている。2015年の中国への無人機輸入は14万5,000台，同期比1,350％増，輸入金額が1億1,000万米ドルで同期比83.3％増であった。輸入品の平均価格が4,817人民元。現在，中国には約400社の無人機メーカがあり，世界の70％の市場を占めている。

4. 中国政府の産業構造調整促進の主要政策

　産業構造調整の推進には2つの方式が存在する。1つは政府主導による方式で，もう1つは市場メカニズムによる方式である。中国では政府が産業構造調整に重要な役割を果たしている。政府による産業調整への実施効果について賛否両論が分かれているものの，政府主導で実施することは疑いがない。

　中国政府が産業構造調整の推進に当たり，以下のような政策を取ってきた。

4.1　産業調整促進のための地域政策

　2015年に「一帯一路」，長江経済ベルト建設と京津冀一体化といった3大地域戦略が着実に実施され，一定の成果が現れた。3大戦略の加速に伴い，中国国内外における産業移転のテンポも速まるであろう。

　2016年1〜10月の外資誘致の動向をみると，日本，米国，台湾地域からの投資額がそれぞれ25.1％，13.6％，19.3％減少したが，「一帯一路」沿線国からの投資額が14％増加した。長江経済ベルト地域で新規に設立された外資系企

業が 9,859 社で前年同期比 7.8％増となり，全国新設外資系企業数の 47％を占めている。中国の対外直接投資を見ると，2016 年 1 ～ 9 月に中国企業が「一帯一路」沿線の 48 国に直接投資を行い，実行額が 120 億 3,000 万ドルに上り，前年同期比 66.2％拡大した。

2016 年，京津冀の一体化発展を目指して，工業化情報化部が「京津冀産業移転指導目録」を制定し，今年と来年の 2 年間において実質的な進展が見込まれている。3 大戦略の実施は産業移転の受け入れ開始，東部から中西部へ順序立てて関係産業の移転を始めた。

4.2 劣後生産設備の淘汰政策

国務院は 2010 年に「劣後生産設備淘汰事業の更なる強化に関する国務院の通知」を出し，淘汰すべき生産設備について下記のように明確な規定を示した。

電力産業：2010 年末までに小規模の発電ユニット 5,000 万 kW 以上。

石炭産業：2010 年末までに安全生産の条件を持たず，産業政策にそぐわない資源多消費，環境汚染型の小規模炭鉱 8,000 箇所，2 億トン相当の設備。

コークス産業：2010 年末までに炭化室の高さ 4.3 m 以下の小型機械製コークス炉（3.2 m 以上のタンピングコークス炉除く）。

鉄合金産業：2010 年末までに 6,300 キロボルト以下の鉱熱炉。（カーバイド産業も同時同規模実施）。

鉄鋼産業：2011 年末までに 400 ㎥以下の製鉄高炉，30t 以下の製鋼転炉，電炉。

非鉄金属産業：2011 年末までに 100 キロアンペア以下の電解アルミ小プリベーク，密閉型溶鉱炉，電炉，反射炉製銅工程・設備。焼結鍋，焼結ディスク，簡易高炉などの劣後生産設備と鉛精錬工法設備など。

建材産業：2012 年末までに窯直径 3.0m 以下のセメント機械化縦窯生産ライン，窯直径 2.5m 以下のセメント乾式中空窯（ハイアルミセメント窯除く），セメント湿法窯生産ライン（汚泥やカーバイドスラグ処理用設備除く），直径 3.0 m 以下のセメント研磨機（特殊セメント生産機械除く）及びセメント在来窯，普通縦窯などの劣後設備。フラット板ガラスの生産ライン。

軽工業分野：2011年末までに3万4,000トン以下の藁パルプ生産設備，年産1万7,000トン以下の化学パルプライン，再生紙を原料とする年産1万トン以下の製紙生産ライアン。劣後の酒精生産工法と年産3万トン以下の酒精生産企業，3万トン以下の味の素生産設備，環境基準に満たないクエン酸生産設備，年産3万標準枚以下の製革生産ライン。

紡績産業：2011年末までに74型捺染生産ライン，使用年数15年超の前処理設備，浴比1：10以上の断続式染色設備，劣後型のプリント機，熔熱染色機，フォーミングマシンなど。エネルギーや水の高消費劣後生産工法・設備。R531型の酸性旧式ビスコース製糸機，年産2万トン以下のビスコース生産ライン，湿法及びDMF溶剤法ポリウレタン生産工法，DMF溶剤法アクリル生産工法などの劣後工法・設備。

「劣後生産設備淘汰事業の更なる強化に関する国務院の通知」の中で劣後生産設備の淘汰実施に関する賞罰政策についても以下の通り定められている。

市場参入認可の厳格化。安全，環境，省エネ，省資源，品質，土地利用諸指標による制約機能を強化し，早期に「産業構造調整指導目録」の改定を行い，関連産業への参入認可条件と劣後産業設備の判定基準を制定し，省エネ，低汚染の産業設備の導入利用を奨励する。投資案件の審査管理を強化し，早期に「政府承認済投資案件目録」を改訂し，過剰設備を抱えている業界に対し，新設設備と淘汰設備の"等量置換"または"減量置換"の原則を守り，環境アセスメント，土地利用と安全生産の審査批准を厳格に行い，低水準の重複建設を抑制し，劣後生産設備の新規増加を防止する。土地利用計画の調整制御を改善し，劣後産業設備と大規模な設備過剰産業の建設案件に土地提供を厳格に禁止し，また企業が合併，買収，再編方式による劣後設備の淘汰削減を支援する。

経済と法律手段の強化。差別電気料金，資源性製品価格の改革などの価格メカニズムによる劣後設備削減における役割を十分に発揮させ，資源と環境保護関連の税金費用徴収制度の実施と改善を進め，税収による省エネ・排出削減の調整機能を強化する。

環境保護の監督的モニタリングと汚染排出の監査と合法性検査，企業の品質基準の準拠，エネルギー消費の制限基準，安全生産規定の順守などに関する監督性検査を強化し，劣後設備企業と投資案件のエネルギー，資源，環境，土地

の利用コストを引き上げる。総合的な調整制御措置を講じて，エネルギー高消費，汚染物質高排出製品の市場需要を抑制する。

法律執行と懲罰の厳格化。期限通りに劣後設備の淘汰任務を完成していない地域に対して国による投資案件を厳格に規制し，投資案件の"地域限定認可"を実施し，当該地域の案件に関する環境アセスメント，審査・批准を一時中止するようにする。規定期限通りに劣後設備の淘汰を実施していない企業に対し，汚染排出許可証を差し止め，銀行などの金融機関による如何なる形式の新規融資の支援を禁止し，投資管理部門がその新規投資案件に対する審査・認可を行わず，国土資源管理部門がその新規用地の申請を認めず，関係管理部門がその生産許可証を交付せず，すでに交付された生産許可証，安全生産の許可証を差し戻すようにする。規定通りに劣後設備を淘汰せず，地方政府から閉鎖または撤去命令を受けた企業は期限付きで工商登録の抹消または工商営業免許の差し戻しを行わなければならない。必要に応じては政府関係部門が電力供給企業に法律に従い劣後設備企業に電気供給の中止を求めることができる。

財政資金の誘導強化。中央財政は現存のチャネルを利用して，各地域の劣後設備削減事業を総合的に支援する。資金利用の手当ては各地域の劣後設備削減任務と関連付けられ，重点的に劣後設備の淘汰による従業員再配置，企業の経営転換などをサポートする。経済後進地域の劣後産業設備の淘汰事業について移転交付金の追加を通じて支援と奨励のレベルアップを図る。各地域も積極的に資金手当てを考え，企業の劣後設備削減を支援する。

資金の申請，手配，使用に当たり，工業，エネルギーなどの業界主管部門の役割を十分に発揮させ，協調協力を強化し，資金手配が劣後生産設備の淘汰に実質的な効果を与えられるよう確保させなければならない。

従業員再配置の着実な実施。劣後設備削減と従業員雇用の関係を適切に処理しなければならない。企業従業員の再配置政策を真剣に実施・改善し，関係法律法規と規定に従って，従業員の再配置を適切に行い，従業員の社会保険関係の移転と継続手続きをきちんと執り行い，大規模の集中失業を避け，群集性事件の発生を防止する。

企業のグレードアップ改造の支援。科学技術による産業のグレードアップへのサポート機能を十分に発揮させ，技術改良資金を統一的に手配し，関連の税

制優遇と金融支援政策を実施・改善し，国の産業政策と計画配置に符合した企業を支援し，ハイテクや先端的・適正的技術を利用し，品質と品目，省エネ，環境保全，設備改善，安全生産などを重点に劣後設備企業に対する改造事業を行う。生産，技術，安全，エネルギー消費，環境保護，品質などの国家標準と業界標準のレベルを引き上げ，標準間の接続をうまくこなし，標準の徹底実施を強化し，企業技術のレベルアップを誘導する。劣後設備淘汰任務が比較的重く，または淘汰任務を立派に達成している地域と企業に対し，技術改良資金，省エネ排出削減資金の手配や投資案件の審査登録，土地開発利用，融資支援などの面において優遇する。積極的に劣後設備の淘汰削減を実施した企業の土地開発利用に対し，国の土地管理政策に合致する前提で支援する。

　この文書から中国政府の劣後産業設備の淘汰，産業のグレードアップ推進を図るさいに取っている政策手段が見て取れる。

　国家発展改革委員会が国務院の関連部門と一緒に「産業構造調整指導目録（2011年版）」の関連項目について改定を行い，「国家発展改革委員会による『産業構造調整指導目録（2011年版）』の関連条項の改定に関する決定」を作成し，2013年5月1日に付けで実施された。同文書では劣後産業設備の淘汰について新たな規定を明記し，地方政府，業界の劣後設備削減における順守すべき総合的なルールとなった。

　産業の構造調整とグレードアップの加速と，経済成長の質向上及び省エネ・排出削減の促進を図るために上述の政府文書に加えて，「劣後生産設備淘汰事業の更なる強化に関する国務院の通知」と「国務院弁公庁転送の環境保護部等による重金属汚染防除工作指導意見に関する通知」及び国務院制定の鉄鋼，非鉄金属，紡績などの産業調整と振興計画などの文書指示に基づき，"12・5"期間中に中央財政が継続的に特別の移転交付金の方式で経済後進地域における劣後産業設備の淘汰実施に奨励対応を実施した。財政資金管理の強化と資金使用の効果向上のために，財政部，工業情報化部，国家エネルギー局が共同で「劣後産業設備淘汰における中央財政奨励資金管理弁法」を制定し，財政面から劣後設備淘汰の実施に保証を付けるようにした。

　2015年5月に工業情報化部は「一部の産業設備過度過剰業界の設備置換実施弁法に関する通達」を公布し，設備過剰が過度になっている業界の盲目的な

拡張を食い止め，過剰設備削減事業の深化促進を図った。

4.3 産業発展のパターンチェンジ支援策

　産業発展のパターンチェージについて，国家発展改革委員会，工業情報化部，財政部，商務部などの政府部門は共同で一連の産業発展のレベルアップ，産業構造の最適化，産業のグレードアップを目指す発展計画を策定した（表4-4，表4-5）。

　ここ数年，中国政府による産業発展の支援・奨励政策は支援の重点，手段，理念，方向性などにおいて大きな変化が見られ，直接関与を減らし，支援対象も国有企業からすべての企業へ拡大し，政策支援分野を更に重点領域への集中に変わり，市場メカニズムの基礎機能を重視するようになった（表4-5）。

4.4 企業の税負担の軽減とレバレッジ低減

　2016年9月に国務院から公布された「実体経済企業の費用削減事業方案に関する通知」では1，2年の努力により実体経済費用削減事業に初歩的な成果を挙げ，3年前後をかけて実体経済企業の総合コストを合理的に低減させ，利益創出能力を明確に向上させ，税金・費用負担を合理的に削減させ，融資コストも効果的に下がり，制度性取引費用の明確な低減と労働コスト上昇に対する合理的な制御及びエネルギーコストの更なる低下，物流費用の大幅な低減を実現すると提起した。

　2016年1月10日，国家発展改革委員会徐紹史主任は次のように表明した。制度の簡素化と権限委譲及び税金費用負担の削減を通じて企業の費用を低下させ，2015年に積極的な成果を得られた。1～11月の全国規模以上工業企業の売上100元当たりのコストが前年同期比0.14元減少し，利益率も同0.26ポイント増加した。2015年，企業の費用削減実現はおよそ1兆元規模に達した。主に以下の方面において実績を挙げられた。

　①　税金と費用の削減。2015年から営業税から増値税への転換を全面的に推進し，2016年に企業のために減少できる税負担は5,000億元で，渉外企業の費用徴収は過去の1年の整理，特に輸出入過程における費用徴収，銀行カードスキャン手数料の定価体制などにより渉外企業の費用徴

108　第 4 章　経済成長"新常態"下における中国産業の構造調整とイノベーション

収は 560 億元減少され，これで税金・費用負担の削減は 5,500 億元になる。

② 企業のエネルギー消費コストが 2,000 億元減少した。電気価格と石炭価格のリンク付けと送配電価格の改革により，電力供給先との直接取引を奨励し，2 本建ての電気価格制度を整備したことで 1,000 億元の費用削減ができた。また，昨年から非住民による天然ガスの利用価格を削減し，これにて企業の天然ガス利用費用が 1,000 億元減少した。

③ 利息負担の低減。昨年 1 ～ 11 月に大口融資の利息が 787 億元減少した。

④ 物流費用の低減。航路の疎通，ハブ間の相互開通，河と海の連携輸送，税関・商品検査局の一本通過といった 4 大開通事業，道路での拒絶ぶら下げ輸送，貨物混載業者などの措置により物流費用が合わせて 350 億元低減した。

⑤ 制度的取引費用の削減。2015 年通年で 13 項目の行政認可が取りやめられ，指定の地方による行政許認可項目が 152 件，職業資格行政許可項目が 222 件取りやめられ，国務院関連部門の行政許認可・仲介サービス事項 192 件が整理され，公平的な競争審査制度の実施と行政職権の乱用による競争妨害事件の調査処理などにより制度的取引費用の低減も見られた。

表 4-1　中国企業の研究開発（R＆D）支出水準の推移

年　次	企業の R&D 支出額（億元）	企業の R&D 支出額の全体シェア（%）	企業の R＆D 人員投入量（万人 / 年）	全国に占める企業の R＆D 人員投入量シェア（%）
2005	1,673.8	68.32	88.31	64.71
2006	2,134.5	71.08	98.78	65.75
2007	2,681.9	72.28	118.68	68.36
2008	3,381.7	73.26	139.59	71.02
2009	4,248.6	73.23	164.75	71.9
2010	5,185.5	73.42	187.39	73.38
2011	6,579.3	75.47	216.93	75.24
2012	7,842.2	76.15	248.64	76.58
2013	9,075.8	76.61	274.06	77.58

出所：中国社会科学院工業経済研究所編『中国工業発展報告（2015）』。

また徐氏の発言では，政府は今後更に企業の訴求事項を注目し，更に政策改善と制度の簡素化と権利移譲を進め，企業負担の軽減を図っていくが，企業側も現在の経済情勢のもとで国の政策をよく利用するとともに企業自身の努力と管理を強化し，費用低減と利益創出に努め，政府と企業双方の取り組みによって企業の費用削減が更に大きな成果を挙げられると指摘された。

元財政部長の楼継偉氏によると，当初あらゆる減税要素を総合しても減税規模は5,000億元と予想したが，後の実際数字が5,000億元を超えており，予期以上の成果を得られた[10]。

企業のデレバレッジが着実に推進されている。第1に，市場化による債務の株式への転換政策が絶えず改善されたこと。国務院54号文書に関して最近関係政府部門から一連の補助措置政策が公布され，各省で1社の地方資産管理公司の増設や債務の株式転換の債権受付実施機構の範囲が明確化され，法に基づき，債務の株式転換実施のために条件が創られた。第2に債務の株式転換の試験案件も決まったこと。関係部門の指導と協調のもとで建設銀行と武漢鋼鉄・雲南錫業との間で成功裏に初回の中央企業と地方国有企業の債務株式転換が実施され，協議金額は340億元になっている。現在，一部の銀行はすでに市場化債務株式転換協議を取り結んだ金額規模は1,000億元超であった。

表4-2　中国の研究開発の支出構成比の推移

年　次	R&D 支出に占める 基礎研究の割合（％）	R&D 支出に占める 応用研究の割合（％）	R&D 支出に占める 実験開発の割合（％）
2005	5.36	17.7	76.95
2006	5.19	16.28	78.53
2007	4.7	13.29	82.01
2008	4.78	12.46	82.76
2009	4.66	12.6	82.75
2010	4.74	12.66	82.75
2011	4.59	11.84	83.42
2012	4.84	11.28	83.87
2013	4.68	10.71	84.60

出所：表4-1に同じ。

110 第4章 経済成長"新常態"下における中国産業の構造調整とイノベーション

5. イノベーションの計画，政策と制度改革の推進

5.1 イノベーションに関する主要計画

　中国政府によるイノベーション関連の主要計画には，「中国製造2025」，「インターネット＋アクションプラン」などがあるが，スマート製造，微小型企業の育成，技術改良，ベンチャー小型企業の発展などについて多くの政策措置が公布されてきた。また地域政府（特に東部地域）も各自に相応の奨励，支援政策を打ち出している。

　2015年は中国の"インターネット＋"元年として，3月の政府活動報告の中で初めて「インターネット＋」が提起され，7月に「インターネット金融の健全発展に関する指導意見」が公布され，9月に国務院から「ビッグデータ発展行動綱要」が公布され，2015年3月，「大衆創業万民革新の大いなる推進に関する若干の政策措置に関する意見」などの一連の政策文書も実施され始めた。

　国務院は2015年5月8日に「中国製造2025」を公布し，1つの総合計画と複数の付属計画が含まれるので「1＋X」プランと呼ばれている。「X」関連の政策案が順次に作成・公布されつつあり，工業情報化部をはじめとする国家製造強国指導グループと戦略諮問委員会も設立され，その指導の下で重点領域技

表 4-3　2000～2013年規模以上工業企業の技術獲得状況一覧

年次	国外技術導入の経費支出（億元）	技術導入の消化吸収経費支出（億元）	国内技術購入の経費支出（億元）	前年比増加率（%）	国内技術購入支出対国外技術導入支出の割合	国外導入技術消化吸収支出対国外技術導入経費支出の比率
2000	304.91	22.82	34.49	—	0.11	0.07
2004	397.36	61.21	82.48	139.1	0.21	0.15
2008	466.9	122.7	184.2	123.3	0.39	0.26
2009	422.17	182	203.41	10.4	0.48	0.43
2011	448.99	202.17	220.52	8.4	0.49	0.45
2012	393.9	156.8	201.7	−8.5	0.51	0.4
2013	393.95	150.58	214.38	6.3	0.54	0.38

　出所：国家統計局，科学技術部『中国科技統計年鑑（2014）』。

術ロードマップが制定・公布され，また事業実施のための情報化管理プラットフォームと製造強国基礎作りとなるビッグデータプラットフォームの建設が始動された。「中国製造2025」に関して，すでに工業基盤強化のための特別アクションが展開され，118のモデルプロジェクトを支援して，一群の重要な共通性技術と製品の試験応用が進められた。75社の国家技術革新モデル企業と25箇所の中央省庁直属の重点実験室が認定され，スマート製造特別試験モデルアクションがスタートされ，46項目のパイロット事業が指定された。

　2016年9月に国務院から「"13・5"科学技術革新計画」が公布され，重点的に6方面の任務実施を強調している。① 国の先発的優位性の構築をめぐり当面と将来の重要な戦略配置を考え併せること，② オリジナルのイノベーション能力の強化をめぐり，重要な戦略的イノベーションタスクフォースを育成すること。③ 革新空間の開拓をめぐり，国内と国際の2大局を総合的に配慮すること。④ 大衆創業・万民革新をめぐり，良好な革新創業の環境づくりを構築すること。⑤ 革新と成果の移転を制約する制度的障害の排除をめぐり，全面的に科学技術体制の改革を深化させること。⑥ イノベーションのための国民的，社会的基盤を打ち立てるために科学技術の普及とイノベーション文化の啓蒙を強化すること。

　自主的イノベーションの重点事業の1つは国の重大科学技術特別プロジェクトに注力することである。15の国家重大科学技術特別事業の中で工業情報化部の引率・参加によるものが8件ある。一部の重大特別事業は国際金融危機への対応と密接な関係にある。国務院は複数の重大特別事業についての報告を聴取したうえ，一部の案件と資金を拠出して促進している。例えば，高機能NC工作機械，基盤製造設備及び大型機関連の事業など。

　技術改良は産業のグレードアップを図るための重要措置である。経済成長のスローダウンの時期において中央政府は技術改良のテンポを加速しようとしている。中国工業のグレードアップを図るために工業情報化部は企業の技術改良を不断に強化し，2016年に重大技術設備，高機能素材，新素材，電子情報産業の革新発展，省エネ排出削減とグリーン発展などの5大技術改良事業を実施した。工業情報化部主導の技術改良事業は重大技術設備保障，高機能素材と新素材保障，食品薬品安全保障，グリーン製造・新技術新工法などの4つの重点

事業を中心に 50 領域，253 の細分方向が含まれる。そのうち，重大技術設備保障事業における認可取得案件が最も多く，全体の 45％を占めており，高機能材料と新素材はこれに次いで 33％を占めている。

5.2　イノベーションに有利な制度改革の推進

2013 年以降，国務院は職業資格許可と認定事項の減少と規範化を，制度の簡素化と権限移譲，開放と管理の結合，サービス改善改革の重要内容としていた。2013 年末までに，国務院は各種職業資格を 618 件，そのうち専門技術人員職業資格を 219 件，技能人員職業資格を 399 件設置した。2014 年以降，国務院の承認を受けて，前後 7 回に分けて 434 件の国務院各部署設置による職業資格認可と認定事項を取り消し，削減比率は従来総数の 70％以上を占め，就業のエントリーラインを引き下げ，市場の活力と社会の創造力を引き出し，創業革新を促進した。

「大衆創業，万民革新」を推進するために，工商登録手続きを簡素化し，"3 証合 1" [11] を進めている。2016 年，全国の新規登録企業が 553 万社，前年比 24.5％増となり，1 日当たりの新規登録企業数は 1.5 万社に達した。工業のミニ・小型企業の景気が回復し，第 1 〜第 4 四半期の景気指数はそれぞれ 87.2，90.6，92.0，93.3 であった。

「産業投資審査照合目録」の改定により 90％相当の対象項目が削減された。2016 年 11 月に科技部より「知識価値の増加を指向とする分配政策の実施に関する若干の意見」が公布された。同文書では，科学技術人員の兼職勤務と合法収入を認め，大学教員の複数個所での教学及び合法収入を認めている。「意見」は大学と科学研究機関に適用するもので小中学の状況と関係しない。

5.3　産学研連携の推進

2006 年に産学研連携協調推進指導グループが設立され，科技部，教育部，国有資本委員会，全国総工会，国家開発銀行の責任者及び関連業務を主管する司局の指導者から構成されているが，その主な職責は「国家中長期科学技術発展計画綱要（2006 〜 2020）」の実施とその政策である産学研連携の促進政策措置の実施，産学研連携事業中の重大問題の解決，各部門との協調による産学研

5. イノベーションの計画，政策と制度改革の推進　　*113*

表 4-4　2017 年中国政府公布の一連の産業政策と関連計画

公布機関	文書名称	公布時間
国務院	対外開放の拡大と積極的な外資利用の若干措置に関する通達	2017.1.17
国務院	"13・5"国家知的財産権保護と運用計画に関する通知	2017.1.13
国務院	"13・5"省エネ・排出削減総合工作方案に関する通知	2017.1.5
中央弁公庁，国務院弁公庁	移動インターネットの健全，秩序ある発展に関する意見	2017.1.1
中央弁公庁，国務院弁公庁	省級空間計画試験方案	2017.1.9
国家発展改革委員会，国家エネルギー局	エネルギー発展"13・5"計画	2016.12.26
発展改革委，財政部，環境保護部，国家統計局	循環経済発展評価指標体系（2017 年版）	2016.12.27
発展改革委，工業情報化部	情報産業発展指南（2016-2020）	2017.1.17
工業情報化部	ビッグデータ産業発展計画（2016-2020）	2017.1.17
工業情報化部	ソフトウェア・ＩＴサービス産業発展計画（2016-2020）	2017.1.17
工業情報化部	新エネルギー自動車生産企業及び製品の参入許可管理規定	2017.1.17
工業情報化部，発展改革委，財政部，人民銀，銀監会など	船舶工業の構造調整深化とパータン転換・グレードアップ加速に関する行動計画	2017.1.12
工業情報化部，農業部，発展改革委，商務部	全国乳業発展計画（2016-2020）	2017.1.11
工業情報化部	情報通信産業発展計画（2016-2020）	2017.1.17
工業情報化部，発展改革委	食品の健全発展に関する指導意見（2016-2020）	2017.1.12
工業情報化部，発展改革委	ソフトウェアと情報サービス業発展計画（2016-2020）	2017.1.22
工業情報化部，発展改革委	情報通信ネットワークと情報セキュリティ計画（2016-2020）	2017.1.22

出所：中国政府公式サイト掲載資料をもとに筆者が整理・作成。

連携のための行動推進，産学研連携の新体制と新様式の模索，ともに企業を主体とし，市場志向，産学研連携のイノベーション体制の建設に取り組むことである。6 部門の具体的な業務分担は以下の通り。

科技部："11・5"科技計画の実施に関し，科学技術管理体制改革の深化と科学技術計画による産学研連携への支援と誘導作用の発揮と産業技術革新連盟の建設体制と政策の模索に努めること。財政部：財政の科学技術への投入管理体

114 第4章 経済成長"新常態"下における中国産業の構造調整とイノベーション

制の強化，産学研連携によるイノベーションに有利な経費支出の管理方式の改善，産学研連携に有利な財税政策の制定。教育部：産学研連携における大学の重要役割の十分な発揮，大学研究陣の産学研連携参加に関する政策と措置の策定，大学による各種形式の産学研事業への参加奨励。国務院国資委：国有企業技術の考課強化，企業を主体とする産学研連携の方式と支援措置の模索，企業先導または企業参入の産学研事業の推進。全国総工会：従業員の科学技術革新活動への参加動員，良好なイノベーション文化気風の醸成促進。国家開発銀行：政策性金融機構の融資機能の発揮と金融商品の革新による産学研連携促進へ金融面の支援を提供すること。 2010年以降，中国政府は100以上の産学研連携連盟を選定し，促進事業を展開してきた。

5.4 軍民融合の促進

軍事工業は，新中国建国以降一貫してその発展に注力してきた産業である。政府の長期的な支援と長期的に先進国からの孤立・封鎖を受けたことで自主的イノベーション，独立的な研究開発，技術蓄積などの面において最も進んでいる産業となっている。軍事工業の産業チェーンは基本的に整ったもので，中核技術も基本的に獲得している。軍事工業は中国の最も体系的なハイテク能力を持つ産業である。しかし，軍事工業は長期的に民需工業と相当隔離しており，自己閉鎖的であったため，多大な投入を費やして獲得した大量な科学技術の研究成果はなかなか拡散できず，国民経済のために役立っていない。改革開放後，中国の指導者は軍事工業の改革を極めて重要視してきた。20世紀80年代にも"軍から民への転換"の問題を提起していた。20年ぐらい経過したのち，軍事工業は"軍民結合"，"軍を民に寓させる"の段階を経て今や"軍民融合"の段階に入った。

2010年11月，国務院軍事員会による文書では，軍需工業と民用技術の相互移転を強化し，国防産業の知的財産権の管理を改善し，軍需技術の民需への移転を推進することなどが指示された。また科学技術イノベーションの需要に応じて，大学機関，民間科学研究機関と国防科学研究機関の協力体制の構築と重大科学技術研究プロジェクトの連携実施を進め，重要技術の蓄積と研究資源の共有を実現することも提起された。また，軍民通用の工業設計，先進工業技術

5. イノベーションの計画，政策と制度改革の推進   115

表 4-5　中国産業政策の変化動向

政策内容		従来の政策	"13・5" 計画の調整方向
研究開発支援政策	支援領域	大規模生産方式と重点製品の研究開発，技術改良	複雑な製品集成，コアパーツ，科学技術インフラ，基本ソフト，基盤技術，インダストリー4.0 関連技術と生産様式
	支援方式	財政支出，政府基金，減税	財政支出金，政府基金，減税，ベンチャー投資
技術改造政策	支援領域	設備第1号機購入の保険補償，新工法・設備の奨励	大企業技術・設備改良，中小企業工法改善，省エネ・環境保護技術利用
	支援方式	政府の資金支援，減税	政府資金支援，減税，技能向上サービス，評価透明度の向上，競争体制の導入
産業組織政策	重点支援対象	大型企業，国有企業，	フロンティア技術のブレークスルー実現の大型企業，ベンチャー企業，中小ハイテク企業
対外開放策	国際直接投資	外資の大量導入	対外進出，国際市場活用，国家間協議，対外投資拡大，産業移転
	貿易政策	輸出拡大，自由貿易区の設立	輸出製品のレベルアップ，品質，利益の向上，自由貿易区経験の推奨，ネガティブリスト管理の推進

出所：各種資料をもとに筆者が整理・作成。

の合同開発，民間工業の適正標準の採用，産学研連携の推進，人材育成チャネルの開拓などについても具体的な指示がなされた。

　上記の中央政府の指示に従い，工業情報化部は 2014 年 4 月に「軍民融合式発展の促進に関する指導意見」を公布し，2020 年までに比較的健全な軍民融合の体制と政策法規体系が形成され，軍需と民需の資源協同共有の基本実現，先進軍需技術の民需への移転応用の大幅な前進，民間資本による民需分野への進出の進展，軍民結合のハイテク産業規模の不断な拡大などが提起された。同年 11 月に解放軍総参謀部から民間向けに 108 件の軍需プロジェクトが公表され，公式的に民間の優位資源が軍隊訓練領域の先進技術と製品の研究開発への参入を招致している。これは軍隊が訓練保障の業界独占の障害を打破し，民間資本の事業参入に重要な契機を作った。その 1 カ月後に国務院が公布

した「応急産業発展の加速に関する意見」文書の中で国家の科学技術計画（特別案件，基金など）による応急産業の関連科学技術事業への支援を進め，また十分に軍事工業の優位性を利用して応急産業の発展を奨励し，軍民融合を推進することが提起された。

2015年3月，習近平国家主席が「軍民融合を国家戦略に引上げ，軍隊強化の新局面を切り開き，早期に全要素，多領域，高効率な軍民融合の深度発展の局面を形成させる」と指示したほか，今年の1月22日の党中央政治局の会議において中央軍民融合発展委員会の創設が決定され，習近平氏が主任に任命されている。

実際にも軍需融合事業がすでに顕著な進展が見られている。国防大学経済研究センター発表の『中国軍民融合発展報告（2014）』によると，中国の軍民融合度が30％前後になった。これは中国の軍民融合が発展の初期から中期へ進み，初歩的融合から中度的融合への推進段階にあることが示されている。軍民融合を推進することは軍需科学技術成果の移転と応用を大いに促進し，軍事工業の科学技術の実力が国民経済発展のために更に大きく発揮されるとともに，軍事費の削減と科学研究資源の最適化配置にも有利である。

5.5 科学技術研究成果の移転普及の促進

2016年4月国務院弁公庁から「科技成果移転促進行動方案」が公布された。同方案では，"13・5"期において一群の短中期的効果があり，産業構造の改善と高度化を有力にリードできる重要な科学技術の移転応用を推進し，企業，大学と科学研究所の成果移転能力が顕著に向上し，市場化的技術取引サービスシステムが更に改善し，科学技術型の革新・創業が力強く発展し，専門化した技術移転人材陣営が成長し，多角的な科学技術成果の移転普及，投資のチャネルも改善し，科学技術成果の移転普及の制度環境が更に良くなり，機能完全，効果運営，市場化的な科学技術成果移転普及の体制が全面的に形成される。同方案は系統的，全面的に新しい情勢下における各種改革による科学技術の成果移転の一連政策を打ち出しているので非常に意義あるものと思うが，ここではその概要だけを紹介する（表4-6）。

同方案で掲げられた科学技術移転に関する主要目標は以下の通り。100箇所

のモデル型の国家技術移転機構を建設し，条件のある地域で 10 箇所の科学技術成果の移転普及モデル区の建設を支援し，重点業界における配置として一群の実体経済発展をサポートする大衆創業空間を建設し，数箇所の技術移転のための人材養成基地を建設し，1 万人の専門的人材を養成し，全国の技術取引額が 2 兆元規模に達するようにすることである。

5.6 全面的な 2 つの標準向上

2016 年 9 月 2 日，国務院から「消費財標準と製品品質向上計画（2016 ～ 2020）」が公布された。同計画の主要目標は先進的な標準による製品品質の向上と消費財の促進，新しい消費領域の開拓及び設備製造業のモデルチェンジとグレードアップへの促進を図ることにある。

2016 年 8 月 2 日，国家品質検査総局，国家標準委員会，工業情報化部が共同で「設備製造業の標準化と品質向上計画」を公布した。その主旨は劣後生産設備と工法の削減淘汰を通じて全面的に中国設備製造業の製品レベルと品質の向上を図り，省エネ・排出削減を促進させることにある。

全面的にこの 2 つの標準を引き上げることは中国の消費レベルの向上と新しい消費分野の開拓及び産業技術水準の発展，新たな資本市場の需要の発掘につながり，発展の質の面における方向で中国経済の持続成長を可能にする意義深い取り組みである。

5.7 資金支援

2010 年に中国政府が戦略的新興産業の発展促進策を打ち出した。中央政府は戦略的新興産業のために多くの優遇策を制定した。例えば，中央財政において戦略的新興産業の発展を支援する特別項目の資金を設立し，また財政部と発展改革委の合同による「戦略的新興産業発展特別資金管理暫定弁法」を公布し，資金の使途は新型のベンチャー投資計画，産学研連携による共同イノベーション，技術革新プラットフォームの建設，産業集積の建設などの支援とされている。実践の状況からみると，国の戦略的新興産業への主な支援方式はやはり直接的な補助金付与である。2011 年，中央政府による戦略的新興産業への直接補助金交付は 35 億元で以降も毎年増額している。中央政府が指示・提供

118 第4章 経済成長"新常態"下における中国産業の構造調整とイノベーション

表 4-6　科学技術成果の移転に関する行動方案の主な内容

【一】科学技術成果に関する情報の総合交流と公表の展開
⇒先進・適用技術に関する科学技術の成果移転のパッケージ公表
⇒国家科学技術成果情報システムの建設
⇒科学技術成果情報と相互交流強化
⇒科学技術成果データ資料の開発利用強化
⇒軍民科学技術成果の融合移転応用の強化
【二】産学研連携による科学技術成果の移転応用の推進
⇒大学と科学研究院所による科学技術成果移転応用の紫煙
⇒企業による科学技術成果移転応用の推進
⇒多方式による産業技術革新連盟の構築
⇒科技社団法人による科学技術成果移転における紐帯作用の発揮
【三】科学技術成果の応用試験と産業化利用施設の建設
⇒科学技術成果の産業界基地の建設
⇒科学技術成果の応用試験と成熟化促進
【四】科学技術成果移転応用のための市場化サービスの強化
⇒国家技術取引プラットフォームの構築
⇒地域性技術移転サービス機構の設立
⇒技術移転機構の機能改善
⇒重点領域の知的財産権サービスの強化
【五】科学技術型のイノベーション，ベンチャー創業の推進
⇒大衆創業空間の整備と実体経済発展の支援
⇒各種の革新・創業資源の利用者への開放促進
⇒各種類の革新・創業コンクールの開催
【六】科学技術成果移転応用のための人材陣営の建設
⇒技術移転人材の養成推進
⇒科学技術者による科学技術成果の移転応用推進
⇒科学技術成果移転応用の人材サービス強化
【七】地方における科学技術成果の移転事業の協力推進
⇒地方の科学技術成果移転事業の強化
⇒地域的な科学技術成果移転普及のパイロット試験実施
【八】科学技術成果移転普及への多角的資金投入の強化
⇒中央財政の技術成果移転応用への誘導機能の発揮
⇒地方財政による科学技術成果移転応用の投入拡大
⇒科学技術成果移転資金の市場化供給チャネルの開拓

出所：国務院弁公庁（2016.4）「科技成果移転促進行動方案」より抜粋。

した各種の優遇策は更に地方政府にも働きかけられ，地方政府も同様に戦略的新興産業発展のために各種の優遇策を与え，またイノベーションの推進に対しても多くの地域的計画と政策を制定した。例えば，関東省では新ラウンドの企

業技術改造事業がスタートされ，これからの 3 年間に 75 億元の技術改造資金を手配し，民間投資を 9,000 億元呼び起こす計画が出されている。これはこの 30 年において地方政府として最大かつ最強の優遇策の実施例である。江蘇省にも省クラスの産業発展基金が設立されている。

6. 残されている主な課題について

6.1　伝統産業の成長力が大幅に低下したが，新興産業は規模や牽引力においてまだ伝統産業に取って代わるまでには成長しておらず，経済成長への下支え効果がまだ不足しているので中国経済の構造転換とモデルチェンジはまだ時間を要することになる。したがって引き続き政府の財政政策や金融政策の実施により安定成長を図らなければならない。

6.2　構造調整の中における行政手段への過剰依頼問題

産業構造調整において過度に行政手段に依存するという問題が見られている。上から下までの大規模な行政手段による過剰設備削減の実施が困難に直面している。地方政府は管轄区内の経済発展，就業確保などの角度から柔軟的な抵抗措置を取ることがしばしば発生する。例えば，2016 年 11 月 23 日に華達公司による"地条鋼"（政府の規定品質を満たさない鋼材）の生産販売と，安豊公司の認可取得前または申請中に鉄鋼事業投資実施などの違法行為に対し，国務院常務会議の決定で調査グループをそれぞれ江蘇，河北へ派遣され現地での調査が実施された。

調査の結果，華達公司の"地条鋼"生産販売事件は典型的な違法行為であることが分かった。江蘇省には"地条鋼"生産企業が多く，稼働期間も長く，影響が悪い。安豊公司が新設した鋼精錬所も違法案件で，認可前に先に建設し，性質が悪く，鉄鋼業界における設備削減事業を妨害した。この 2 つの事件から過去の設備削減の中で一部の地方政府には厳重な責任逃避，政策執行不徹底，規定により上級組織に報告せず，行政効率が低いなどの問題が存在していることが露呈された。党規国法を厳正にするために，党中央・国務院はこの 2 つの

120 第4章 経済成長"新常態"下における中国産業の構造調整とイノベーション

事件に対し厳粛な処理と厳しい問責を行った。江蘇, 河北両省政府が国務院宛に深い反省をさせたほか, 江蘇省副省長の馬秋林氏に「過失記録」, 河北省副省長の張傑輝氏に「行政警告」という処分が言い渡された。江蘇・河北両省ではそれぞれ111名, 27名の責任関係者に問責を行った。また同2省に対し, 省内にある"地条鋼"生産販売や鉄鋼設備新設の違法行為に対する徹底処理が求められ, 安豊公司の既存設備1,000㎡以下の高炉, 100t以下の転炉の期限内撤去が命令された。更に全国に対し, 華達公司, 安豊公司の違法事件の調査処理状況が公表されるとともに, 国務院の手配のもとで石炭, 鉄鋼, セメント, ガラスなどの業界の産業設備削減に対する特別監査と整理を実施することが決まった。

6.3 近年, 政府行政による財政補助への関与で資源配置のねじれを深めた。土地供給価格のねじれや財政補助, 金融緩和などの政府の過度の関与行為は顕著に資源配置の効率性を低下させた。政府の関与が大きければ資源配置の効率性も大きく下がる。例えば, 太陽光発電業界では政府補助を比較的に多く受けているが, それだけ同業界の資源配置の効率性も低い。政府関与が市場の失敗にとって必要手段ではあるが, 政府調整と市場メカニズムによる協調体制を構築しなければならない。産業の参入基準, 環境保護観測体系, 政府補助金基準などの不完全性により, 企業参入時に相応の制限がないため, 政府の財政支援が産業のコアコンピタンスや技術開発能力の向上に向けられておらず, 産業チェーンの末端にある企業が受益し, 組立加工能力をかさ上げ, 結果的に過剰設備が形成されてしまう。

6.4 多くの重要改革を行ってきたが, 中国現在の科学技術研究体制の中に科学研究と経済発展が離脱している現象が存在し, 科学研究の成果移転率が先進国と比べてまだ低い状況である。特に軍事工業系研究所が閉鎖的であり, 更に改革を進める必要がある。

6.5 中央財政の民間技術分野の研究開発に使われる部門が30以上分散しており, 経費のばらまきはおろかプロジェクトによる重複利用, 無秩序な競争

問題も見られる。国家発展改革委員会，工業情報化部，科技部の間でも計画の重複が存在し，資金使用領域が不明確な問題も見られ，特にハイテク分野に顕著である。

6.6　基礎開発研究の分野や将来的な技術研究開発分野において中国企業と先進国企業の間でまだ大きな開きが存在し，R&D 投入が明らかに不足しており，この格差を縮めるには多大な努力が必要である。

おわりに―今後の展望

　2016 年の下半期以来中国経済成長は安定的に続き，各種の構造改革の長期的な実効措置（特に制度会改革措置）は成果を見せ始めた。しかし，産業構造調整が根本的に完成することは比較的長い経済発展の自然過程である。産業構造調整を進めるにはやはり市場メカニズムの基礎的役割を発揮させなければならず，主に企業自身の努力に頼らなければならない。政府政策は産業調整の過程をある程度加速させたり，或いはより順調に行わせたりすることができるに過ぎない。したがって，"13・5" 期においても産業構造調整は依然として中国経済成長における中心的な問題である。

　中国経済体制や科学技術体制，財政体制の改革推進に伴い，中国工業技術のイノベーションには更に有利な基礎条件が創出されていくので中国工業のイノベーションは新しい 5 カ年計画期間に更に加速し，進展が見られ，中国工業のイノベーションは中国が工業大国から工業強国への移行過程に決定的な役割が果されると思われる。

　"13・5" 期間中，中国の伝統産業が実力水準と品質方面において比較的大きな向上が見られ，ハイテク産業が高速発展の段階に入り，経済成長にさらに大きな役割を果たすであろう。また中国工業は次第に先進国との格差を縮小し，全般的には従来の 5 ～ 10 年から 5 年ぐらいに縮小すると考えられ，期間中，中国工業と現代サービス業との融合が更に深化し，中国工業の発展形態と運営形態にも大きな変化が訪れるであろう。中国産業構造の転換とグレードアップ

は相当大きな程度において第2次産業と第3次産業の間の転換と融合に具現されるであろう。

さらに中国工業は開放される。海外進出においてより一層大きな歩調が踏み出され，対外投資が一段と加速するにつれ，産業設備移転も加速し，外資導入において更にもっとレベルと質が重要視される。

注

1　『中国労働統計年鑑（2004）』より算出。
2　国家発展改革委員会『国家新型都市化報告（2015）』。
3　国家統計局「2015年統計公報」。
4　国家発展改革委員会の見解によると，「三去一降一補」とは，即ち過剰生産能力解消，不動産在庫解消，デレバレッジ，生産コスト削減，需要不足の補足を略称するものである。
5　国家統計局「2016年統計速報」。
6　国家発展改革委員会副秘書長許昆林氏の2016CCTV（中国中央テレビ局）財経論壇及び中国上場企業サミットにおける発言。
7　データは『中国科技統計年鑑』各年版に基づき筆者が整理・算出。
8　国家知識産権局の2017年1月19日付け公表数字による据。
9　易観智庫『中国ビッグデータ全体市場趨勢予測報告（2014-2017）』。
10　『中国税務』2016年12月。
11　「三証合一」とは，企業が申請すべき工商営業許可証，組織機構コードカード及び税務登録証といった3種類の証明書の一体化を指すが，「一照一碼」とはこれをもとに更に踏み込んで「一つの窓口で受付け立て付けに審査批准を進め，情報を共有し，結果を認め合う」ことによって，一つの政府機関の承認・発行による統合された社会信用コード営業免許の実現を言うことである。

参考文献

国家統計局（2016）「2016年経済数据速報」。
国家発展改革委員会（2015）『国家新型城鎮化報告』。
社会科学文献出版社（2015）『中国装備製造業発展報告』。
趙英（2012）『中国産業政策変動趨勢実証研究（2000-2010）』経営管理出版社，2012年。
人力資源社会保障部（2014）『中国労働統計年鑑』。
中国社会科学院工業経済研究所（2015）『中国工業発展報告』。
中国科技部（2015）『科技統計数据』。

（趙　　英）

第5章

中国政府債務拡大について
―その背景・影響および対策―

要約

　アメリカのサブプライムローン問題が発端となった国際金融危機が起きてから早くも10年を迎えようとする。こうしたなかで複数国の財政赤字の拡大や政府債務の問題が大変関心が持たれており，構造転換が進められている中国の政府債務問題が特に注目されている。

　本章は，こうした背景を踏まえながら中国の地方政府債務の実態を明らかにするとともに，その拡大の要因とメカニズム及びマイナス影響を考察したうえ，これまでの中国政府による債務対策の展開動向と重用視されるPPP（官民連携）戦略推進の成果と課題を概観し，足許における中国の政府債務リスクよりも企業債務の対応によるレバレッジの削減が急務であることを指摘し，将来に向けての若干の政策提言と戦略展望を試みるものである。

はじめに

　2008年の国際金融危機から世界経済に緩やかな回復が見られていたが，2010年には欧州債務危機が起こり，近年ではEUの行方にも影を落としたギリシャ債務危機やイギリスのEU離脱問題（昨年6月）などが発生し，日米などの先進国でも財政赤字の拡大傾向が改善されていない。世界最大規模の金融

124 第5章 中国政府債務拡大について

危機対策（4兆元の財政投資）を実施した中国の財政事情も地方政府の債務拡大を中心に懸念されており，その真相究明や解決政策が求められている。また今年5月24日にアメリカの大手格付会社ムーディーズ・インベスターズ・サービスによる中国の発行体（国債）格付けの引き下げ（日本と同じ「A1」に）がなされたことは中国の財政事情の悪化が世界に強く印象付けられたことになり，中国政府債務の実態と対策動向がこれまで以上に関心が寄せられている（周哲［2017］，剛猛［2017］）。

　本章は，こうした背景を踏まえながら中国の政府債務の状況について中国政府の調査報告を中心に考察するとともに，その拡大メカニズムの解明に「地方政府融資平台」（Local Government Financing Vehicle，以下「LGFV」）の役割機能を明らかにしたあと，政府債務拡大の原因とマイナス影響を明らかにし，現在と今後の中国政府の債務対策の展開動向と効果及び今後の行方を展望し，若干の政策提案を行いたい。

1. 地方政府債務の拡大動向とメカニズム

　表5-1に示すように，中国の政府債務の拡大状況は主に中国審計署（日本の会計検査院に相当）の2回の調査（2011年と2013年）によって報告されてきた（2013年6月時点のGDPの50％に当たる約30兆2,700億元）。中でも地方政府債務が全体の6割を占める約17兆9,000億元に達しているので特に関心が持たれている。また，2015年7月27日付の中国『第一財経日報』の報道によると，中国社会科学院国家金融・発展実験室が「中国国家資産負債表2015レバレッジ調整とリスク管理」を公表し，2014年末までの地方政府の負債総額は30兆2,800億元だったことが明らかにされている[1]。2013年末公表の審計署報告から今日まで正式な政府債務報告が出ていない[2]ので，本章でも基本的に中国政府（審計署）の2013年末までの公式発表の調査結果に基づき検討するしかないことを断っておく。

　図5-1と図5-2は中国の地方政府債務の年末残高と新規増加分の推移を示しているが，大型の財政出動が実施され始めた2009年から中国地方債務の急速

1. 地方政府債務の拡大動向とメカニズム　　*125*

表 5-1　中国政府（審計署）公表の政府債務の規模変化

(単位：億元)

債務区分 時期区分	政府区分	政府直接債務 （Ⅰ類）	政府保証債務 （Ⅱ類）	その他政府関連 債務　（Ⅲ類）	3種類政府債務 の合計
2010 年末	地方政府	67,110	23,370	16,696	107,175
2912 年末	中央政府	94,377	2,836	21,621	118,834
	地方政府	96,282	24,871	37,705	158,858
	政府合計	190,659	27,707	59,326	277,692
2013 年 6 月末	中央政府	98,129	2,601	23,111	123,841
	地方政府	108,859	26,656	43,394	178,909
	政府合計	206,988	29,256	66,505	302,750

出所：中国国家審計局 2011 年，2013 年公表の政府債務審査結果報告より作成。

図 5-1　中国地方政府の債務残高と前年比伸び率の推移

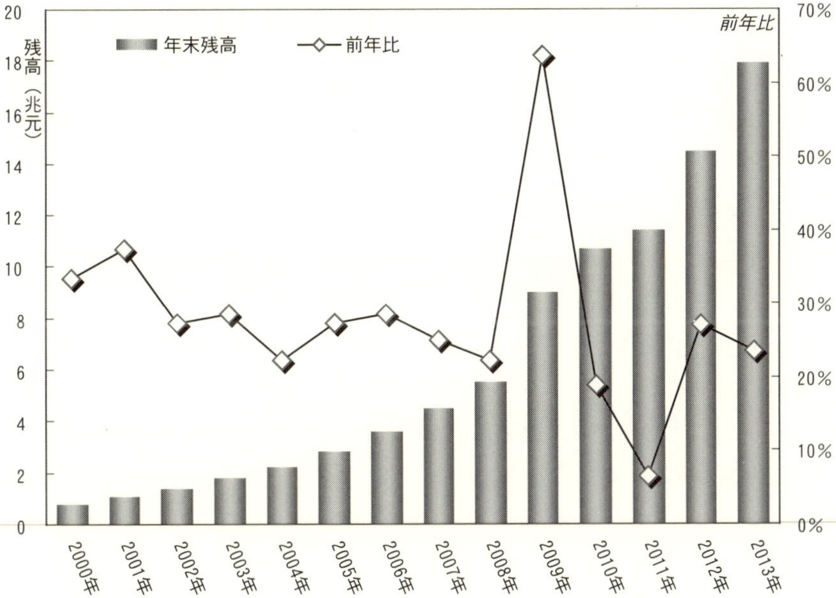

出所：国務院発展研究中心主宰／中国経済年鑑編集委員会『中国経済年鑑』（2014）及び表 1 の
　　　資料より作成。

126　第5章　中国政府債務拡大について

図5-2　2001年〜2014年中国新規増加の地方債務額推移

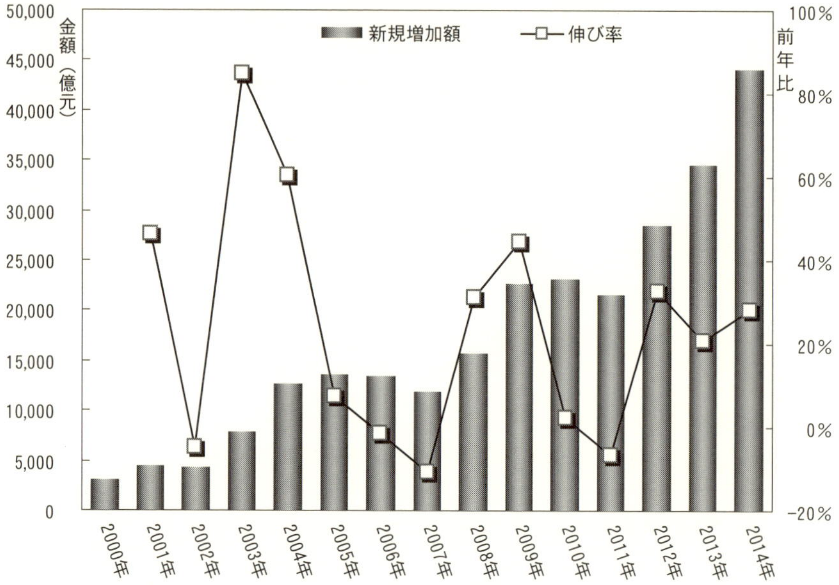

出所：呂健「地方債務対経済成長的影響分析─基於流動性的視角」，『中国工業経済』2015年第11期より作成。前年比は計算値。。

な拡大が見て取れる。

　また図5-3から中国の地方財政収入は地域内の土地譲渡金収入に大きく依存していることが読み取れるが，2000年まではそうではなかった。これは主に2000年以降の都市化拡大に伴う土地需要の増加と不動産市場の成長による土地価格の高騰によりもたらされたものである。2010年をピークに土地への依存度が50％以上の年が多く見られたが，2015年まで中国地方財政の50％以上が土地譲渡金収入に頼っている状況は「土地財政」とまで言われており，農地資源不足や土地管理・販売にまつわる政治腐敗問題もしばしば引き起こされ，持続的可能ではないのが明らかである。2015年になって土地譲渡金収入が40％以下に下がってきた。

　不足の財源は各種の租税収入以外に，政府として債権を発行する必要があるので1990年代後半から様々な地方投資会社が設立されたが，2008年の国際金融危機を契機にLGFVの名称で更に活発化し，政府融資と投資業務を執り行

う役割を果たしてきた（図5-4）。その中でシャドーバンキング（影の銀行）による資金調達量も大きかった[3]。

図5-3 中国の地方財政収入の土地依存度の変化動向

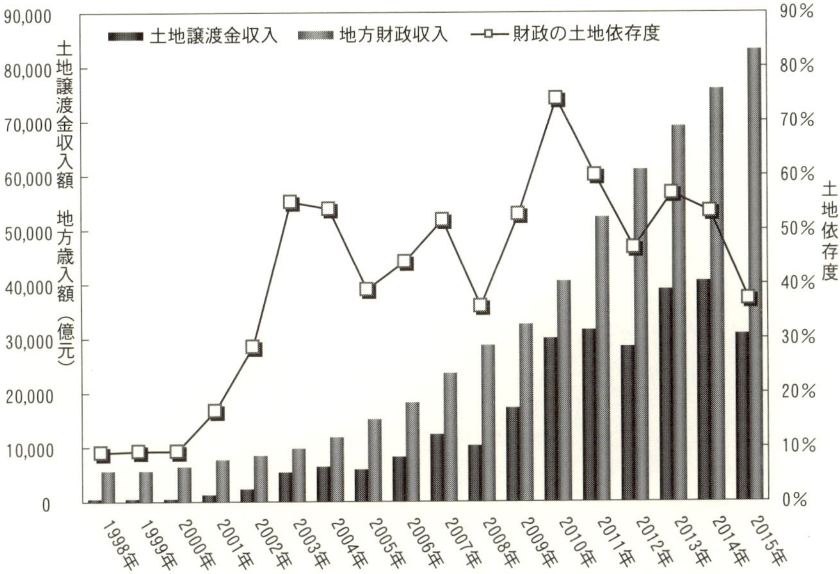

出所：中国国土資源部及び財政部統計年鑑発表より作成。土地依存度（土地譲渡金収入÷地方歳入額×%）は計算値。

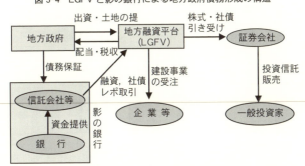

図5-4 LGFVと影の銀行による地方政府債務形成の構造

出所：梶谷懐「中国経済のリスク要因―影の銀行と地方債務問題を中心に」、「2013年10月23日 ERINA 賛助会セミナー」資料より修正・引用。

ちなみに，2009年から2010年までに行われた中国政府の4兆元の大型財政投資は交通・電力インフラの整備と四川大地震に対する復興支援および福祉住宅の建設などを中心に実施されていた（図5-5）。

表5-2は中国国家審計署が2013年末に公表した中国政府債務審査報告により作成したもので，これにより中国における政府債務の構造を細目にわたるまで一通り捉えることができよう。2013年時点で，中国地方政府の債務総額（Ⅰ～Ⅲ類の合計）は合わせて約17兆9,000億元で，その政府別，借り入れ別，資金使途別及び資金調達経路別の構成比の詳細は同表の参照に譲るが，大まかに見ると，政府別では市と県クラスの政府直接債務（Ⅰ類）の比率が高いのに対して，省クラスの政府保証債務（Ⅱ類）とその他関連債務（Ⅲ類）の比率が高い状況である。

また借入主体別ではLGFVがどのタイプの債務でも高い比率を占めており，3種類合計による比率では39％と最も高く，その次は地方政府部門・機構が多

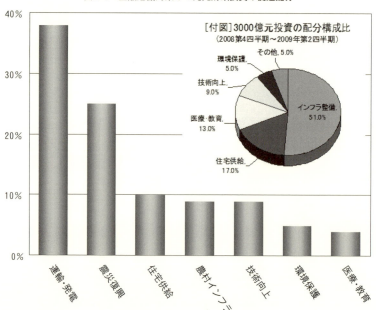

図5-5　金融危機対策の4兆元財政投資の使途配分

出所：[付図]を含め，国家発展改革委員会公表（2009年3月，5月）より作成。

1. 地方政府債務の拡大動向とメカニズム　　*129*

表 5-2　細目に見る中国政府債務の内容と構成状況　（2013 年 6 月現在）

政府債務細目区分 ＼ 政府債務種類		政府直接債務（Ⅰ類）	政府保証債務（Ⅱ類）	その他政府関連債務（Ⅲ類）	3 種類政府債務の合計
各種政府債務の総額（億元）		108,859	26,656	43,394	178,909
政府別	省	16.3%	58.6%	42.7%	29.0%
	市	44.5%	27.9%	39.3%	40.7%
	県	36.4%	13.1%	17.0%	28.2%
	郷鎮	2.8%	0.4%	1.1%	2.0%
	合　計	100.0%	100.0%	100.0%	100.0%
借主主体別	地方政府融資平台（LGFV）	37.4%	33.1%	46.4%	39.0%
	地方政府部門・機構	28.4%	36.3%	0.0%	22.7%
	経費補助事業単位	16.3%	3.9%	11.9%	13.4%
	国有企業（独資・株式）	10.6%	21.6%	32.4%	17.5%
	自収自支事業単位	3.2%	1.4%	5.0%	3.4%
	公用事業単位	1.1%	0.5%	4.4%	1.8%
	その他の単位	2.9%	3.1%	0.0%	2.2%
	合　計	100.0%	100.0%	100.0%	100.0%
調達資金の使途別	都市部のインフラ建設	34.8%	19.8%	34.2%	32.4%
	土地の収用・備蓄	15.5%	4.0%	1.9%	10.5%
	交通運輸インフラ	12.8%	49.5%	31.8%	22.9%
	福祉住宅	6.3%	5.3%	6.2%	6.1%
	教育, 科学, 文化, 衛生事業	4.5%	2.8%	9.4%	5.4%
	農林水利建設	3.8%	2.2%	1.8%	3.0%
	生態・環境保護	3.0%	1.6%	2.0%	2.5%
	工業・エネルギー	1.1%	3.0%	0.6%	1.3%
	その他	11.2%	7.9%	5.9%	9.4%
	未使用	7.0%	3.8%	6.2%	6.4%
	合　計	100.0%	100.0%	100.0%	100.0%
資金調達経路別	銀行貸出	50.8%	71.6%	61.9%	56.6%
	BT（build-transfer）	11.2%	1.7%	5.0%	8.3%
	債券発行	10.7%	6.3%	11.8%	10.3%
	未払い金	7.1%	0.3%	1.6%	4.8%
	信託融資	7.0%	9.5%	9.5%	8.0%
	ローン（法人・個人）	6.1%	2.1%	2.7%	4.7%
	その他	7.1%	8.5%	7.6%	7.4%
	合　計	100.0%	100.0%	100.0%	100.1%

出所：中国国家審計署 2013 年 12 月 30 日付公表の政府債務審査結果報告より算出・作成。

くなっている。つまり，LGFV が中国地方政府債務の主役，そして最大の起債者となっている。2009 年から実施された 4 兆元の大型財政投資に伴って数多くの LGFV が設立され，これを通じて都市部インフラ建設や交通運輸施設，福祉住宅など，様々な公共投資が行われたと共に，今後の建設や開発に必要とされる土地の収用・備蓄にも LGFV の機能が多く活用されていた。

このように，地方政府債務の規模拡大のメカニズムを見るうえで，LGFV がカギをにぎることになるため，2013 年の審計署による債務調査もこれを中心に初めて大がかりで且つ詳細な調査を行ったと言われている。しかし，LGFV は数千社に上る膨大な行政機能を持つ実業体であるため，その実態を完全に掴むことには限界があるとされている。

なお，地方政府債務の借入の元経路を見ると，やはり銀行からの融資が最大の 50％〜60％の高いレベルに達しており，その次は BT（build-transfer）や債券発行で，また企業や個人からのローンも 7〜8％になっていることが分かる。このように，LGFV という政府代わりの「公的機構」を通じて地方政府債務が積み上げられながら，様々な都市開発事業が展開されていることが分かる

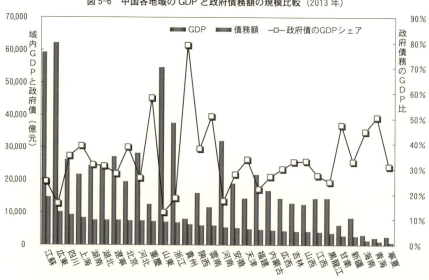

図 5-6　中国各地域の GDP と政府債務額の規模比較（2013 年）

出所：中国国家統計局及び各地域政府公表数値より作成。政府債務の GDP 比は計算値。

が，同時に中国のシャドーバンキング問題にも絡んでいることが容易に想像される。

各地域の債務レベルの状況は図5-6から読み取ることができる。2013年6月末時点でのチベット自治区を除く30地域の債務規模を見ると，大きな格差を有しながら同年のGDPと比べれば，内陸部の行政区（省・市・自治区）の比率がより高い（貴州省がGDPの80％台に達し，重慶市が2番目に高い）という状況である。また図5-7からは地域のGDP規模と地方債務残高との間には極めて強い相関関係（相関係数r＝0.7921）が検出されるだけでなく，地域内のLGFVの社数と債務残高の間でも同様な強い相関関係（相関係数r＝0.7921。図表省略）が見られる。これは都市開発や経済成長の更なる拡大にはより多くの資金調達が必要であることを裏付けており，また各地域のLGFVがこの中で重要な役割を果たしていることを意味する。

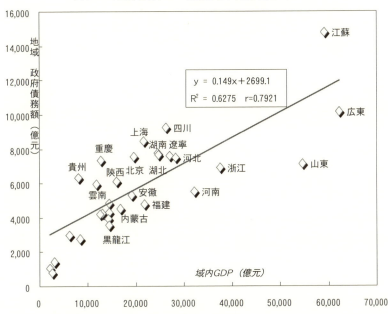

図5-7　中国各地域のGDP規模と地方政府債務額（2013年）

出所：中国国家統計局及び各地域政府公表数値より作成。

2. 地方債務拡大の要因とマイナス影響

中国地方債務の拡大要因は様々にあるが，基本的に地域間の開発競争の拡大による開発・成長主義（財テクも一般化）が先行された結果であり，また中国の地方と中央財政の制度にも大きく関連している。1994年の分税制[4]の導入以降，中国の中央と地方税収に大きな構造変化が起こり，財政収入では長い間中央政府に偏重するようになってきたのに対して，財政支出では地方政府の拠出分が圧倒的に大きいといういびつな状況に変ってきた。つまり中国の地方政府は長年にわたり財政投融資の主役であり，様々な投資事業が主に地方政府によってなされてきたということである。

このことは図5-8と図5-9を通じてはっきり読み取ることができる。中国の財政収入は1994年以降平準化に向かったあと，2010年までは地方財政収入が中央財政収入を下回っていたが，近年は逆転した形となり，地方財収分が50％以上高まってきた。しかし，財政支出を見ると，地方は急速な拡大傾向を示しているのに対して，中央の拡大は緩やかで，近年では中国政府財政支出の15％以下に下がっている。

図5-10は2001年から2014年までの地方政府債務新規増加額と財政赤字額の関係をプロットしているが，14年間という期間の短さの限界を受けるとは言え，相関係数r = 0.8637，決定係数R^2 = 0.746というフィットの良さとなっており，特に2010年以降の両者のプロットはより回帰直線に近寄るような形になっているので近年になるほど地方債務の拡大と財政赤字額の相関関係が強まったようにも読み取れる。また財源不足の当然な結果として地方主体による固定資産投資の増加率を低下させてしまい，2009年の30％をピークに，2015年には遂に10％を割り込んだ状況（9.8％）になった（図5-11）。

このように，中国の財政投融資は極めて強い地域的な側面を持つ金融財政問題として考察する必要があるばかりでなく，経済のグローバル化の中で国際経済・金融問題との連関性などの複眼的なアプローチが必要であり，そのような研究成果がすでに見られている（梶谷［2011］ほか）。また中国の地域開発戦

2. 地方債務拡大の要因とマイナス影響　133

図 5-8　中国の中央と地方別の財政収入額と構成比の推移

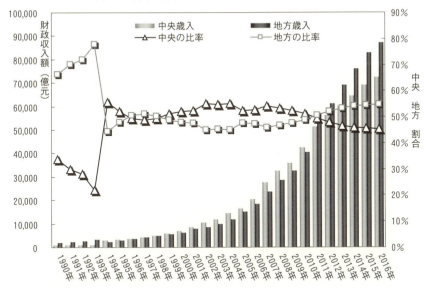

出所：国家統計局公表データより作成。

図 5-9　中国の中央と地方別の財政支出額と構成比の推移

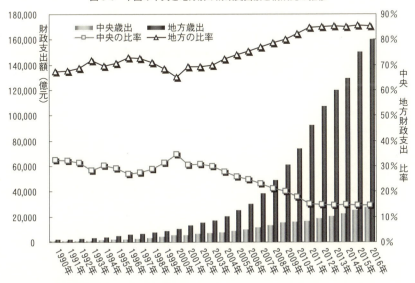

出所：国家統計局公表データより作成。

134 第5章 中国政府債務拡大について

図 5-10 新規増加政府債務額と財政赤字額（2001 〜 2014 年）

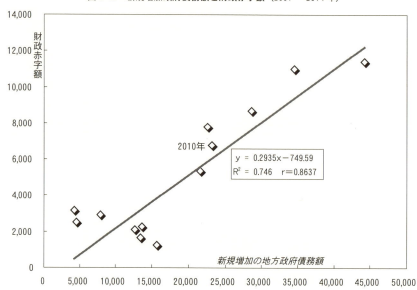

出所：財政赤字額は中国国家統計局の公表データ，新規増加の地方政府債務額は図3資料の呂健論文の推計値を用いて作成。

図 5-11 中国の固定資産投資の推移と中央・地方構成比

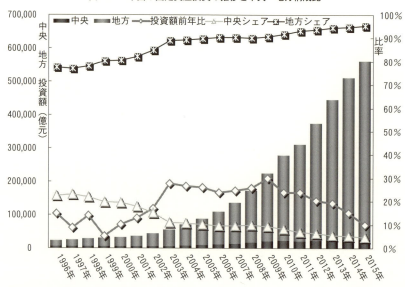

出所：中国国家統計局及び財政部公表データより作成。

2. 地方債務拡大の要因とマイナス影響　　*135*

略に見られている「項目制」（開発プロジェクトモデル）のビルトインが正に1994年以降の分税制改革後の中国政府の地方ガバナンスの主要な手段となり，盛んな地域間開発競争が誘導され，勝者となる地方のリーダーの更なる昇進抜擢の可能性も強まっていた。分税制以降の政府間資金配分は開発プロジェクトの配属実施によって決まっており，多くの政府財政資金が開発プロジェクトのひも付きで交付・実施された（鄭飛舟［2012］，鄭世林／応珊珊［2017］）[5]。

　2009〜2010年に実施された4兆元の金融危機への対策投資の4分の3が地方の財政投資によって賄われたといわれているその背景には，こうした中央と地方の財政収支の不均衡問題はさることながら地方における開発競争の促進効果が強く働き，様々な手法による資金調達と手当てが行われたことがある。世界に広く歓迎され，評価された中国の大型財政出動であった（藪下史郎監修／秋葉宏哉ほか編［2010］など）が，そのつけやマイナス効果として工業生産設備の余剰問題に加え，大きな地方政府債務が積み上げられたことは看過できない。

　また，地方政府債務の増大によるマイナス影響は足元の景気対策の足かせになるだけでなく（項后軍／巫姣／謝傑［2017］）[6]，企業の経営活動に与える影響がより大きいと見られている。

　前出の図5-4に見る「影の銀行」と「LGFV」及び地方政府のトライアングルを巡る投資構造は複雑な債務関係が生じるとされているが，開発資金を調達するための主な手段である銀行融資と債券発行で企業経営に大きな負担をかけている。近年の景気低迷や構造調整などの経営環境の変化により，銀行の不良債権の増加に加え，企業による債務不履行といった事件も増えている（表5-3）[7]。これから迎える返済の時期到来により多く現われてくる可能性があり，それによる地域政府の財政負担が一気に高まる恐れがあろう。

　図5-12のように，中国地方政府債務の返済ピークは2018年以降で，近い将来各債務はいずれも高い返済水準（合計40%以上）に達することとなり，債務リスクの増大が懸念される。また，図5-13のように，中国の財政支出の3大構成（厚生福祉，政府行政，インフラ）の中で，人口高齢化に大きく影響を受ける厚生福祉のシェアが最も大きく，近年また上昇傾向になっている（2015年に35%）。図5-14にみるように，中国の人口高齢化の圧力は2020年まではまだしも長年維持されてきた「一人っ子」政策により人口高齢化のスピードが

136 第5章 中国政府債務拡大について

表5-3 償還期限不履行の債券市場信用喪失事件（一部事例）

発生時期	関連債券	事件主体	原　　因	解決方法
2014年3月	13中森債	徐州中森通浩新型板材有限公司	発行体償還能力無し	中海信達保証返済
2014年4月	12華特斯	浙江華特斯ポリエチレン科技有限公司	華特斯社破産再建申請	担保側による利息返済
2014年7月	13華通路橋CP001	華通路橋集団公司	関係部門の事前調査で債券償還の不確実性が判明	政府調整による償還
2014年7月	11江蘇SMECNI	江蘇恒達バイオマスエネルギー有限公司	元返済条件による返済計画が履行不能に	江蘇省政府債担保償還
2014年7月	12金泰債01 12金泰債02	湖州金泰科技股份有限公司	原本・利息期日内に償還できず	違約
2014年8月	13華珠債	華珠泉州靴業有限公司	利息支払期日に未納付	違約
2015年2月	13瀋陽SMECNI	瀋陽銘辰汽車有限公司	原本・利息期日内に償還できず	中債増信による肩代わり償還
2015年4月	ST湘鄂債	中科雲網科技集団股份有限公司	同上	違約。第3者融資などによる善後措置対応
2015年4月	11天威MTN2	天威集団	巨額欠損により原本・利息償還できず	会社資産処理による返済対応
2015年4月	13大宏債	江蘇大宏紡織集団股份有限公司	発行体・担保者の期日内の償還履行せず	投資者側の利息減免などを要望交渉

出所：中国人民大学HP（2015）より一部選択引用。

速く，2021〜2050年の中長期における財政圧力がBRICSの中でもロシア並みで韓国を除くOECD諸国以上のレベルになることが推計されている。よって健全な政府財政の維持が中国にとって中長期的な課題になるのは間違いない。また政府債務に因む財政リスクは顕在的・直接的な（＝短期）だけでなく，潜在的・間接的な（＝中長期）ものも含まれるため（表5-4），それらに対するより適切で全面的な予測と対策が必要であることはいうまでもない。

　前回の国際金融危機に対する中国政府の大型の財政出動政策によって中国経済の成長と産業発展に与えられた金融危機の影響を最小限に食いとめられたことで中国は「ルイスの転換点」（都市部の低賃金が保たれたままで農村部に大量な余剰労働力を抱える状態）を超えたが，いわゆる「中所得国の罠」をとび超えなければ先進国の仲間入りができないので安定的持続的な経済成長と産業発展および都市化の促進が求められ，今後も財政投融資と企業の投資活動を大

いに図っていかなければならない。

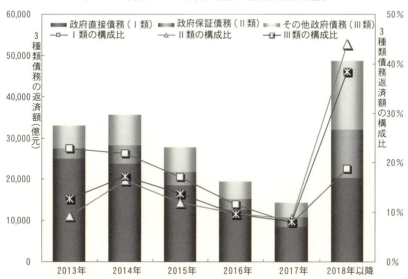

図 5-12　年度別にみる中国地方債務の返済額と構成比動向

出所：表 5-2 と同じく，中国国家審計局 2013 年 12 月 30 日付の審査報告より作成。Ⅱ種Ⅲ種の構成比は計算値。

表 5-4　政府の財政リスク由来の分類ツール（財政リスクマトリックス）

	直接債務	間接債務
顕在的債務 （法律義務・履行必須）	・国外と国内の主権的債務 ・予算支出：当該財政年度と法律上の長期的債務にかかる審査待機項目を含む（公務員賃金と年金）	・貸付保証，地方政府と国有企業の債務 ・貿易保証，為替リスク ・民間投資保証 ・国家保険制度（貯蓄保険，個人年金基金，農作物保険，洪水保険，戦時保険）
潜在的債務 （予期的で政治的決定）	・未来的養老金（法律規定がない場合） ・社会保険体系（法律規定がない場合） ・未来の医療保険資金（法律規定がない場合） ・未来の公共投資の経常的費用	・地方政府と国有企業の無担保債務の不履行 ・私有化実体内の債務整理 ・銀行倒産（国家保険以外の支援） ・非担保年金基金などの社会保険基金の破産 ・環境回復と災害救助

出所：世界銀行／中国財政部「地方債務管理与重組：国際経験教訓」より作成。

138　第5章　中国政府債務拡大について

図5-13　第12次5カ年期の中国主要な財政支出の分野別動向

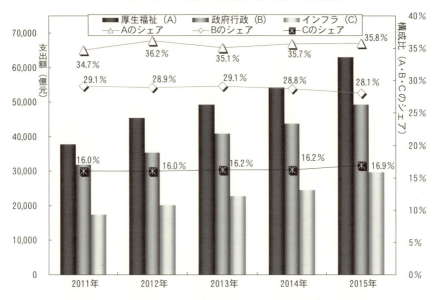

出所：孟健軍「中国における財政制度改革に関する研究」、『RIETI Discussion Paper Series17-J-030』(2017.4) より作成。

図5-14　主要経済体人口高齢化加速と財政圧力増大状況の予測

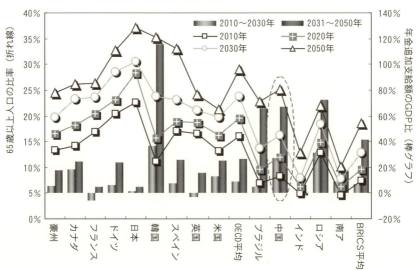

出所：World Population Prospects, the 2010 Revision より作成。

3. 政府債務の対応策の強化とPPP戦略の重点推進の成果・課題

　上記のように，継続的に拡大が続いている地方政府の債務問題に対して中国政府も危機感を募らせており，様々な対策を取り続けている。

　まず，LGFVに対する整理規則が数年前に着手されたが，2010年に全国で1万社にも増加していたLGFVは現在も大きく減少しておらず（2013年審計署調査は7,170社を対象としている），それに対する借入管理と債券発行の抑制が難航していた[9]。2014年に入ると，国務院の主要部門から10数回に及ぶ関連通達が公布され，地方政府債務への対応強化姿勢が強まっている。中でも財政部の「地方政府債務の管理強化に関する意見」（2014年9月）と「地方政府債務残高の整理・処理弁法」（同10月。表5-5の1，2番）を基本方針に地方政府債務の解決策が明示され，各地域（省・市など）政府からも相次いで地元政府債務の整理強化策が打ち出された。この「43号文書」とも呼ばれる財政部の主要文書による地方政府の今後の起債体制は図5-15に見る通りである。

　つまり，政府起債種類の限定とPPP「官民連携」（PPP = Public Private Partnershipの略）の重視及び政府保証債務の規範化が強調されている。地方債務問題の顕在化と国内外の関心拡大により中国政府の債務管理強化の動きが強まっており，直近まで様々な政策指令を打ち出してきた。これらの対策の中で一部の地方政府の債券発行や債務置換（借り換え）による方法も採られ，またLGFVの運営方式の転換も明示されていた。また2016年から企業の債務（＝銀行債権）の株式化（「デット・エクイティ・スワップ」）も重要な対策として採られた（関志雄［2016］）[10]。

　しかし，これらは債務の償却や新規挙債の規制に一定の効果があるものの，経済成長の確保と「新型都市化」戦略の実施に必要とされる大きな資金需要を賄うことができない。財源不足の補填のために，税財政改革の深化をはじめ，中央・地方間税収入配分の合理化推進と共に民間・外部資金の導入活用も重視するようになってきた。なかでもPPP＝「官民連携」という新手法（図5-16）がとりわけ重要視されるようになり，2014年9月の財政部公布による

140　第5章　中国政府債務拡大について

表 5-5　債務管理強化と PPP 事業促進による財政危機防止策の展開

No.	政策・計画などの名称	公布機関	公布年月
1	地方政府債務の管理強化に関する意見	国務院	2014 年 9 月
2	地方政府債務残高の整理・処理弁法	財政部	2014 年 10 月
3	PPP 方式の利用拡大に関する通知	財政部	2014 年 9 月
4	PPP 方式の利用に関する通知	国務院	2014 年 10 月
5	政府と社会資本との協力方式の展開に適合する事業の申請に関する通知	財政部	2014 年 9 月
6	重点領域における投融資体制の刷新と民間投資の奨励に関する意見	国務院	2014 年 11 月
7	PPP 方式の利用指南	財政部	2014 年 11 月
8	PPP 方式のモデル事業公表（第 1 期 30PJ）	財政部	2014 年 11 月
9	PPP 方式の利用展開に関する指導意見	発改委	2014 年 12 月
10	PPP 方式の利用に関する推奨事業（PJ1043 件）	発改委	2015 年 1 月
11	市政公共領域の PPP 方式の事業展開の推薦業務に関する通知	財政部等	2015 年 4 月
12	PPP 利用に関する財政対応力論証に関する指南	財政部等	2015 年 5 月
13	水汚染防止推進における PPP 利用に関する実施意見	財政部等	2015 年 5 月
14	公共サービス分野に PPP 利用に関する実施意見	財政部等	2015 年 7 月
15	PPP 方式による事業をよりよく推進することに関する通知	財政部等	2015 年 7 月
16	PPP 方式の 13 件モデル事業公表	発改委	2015 年 8 月
17	PPP 方式利用に関するモデル事業公表（第 2 期 206 件）	財政部	2015 年 9 月
18	地方政府債務に対する限定額管理の実施に関する意見	財政部	2016 年 1 月
19	PPP 方式利用に関するモデル事業公表（第 3 期 1174 件）	財政部	2016 年 10 月
20	一部地域の地方政府債務管理に存在する薄弱環節の問題に対する特別検査実施に関する通知	財政部	2016 年 9 月
21	企業のレバレッジ比率の積極的／着実的な削減に関する意見	国務院	2016 年 10 月
22	市場化銀行債券の株権転換に関する指導意見（上記の付属文書）	国務院	2016 年 10 月
23	財政部各地駐在の財政監察専員事務所による地方政府債務監督暫定弁法	財政部	2016 年 11 月
24	地方政府の起債による資金調達行動の規範化に関する通知	財政部等 6 機関	2017 年 5 月

出所：中国政府 WEB サイトほかより作成。注）本表は主要な債務対策と PPP 関連のものを対象としており，地方などのすべてのものを含むものではない。

3. 政府債務の対応策の強化とPPP戦略の重点推進の成果・課題   141

図5-15 「43号文書」による地方政府の起債体制（2014年）

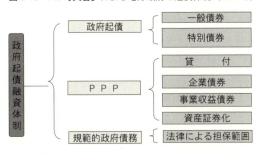

出所：招商証券作成資料より加工・引用。

図5-16 PPP事業の典型的なビジネスモデル（概念図）

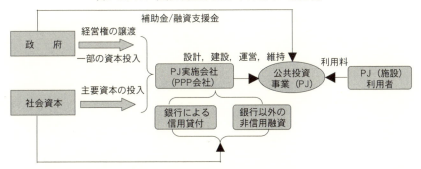

出所：中信建設証券「債券研究」（深度報告）より加工・引用。

「政府と社会資本協力方式の推進に関する通知」を皮切りに，様々な事業におけるPPPの活用推進に関心が高まり，地方融資の困難緩和や地方政府債務抑制対策としても模索されてきている。

2014年11月に財政部が組成・公布した30件のPPPモデル事業リストに続いて，国家発展改革委員会も2015年5月に1,043件（公共施設，公共サービス，交通インフラ案件が全体の8割を占め，予想総投資額1兆9,700億元）に及ぶPPP推奨案件リストを，地域別（安徽，貴州，甘粛などの中西部後進地域の案件数が上位）に公表し，関心が持たれてきたが，2016年末までに財政部だけで3回分の組成投資案件リストを公表し，広く投資誘致（募集）を実施してきた。政策展開がなされて2年以上になってからかなりの成果が現われてきたようである。特に1年以上の準備期を経た2016年における成約件数が顕

著に増加し（図5-17），財政部推奨案件の30％程度が成約されたと財政部が詳細なレポートで伝えている。その意味でPPPによる資金調達と事業運営は厖大な公共投資の需要を支える重要な政策手段になりうるようだが，主流な事業運営になるにはまだ相当時間がかかるであろう[11]。

　無論，欧米で1990年代後半に多く採用されたこのPPP方式は中国でもまったく実績がなかったわけではないとされる。だが，そのメリットとしては，何よりもやはり公共事業資金の手当てができる以外に，建設後の事業管理・運営について民間企業や社会団体はこれを通じて政府主導の事業投資に参入できるだけでなく，将来の運営管理によっても利益を受けることができるということで，いわば政府部門と民間の双方にWin-Winがもたらされるということである。

　ただ，中国におけるPPPの経験はまだ浅く，実績が主にこれから創っていくので制度整備と試行錯誤がどうしても一定の時間がかかることになる。国内外の成功事例の紹介と運営手法の啓蒙促進，専門人材の育成を通じて地道に進

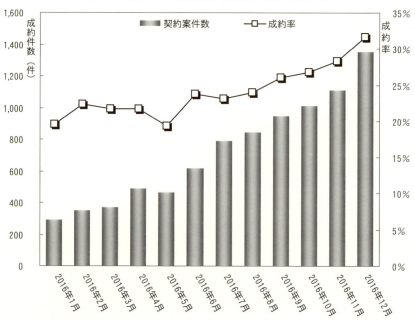

図5-17　全国のPPP案件成約数と成約率の推移（2016年）

出所：中国財政部公表データより作成。

めていく必要があるであろう。とくに中国の地方財政や金融システムのあり方に関してより PPP の活用に相応しい制度改革が必要であり，少なくとも PPP を安易に現在の LGFV の新たな資金調達の経路にしてはいけない。これまでの中国投融資体制の改善と地方政府の財政規律の強化が更に求められている。

「新常態」に入った中国経済の持続的発展や新型都市化建設を図るために中国は政府債務の拡大という問題にうまく対処しながら新手法による投資資金の調達や地方財源の確保が強く求められている中で本腰を入れて PPP 方式の活用を進めていく姿勢が鮮明である。だが，PPP 方式は諸外国でもそれほど長い歴史や経験があるわけではなく，中国での利用拡大には積極的な政策展開とパイロット事業の推進が重要な意義と役割を持つものと考えられる。財政部と国家発展改革委員会などによる推奨事業の展開に加え，財政部や地方政府などによる PPP 専門基金の設立が多く設立されている。

地域レベルの PPP 基金の設立と事業推進に加え，「一帯一路」（シルクロード経済ベルトと 21 世紀海上シルクロード）戦略の実施に伴う海外との地域協力事業の拡大により，海外企業の中国 PPP 事業への参入も見込まれている。当初国有企業の参入が中心でほとんど国有企業の独占状態であるといわれた中国の PPP 事業が実際国有以外の民間企業や外資を含むコンソシアム及び外資単独による事業参入が増えているようであり，しかも案件数構成比よりも投資金額の外資構成比が大きくなっている状況であるので（図 5-18），今後も外資

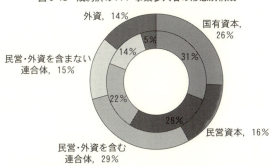

図 5-18　成約済の PPP 事業参入者の形態別構成

出所：財政部公表資料より作成。内円は対象とされる事業件数（277 件）の構成比，外円は投資額（7055.9 億元）の構成比。連合体はコンソシアムの意味の中文。

144　第5章　中国政府債務拡大について

による事業参入が更に拡大すると考えられる。

　このように，極めて短い期間においても中国のPPP事業の推進はかなり大きな成果を挙げてきたと評価できると思う。中国政府（財政部と国家発展改革委主体）もこれまでの事業推進の成果を踏まえて，とくに国家レベルのモデル事業の成約率が高いことから今後そのノウハウと成功経験を生かして地方から募集した1万1,000件以上の推奨案件の成約促進に注力していくであろう。

　無論，債務削減と財源捻出という「一石二鳥」の効果が期待される中国のPPP事業が本当に期待通りの重要な切り札になるために多くの課題の克服と問題点の改善が必要である。例えば，未だに国有企業による受諾案件が主流であり，本来の意味での民間資本の参入がまだ少ないことや，「PPP」一辺倒的な地方都市におけるPPPへの過剰な期待や硬直な事業推進姿勢の台頭に加え，過度な政府誘導による事業推進の経済合理性や資金調達の透明性（特に地方レベルにおけるPPP基金の設立が多いが）などが懸念され，「PPP」が決して「LGFV」の変種にならないという制度的・法律的なコミットメントが求められている。

おわりに—今後の展望

　中国政府は比較的早い時期から増大しつつある地方債務問題に注意を払い，様々な対策を採ってきたことは確かであり，また国際社会とも交流を深め，解決策の検討模索を進めてきた。上記でみた表5-4も世界銀行と中国財政部の主宰による世界各国の専門家による研究報告書（世界銀行／中国財政部［2015］）に引用された専門家の提案ツールであり，様々なレベルで政府債務のリスクに対する評価と対策提案が行われている。

　また，最近になってPPP事業の推進に合わせて地方債務の管理強化と検査監督および地方政府起債の規範化などの措置を進めてきた（表5-5）。これらは見方によっては中国政府の問題意識よりも危機感の表面化として受け止められる場合が多いが，前回の国際金融危機からいよいよ10周年経過している足元の節目のときに当って，中国政府の危機感や緊張感があってしかるべきだと

言える。とは言え，冒頭で触れたムーディーズによる格下げについて中国政府は無言のままで受けとめたのではなく，強い反論を出したのである。政府筋のみならず，格下げ発表の翌日に，「人民日報」の電子版でもムーディーズ社が以下の3つの誤解を犯したと指摘し，強く反論した。

それによると，ムーディーズの1つ目の誤解は中国経済の安定回復の経済活性化政策への依存度を高く見積もりすぎ，その一方で中国の構造調整の取り組みと決意を過小評価していること。ムーディーズの2つ目の誤解は中国政府の債務水準を高く見積もり過ぎ，これに基づいて中国の債務の安定性について実際とかけ離れた誤った判断を下していること。ムーディーズの3つ目の誤解は中国に対する姿勢といわゆる「高格付けの国」（米国や欧州などの西側諸国）に対する姿勢が実際の状況に合わないダブルスタンダードであること。

また，同記事の最後に，以下の点も強調されている。つまり，「中国の債務は95％が対内債務であり，中国国民の貯蓄率は引き続き30％前後を保っており，中国には3兆ドル（約335兆2,200億円）規模の外貨準備残高と政府が保有するその他の流動性の高い巨額の資産があり，中国の債務がシステムを脅かす債務危機に発展することはないと保証できる」という（『人民日報』2017年5月26日）。

図5-19はIMFによる世界主要国の政府債務残高の対GDP比率（推計値含む）の状況変化を示しているが，ムーディーズ社から日本と同じ格付けに下げられた中国政府債務のGDP比（2016年）は豪州の41％をやや上回っている（46％）が，最高の日本（239％）よりはるかに低く，また世界順位（対象国185カ国）でみても1位の日本より遥かに遠い103位にあることは中国の政府債務や財政事情を見る良い参考になると思われる。今般の格下げを受けて中国政府は近年中国で鋭意に進めている構造改革と内需拡大の成果の過小評価を指摘し，政府債務が適正なペースで拡大し，企業のデレバレッジの取り組みも奏功し，債務リスクが制御可能との認識を示している。足元においても中国政府は構造改革を速め，過剰設備の削減に向けた国有企業の改革深化や減税措置を実施し，金融分野における資産の証券化と債務の株式転換などを推進している。経済情勢は今秋の共産党大会の開催に向けて安定的であり，財政赤字は昨年でもGDP比でまだ3％程度に留まっており，財政悪化の懸念がかなり小さ

146　第 5 章　中国政府債務拡大について

図 5-19　世界主要国の政府債務残高対 GDP 比の動向

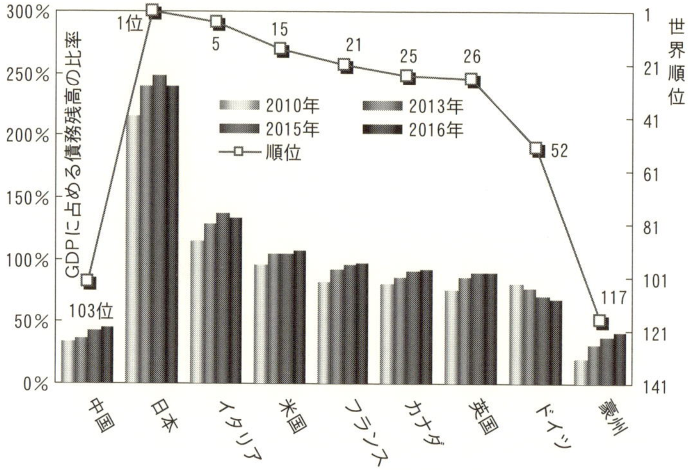

出所：IMF「World Economic Outlook Database, April 2017」より作成。2016
年の日，米，仏，中 4 カ国は推計値。

いと見られているのでムーディーズの格下げ発表は警鐘を鳴らす効果があった
かもしれない。

　国内に数多くの地域を抱えている中国の経済発展の多様性や潜在性を見ても
中国は政府債務の対応力がまだ相当あると考えられ，国内の諸地域の経済協力
のみならず，国際協調や積極的な金融・財政事務への参入と提言もなされてお
り，2016 年に米国に次いで世界第 2 の対外直接投資国にもなっているので中
国がその経済力の増強に相応しい対外責任と大国義務を負うものと思われる。

　2008 年に起きた国際金融危機において中国は大規模な財政投資を行ったこ
とでその後遺症が未だに尾をひいているものの，AIIB の新しい枠組みや「一
帯一路」における広範な国際協力の推進によって政府債務の健全化と経済成長
の持続を通じて世界経済への新たな貢献が期待されている。

　一方，人民元が国際通貨基金（IMF）の特別引き出し権（SDR）の構成通貨
にもなった（2016 年 10 月）ことに象徴されるように，中国経済の国際化水準
が急速に高まっていく中で，金融財政をはじめとする情報の透明性がこれまで
以上に国際社会から求められていることを踏まえ，前 2 回（2011 年と 2013

年）と同様に，政府関連部門（これまでは国家審計局）からしかるべき時期に
継続的に政府債務に関する詳細調査の報告が公表されることが望ましく，それ
を通じて国内外の懸念払拭と各級政府の警戒意識の向上を図っていくべきであ
ろう。

中国人民大学［2015］の報告書における「近期対策」に関する政策提言でも
以下の点が述べられている。

①政府債務の審査結果を公表し，世論による圧力を地方政府に向けさせる。

②政府債務の管理委員会を設立し，突発的な債務リスクの対応準備に取り込
む。

③リスク対応のための基金を設立し，多方面から救助支援金を集める。

④リスク応急対策準備方案を制定し，危機救助の原則を確定する。

⑤債務リスクの性質とレベルの状況を適性に判断し，しかるべき対応措置を
採る。

表5-6は中国の地方行政官兼清華大学金融学院博士指導教官の黄海清氏の論
文（黄海清［2015］）から引用した国際通用の政府債務適正規模の管理指標一
覧表であるが，これによっても政府債務の適性度やリスク有無に対する国際的
な判断基準や参考材料が得られるが，その前提は上記①の債務状況の情報開示

表 5-6　国際における政府債務適正規模の一般的管理指標

指　標	計　算　式	備　考
債務負担率（負債率）	年末債務残高／地方 GDP × 100％	国際警戒ラインは 60％
債務率	年末債務残高／同年地方歳収× 100％	国際警戒ラインは 100％
償還率	年末債務元本利息返済額／同年地方財政収入× 100％	国際警戒ラインは 20％，危険ライン 30％
外債率	年末政府外債残高／同年 GDP × 100％	国際一般規制ライン 20％
新規増加の債務率	新規増加債務額／同年財政収入の増額分× 100％	債務増額規制目標
利息支出比率	利息支払額／同年地方財政収入額× 100％	大規模な起債行動の抑制
債務依存度	同年の債務収入／（同年地方財政収入＋同年債務原本利息返済額）× 100％	国際警戒ラインは 25 ～ 30％

出所：黄海清［2015］「新政策框架下地方政府債発展刍議」，「2015 年清華五道口全球金融論壇年度
　　研究報告」より修正・引用。

148 第5章 中国政府債務拡大について

が必要であることは言うまでもない。

また「中期的な対応策」として，中国人民大学［2015］の報告書では，LGFV の規範化を含む地方政府の投融資制度と金融財政の改革推進と国有銀行の株式化などの拡大などが提言されているが，新たな投融資手段である「PPP」に関しても将来的な債務責任はやはり政府にあるということが指摘されている。

更に「長期的対応策」として日本などのような中央財政と地方財政の分割管理の方式が同報告書では提案されているが，かつて財政破綻の地方自治体が現出し，国としても世界1位の GDP 比政府負債水準にある日本の財政方式が果たして中国の参考になれるのか疑問であるが，米国のサブプライム・ローンと日本の住宅金融専門会社（「住専」）及び中国の ITIC（国際信託投資公司）＋中国のシャドーバンキングの4者の比較を行った植田賢司／五味祐子［2013］の論文では，対外的な影響が最大なのは無論米国のサブプライム・ローンである。その次は海外の金融機関も出資した中国の ITIC（不動産，金融，貿易，運輸，エネルギー，通信などの様々なインフラ事業投資実施）であること（日本の住専と中国の影の銀行の国内外の影響が共に小さいとしている）が指摘されたことを考えれば，長期的に目下の中国地方債務問題は決して楽観視すべきではない。中国政府にとって中央と地方政府財政の適正化と財政管理の強化，投融資制度の改善を進めながら，債務実態の調査・開示とその影響評価と対策実施が避けて通れない問題であり，早急に行うべきであろう。

注

1 同紙の報道によると，同実験室は「中国国家資産負債表 2015―レバレッジ調整とリスク管理」を公表し，地方政府総資産は 108 兆 2,000 億元，純資産は 77 兆 9,200 億元とされた。

2 但し，今般のムーディーズによる格付け引き下げへの反論として中国政府は 2016 年末時点の中国政府債務は 27.33 兆元（約 443.67 兆円相当）で国内総生産（GDP）に対する負債比率は 36.7％と，主な市場経済国や新興市場国のレベルよりも低いと主張している。

3 中国の地方政府債務の増大はこの地方政府が設立した「○○建設投資集団」，後に「地方政府融資平台」（LGFV）（地方政府の傘下に置く投資会社）と大きく関連している。中国地方政府は慢性的な資金不足に加え，財政規律を維持するために地方債の発行も制度上禁止されていたため，LGFV の設立運営を通じて借入や債券発行を進め必要な資金調達を行った。一方，シャドーバンキング（影の銀行）を通じた資金調達も増加（1.6 兆元の説もある）。影の銀行による地方政府の違法・違反融資行為に対し中央政府か禁止令が出されていたが，明確な効果が見られなかった。

4 中国の分税制は，徴税及び税収確保のため税制改革の形で導入されたもので，中央・地方政府の税収を見るうえで非常に重要な意味を持つ。分税制とは税収・税目及び納税主体別に徴税機関及び税収配分先を，中央と地方に分類するもので，税源別に中央税・地方税・中央地方共通税に分けら

れ，国家税務局と地方税務局が税目別に所管する仕組みとなっている。

5　梶谷［2011］の中で，中国の金融財政問題を考察する際に地域的な視点が重要であることを強調しCPしていると共に，中国の改革開放の拡大による国際社会，国際金融政策の視点の重要性を重要視していたが，人民元国際化の急速な進展により国際的な影響がこれまで以上に重要かつ不確実性が強くなってきた。

6　項后軍／巫姣／謝傑［2017］）における計量分析（2003～2013年の中国31行政地域のパネルデータに基づく）では，地方債務の増大は投資活動の変化を通じて経済成長の安定化に大きく影響し，特に地方政府の起債行為には政治的周期性があることで地方債務の増幅にも緩急が伴い，経済の安定性も損なわれているなどの結果が導き出された。また，魏家寧他［2014］では地方政府債務の影響は経済的な影響だけでなく，地方財政の持続性や金融経済と社会の安定性などへのマイナス影響も指摘し，解決の緊迫性を強調している。

7　表5-3に因む中国人民大学HP［2015］の報告では，調査中のものを含めてあわせて29件の債券償還違約事例（2011年末～2015年6月）をリストアップしている。

8　リチャード・クー［2013］では，中国の国際金融危機に対する財政政策の効果を極めて高く評価しているが，産業の高度化を忘れば「中所得国の罠」にはまる危険性もあると指摘している。

9　これまでLGFVによって「城投債」（「城市投資債巻」）という都市インフラ整備のための債券が大量に発行されてきたが，シャドーバンキング問題の露呈により地方融資が更に困難になったため，「城投債」の発行額が急増するようになり，最大発行年であった2014年末現在ですでに4.95兆元の償還規模に膨れ上がっている（清華大学国家金融研究院［2015年］）。

10　（関志雄［2016］によると，今回の「デット・エクイティ・スワップ」は確かに1999年に実施されたもの（銀行不良債権の処理が目的）と違って企業債務の削減を主要目的としているが，政府主導よりも市場化・法治化を基本方針に，関係者の協議による対象企業の選定（ゾンビ企業含まない），不良債権の取引価格の市場決定などが原則となっているだけに，その経済的合理性の半面，果たして速攻効果や実質的な進展が得られるか定かではない。尚，昨年10月に公布された国務院の指導意見（表5の22）では以下の4点が今回の「デット・エクイティ・スワップ」とされている。① 企業のレバレッジの削減と資本の増強及び債務リスクの予防，② 企業のコストの削減と効率の改善，競争力の向上及び優勝劣敗の達成，③ 企業株主の多元化，再編及び現代的企業制度の構築，④ 多層的な資本市場の建設，直接金融比率の拡大，資金調達経路の最適化を通じて安定成長と改革促進，構造調整を進め，リスクを防ぐこと。

11　財政部のWEBサイトに掲載された資料によると，2016年末現在，国家推奨モデル事業が計743件があるなかで約半分に当る363の案件が既に契約済みで，投資額も全案件予定投資額である1.86兆元の半分を占める9,380億元に達している。また地方レベルを含む全国のPPPデータバンクに入った総案件数が1万1,260件（予定総投資額13.5兆元）で昨年12月現在既に総案件数の31.6％に当る1,351件が成約され，投資額が2.2兆元（予定総投資額の16.3％）になったという。

参考文献

周哲（2017）「特別報道：地方債治乱」，『財経』2017年3月6日。

剛猛（2017）「監管風暴下的地方債務生態」，『財経』2017年5月15日。

藤井大輔（2016）「地方政府間競争と財政の持続可能性」，加藤弘之／梶谷懐編著『二重の罠を超えて進む中国型資本主義：「曖昧な制度」の実証分析』ミネルヴァ書房。

梶谷懐（2011）『現代中国の財政金融システム：グローバル化と中央－地方関係の経済学』名古屋大学出版会。

鄭飛舟（2012）「財政資金的専項化及問題：兼論"項目治国"」，『社会』2012年第1期。

鄭世林／応珊珊（2017）「項目制治理模式与中国地区経済発展」，『中国工業経済』2017年第2期。

150 第 5 章 中国政府債務拡大について

項后軍 / 巫姣 / 謝傑 (2017),「地方債務影響経済波動嗎」,『中国工業経済』2017 年第 1 期。

小西砂千夫 (2007)『地方財政改革の政治経済学：相互扶助の精神を生かした制度設計』有斐閣。

藪下史郎監修 / 秋葉宏哉ほか編 (2010)『世界政治経済と日本・米国・中国：グローバル危機と国際協調』東洋経済新報社。

リチャード・クー (2013)『バランスシート不況下の世界経済』徳間書店。

邵永裕 (2009)「国際金融危機下における中国金融政策の展開」, 福井県立大学編『東アジアと地域経済　2009』京都大学学術出版会。

孟健軍 (2017)「中国における財政制度改革に関する研究」,『RIETI　Discussion Paper Series 17-J-030』より作成。

呂健 (2015)「地方債務対経済成長的影響分析―基於流動性的視角 」,『中国工業経済』2015 年第 11 期。

植田賢司 / 五味祐子 (2013)「中国のシャドーバンキングと拡大する地方政府債務」, 公益財団法人国際通貨研究所「Newsletter　No.23. 2013」。

内藤二郎 (2014)「中国の財政状況, 政策および地方債務問題の現状と課題」, 財務省財務総合政策研究所『フィナンシャル・レビュー』平成 26 年第 3 号 (通巻第 119 号)。

佐野淳也 (2014)「中国・地方財政の債務構造と政府の対応策」, 日本総研『環太平洋ビジネス情報 RIM, 2014, Vol.14. No.53。

清華大学国家金融研究院貨幣政策穏定研究中心 (2015)「債務長城：中国地方政府債務信用利差分析」, 清華大学国家金融研究院『研究報告』2015 年第 2 期　総第 2 期。

世界銀行 / 中国財政部 (2015)「地方債務管理与重組：国際経験教訓」, http://doc.mbalib.com/view/49473c2f627cedfdc862bc5bbdb9e541.html。

関志雄 (2016)「企業債務の削減に乗り出した中国―ディト・エクイティ・スワップは切り札になるか―」, 独立行政法人経済産業研究所 WEB サイト掲載。

中国人民大学 HP (2015) 掲載「分報告五　我国債務風険現状, 問題与政策分析」。

魏家寧他 (2014)「我国地方債務風険化解対策研究」,『中国金融 40 人論壇』, http://www.cf40.org.cn/uploads/PDF/20141124b.pdf。

陳建奇 (2017)「政府債務風険的誤読」,『財経』2017 年第 11 期。

黄海清 (2015)「新政策框架下地方政府債発展刍議」,「2015 年清華五道口全球金融論壇年度研究報告」。

『人民日報』(人民網日本語版) (2017) 5 月 26 日, (http://j.people.com.cn/mobile/index.html?)。

（邵　　永裕）

第6章
日本の産業政策と産業構造の転換について

要約

　本章では，現在の中国の産業構造改革の参考とするため，1973年の石油危機以降の日本の産業構造改革の経験を紹介した。日本は重厚長大から軽薄短小，そしてサービス経済化という産業構造の転換を果たしたが，その中で各産業内の企業努力が如何に行われ，そして産業政策がどのような役割を果たしたかを検討した。

　特に，産業として中国でも過剰供給能力が問題となっている鉄鋼業に焦点を当て，石油危機後の過剰生産能力の発生の中で，日本の鉄鋼業がどのような構造改革を行ったのかを議論し，また，日本の産業政策が，介入主義的な政策から，市場メカニズムを重視した政策に移行した経緯を紹介した。

はじめに

　改革開放以来30年以上もの間，年平均10%近い実質経済成長率を続けてきた中国経済は，重化学工業の急激な生産の拡大の中で，鉄鋼や石油化学など，素材産業における過剰生産能力や，そしてエネルギーの過剰消費，それに伴う環境汚染の問題を抱えるに至った。また，経済成長に伴う賃金上昇は，労働集約的な産業や生産工程の比較優位を低下させた。それらの問題の解消のため

152 第6章 日本の産業政策と産業構造の転換について

に，現在中国では，供給過剰に陥った産業の調整や新たな産業の育成という産業構造転換や，環境問題の克服のための省エネ化や環境汚染対策が必要とされている。そのために各産業は如何に構造改革を進めて行くべきか，そして政府はどのような政策的な支援を行うべきかが，重要な課題となっている［郭，2016］。

一方，かつて日本は1973年の第一次石油危機以降，資源・エネルギー価格の上昇や円高によってそれまでの高度経済成長期から低成長期へ移行する中で，素材産業の過剰な生産能力が顕在化したが，重厚長大から軽薄短小への移行を進め，鉄鋼や石油化学など資本集約型の素材型産業が成長をけん引する経済から，1980年代には軽薄短小である機械工業が製造業の中心となる経済に転換した。それによって経済の省エネ化を実現し，さらに環境対策によって脱公害化も進んだ。そこで，本章は1970年頃から1985年頃までの日本経済のそれら構造変化に焦点を当て，特に日本経済が素材部門の産業調整を如何に実現し，そして新産業の拡大がどのように実現したかを，民間部門の構造改革，そして政府の支援策の観点からまとめ，以上の中国が抱える課題の解決の参考とすることを目的とする。

1. 産業構造変化の概要：重厚長大から軽薄短小へ

1.1 産業構造の変化

高度成長期に年平均約10%の実質成長率を維持した日本経済は，1973年の石油危機以降，低成長期に入った。表6-1が示す通り，1970年以降，実質GDPの成長率の各5年間の年平均成長率は，3〜4%台に低下した。中でも第1次産業の成長率は低く，第2次産業も経済全体の成長率よりも低い成長率となっている。第3次産業の成長率は他の産業よりも高く，石油危機以降の成長のけん引役となっている。

図6-1は，1955年から1985年までの高度成長期とその後の約10年間の産業構造の推移を示している。高度成長期には重化学工業化によって第2次産業のシェアが最も拡大し，1955年に33.7%だった第2次産業のシェアは1970年

1. 産業構造変化の概要：重厚長大から軽薄短小へ　153

表 6-1　経済活動別実質経済成長率

（平成 2 暦年基準）

産業	1970-1975 年	1975-1980 年	1980-1985 年
合計	4.5%	4.4%	3.4%
第 1 次産業	2.2%	-2.5%	2.1%
第 2 次産業	3.7%	4.2%	3.2%
第 3 次産業	5.5%	5.5%	3.7%

注：第 1 次産業は農林水産業。第 2 次産業は鉱業，製造業，建設業。第 3 次産は電気・ガス・水道業，卸売・小売業，金融・保険業，不動産業，運輸・通信業，サービス業，政府サービス生産者，対家計民間非営利サービス。
出所：内閣府『国民経済計算年報』平成 10 年版。

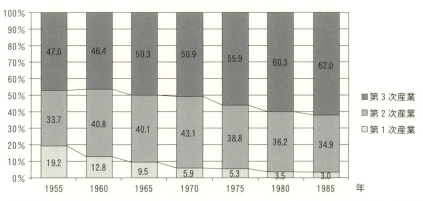

図 6-1　産業構造の変化

注：第 1 次産業は農林水産業。第 2 次産業は鉱業，製造業，建設業。第 3 次産は電気・ガス・水道業，卸売・小売業，金融・保険業，不動産業，運輸・通信業，サービス業，政府サービス生産者，対家計民間非営利サービス。（　）内数値は全体でのシェア。
出所：内閣府『国民経済計算年報 平成 10 年版』。

には 43.1% にまで拡大した。しかし，石油危機を経た 1975 年以降では，シェアの低下を続ける第 1 次産業に加え第 2 次産業のシェアも低下し，第 3 次産業のシェアが増加した。その結果，第 3 次産業は 1970 年の 50.9% から 1985 年には 62.0% に拡大した。第 3 次産業の割合は 50% を超えて伸び続け，サービス経済化が進行したのである。

これに伴い，石油危機前後で就業構造も変化した。図 6-2 が示すように，1955 年に約 40% あった第 1 次産業は就業者シェアを大きく低下させ，1955 年

154　第6章　日本の産業政策と産業構造の転換について

図6-2　産業別就業者数の推移

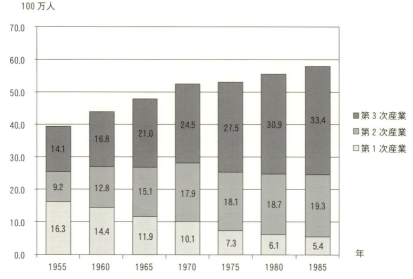

注：棒グラフ内数値は就業者数。
出所：総務省『国勢調査』。

に1,630万人いた就業者数は1985年には540万人へと約3分の1にまで縮小し，全産業に占めるシェアも9.3％へと低下した。一方，第2次産業は高度成長期に急速に就業者が増大し，1955年の920万人から1970年の1790万人へと800万人以上もの雇用を新たに吸収した。しかし，第2次産業も，石油危機後は雇用吸収の拡大スピードは落ち，1970年代以降は15年間で100万人強の雇用増大にとどまっている。すべての期間について新たに雇用を吸収してきたのは，第3次産業である。第3次産業は高度成長期の1955年から1970年に，1,400万人から2,450万人へと実に約1,000万人もの雇用を新たに吸収しただけでなく，その後も石油危機を挟む1970年から1985年の15年間で約900万人もの雇用を新たに吸収し，1985年には就業者シェアが57.5％になるに至った。1970年から1985年の間に経済全体で就業者は600万人弱ほど増加したが，その雇用と第1次産業から放出された500万人弱のほとんどを吸収したのは第3次産業であった。日本経済の低成長期への移行後に新たな雇用の受け皿となったのは，第3次産業であったといえる。

1.2 製造業の構造変化とその要因

石油危機後の低成長期への移行の中で，第2次産業の中心である製造業では構造変化が進んだ。それには，1970年代の大きな経済環境の変化が関係している。1つ目が継続的な円高である。図6-3が示すように，1971年のニクソンショックによりそれまで1ドル360円だった日本の対ドル為替相場は308円へと大幅に切り上げられ，その後も固定相場制から変動相場制への移行後に円高が続いた結果，1985年には1ドル240円と，1971年の1.5倍の円高となるに至った。それに加え，石油価格も急激に上昇し，日本が輸入する原油の1kL当たりの原油CIF価格は，1972年の4,908円から，2万2,643円と約4倍に急騰し，更に1982年には約11倍の5万3,533円にまで急騰した[1]。

このような国際経済環境の大きな変化は製造業内の比較優位に大きな影響を与え，それは製造業内の次の2つの構造変化をもたらした。第1に，円高と国内賃金の上昇により，国際的に見て国内の労働コストが上昇し，それによって労働集約的，かつ高い技術を必要としない軽工業の割合が縮小し，重工業の割合が増大するという重工業化の流れが継続した。さらに，重工業の中でも，石油危機後に比較優位を失った鉄鋼や石油化学など重厚長大型の産業から，一般機械，電気機械，輸送用機械，精密機械など加工型の産業のシェアが拡大する現象が見られた。いわゆる，重厚長大から軽薄短小への移行である。

図6-3　国際経済環境の変化

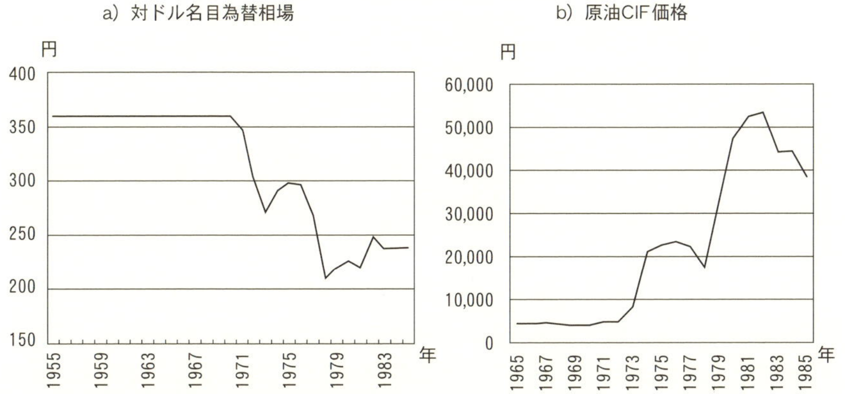

a) 対ドル名目為替相場

b) 原油CIF価格

出所：内閣府『国民経済計算』，財務省『貿易統計』。

156　第6章　日本の産業政策と産業構造の転換について

表6-2　製造業内各部門の成長率比較

産業	分類		1970-1975年	1975-1980年	1980-1985年
製造業合計			3.5%	5.4%	4.9%
軽工業	素材型	パルプ・紙	5.1%	4.9%	4.1%
		窯業・土石製品	0.5%	1.4%	4.0%
	加工型	食料品	5.9%	2.2%	1.9%
		繊維	3.9%	0.8%	-0.7%
		衣服・身回品	5.2%	1.2%	0.1%
		製材・木製品	1.9%	0.6%	0.4%
		家具	3.5%	4.3%	-0.2%
		印刷・出版	-5.1%	3.4%	3.8%
		皮革・皮革製品	1.7%	-4.8%	13.5%
		ゴム製品	1.7%	19.6%	-0.5%
		その他の製造業	5.6%	6.9%	9.4%
重工業	素材型	化学	0.5%	24.5%	11.0%
		石油・石炭製品	4.9%	-11.0%	3.3%
		鉄鋼	3.0%	8.8%	-2.4%
		非鉄金属	3.7%	10.4%	-2.0%
		金属製品	-0.4%	5.3%	6.6%
	加工型	一般機械	1.2%	12.4%	8.8%
		電気機械	99.8%	30.8%	19.6%
		輸送用機械	5.6%	8.8%	2.8%
		精密機械	12.7%	19.3%	8.7%

注：分類は鶴田・伊藤（2002）に倣い，素材型産業は素材型軽工業（パルプ・紙，窯業・土石製品），
　　素材型重工業（化学，石油・石炭製品，鉄鋼，非鉄金属，金属製品）の合計，加工型産業は加
　　工型軽工業（食料品，繊維，その他製造業），加工型重工業（一般機械，電気機械，輸送用機械，
　　精密機械）の合計とした。表中の網掛け部分は同時期の製造業全体の成長率より高いものである。
出所：内閣府『国民経済計算年報　平成10年版』より筆者作成。

　表6-2は，1970年から1985年までを5年ごとに区切り，各期間内の製造業
全体の年平均成長率と各産業のそれを比較したものである。軽工業は，素材型
産業のパルプ・紙，窯業・土石製品，加工型の食品，繊維，衣服・身回品な
ど，全体として製造業の平均成長率より低い時期が多い。一方で，重工業は総
じて製造業平均を上回る産業が多い。素材型の化学，石油・石炭製品，鉄鋼，
非鉄金属，金属製品の内では，化学の成長率が高く，加工型の一般機械，電気
機械，輸送用機械，精密機械は総じてどれも製造業平均を大きく上回る成長率

1. 産業構造変化の概要：重厚長大から軽薄短小へ　　157

を長期間にわたり維持している。

　このような重工業の高い成長率は，製造業の重工業化という構造変化を1970年代以降も進めた。図6-4は製造業内の重工業のシェアの増大を示している。製造業内で1970年に約50.1％であった重工業のシェアは，1970年代徐々に拡大し，1985年には61.0％へと増大している。その要因は，加工型重工業のシェア拡大であり，1970年に17.4％だった産業内シェアは，1985年には34.4％へと倍増している。つまり，製造業内では，軽工業と重工業の分類でいえば軽工業から重工業への産業構造の転換が進み，その重工業の中では，重工業（素材型）から重工業（加工型）への移行，つまり重厚長大から軽薄短小への移行が進んだといえる。また，これら加工型の重工業は，製品当たりのエネルギー消費が少なく，一方で高度な知識を用いる知識集約型産業である。つまり，製造業の産業構造が，資源・エネルギー消費型であり資本集約型の産業から，省資源・省エネルギー型，知識集約型の産業へ移行したともいえる。

　このような機械工業の成長は，世界市場への輸出を拡大させ，それに伴い日本の輸出に占める機械工業の輸出シェアも急激に増大した。それを示したのが図6-5である。1960年の段階で輸出の中心であったのは日本の安い労働力を活かした繊維・同製品であり，30％と最大のシェアであったが，高度成長期に

図6-4　製造業内の構造変化

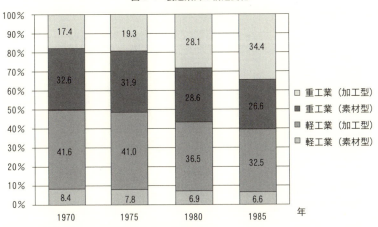

注：分類は表6-1に同じ。（　）内数値は全体でのシェア。
出所：内閣府『国民経済計算　平成10年度版』より筆者作成。

はそのシェアは低下し，代わって重化学工業である化学，金属及び同製品，非金属鉱物製品，機械機器のシェアが増大し，1960年の48%から1970年には74%に増大した。さらに1975年以降は，化学，金属及び同製品，非金属鉱物製品など素材型重工業のシェアが低下する中で，機械工業である機械機器のシェアが急増し，1970年の時点で46%だった機械機器の輸出シェアは，1985年には72%を占めるに至った。つまり，軽薄短小の加工型重工業が輸出の3/4を占め，主要な輸出産業にまで成長したのである。

日本の輸出構造と産業構造は密接な関係があり，日本は輸出主導型の経済成長の中で，産業構造の転換を実現した。図6-6は1970年から1985年までについて，5年ごとに輸出シェアと製造業内での生産シェアの関係を示したものである。1970年の段階では生産シェア，輸出シェアともに20%以上を占めていた重工業（素材型）は，1975年に輸出シェアが一時上昇するものの，その後は生産シェア，輸出シェアともに低下している。一方で，重工業（加工型）のシェアは，輸出シェアの上昇に大きくけん引される形で，生産シェアも15年間で20%弱から約35%にまで上昇している。このように，日本の石油危機後の製造業内の構造調整は，重工業（加工型）が新たな輸出産業となることを通じて，進められたのである。

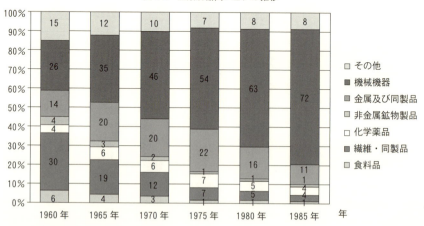

図6-5　産業別輸出シェアの推移

注：（　）内数値は全体でのシェア。
出所：財務省『貿易統計』。

1. 産業構造変化の概要：重厚長大から軽薄短小へ　　*159*

図 6-6　産業構造と輸出構造の関係

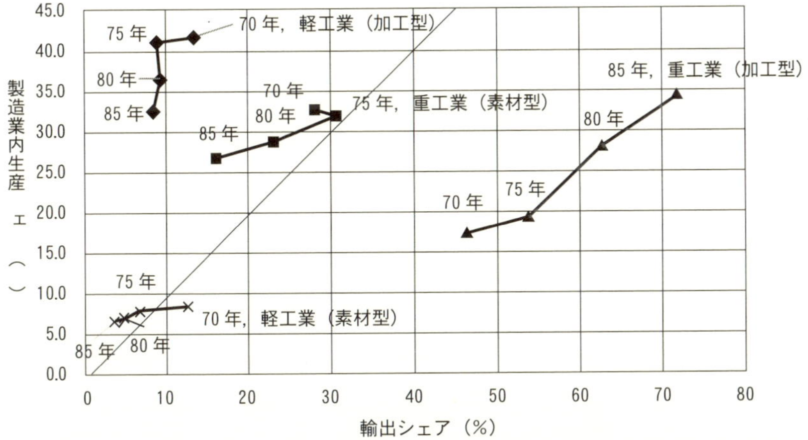

製造業内生産シェア（％）／輸出シェア（%）

- 75 年, 70 年, 軽工業（加工型）
- 80 年
- 85 年
- 85 年, 重工業（加工型）
- 70 年
- 80 年
- 75 年, 重工業（素材型）
- 80 年
- 70 年
- 75 年
- 75 年
- 70 年, 軽工業（素材型）
- 85 年　80 年

注：製造業内生産シェアでの分類は表 6-1 に同じ。輸出シェアでの分類は, 重工業（加工型）は
　　『貿易統計』の機械機器, 重工業（素材型）は金属及び同製品, 非金属鉱物製品, 化学製品の
　　合計として計算。
出所：内閣府『国民経済計算年報』平成 10 年版, 財務省『貿易統計』より筆者作成。

　このような製造業における重厚長大から軽薄短小への変化と産業内輸出シェ
アの変化は, どのような原因によって起こったのだろうか。第 1 が, 石油をは
じめとしたエネルギーなどの相対価格の大幅な上昇である。それは素材型の重
工業である化学や石油・石炭製品, 鉄鋼, 非鉄金属や金属製品の生産コストを
大きく上昇させた。一方で, 加工型の重工業である一般機械, 電気機械, 輸送
用機械, 精密機械は, いずれも素材型産業と比較して省エネルギー型, 省資源
型であり, それらエネルギー価格の上昇の影響を相対的に受けなかった。図
6-7 は, 第一次石油危機前後での, 製造業の業種別のコストアップ要因別寄与
度を示している。各産業の棒グラフの内, 左側は 1965 年から 1970 年のコスト
アップ寄与度であり, 右側は石油危機を挟む 1970 年から 1975 年のコストアッ
プ寄与度である。また, 上の線グラフは 1970 年から 1975 年の間の製品価格上
昇率を示している。図から明らかなように, 1970 年から 1975 年にかけて, 石
油製品, 基礎化学製品, 紙・紙製品, 鉄鋼・粗鋼の順に, 石油や, 石油以外の
石炭などの投入価格の変化によってコストが上昇し, それに比例して製品価格
も上昇しているのが読み取れる。特に石油製品は 5 年間で 180% を超えるコス

160　第6章　日本の産業政策と産業構造の転換について

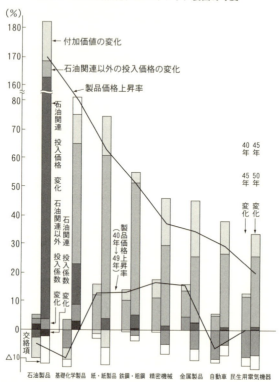

図6-7　石油危機前後のコストアップ要因寄与度

備考：1. 行政管理庁ほか「35－40－45接続産業連関表」，「昭和45年度産業連関表」及び通産省「50年産業連関表（延長表）」により作成。
2. 石油関連とは，原油，天然ガス，石油製品，電力，都市ガスをいう。
3. 棒グラフの左側は40年から45年への変化，右側は45年から50年への変化をいずれも寄与度で示したもの。
4. 推計方法は付注10参照。
出所：内閣府『経済白書　昭和53年度版』より転載。

トアップ率であり，鉄鋼・粗鋼も50％を超えている。一方で自動車，民生用電気機器はそれぞれ石油関連の投入価格の変化をほとんど受けず，コスト上昇率はそれぞれ40％，30％半ばに抑えられている。このようなコスト構造の変化は比較優位を重工業内で素材型産業から加工型産業に移行させる大きな要因となった。

　さらに，重工業（加工型）である機械工業では，生産現場における生産性の

1. 産業構造変化の概要：重厚長大から軽薄短小へ　　*161*

向上によって投入係数の低下が見られ，また様々な技術革新による製品の機能の向上，新製品の誕生も続くことで，機械工業の成長をさらに強める働きをした。

　例えば，電機機器産業では，1960 年代から 1970 年代にかけて，積極的な設備投資による量産体制の確立と，導入技術の応用による高性能，小型化，軽量化の実現によって，トランジスタラジオ，ブラウン管カラーテレビなどの生産が急拡大し，輸出も急増した。1970 年代から 1980 年代にかけても新しい技術が次々と生まれ，電卓，複写機，ワープロなどの事務機器や，カートリッジ・カメラ，電池式腕時計，石油温風暖房機などの民生用電気・電子製品が生まれた。VHS ビデオやウォークマンなどは国内で広く普及するだけでなく，有力な輸出商品ともなった。また，石油危機後のエネルギー価格の上昇に対応し，機械工業では省エネルギー型の製品開発が進められた。特に，自動車ではエネルギー効率が高く低公害のエンジンが開発され，トヨタなどの低燃費，低公害，高品質な日本の小型車の輸出が増大した。その中で，日本的経営と呼ばれる年功序列，終身雇用の下での企業経営は，労働者の企業への忠誠心と労働者の技能蓄積のインセンティブを高め，企業内での品質管理や，部門間のすり合わせによる製品の品質向上に貢献した。

　これらイノベーションの中で特に重要な役割を担った技術進歩が，ME 革命である。半導体の技術革新による集積回路の高集積化は，半導体の性能を急速に向上させることで，電子計算機の高性能化，小型化をもたらしただけでなく，様々な産業用・民生用機械機器に応用され，自動車の電子制御化，更には家電製品の高機能化，小型化，新製品の誕生などをもたらすことで，新たな需要を生み出し続けた。

　また，生産工程におけるプロセスイノベーションも進んだ。ME 革命は生産現場にも浸透し，例えば，自動車産業では 80 年代には生産工程にロボット，NC マシン，マシニングセンターなどの省力型の機械も導入され，それらを駆使してコンピュータ制御により多品種少量生産を可能とする FMS（フレキシブルマニュファクチャリングシステム）を実現し，生産の効率性をさらに引き上げる効果をもたらした。またオフィスでも事務用コンピュータ，ファクシミリなどの電子機器の導入による OA 化を促し，経済の情報化や労働コストの

上昇の中で,情報処理・活用や生産性の上昇,コスト削減に寄与した。

図 6-8 は製造業の 1970 年から 1977 年までの各産業の労働生産性を,西ドイツ,米国と比較したものである。製造業平均で日本は 7 年間に 1.4 倍の労働生産性を実現し,それは米国,西ドイツを超えるものだったが,製造業の中でも電気機械は 2 倍近く,精密機械に至っては 2 倍,比較的低い自動車でも 1.4 倍と,1.4 倍未満の鉄鋼や繊維,化学を超える生産性の上昇を実現し,米国,西ドイツよりも上昇率が高い。加工型重工業で実現したこの国内の他産業,海外を上回る生産性の上昇が,これら産業の輸出主導型の生産拡大に大きく貢献した。

重厚長大から軽薄短小への産業構造の変化の中で,製造業の省エネ化も大きく進展した。製造業の省エネ化は,産業構造の変化と,各産業の省エネ化によってもたらされた。図 6-9 の a) は,製造業内の各産業について,鉱工業指数でみた IIP 当たりのエネルギー消費原単位の推移を見たものである。第 1

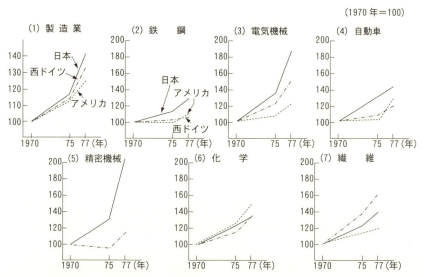

図 6-8　産業別労働生産性の推移と国際比較

備考:通産省「通産統計」,アメリカ "Survey of Current Business","Employment and Earnings",西ドイツ "Statistisches Jahrbuch" などにより作成。
出所:内閣府『経済白書　昭和 53 年度版』より転載。

に，1970年時点でのエネルギー消費原単位が最も大きい産業は化学であり，鉄鋼，窯業土石が続く。一方で機械など非素材系の業種はエネルギー消費原単位が低い[2]。第2に，総じてどの産業も70年代以降エネルギー消費原単位を低下させており，特に化学と鉄鋼は，急速な低下を実現している。図b) は製造業各部門別のエネルギー消費の推移を示している。1973年をピークに，エネルギー消費が最も多い製造業のエネルギー消費は，鉄鋼部門のエネルギー消費の減少の効果が大きく，1985年にはピーク時の1973年の80％にまで減少した。図b) のような製造業のエネルギー消費量の減少は，各業界のエネルギー原単位の低下と，更には製造業内の軽薄短小への産業構造の転換によってもたらされた。さらには，エネルギー消費のさらに少ない第3次産業の比重が拡大したことで，省エネルギー化はさらに進んだ。特に主要な一次エネルギー源である石油の省エネ効果は高く，1973年から1985年の間に，実質GDPは1.5倍になったにもかかわらず，原油輸入量は石油危機当時の2.9億リットルから1985年には1.96億リットルへと減少した［鶴田 伊藤，2001］。素材型産業の省エネ化と，産業構造の重厚長大から軽薄短小，そしてサービス経済化が，経済の省エネ化，脱石油化を大きく進めたのである。

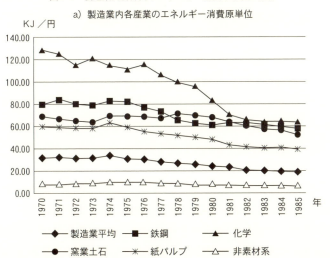

図 6-9 製造業内各部門のエネルギー消費原単位の推移

a) 製造業内各産業のエネルギー消費原単位

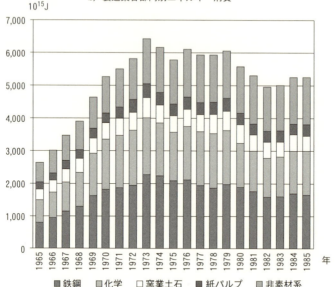

b）製造業各部門別エネルギー消費

出所：経済産業省『エネルギー白書 2005 年版』。

1.3　第3次産業の成長とその要因

　前述のように，石油危機以降の低成長期には，成長のけん引役は第3次産業であった。第3次産業の経済活動別実質国内総生産の産業内シェアを示したのが図 6-10 である。図が示す通り，第3次産業内で高いシェアを示すのは卸売・小売，不動産，サービス業であり，1970年から1985年を通じて，常に15％を超えるシェアを占めている。特にサービス業のシェアは約25％と，第3次産業の1/4を維持している。

　表 6-3 は，第3次産業の各部門の1970年から1985年までを5年ごとに区切り，各期間内の年平均成長率をそれぞれ算出したものである。図から明らかなように，成長率が高いのは，卸売・小売業，不動産，金融・保険業，通信業，そしてサービス業の中で公共サービス，対事業所サービスなどであり，5％から時に10％を超える年平均成長率を実現した。

　これら産業が拡大した要因は，第1に，1人当たり所得の増大，余暇時間の増加，教育水準の高度化，高齢化などを背景として，個人消費におけるサービ

1. 産業構造変化の概要：重厚長大から軽薄短小へ　　165

図6-10　第3次産業内経済活動別国内総生産シェアの推移

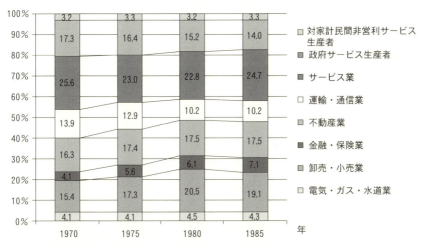

注：( )内数値は全体でのシェア。
出所：内閣府『国民経済計算 平成10年版』。

表6-3　1970年から1985年の部門別年平均成長率

産業分類	1970-1975年	1975-1980年	1980-1985年
第3次産業全体	5.5%	5.5%	3.7%
電気・ガス・水道業	5.4%	7.4%	2.8%
卸売・小売業	7.9%	9.3%	2.2%
金融・保険業	12.1%	7.5%	6.7%
不動産業	7.0%	5.6%	3.7%
運輸・通信業	4.0%	0.6%	3.8%
①　運輸業	2.8%	0.8%	3.1%
②　通信業	9.6%	0.2%	6.6%
サービス業	3.3%	5.3%	5.5%
①　公共サービス	10.8%	6.6%	3.5%
②　対事業所サービス	5.3%	10.4%	8.1%
③　対個人サービス	0.6%	2.9%	5.0%
政府サービス生産者	4.4%	3.9%	2.0%
対家計民間非営利サービス生産者	6.2%	5.0%	4.0%

注：表中の網掛け部分は同時期の製造業全体の成長率より高いもの。
出所：内閣府『国民経済計算 平成10年版』。

166   第6章　日本の産業政策と産業構造の転換について

スに対する需要が増えたからである。例えば，対個人サービスでは，洗濯業，
理容業・美容業などの生活関連サービスや，映画館，遊技場などの娯楽サービ
ス，更には学習塾や文化教室などを含む個人教授所が拡大し，さらに公共サー
ビスでは，病院や，更には共働き家庭の増大により児童福祉事業なども拡大し
た。第2に，企業活動も，サービスの投入を拡大させた。まず，第2次産業の
拡大は，生産に付随して発生する卸売・小売業や運輸，金融サービスの需要を
拡大させた。さらに，経済の情報化や知識化が進展する中で，対事業所サービ
スにおいて，情報サービス業，広告業をはじめ，公認会計士，デザイン業など
の専門サービスが拡大した。また需要の多様化や市場競争の激化は，企業活動
の分権化・専門化とそれに伴う企業内サービスの外注化を促すことで，物品賃
貸業，建物サービスなどをはじめとした対事業所サービスを拡大させた。そし
て70年代以降，東京，名古屋，大阪など三大都市圏だけでなく，地方でも進
んだ都市化の進展は，情報や人口の集中を通じて，一定地域内に一定上の需要
が必要なサービス生産の制約を解消させることで，対事業所，対個人サービス
をはじめとした様々なサービスを活発化させた［労働大臣官房政策調査部
（編），1989］，［内閣府］。

　前述のように，1970年代以降の雇用吸収の中心的役割を果たしたのは第3
次産業であったが，その中でどの部門が雇用を吸収したのであろうか。図
6-11は，第3次産業における1970年から1985年までの就業者の増減を，経
済活動別に見たものである。1955年から1985年まで，卸売・小売業，飲食
店，及びサービス業が，一貫して雇用を増大させてきたことが分かる。さら
に，第一次石油危機を挟む1970年から1985年の時期についても，これら部門
が雇用吸収の中心的役割を果たした。この期間に第3次産業において就業者は
約893万人増加したが，その中で就業者の雇用増大が最も多かったのはサービ
ス業の425万人で，同期間に第3次産業全体で増加した雇用の48％と，半分
弱を占めている。更に卸売・小売，飲食店が325万人で約36％と続き，両部
門合わせて雇用吸収の84％を占めるに至った。このように，1973年の石油危
機以降，年平均3％程度の低成長期へと移行する中で，サービス経済化が進展
し，日本経済の成長の中心，および雇用吸収の中心は第3次産業となっていっ
たのである。

図 6-11　1955 年から 1985 年の部門別就業者増減分

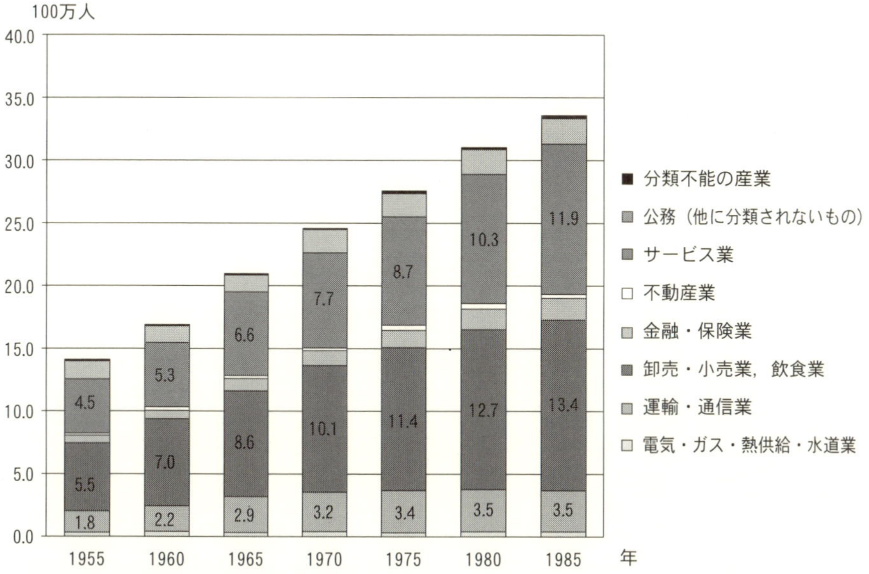

100万人

凡例（上から）:
- 分類不能の産業
- 公務（他に分類されないもの）
- サービス業
- 不動産業
- 金融・保険業
- 卸売・小売業，飲食業
- 運輸・通信業
- 電気・ガス・熱供給・水道業

グラフ内数値:

年	1955	1960	1965	1970	1975	1980	1985
上段	4.5	5.3	6.6	7.7	8.7	10.3	11.9
中段	5.5	7.0	8.6	10.1	11.4	12.7	13.4
下段	1.8	2.2	2.9	3.2	3.4	3.5	3.5

注：（ ）内数値は当該部門の就業者数。
出所：総務省統計局『国勢調査』より筆者作成。

2. 素材産業の構造改革：鉄鋼業のケース

2.1　協調的寡占市場の成立と過剰生産能力の発生

　第一次石油危機後，素材産業では，石油危機後のエネルギー価格の上昇と，それに伴う低成長の中で，石油化学，鉄鋼，アルミ，繊維など，多くの素材型産業で過剰な生産能力の問題が顕在化した。ここでは素材型産業であり，現在の中国でもその巨大な過剰生産能力が問題となっている鉄鋼業に注目し，過剰生産能力に陥った日本の鉄鋼業界の構造改革を，詳細に検討する。

　鉄鋼業は，高度成長期に，重化学工業化やインフラ需要の増大の中で，急激に市場規模が拡大し，国内需要は 1960 年の 2,000 万トンから 1970 年の 7,000 万トンへと，わずか 10 年の間に 3.5 倍の規模に拡大した。特に，経済的な後進性の下での高成長は，インフラなどの公共投資，民間設備投資，民間住宅投

資などの建設用の需要を急増させた。国内鋼材消費の内，建設業，鉱業の割合は約50%にも上り，鉄鋼需要を大きく支えた［伊丹 伊丹研究室，1997］。

　鉄鋼業界では，1950年代初頭の段階で高炉を保有していた企業は八幡製鉄，富士製鉄，日本鋼管の3社に限られていたが，このような市場規模の拡大の中で，1950年代に川崎製鉄，住友金属，神戸製鋼が高炉を建設し，高炉6社による設備投資競争が繰り広げられるようになった。特に，1960年代には八幡製鉄の君津製鉄所，川崎製鉄の水島製鉄所など，臨海地域に相次いで新鋭の一貫製鉄所が建設された。大型の高炉やLD転炉も導入されたこれら年間1,000万トン規模の生産の力を持つ製鉄所が次々と建設された結果，1973年には粗鋼生産量は1億2,000万トンになり，当時鉄鋼生産量で第1位の米国にほぼ並ぶまでになった。

　日本の鉄鋼業界は，もともと政府の管理下で産業が育成され，過当競争を防ぎ規模の経済を確保するために，元々政府主導でカルテルが行われてきた業界である。政府は傾斜生産方式の下で，鉄鋼業に資本や原材料を優先的に配分し，また投資調整や不況期の勧告操短や公開販売価格制度などを通じて，価格及び生産数量の調整を主導してきた。しかし，高度成長の中で鉄鋼市場が拡大すると，新興の川崎製鉄，住友金属，神戸製鋼がシェアを拡大しようとする中で，政府の介入による制約を業界が嫌うようになった結果，60年代後半以降自主調整に移行した。しかし，業界の自主調整は上手くいかず，設備投資競争が続いた結果，過剰な生産能力が生み出された[3]。

　このような競争的な寡占市場における激しい競争は業界の再編に繋がり，1970年の八幡製鉄と富士製鉄の合併による新日本製鉄（新日鉄）の誕生をもたらした。さらにその後の石油危機は，期待成長率の急激な低下によって協調的な機運を決定づけ，市場シェア36%を持つ新日鉄のプライスリーダーシップの下で，価格や生産量が調整されるようになった［高村，小山（編）1994］。図6-12は，高炉5社内での粗鋼の生産量シェアを1965年から1985年まで見たものである。［伊丹 伊丹研究室，1997］が示すように，1965年から石油危機の時期まで，八幡製鉄と富士製鉄（合わせて新日鉄）のシェアが低下する一方で，日本鋼管，住友金属，川崎製鉄のシェアは拡大している。しかし，石油危機以降の低成長期に入った1970年代中ごろからは，一転して各社

2. 素材産業の構造改革：鉄鋼業のケース　　*169*

図 6-12　高炉 5 社内粗鋼生産量シェア推移

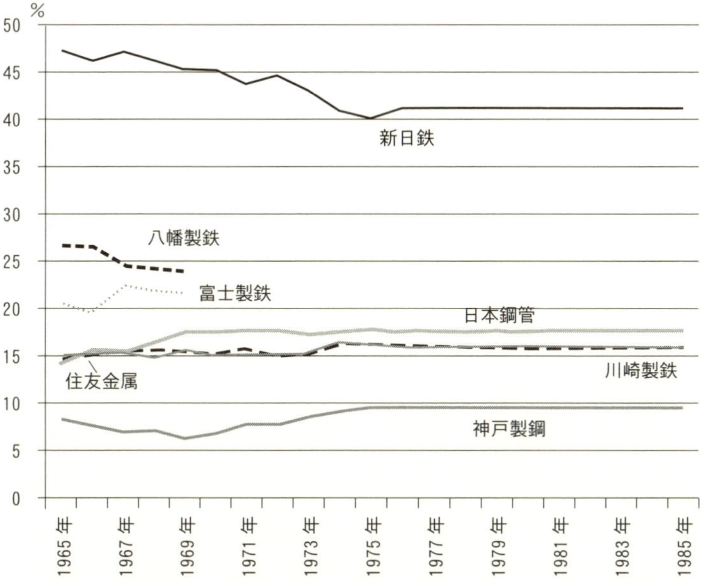

出所：日本鉄鋼連盟『日本鉄鋼年鑑』より作成。但し，1969 年までの新日鉄のデータは八幡製鉄と富士製鉄の生産量を足したもの。

のシェアは維持されている。明らかに，低成長の中で，各社が生産調整をして，市場を分け合うカルテルが，事実上行われるようになったのである。

　そのように再編が進む中で，1971 年のニクソンショック以降の急激な円高，そして第一次石油危機後の急速なエネルギー価格の上昇による低成長期への移行によって，鉄鋼業は一転して需要の停滞に見舞われた。鉄鋼需要の 2 割を占めていた輸出も，1975 年までは伸びるものの，その後は先進諸国との貿易摩擦の中で管理貿易となり，伸びなくなった[4]。その結果，それまで高い期待成長率の中で石油危機後も設備投資を続けた鉄鋼業は，過剰生産能力に陥っていくことになった。

2.2　過剰生産能力の拡大と構造改革

　図 6-13 は，1965 年から 1990 年までの銑鉄生産能力，銑鉄生産量，銑鉄設備稼働率の推移を示している。銑鉄の生産量は，1973 年の石油危機と貿易摩

第6章 日本の産業政策と産業構造の転換について

図6-13 高炉の銑鉄生産能力と稼働率

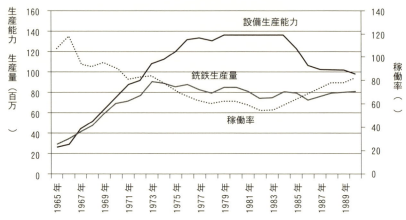

出所：日本鉄鋼連盟『鉄鋼統計要覧』。

擦による輸出制限により需要が停滞し，1973年をピークに緩やかな減少に転じた。一方で設備の増強は計画的に進められ，新しく生産能力の高い高炉が建設される中でも古い非効率な高炉の廃棄は進まなかった結果，過剰生産能力は75年には約3,000万トン，80年代前半には約6,000万トンにまで増大した。その結果，銑鉄設備稼働率は，高度成長期には時に100％を超え73年の段階でも80％程度を維持していたが，その後急激に下がり，1982年には一時54.6％にまで低下した。本格的な設備廃棄に入ったのは，85年のプラザ合意以降，急激な円高により国内生産調整が待ったなしとなった時期である。日本の鉄鋼業は，60％を下回る稼働率を10年以上も続けた末に，ようやく本格的に設備廃棄を進めたのである。

このように，石油危機以降の1980年代半ばまでの構造改革は，合理化のための設備投資を優先し，古い高炉は廃棄せずに過剰生産能力を拡大させる中で行われることになった。また，製品市場での生産シェアや価格維持という各社横並びの協調体制もあった結果，構造改革の中心は，設備投資による効率化，操業の改善による省エネ化や効率化，リストラなどによる，稼働率が7割下でも利益が出るコスト構造の構築と，鋼材の高品質化，高付加価値化に向けられた。

まず，コスト構造の改善のために，高度成長期からの設備投資計画が継続された。1970年代も高炉の新設は続き，規模拡大による生産効率の向上が進められた[5]。その一方で，業界内の生産調整の下で，古い非効率な高炉は停止され，古い高炉から新しい高炉の生産に置き換わることで，効率化が進められた[6]。

また，歩留まりの向上や省エネによるコスト削減も進められた。まず，操業技術の改善のために，連続鋳造の技術が導入された。連続鋳造は，従来LD転炉からの溶鋼を造塊，均熱，分塊，加熱という工程を経てから圧延していたものを，転炉からの溶鋼を直接鋳造することで，工程を省略した画期的な技術である。歩留まりを約10％向上させ，また消費エネルギーも約3分の1に縮減できる［岡本，1984］。その基本技術は米国のコンキャスト社が発したものであるが，日本が世界に先駆けて導入し，連連鋳の実現など様々な日本独自の開発を加え，さらに圧延工程での高速ホットストリップミルの開発なども加えることで，効率的な操業技術を確立した[7]。さらに，省エネ設備の普及も進んだ。排エネルギー回収設備として，高炉炉頂圧発電機や，コークス乾式消化設備などが開発され，業界全体に普及することで，排エネルギー利用を通じたエネルギー原単位の削減努力も進められた[8]。

また，大型高炉，連続鋳造の操業においては，高炉における化学反応の制御，および各工程の効率的な連動のために高度な操業技術が必要とされたが，工場全体の操業に世界に先駆けてコンピュータが導入され，正確かつ効率的な操業システムが確立された。

さらに，これら操業技術の改善においては，設備による対策だけでなく，現場労働者の操業努力の中でのQCサークルやZD活動を通じた様々な改善活動も重要な役割を果たした。例えば，現場労働者の提案による転炉の定期補修方法の改良によって，転炉を3基設置して2基操業するそれまでの体制から，2基設置して2基操業する効率的な体制へと改善された［伊丹 伊丹研究室，1997］。他にも投資をほとんど要しない管理強化，操業改善，運転の改善などが実施されたりすることで，省エネ対策がなされた。この効果は大きく，例えば新日鉄の70年代後半の省エネ実績の内半分は，それら操業努力によって実現された［岡本，1984］。

これら設備投資による機械化,および操業改善努力と並行して,人員のリストラが進められた。方法としては解雇ではなく,新規採用の削減,多角化事業への出向や早期退職によって進められた[9]。その結果,ピーク時の1973年に19.1万人だった高炉大手5社の人員は,1985年には14.6万人となった。減少率は年平均1.8%であり,リストラは緩やかに進められた。

このような操業効率の向上と人員の削減によって,図6-14が示すように,日本のマンアワー物的生産性(年間生産量/(従業員数×1人当たり年間総労働時間))は1970年代初めには米国を抜いて世界第1位となった。

さらに,日本の鉄鋼業界が注力したのが,製品の高品質化である。軽薄短小である自動車をはじめとした機械工業による高品質鋼材への需要が拡大する中で,鉄鋼各社は加工性や耐食性を向上させる多機能の鋼材を次々と独自開発した。特に,高張力鋼は元素の添加や組織の制御によって強度(引張り強さ)を強化した鋼板であり,薄く強度の高い素材となるため,車の燃費と安全性の両立に欠かせない素材となり,各社は薄さと加工性を維持したものを開発し,自動車産業の求める車体の軽量化,車体剛性,防錆性の向上などに応えた。また,耐食性に優れた亜鉛めっき鋼板は,自動車の外板,建設用などにも使用され,80年代に開発が進んだ。特に力を入れたのが,個々のユーザー企業の様々

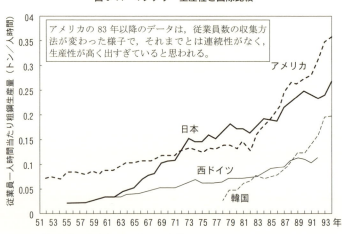

図6-14 マンアワー生産性と国際比較

出所:[伊丹 伊丹研究室,1997] より転載。

なニーズに応えたるための，ユーザー企業との共同開発である。たとえば新日鉄とトヨタによってエクセライト（1982年）やシルバーアロイE（1988年）という亜鉛めっき鋼板が共同開発された[10]。

これらのコスト改革や製品の高品質化には，鉄鋼業の研究開発も大きな役割を果たした。石油危機以前は対売上高比率が0.5％程度であったが，その後は急激に上昇して2.1％となり，自主開発を支えた。また，日本鉄鋼協会や日本鉄鋼連盟による論文誌の発行や研究会を通じて，鉄鋼業界内での技術交流も盛んに行われ，業界内での技術波及を促進した。

この結果，鉄鋼メーカーの生産のファイン化率は上昇した。図 6-15 は，鉄

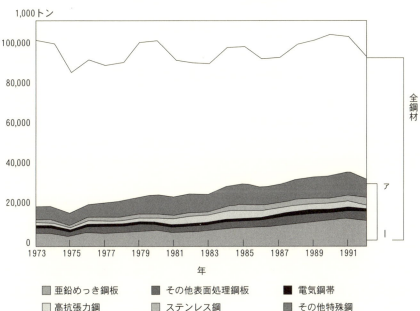

図 6-15　ファインスチールの生産高

注：その他表面処理鋼板は，ブリキを含んでいる。亜鉛めっき鋼板，その他表面処理鋼板，電気鋼帯は普通鋼最終鋼材，高抗張力鋼，ステンレス鋼，その他特殊鋼は特殊鋼熱間圧延鋼材なので，直接合計することができない。そのため，特殊鋼熱間圧延鋼材の各項目に，各年の特殊鋼熱間圧延鋼材と特殊鋼最終鋼材の比率を乗じて，近似的に最終鋼材相当の数値を出した。全鋼材生産高は，最終鋼材である。

出所：『鉄鋼統計要覧』各年版より作成。[川端, 1995] より転載。

174　第6章　日本の産業政策と産業構造の転換について

鋼産業のファイン化率の推移を，1973年から1992年までについてみたものである。1973年以降，全鋼材の生産量が伸び悩む中で，ファインスチールの生産量は1975年を除いて順調に増大し，その結果1973年に全鋼材の17.6%であったファインスチールの比率は，1993年には35.0%を占めるに至った[11]。

　このような設備投資や操業改善による徹底的なコスト構造の見直しや，製品の高品質化による高付加価値化により，大手高炉メーカーは鉄鋼生産が伸びない中でも収益を確保する体制を作り上げたといえる。ちなみに，高炉5社のこれら構造改革は，石油危機以降から1985年までのほとんどの時期に黒字を確保した中で行われた。そこには構造改革によるコスト削減や新素材の開発の成果はもちろん，構造改革の原資として，5社による寡占市場の下でのレントと，国際市場での貿易摩擦後の管理貿易下での輸出利益も役立った［伊丹 伊丹研究室，1997][12]。

3.　政府の産業政策とその結果

3.1　石油危機前後の産業政策の変化

　1950年代から1960年代前半にかけての産業政策は，鉄鋼や石炭への傾斜生産方式をはじめとした基幹産業への優遇的・選別的な財政・租税および金融政策による優遇や，また関税・非関税障壁による輸入制限と対内投資の制限による国際競争からの保護，そして鉄鋼や石油化学など設備投資型産業での政府主導の投資・生産調整など，政府が産業育成に直接介入していた。そのような政策がとられた理論的背景には，設備投資産業など規模の経済の働く産業では，市場競争が行き過ぎ，規模の経済性の喪失による生産性の低下や研究開発余力の低下などの弊害を招くなどとした，市場メカニズムに対する信頼の欠如などが存在し，また，戦後の工業化の初期段階の中で，将来性のある産業が軌道に乗るまでは国際競争から保護すべきであるとする幼稚産業保護論が存在した。

　しかし，1955年から1973年にかけての鉄鋼，石油化学をはじめとした重化学工業の規模拡大は，国民所得を大きく増大させたものの，一方で規模拡大を最優先にした経済運営は，寡占市場問題，公害問題，輸出の急増による貿易摩

擦など，多くの国内，国際的問題を引き起こした。

　このため，第一次石油危機以降の産業政策は，従来の産業政策とは以下の5つの点で大きく変わる中で行われた。第1が，市場メカニズムを重視した政策運営への転換である。当時1970年には，寡占市場が形成されていた鉄鋼業界で八幡製鉄と富士製鉄との合併が市場の集中度を高めると独占禁止法上問題とされたり，また，電気機器産業で成長を遂げ市場支配力を持つに至った松下電器などの2重価格問題などが起こったりするなど，寡占市場の問題が大きく取り上げられた[13]。そのような寡占市場問題の高まりと物価の高騰の中で，1977年には独占禁止法が改正されることになり，競争制限的な産業政策は不可能になった。そもそも，これまで政府の介入・支援を受け入れてきた産業界も，企業成長の結果，企業の戦略的意思決定への政府介入を拒否するようになってきた。また，対外的にも，日本は1963年にGATT11条国に移行したことで，大国として，保護主義が許されない立場となり，1960年代に貿易・投資の自由化を段階的に進めた。一方で，日本の繊維，鉄鋼，機械などの輸出の急増によって，欧米諸国との間で貿易摩擦が拡大していた。さらに日本は70年代以降自由貿易体制を堅持する立場を取り，産業政策も，保護政策を産業育成の手段とすることはもはや許されなくなった[小宮，奥野，鈴村（編），1984]。

　第2が，省資源型・省エネルギー型の産業構造から知識集約型産業構造への転換というビジョンの提示である。第一次石油危機後の資源・エネルギー価格の急上昇と継続的な円高の下で，エネルギー・資源を大量消費する形での経済成長は維持できず，産業構造の省資源・省エネルギー化が求められるようになった。

　そこで経済産業省によって示されたのが，産業構造の知識集約化の構想である[14]。省エネ・省資源化，そして脱公害化には技術開発が必要となり，知識が必要となる。また，知識集約型産業の発展それ自体が，資源・エネルギー当たりの製品付加価値を高め，経済の省エネ・省資源化につながる。経済産業省は1970年に発表した「70年代の通商産業政策」の中で，今後発展すべき産業として，知識労働の投入量が大きく，資本・資源エネルギーの投入量が相対的に小さい産業を知識集約型産業と呼び，重視した。具体的には，①研究開発集約型産業（電子計算機，産業用ロボット，集積回路，原子力関連，ファインケミ

176 第6章 日本の産業政策と産業構造の転換について

カルなど），②高度組立産業（通信機械，事務機械，NC 工作機械，公害防止
機器，高級プラントなど），③ファッション産業（高級衣類，高級家具，住宅
用調度品，電気音響機器，電子機器など），④知識産業（情報処理サービス，
システムエンジニアリング，ビデオ・教育関連産業，ソフトウェア産業）など
がそれにあたり，それら知識集約産業が今後の産業構造を形成するとのビジョ
ンを示した［鶴田，1982］。このように，直接介入による産業育成を制限され
た第一次石油危機以降の産業政策は，ビジョンを示し産業界に情報を与えるこ
とで企業行動を誘発する傾向が強くなったのである［小宮，奥野，鈴村（編），
1984］。

　第3が，第2の知識集約化構想に関連した，先端技術の開発への支援であ
る。省資源・省エネルギー型の知識集約型産業の発展に必要な先端技術の開発
には大きなリスクを伴い，市場メカニズムだけでは開発が進まない可能性があ
る。そのため政府の支援策が必要とされた。実際の支援の対象となったのは，
バイオテクノロジー（特にバイオリアクター，細胞融合，遺伝子組み換えな
ど），新素材（新機能素子，複合材料，アモルファス，新金属など），新エネル
ギー技術（太陽熱・太陽光発電，核融合）などの次世代産業技術の開発，そし
て高度情報化社会に備えた情報産業育成のためのコンピュータ・IC の高度先
端技術の開発，そして航空機産業である。特に，超 LSI の開発においては，
技術開発に対する官民共同プロジェクトが発足し，民間企業としては富士通，
日立，三菱電機，日本電気（現在の NEC），東芝の5社が参加し，経済産業省
の超 LSI 技術研究組合に技術者が出向する形で，1976 ～ 80 年の4年間にわ
たって先端技術の研究開発に取り組んだ。研究開発費の総額 720 億円，内 291
億円を政府が補助し（割合は 40%），超 LSI の製造装置とそれに必要な要素技
術を開発し，1,000 件の特許を生み出した［小宮，奥野，鈴村，（編），1984］。

　第4が，環境規制の強化である。それまでの重化学工業の育成政策は，規模
拡大を優先して環境規制を後回しにし，その結果，水俣病，四日市ぜんそくな
ど，日本各地で産業公害を引き起こした。公害による被害は環境規制の強化と
国や企業への賠償を求める住民運動や裁判を日本各地で引き起こした。このよ
うな動きの中で，国は環境規制を強化し，1967 年には公害対策基本法が制定，
1971 年には環境庁が設置され，公害関係法が総合的に推進，運用されるよう

3. 政府の産業政策とその結果　*177*

になった［環境庁］。それらの結果，それまでも存在していた水質汚濁の規制
強化，汚染者負担の原則の徹底，国や地方自治体の公害防止のための責務の明
確化などが進められた。公害裁判で敗訴し多額の賠償金を背負う企業も現れた
結果，企業も脱公害化が市場で生き残るために不可欠となり，環境対策投資に
取り組んだ。また，高度成長期に産業育成を優先していた産業政策も，環境を
犠牲にすることはもはや許されず，環境保護を大前提に行われることになっ
た。

　このように，国や地方自治体，そして企業の責任が明確化され，環境対策が
日本全国で進んだ結果，日本の大気汚染，水質汚染は徐々に解消されていっ
た。図 6-16 は水質汚染と大気汚染の状況の推移を示している。図 a）は水質
汚染の指標であり，1971 年度から 1985 年度までの期間について，全国 5,266
地点において測定された検体数 14 万 2,796（総水銀を除く）の中で，シアン，

図 6-16　水質汚染・大気汚染状況の推移

a）　健康項目に係る環境基準不適合率の推移

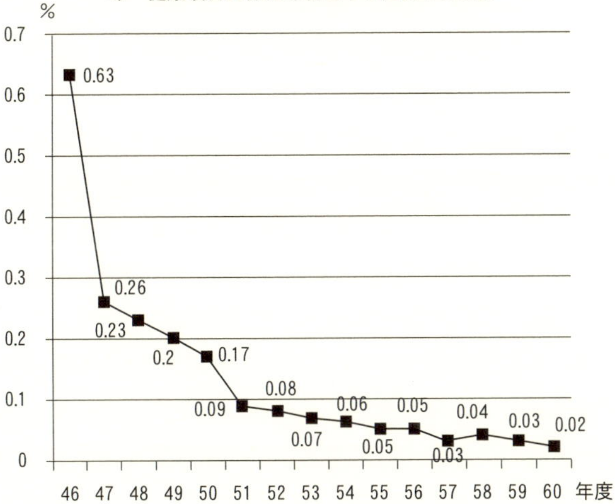

注：1. 不適合率は環境基準を超える検体数の総検体数に対する割合。
　　2. 健康項目に係る環境基準は，シアン，有機りん，アルキル水銀，PCB の 4 項目について
　　　は検出されないこと，カドミウムは 0.01mg/l 以下，鉛 0.1mg/l 以下，クロム（六価）及び
　　　ヒ素 0.05mg/l，総水銀は年間平均値で 0.0005mg/l 以下となっている。
　　3. なお，この図では不適合率に総水銀が含まれない。
出所：環境庁調べ。

178　第6章　日本の産業政策と産業構造の転換について

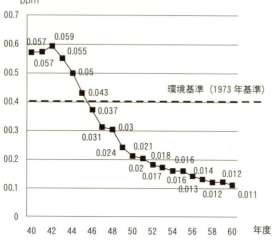

b) 継続15測定局の二酸化硫黄平均値の単純平均値の年度別推移（一般環境大気測定局）

出所：環境庁『昭和62年版環境白書』より筆者加工。

有機りん，カドミウムなど，人の健康項目に係る環境基準が設定されている各有害物質が環境基準を超える検体の割合の年度別推移を表したものであるが，それらの不適合率は70年代以降急速に低下するようになった。一方で図b)は大気汚染の指標であり，1965年度から1985年度までの期間について，継続15測定局の二酸化硫黄平均値の単純平均値の年度別推移（一般環境大気測定局）を表したものである。1967年度に0.059ppmの最高値を記録した二酸化硫黄濃度はその後急速に低下し，環境基準の0.04ppm（1973年基準）を1969年度には下回り，1985年度には0.011ppmにまで低下した。

　そして第5が，石油危機後に顕在化した，構造的不況業種の調整政策である。産業発展は基本的に市場メカニズムに委ねるとしながらも，石油危機後に一気に発生した構造的不況業種の産業調整は急激な失業を招きかねず，その円滑な調整を目指して，産業調整に政府が介入したのである。

　このように，産業育成の基盤は市場メカニズムに委ねることになり，重点産業の保護育成などの個別産業を対象とした介入政策は減少し，産業構造改革は，政策介入が市場の失敗の領域（公害，リスクを伴う技術・資源開発，新規産業の育成，構造的不況業種の調整）などに限定された中で進められていった

のである。

3.2 構造的不況業種への調整政策

政府の構造的不況業種への介入はどのように行われたのであろうか。

第一次石油危機以降のエネルギー，資源価格の上昇は，アルミ，合成繊維など多くの素材産業で生産コストの上昇と需要の停滞を引き起こし，過剰設備の顕在化と収益の大幅な悪化をもたらした。政府は大幅な収益悪化にあえぐそれら業界を構造的不況業種として認定し，過剰設備の処理を含む産業調整支援，雇用対策，地域対策のための政策を実施することとし，特定不況産業安定臨時措置法（特安法）を 1978 年に制定した。

対象は平・電炉鋼材製造業・アルミニウム精錬業・合成繊維製造業・船舶製造業など合計 10 産業であり，選定の基準としては，業界の半数が赤字という不況要件が設定された［渡辺，2016］，［鶴田 伊藤，2001］。これら認定業種には，政策的措置として，① 設備処理カルテルの結成（処理すべき設備能力と処理期限などを内容とする安定基本計画を政府が作成した上で，業界が自主努力により過剰設備の共同処理を行い，それが困難な場合，政府がカルテルの結成を指示する），② 設備処理に必要な資金についての債務保証（232 億円），低利融資などの金融支援，法人税低減などの税制上の優遇措置，が実施された。

また，失業対策と円滑な労働移動を目的として，雇用対策も行われた。第一次石油危機以降の構造的な不況の中で，1974 年に 1％だった失業率は，1975 年には 2％台に倍増した。従来の雇用対策としては，失業保険による失業後の対策が中心であったが，このような中で，失業防止や産業間の円滑な労働移動に雇用政策の重点が置かれるようになり，1974 年には失業保険法に代わって雇用保険法が制定され，それに伴い 1975 年からは，それまでの失業給付に加え，雇用調整助成金制度による失業予防のための支援も実施されるようになった［篠原，1989］。ちなみに，雇用調整助成金制度は，操短時の企業の賃金コスト圧力を軽減することで失業を予防することを目的とし，事業活動の縮小を余儀なくされた事業者が労働者に対して休業，教育訓練，出向などをさせる場合に，事業者に対して休業手当，訓練，出向手当の負担の一部を支給するものである。この制度によって一時帰休で雇用調整助成金を受けた人々は，1975

年1月には44万人に達した［内閣府］。しかし，雇用情勢の悪化は厳しく，このため，1977年には特定不況業種離職者臨時措置法（離職者法）が，また地域政策として特定不況地域離職者臨時措置法が制定された。これら時限法の下で，不況業種，不況地域での再就職の支援が行われた。1983年6月までに，再就職援助に関する計画の作成7,000件，対象業種への離職者への求職手帳の発給11万件が実施され，雇用保険の延長給付（最高90日まで），就職支援，職業訓練費用の補助などが行われた［内閣府］。

このような事実上のカルテルによる設備処理や，雇用調整援助による産業調整政策が行われた理論的背景は何であろうか。まず，寡占市場においては，相手が撤退すれば自分が市場を占有して高い利益を獲得でき，かつ事前にはどの企業が撤退するか予測できない時には，どちらの企業も待ちの姿勢を崩さず，両社にとって望ましくない結果（過当競争）に陥る可能性がある［伊藤，清野，奥野，鈴村，1988］。このとき，政府主導のカルテルによる協調的な設備処理は，設備調整を円滑に行う手段となりうる。さらに，産業調整が起こる場合，衰退しつつある産業から競争力のある産業に労働や資本などの生産要素がスムーズに移動せず，調整のプロセスでしばしば多くの失業が生み出される可能性があるため，社会的摩擦を緩和するために時限的な政策介入が必要とされうる［伊藤，清野，奥野，鈴村，1988］。

特安法の下での設備処理カルテルにより，設備処理は進んだ。表6-4は，特安法における指定業種の設備処理状況を示している。アルミの57％，尿素の45％をはじめ，平均23％の過剰設備処理目標が設定されたが，1983年6月の時点で，目標は95％達成された。

しかし，1979年には第二次石油危機が起き，さらに多くの構造的不況業種が生まれた。その対策として1983年には特定産業構造改善臨時措置法（産構法）が制定され，再度政府主導の調整が進められた。

産構法では電炉，アルミニウム製錬業など特安法からの11業種に加え，化成肥料製造業，エチレン製造業，セメントなど15業種が新たに指定され，合計26業種が構造的不況業種と認定された15。特安法と同じく政府指示が利用できる共同処理が進められ，金融支援及び税制上の優遇措置も拡充の上実施されたが，産構法では積極的調整政策の色彩が濃くなり，それ以外にも事業提携

3. 政府の産業政策とその結果　　*181*

表 6-4　特安法指定業種における設備処理等の状況

指定業種		処理前能力 （千トン）	処理目標 （千トン）	率 （%）	処理実績 1982 年度末 （千トン）	達成率
平電炉	平電炉	20,790	2,850	13.7	2,720	95.4
アルミ製錬	アルミ製錬	1,642	930	56.6	899	96.7
合成繊維	ナイロン長繊維	367	74	20.3	73	98.1
	ポリアクリロニトリル短繊維	431	85	19.7	96	112.5
	ポリエステル長繊維	350	45	12.8	37	81.5
	ポリエステル短繊維	398	78	19.7	71	90.2
造船	造船	9,770	3,420	35.0	3,580	104.7
合金鉄	フェロシリコン製造業	487	100	20.5	100	100.0
化学肥料	尿素	3,985	1,790	44.9	1,670	93.3
	湿式りん酸	934	190	20.3	174	91.6
	アンモニア	4,559	1,190	26.1	1,190	100.0
繊維	綿等紡績	1,204	67	5.6	52	77.9
	梳毛等紡績	182	18	10.1	18	96.2
板紙	段ボール原紙	7,549	1,147	15.2	1,083	94.4

出所：内閣府『経済白書 昭和 59 年版』，[岡崎（編），2012] より筆者作成。

（共同生産，合併など），事業集約化（生産品種の専門化），生産性向上のための設備投資，技術開発の推進（税制上の優遇・金融的支援）など，より積極的調整の姿勢が明確になり，公正取引委員会の了解も得るようになった[16]。表6-5 が示すように，産構法による設備処理の結果，設備処理の実績は，目標達成率が 55%～302% とバラつきが多かったものの，目標達成率は平均で 122% となり，目標を超える設備処理を達成した [岡崎（編），2012]。

　また，雇用政策も，1983 年に特定不況業種・地域関係労働者雇用安定特別措置法が制定された。業種・地域指定基準が緩和され，より多くの業種，地域が対象となり，転職のための労働者の訓練の場合の賃金の半年間助成，再就職斡旋を行う場合，受け入れ先の事業主に 1 年間賃金を助成，特定不況地域の事業主への地域雇用促進給付金，特定不況業種からの離職者への就職促進手当や職業訓練手当の引き上げがなされるなど，雇用調整助成金の拡充，強化が行われた [渡辺，2016][17]。

182 第6章 日本の産業政策と産業構造の転換について

表6-5 産構法の下での設備処理実績

指定業種		処理目標量	率 (%)	処理実績 1988.6 末 (千トン)	達成率 (%)
電炉	電炉	380	14	238	63
アルミ製連	アルミ製錬	93	57	148	159
合成繊維	ナイロン長繊維	処理済み	—	—	
	ポリアクリロニトリル短繊維	処理済み	—	—	
	ポリエステル長繊維	処理済み	—	—	
	ポリエステル短繊維	処理済み	—	—	
	ビスコース短繊維	5	15	3	66
化学肥料	アンモニア	66	20	112	170
	尿素	83	36	86	104
	湿式りん酸	13	17	21	162
	溶成りん肥	24	32	21	88
	化成肥料	81	13	88	109
合金鉄	フェロシリコン	5	14	14	274
	高炭素フェロクロム	6	10	14	244
	フェロニッケル	5	12	15	302
洋紙・板紙	洋紙	95	11	89	94
	段ボール原紙	154	20	85	55
石油化学	エチレン	229	36	202	88
	ポリオレフィン	90	22	85	94
	塩化ビニル樹脂	49	24	45	92
	エチレンオキサイド	20	27	12	60
	スチレン	49	26	34	70
その他	硬質塩化ビニル管	12	18	12	100
	砂糖精製	100	3	90	90
	セメント	3,000	23	3,100	103
	電線・ケーブル	9	14	9	100

出所：表6-4に同じ。

3.3 産業政策に対する評価

　まず，特安法，産構法を通じた官製カルテルによる産業調整については，効果として，前述のように実際に特安法では設備処理が目標の95%達成され，その意味では政策目標は実現された。また，調整政策において，財政的支援や

3. 政府の産業政策とその結果　　*183*

輸入制限が用いられなかったことも，国際競争上の公平性の観点から評価でき
る［小宮，奥野，鈴村（編），1984］。ただし，カルテルによる産業調整ついて
は，市場メカニズムによる効率的な調整とは異なるため，政府内，および学会
から批判を受けた。第1に，独占禁止法の趣旨と矛盾することから，公正取引
委員会は，1982年の「低成長経済下の産業調整と競争政策」において，市場
メカニズムによらず投資調整，更には価格・数量など生産カルテルを実施した
ことは実質的な調整を阻害し，限界企業を温存する弊害をもったと厳しく批判
した[18]。また，設備処理の方法としては廃棄，格納・休止，譲渡の3つの選択
肢があったが，格納・休止を選択したケースが多かったため，実質的な処理が
進まなかったこと，そもそも政府の計画以前に処理をした企業も多く，またア
ルミ精錬に至っては産構法の下で政府の計画以上に過剰な生産能力の廃棄が
行われた点で，設備処理を政府介入による強度処理によって行うことの有効
性や，そもそもの存在意義にも，疑問が投げかけられた［小宮，奥野，鈴村
（編），1984］[19]。

　さらに，雇用調整政策や離職者法による転職支援については，石油危機後の
不況期における賃金圧力を軽減することで，失業を防ぐ効果を持ち，また，労
働移動を促進したといえる。日本は1973年の第一次石油危機の直後に失業者
が急増し，1%台を維持していた失業率が1975年には2%に跳ね上がったもの
の，その後は80年代半ばまで2〜3%台を推移し，当時スタグフレーション
に悩んでいた欧米諸国と比較すると，低い失業率を維持した。それには日本企
業の終身雇用，労使の協調的な企業別組合の下で，企業がなるべく解雇を避
け，中途採用・新規学卒者の採用の停止や一時帰休，残業規制，配置転換，希
望退職などにより雇用調整を行ってきたことが大きいが，以上の政策的支援
も，企業の賃金コスト圧力を軽減することで，不況時の失業による人的資本の
損失を防いだり，比較優位産業への労働移動を促進する役割を果たしたりした
と考えられる[20]。

　ただし，資源配分の最適化の観点からは，経済環境の変化により比較劣位産
業が新たに生まれ，労働需給のミスマッチにより比較優位産業への労働移動が
円滑に行われずに構造的失業が発生する場合には，その産業から比較優位のあ
る産業へ生産資源を移動させることが政策的に重要であり，支援が比較劣位産

184 第6章　日本の産業政策と産業構造の転換について

業での生産要素投入の温存に用いられるべきではない。この点で，特安法や産構法の下での事業転換，合理化の支援という産業調整政策や，その下で離職者法による再就職支援がなされたことには理論的妥当性がある。しかし，雇用調整助成金は，失業が比較劣位産業において構造的な要因により起こったのか，それとも一時的な市場環境の悪化のために起こったのかを区別せずに，一律に休業に対して助成を行う点で，問題がある。[篠塚，1989] は，雇用調整助成金の多くが1年以上支給され，また多くが構造的不況業種に支給されていたことから，雇用調整助成金がむしろ雇用が喪失しつつある産業に対する補助金としての機能を持ち，比較優位産業への円滑な労働移動を遅らせる働きを持った可能性を指摘している[21]。実際に，このような理由から，日本でも構造的不況が長引いた1999年からは，特定不況業種への助成金支給は，労働移動を阻害するとして，廃止された [篠塚，2000]。

　次に，新産業の育成については，政府のビジョンの通り，知識集約型の加工型重工業がその後の製造業の成長をけん引した。ただし，その成長に産業政策が関与した産業はわずかであった。事実，コンピュータや集積回路，航空機，エネルギー開発などは政府の財政支援の対象となったが，航空機は結局伸びず，加工型の一般機械，電気機械，輸送用機械の成長は企業努力により実現した。成長の原動力は，戦後の財閥解体をはじめ，独占禁止法の制定による競争的な市場構造の下で，企業の活発な投資や，労使一体となった日本的経営の下での生産性・品質改善活動が続けられたことであり，さらにはそれらをもたらした国民の高い貯蓄率のおかげであった [小宮，奥野，鈴村（編），1984]。

　このように，石油危機後の産業政策は，従来の重点産業への介入からは原則として脱し，独占禁止法の下での競争政策と，GATT体制の下での貿易・投資の原則自由化という通商政策に道を譲り，それら内外の市場メカニズム維持の下での各産業の自立的な発展が，新しい産業，部門の発展の原動力となったといえる。一方で素材産業など，過剰生産能力の顕在化により調整が必要なった産業については，政府の指示カルテルと産業調整援助が行われ，産業調整は概して政府の目標通り進んだ。しかし，カルテルによる協調的な調整が非効率性を生んだ可能性，また市場メカニズムでも調整が行われ得た可能性，さらに産業調整援助における雇用調整助成金がいたずらに構造的不況産業を延命した

可能性があったことなどを考慮すれば，政府介入によるカルテルを利用した調整が最も効率的な調整手段であったかは議論の余地が大いに残ると言わざるを得ない。

おわりに―中国の産業構造転換への含意

　中国は素材産業での供給過剰問題，賃金の上昇による労働集約的産業の比較優位の喪失などの問題の中で，過剰生産能力の解消，産業構造の転換，労働者の成長産業への円滑な移動，そしてそのための新しい産業の育成が求められている。

　日本の石油危機後の産業構造転換は，第1に，重厚長大から軽薄短小への産業構造の転換によって実現した。その原動力は，政府による産業調整政策や先端技術開発への支援もあったが，あくまでその中心は企業努力であり，企業の研究開発，製造現場における合理化投資，現場労働者の創意工夫などを通じた，知識集約型産業の発展が構造転換をもたらした。石油危機後の産業構造調整上，政府が果たした最も重要な役割は，重点産業への介入ではなく，独占禁止法やGATT体制堅持の中で，内外の競争環境を整備，維持することにより，企業の自立的な改革を促すことであったといえる。中国の政府主導の産業構造改革においても，市場メカニズムによる効率的市場を維持しつつ，また産業構造転換を阻害することなく，如何に構造的不況に陥った産業からの産業構造転換を図るかが重要である。その点で，日本の構造的不況業種における産業政策が，特安法から産構法へと移行するにつれ，非効率な企業を温存しかねない構造的不況業種の短期的な救済策から，積極的調整政策の方向へシフトしていったことは参考になる。

　また，構造的不況によって生まれる雇用問題を如何に最小限にとどめるかが今後の中国において重要な政策的課題となっているが，日本では構造的不況業種からの雇用調整は，日本的経営の下での終身雇用制度の下で，鉄鋼部門をはじめ緩やかなスピードで行われ，また重厚長大型産業から排出された労働者も，拡大する軽薄短小型産業や第3次産業によって吸収されたため，日本の失

業率は80年代半ばまでの10年以上の間，2, 3%という低い水準に保たれた。むしろ，構造的不況業種に対する失業対策は，日本の雇用調整助成金の例に見られるように，短期的には失業問題を軽減できる反面，長期的な観点からは産業構造調整を阻害する可能性があるため，構造調整を阻害しないような運用が求められる。日本の経験上，雇用の新たな担い手になったのは，国民所得の増大に伴う様々なサービス産業の発展であった。今後の中国の産業構造改革においても，雇用吸収力の高いサービス産業を如何に拡大させ，更にはその雇用の質をどう高めるかが，長期的には最も重要な課題の1つとなろう。

　次に，各産業の自主的な構造改革については，比較優位を失った日本の素材型産業の1つである鉄鋼業においては，危機的な赤字に陥らなかったこともあり，業界の自主的な構造改革は，供給能力の削減ではなく，むしろ国際市場，国内市場での競争を見据え，効率的な設備への更新や，現場労働者による操業改善によるコスト構造の継続的な改善と，そしてユーザー企業のニーズを取り入れた新製品の開発による高付加価値化，差別化であった。巨大な過剰設備と企業収益の悪化に悩む中国の鉄鋼業の改革においては，過剰な設備を非効率な設備から順に廃棄することが求められるが，長期的な体力強化，競争力向上の上で以上のような日本の様々な取り組みが，参考となるだろう。

　最後に，現在の中国は，環境汚染も深刻であり，環境対策もまったなしの状況にある。日本では高度成長期の全国的な公害被害という悲惨な経験から，公害対策関連法を整備し，それまで経済拡大を優先してきた政策を一転させ，国・地方自治体や企業の責任を明確化し，環境規制を厳しく実施したことが，遅ればせながら公害被害の減少につながった。中国の経済成長においても，行政による法整備と規制の厳しい運用により，経済発展と環境保護を両立させ，経済発展の果実を国民がより享受できるような体制を一刻も早く作り上げることが求められる。

注

1　CIF価格とは，輸出港を出た時点での取引価格に，日本までの輸送費，保険料を加えた価格のこと。

2　化学は燃料用としてのエネルギーの他，化学工業用としてのエネルギー源（ナフサなど）も含まれるため，数値が大きくなっている。

3　各企業の投資調整は各企業の生産シェアを元に行われたので，その下で，各企業は将来の交渉

注 *187*

で有利な立場を得るために，過大な投資計画を立てた［今井，1976］。また，調整による投資の割り当ても高炉の基数単位で行われたため，限られた基数で大きな生産能力を実現するために，大規模な高炉建設に拍車がかかり，それがさらに生産能力の拡大を過熱させた［伊丹 伊丹研究室，1997］。

4　1968年からは対米自主規制，1972年からの対欧自主規制によって鉄鋼の輸出拡大は制限され，日本の粗鋼の輸出量は70年代半ばをピークに減少に転じた。

5　新日鉄君津（1975年），新日鉄大分（1976年），住友金属鹿島（1976年），日本鋼管扇島（1976年），川崎製鉄千葉（1977年）が新設された。

6　ちなみに，古い高炉が廃棄されるのは，円高によって国内生産が大きく不利化したプラザ合意以降であり，その結果，1984年に65基あった高炉は1990年末には45基に減少した［伊丹 伊丹研究室，1997］。

7　連連鋳とは，溶鋼を連続鋳造機に運び，前の材料の終わりに連続して加えることで，連続鋳造を連続することを指す。

8　高炉炉頂圧発電は，1974年川崎製鉄水島製鉄所第2高炉に設置されて以来，1970年代に急速に普及し，送風電力の3分の1を回収した。コークス乾式消化設備は，コークスの冷却に水ではなく不活性ガスを使用し，排熱を回収して発電する設備である。

9　多角化のため，新日鉄がエンジニアリング部門，総合素材，情報通信部門，川崎製鉄がそれらに加え科学，LSI部門，住友金属がエレクトロニクス，日本鋼管がバイオテクノロジーなどの事業に新たに進出した。ちなみに，1985年以降の円高なの下では急速なリストラが行われ，1985年から1994年までの人員の年平均減少率は4.7％と急激に上昇した。

10　エクセライトは亜鉛成分の異なる2層のメッキを施すことにより塗装性と防錆性を両立した鋼板である。シルバーアロイEは溶接性と塗膜の密着性に優れた合金化亜鉛めっき鋼板に，さらに鉄の含有量の多いめっきを施すことにより改良を加えたものである。

11　ファインスチールとは，普通鋼では亜鉛めっき鋼板など表面処理鋼板すべてと電気鋼帯，そしてすべての特殊鋼を指す。

12　日米貿易摩擦の進展の中で，1978年からは米国のトリガー・プライス制度が実施され，1982年まで続いた。これは米国当局が日本の生産費を調査して決める一定の価格を輸入価格が下回った場合に，必要であればアンチ・ダンピング手続きを発動させるという制度であった。この制度により米国内の鉄鋼価格は大きく上昇し，日本企業の輸出利益を増大させた。このレントが鉄鋼業界の構造調整を遅らせる一因となったと［伊丹 伊丹研究室，1997］は指摘している。

13　2重価格問題とは，松下電器のカラーテレビの輸出価格と国内価格が大きく異なること，更には松下電器の決める正価と国内市場での実売価格が異なるとして，消費者の不買運動に発展した問題であり，国内家電市場の寡占化が原因とされた。

14　経済産業省は2001年に中央省庁が再編された後の名称であり，それまでは通商産業省と呼ばれた。本章では経済産業省と統一して表記する。

15　ちなみに，鉄鋼業界では，高炉メーカーは協調的な寡占市場の下で黒字を維持していたため，特安法を含め，対象となったのは電炉業界のみであった。

16　積極的調整政策とは，1978年にOECD閣僚理事会が採択した政策で，Positive Adjustment Policies の訳。政策実施は時限性を有し，しかも漸進的に縮小されるべきこと，政策は老朽設備の漸次的除去と企業財務の再建に関する計画の下で実施され，しかも効率的な生産者に適当な水準の利潤をもたらす以上に価格を引き上げてはならないこと，調整に必要な社会的コストが公開されて，その使途の透明性を高めること，公的補助は民間資金と併用されるとともに，経営改善の誘因となるべきこと，国内および国際的な競争を十分に確保すること，地域対策は当該地域に対する一般対策として行われるべきこと，国内保護を理由に乱用されないことが謳われた。

17　就職促進手当とは，失業手当の給付期間中に再就職した場合に給付されるお祝い金のこと。

18　一方では，［岡崎（編），2012］はほとんどの産業で企業数の減少があったこと，産業の生産性や収益性も改善した可能性があることを根拠に，限界企業の温存という見方は当たらず，産業政策は石油危機という環境変化によって長期的に起こりうる社会的摩擦（倒産，失業）を回避するために合理的な対応だったと評価している。

19　アルミ精錬は，特安法では「安定基本計画」を告示し，164 万トンの精錬設備能力を 111 万トンに縮小する計画が作られ，その後 81 年には更に 70 万トンに縮小されたが，実際の生産能力は，30万トンにまで縮小された［小宮，奥野，鈴村，（編），1984］。

20　［篠塚，1989］は，雇用調整助成金について，1975 年について，雇用調整助成金と倒産率（失業の代理変数）に負の相関があることを指摘し，制度の効果を指摘しているが，75 年以降の効果は小さかったと指摘している。

21　［大竹，2003］も，日本の 1990 年から 1998 年までのデータを用いて，雇用の減少が続いている産業ほど助成金が支給されたことを指摘している。

参考文献

伊丹敬之・伊丹研究室 (1997)『日本の鉄鋼業 なぜ，今も世界一なのか』NTT 出版。

伊藤元重・清野一治・奥野正寛・鈴村興太郎 (1988)『産業政策の経済分析』東京大学出版会。

今井賢一 (1976)『現代産業組織』岩波書店。

大竹文雄 (2003)「日本の構造的失業対策」『日本労働研究雑誌』516 号。

岡崎哲二 (編) (2012)『通商産業政策史 1980-2000 (3) 産業政策』経済産業調査会。

岡本博公 (1984)『現代鉄鋼企業の累計分析』ミネルヴァ書房。

郭四志 (2016)「過剰設備，過剰債務・・・急減速する中国経済を習近平は立て直せるのか」『中央公論』2016 年 6 月号，140-147 頁。

川端望 (1995)「日本高炉メーカーにおける製品開発─競争・生産システムとの関わりで─」明石芳彦・植田浩史 (編)『日本企業の研究開発システム　戦略と競争』東京大学出版会，113-145 頁。

環境庁『環境白書』各年版。

高村寿一・小山博之 (編) (1994)『日本産業史 3』日本経済新聞社。

小宮隆太郎・奥野正寛・鈴村興太郎 (編) (1984)『日本の産業政策』東京大学出版会。

篠塚英子 (1989)『日本の雇用調整：オイル・ショック以降の労働市場』東洋経済新報社。

篠塚英子 (2000)「最近の雇用情勢について─金融政策運営の視点から─」『日本銀行調査月報』11 月号，11-27 頁。

鶴田俊正・伊藤元重 (2001)，『日本産業構造論』NTT 出版。

内閣府『経済白書』各年版。

労働大臣官房政策調査部 (編) (1989)『経済のサービス化とこれからの労働』大蔵省印刷局。

渡辺純子 (2016)「通産省（経産省）の産業調整政策」RIETI Discussion Paper Series 16-J-033.

（堀内　英次）

第7章
日本の産業構造と消費構造の変化
—1960年代—

要約

　経済発展戦略においては，産業構造の望ましい発展を中心に政策が立案されることが多い。しかし，内需型成長に軸足を移そうとしている東アジア諸国においては，所得の向上による最終需要構造の変化が経済発展に与える影響をも考慮する必要がある。本章では，1960年代の日本を事例として，高度成長の中で台頭したミドルクラスが最終需要パターンの変化を通じて，どのように産業発展に影響を与えたかについて，1960年〜1970年接続産業連関表（1970年固定価格）によるシミュレーション分析を交えて考察した。その結果，消費パターンの変化が産業の高度化に大きな影響を与えたことが明確になった。

はじめに

　1980年代半ば以降，中国や先発ASEAN諸国は高度経済成長を遂げ，1人当たり所得が向上し，低所得国から中所得国となった。これら諸国の都市部では，新富裕層（new rich）とともに中間所得層（middle income class：以下では「ミドルクラス」とも略称）の規模が拡大した。東アジアではないが，少し遅れてインドでも，同様の現象が起きている。

　13億人を超える人口をもつ中国やインドでは，10％の人達が中間層になる

190 第7章 日本の産業構造と消費構造の変化

だけで日本の人口規模に匹敵する中間層市場が出現することになる。この結果，各国の消費が大きく変化している。特に都市部では，スーパー，コンビニ，ショッピング・モールが急増，住宅建設ブーム，自家用車の急増，家電製品の普及などの現象がみられる。

このような現象は，大きな消費市場の出現によるビジネスチャンスとして取り上げられ分析されることが多い。

他方，高度成長を遂げた東アジアの中所得国については，経済成長率が減速する中で，経済構造の多面的な調整が課題となり，「中進国の罠（middle income trap）」に陥らないようにするためには，どのような対策が必要かということが論じられている。また，成長した東アジア諸国にとって相対的に工業製品の輸出市場規模が拡大する中で，内需主導型の成長の必要性が主張されるようになってきている。

このような背景の中で，本章の目的は，経済発展のプロセス，特に中所得国から高所得国への発展過程において，所得上昇によるミドルクラスの増大をコアとした国内消費の拡大と消費構造の変化が，どのように産業構造変化と関係しているのかという点について検討することである。W.W.ロストウの経済発展段階論の言葉を使えば，「経済的離陸（Economic take off）」のあとの「成熟への前進（Drive to maturity）」へのプロセス，あるいは労働市場に注目した経済発展論からみれば「ルイス転換点」以後の発展プロセスの検討が，東アジア諸国の経済発展戦略に何らかの示唆を与えるのではないかと考えている。

また，同時に東アジアにおける大きな消費市場の出現を，単に消費市場の拡大としてみるだけではなく，輸出（外需）主導型の経済発展メカニズムを，外需と内需の双方を牽引車とする内外需両輪型の経済発展メカニズムへと転換させる契機としてとらえることが重要であると考える。

このような観点から，歴史から学ぶための検討材料としてふさわしい対象の1つは，1960年代高度成長期の日本であると考えられる。本章では1960年と1970年の接続産業連関表（1970年固定価格）による分析により，民間消費と固定資本形成を中心とした内需の拡大と構造変化が，生産構造に与えた影響について数量的に検討する。

1. 高度成長期の成長実績と内外需による成長寄与度
—東アジア諸国と日本の比較—

1960 年代の日本は，発展途上国から先進工業国への移行期であった。1960 年には大幅な貿易自由化が実施され，その効果については評価が分かれている産業政策による産業構造の高度化により，年率 10% 前後の高度経済成長が継続した。また，労働市場は「ルイス転換点」を超え，賃金上昇が始まり，ミドルクラスが増加した。工業化は，都市化や公害をもたらした。貧しかった人々は，1970 年には「一億総中流意識」を持つに至ったといわれた。1 人当たり所得を 1990 年固定価格の Geary-Khamis ドルで示せば，1960 年が 3,986 ドル，1970 年が 9,714 ドルで，まさに現在の東アジアに近い所得であったことがわかる（Umemura and Osada, 2016: p.84）。この時期の日本経済の発展状況については Umemura and Osada（2016）に詳しいが，概略は次の通りである。

日本経済が第 2 次大戦前の水準に回復したのが 1955 年であるといわれる。復興した製造業にとっての課題は，生産性の向上と合理化であった。また，ガット 11 条国あるいは IMF8 条国の条件を満たして，OECD 諸国の仲間入りを果たそうとする日本に対して，世界から貿易自由化も求める声が高まっていた。このような環境の中で，政府は 1960 年 6 月に貿易為替自由化計画大綱を発表し，12 月には 1961 年から 10 年間を目標期間として「国民所得倍増計画」を発表した。1960 年代の経済発展政策の具体的なものは，いわゆる産業政策と貿易自由化政策であった。産業政策としては，金融政策面では日本開発銀行などの政府系金融機関を中心とした企業向けの選別的低金利融資が実施された。また，財政面では，戦略的産業の設備投資に対する減税措置，研究開発投資に関する補助などが行われた。このほか，交通インフラの整備や電源開発などには世界銀行借款の導入も行われた。貿易自由化政策としては，1960 年から約 2 年間で，数量規制を撤廃して関税に移行する「関税化」が広範囲に行われ，その後引き続き関税率の引き下げも実施された。ただし，一部の戦略的産業については貿易自由化の猶予期間が設けられた。例えば自動車産業について

192　第 7 章　日本の産業構造と消費構造の変化

は 1965 年の自由化が宣言され，延期することなく計画通りに実施された。産業政策は基本的に保護政策であり資源配分の観点からは，静態的効率性を損なう。しかし，一定の有効性を持ちえたのは，「過当競争保護」という企業合併を含む保護的な政策枠組みにもかかわらず，貿易自由化が海外からの競争促進圧力となったことと，公式・非公式の対話機会を通じて政府と民間企業が将来の産業構造ビジョンを共有したことによるコーディネーションの効率化の結果であると考えられる。

　年率 10% 前後の高度経済成長は，太平洋沿岸地域に工業ベルト（地帯）を形成し，地方からの労働者の流入による都市化をもたらすと同時に，労働組合などによる労働者の組織化も進んだ。大きな労働需要は，やがて余剰労働の解消をもたらし，都市労働者の賃金上昇をもたらした。この結果，労働分配率（GDP に占める雇用者所得の比率）は，1990 年固定価格で見て，1960 年の 40.5% から，1965 年には 44.2% へと増加し，1970 年には 43.6% であった。このことは，ミドルクラスの増大を間接的に裏付けている。

　このような 1960 年代の日本経済は，その経済発展過程において 2000 年以後の東アジア諸国と多くの共通点を持つのではないかと思われる。そこで，日本との比較の対象としてこれら東アジア諸国を取り上げ，マクロ経済データの変化によって，ミドルクラスの増大と内需主導型成長の役割増大の証左なり兆しを読み取ることができるかどうかを検討する。なお，ここでは東アジア諸国といっても中所得国となったすべての国を取り上げるのではなく，恣意的ではあるが 1 人当たり所得が高い，中国，マレーシア，タイを取り上げ，これに近年大きな消費市場としての潜在性が注目されているインドネシアを加えた。また東アジアではないが，インドもミドルクラスの台頭が目覚ましい巨大市場として加えた。すでに先進工業国となった韓国・台湾や，規模が小さなシンガポールは対象としなかった。

　表 7-1 は，マクロ経済成長実績を要約したものである。1 人当たりの所得は名目ドル表示で，中国の場合 2000 年の 955 ドルから 2015 年には 7,925 ドルへと上昇した。日本については，時期が異なるので，インフレーションの問題があって単純に名目ドルで比較することは適切ではない。そこで，現時点に比較的近い 1990 年固定価格表示のデータがえられたので，それを注 2 に示した。

表 7-1　1 人当たり所得，経済成長率，貧困率

	1 人当たり所得 (名目ドル)		1 人当たり所得 (2011 年推計 PPP ドル)		年平均実質経済成長率（%）			貧困人口比率（%）	
					2001-05	2006-10	2011-15	2000 年ごろ 世銀推計	最新年世銀 推計
	2000	2015	2000	2015					
中国	955	7,925	2,915	14,239	9.1	10.7	7.3	(2002) 32.0	(2013) 1.9
インド	452	1,582	1,998	6,089	5.0	6.5	5.4	(2004) 38.2	(2011) 21.2
インドネシア	780	3,346	4,602	11,035	3.3	4.4	4.2	(2000) 39.3	(2014) 8.3
マレーシア	4,005	9,766	12,798	26,891	2.8	2.7	3.7	(2004) 0.4	(2009) 0.3
タイ	2,016	5,816	7,315	16,305	4.4	3.5	2.5	(2000) 2.6	(2013) 0.0

注：1．年平均成長率は各年単純平均。
　　2．1990 年固定価格の Gearry-Khamis ドル表示によると，日本の 1 人当たり所得は，1960 年が
　　　3,986 ドル，1970 年が 9,714 ドル。
出所：World Bank, World Data Bank　（World Development Indicator）から検索。

1960 年が 3,986 ドル，1970 年が 9,714 ドルである。さらに，非貿易財価格の存在による各国の購買力の違いを調整した 2011 年の PPP レートで変換した 1 人当たり所得も示した。これによれば，中国の 1 人あたり所得は 2000 年が 2,915 ドル，2015 年が 1 万 4,239 ドルであり，日本の 1960 年代と近いことがわかる。他の国についても，大まかではあるが，所得水準とその変化に類似性がみられる。また，1960 年代の日本の経済成長率は平均で 10% を超える高度成長であったが，2000 年から約 10 年間の中国でも同様の高度成長がみられた。タイ，マレーシアについては，2000 年以後では高度成長は見られなかったが，インドとインドネシアにおいては 2000 年代後半に経済成長率の上昇がみられた。ミドルクラスの増加というのは，別の表現を使えば，貧困層の減少である。世界銀行の定義[1]による貧困人口比率は，中国では 2002 年の 32% から 2013 年には 1.9% へと低下しており，日本の一億総ミドルクラス化現象と一致した動きとなっている。インドネシアでも同じような動きがみられ，インドにおいては変化の途上である。タイ，マレーシアでは，2000 年以前にこの段階は終わっている。

　次に表 7-2 によって，いわゆる輸出主導型成長といわれるものが統計データとしてどのように表れているかについて検討してみる。日本の 1955 年から 15

194　第 7 章　日本の産業構造と消費構造の変化

表 7-2　輸出依存度（上段）と貿易収支の対 GDP 比（下段）

(%)

	2000	2001	2002	2003	2004	2005	2006	2007	2008	2009	2010	2011	2012	2013	2014	2015
中国	21	20	22	27	31	34	36	35	32	24	27	27	26	25	24	22
	2.0	1.7	2.1	1.5	1.7	4.5	6.5	7.6	6.6	3.9	3.7	2.4	2.7	2.5	2.7	3.5
インド	13	12	14	15	18	19	21	20	24	20	22	25	25	25	23	–
	-0.9	-0.9	-1.0	-0.7	-1.8	-2.7	-3.2	-4.0	-5.1	-5.4	-4.4	-6.5	-6.7	-3.0	-3.0	–
インドネシア	41	39	33	30	32	34	31	29	30	24	24	26	25	24	24	21
	10.5	8.3	6.3	7.3	4.7	4.1	5.4	4.0	1.1	2.8	1.9	2.5	-0.4	-0.8	-0.8	0.2
マレーシア	120	110	108	107	115	113	112	106	99	91	87	85	79	76	74	71
	19.2	17.4	17.3	19.7	20.4	21.9	21.8	19.9	22.3	20.3	15.9	15.6	10.8	8.5	9.2	76
タイ	65	63	61	62	66	68	69	69	71	64	66	70	69	68	69	–
	8.4	6.2	6.3	6.4	4.5	-1.0	3.3	7.9	2.4	9.4	5.5	1.7	0.7	2.6	6.6	–
	1955	1956	1957	1958	1959	1960	1961	1962	1963	1964	1965	1966	1967	1968	1969	1970
日本	11	12	12	11	11	11	9	9	9	9	10	11	10	10	11	11
	0.5	-0.5	-2.1	1.4	1.1	0.5	-1.6	0.2	-0.8	-0.2	1.4	1.6	0.2	1.1	1.6	1.3

注：名目値で計算。
出所：日本以外：World Bank, World Data Bank　（World Development Indicator）から検索。
　　　日本：総務使用統計局（2007）『新版　日本長期統計総覧』日本統計協会。

年間のデータは最下段に示されている。ここで示したデータは，輸出依存度（輸出額の対 GDP 比，％）と貿易収支の対 GDP 比である。輸出依存度が上昇すれば，最終需要の中での輸出シェアが増大し，低下すれば国内最終需要のシェアが拡大したことを示す。貿易収支（「輸出」－「輸入」と定義）の対 GDP 比は，貿易黒字が経済成長を牽引するかどうかということの検証のために示したが，理論的には為替レート調整が入るので長期的には為替管理を行わない限り，黒字の維持は困難である。日本の 1960 年代の輸出依存度は，11% で始まりいったん 9% へと減少したが，1970 年には 11% へと戻り，輸出主導型成長が明示的に見られず，内需と外需が均斉的に増加したことがわかる。これに対して中国では，2000 年の 21% から 2006 年には 36% へと増加したものの 2015 年には 22% へと低下している。ここでは，輸出主導型の成長が続いた後，内需が経済成長の重要な役割を果たすようになったことが明らかである。インドネシアでは資源輸出と軽工業依存型の成長で輸出依存度が 2000 年には

41% であったが，その後内需の拡大とともに輸出依存度が 2015 年の 21% まで減少した。これに対して，インドの輸出依存度は上昇し，まだ輸出主導型成長を続けているように見える。タイの輸出依存度については非経済的要因の影響も強く変動しつつ横ばい，マレーシアについては 120% から 71% へと減少するので，それぞれの経済発展プロセスの違いが反映されている。貿易黒字の対GDP 比は，中国の場合高度成長期に拡大しているが，他の国では意味のある傾向は読み取れない。このように経済規模が大きく比較的所得水準が高い中国とインドネシアにおいては，輸出依存度の変化から，輸出主導型成長の時期を経て，内需の重要性が相対的に高まる経済発展局面に移行しつつあることが観察される。中国においては，1960 年代の日本よりも，輸出と内需への相対的依存の変化が顕著に現れている点が特徴として指摘できる。

内需と外需の成長寄与率を具体的に示したものが，表 7-3 である。ここで示した寄与率は，GDP の期間平均の成長率のうち，どれだけのパーセンテージ・ポイントが個別の最終需要項目に依存するかを示したもので，個別項目の数値の合計が成長率となる。中国については，実質系列の国民所得統計が詳細に分かれていないため，消費支出，資本形成，純輸出の 3 区分とせざるを得なかった。内需のうち重要なものは，民間消費支出と総固定資本形成である。総固定資本形成には，公共投資と民間投資が含まれる。外需の規模は基本的に輸出によって示されるもので，純輸出は外需の指標とはならない。

日本の経済成長率は，1956－60 年，1961－65 年，1966－70 年の 3 つの期間で，順次上昇しているが，民間消費支出の寄与率は，コンスタントに 5.5% であり，経済成長率の 50% 以上を支えたことがわかる。1970 年に近づくにつれて，経済成長率が上昇したのは，主に固定資本形成の貢献で，寄与率が 2.7% ポイント，2.9% ポイント，4.9% ポイントと上昇していることがわかる。これに対して，輸出の成長寄与率は各期間とも 1% 以下である。このことは，日本が輸出主導で成長したという一般に信じられているイメージからは程遠い。実際には，輸出競争を起因とした品質の向上や技術革新による新製品の投入，外貨収入による資本財や原材料の輸入などが質的な面で日本の経済成長を支えたことは間違いないが，GDP の増加を需要の規模という点から支えたのは，コンスタントに増加する民間消費と，1960 年代後半に顕著となった民間を中心

196 第7章 日本の産業構造と消費構造の変化

表 7-3 内需と外需の成長寄与率（日本とアジア諸国）

(%)

期間（年間）	GDP年平均成長率	民間最終消費支出	政府最終消費支出	総固定資本形成	在庫品純増	内需計	純輸出	輸出（外需）	輸入
≪日本≫									
1956-1960 (5)	8.8	5.5	0.6	2.7	0.2	9.0	-0.3	0.4	-0.7
1961-1965 (5)	9.2	5.5	0.8	2.9	0.0	9.3	-0.1	0.6	-0.7
1966-1970 (5)	11.1	5.5	0.5	4.9	0.5	11.4	-0.3	0.9	-1.1
≪中国≫									
2001-2005 (5)	9.8	4.0		4.9		8.9	0.9		
2006-2010 (5)	11.2	4.6		6.2		10.8	0.4		
2011-2013 (3)	8.2	4.4		4.1		8.5	-0.3		
≪インド≫									
2005-2010 (6)	8.5	4.9	1.0	3.8	0.5	10.2	-1.2	2.6	-3.8
2011-2013 (3)	5.3	3.6	0.7	1.7	-0.6	5.4	-0.3	2.2	-2.5
≪マレーシア≫									
2006-2010 (5)	8.0	4.3	1.1	1.8	0.2	7.5	0.5	4.1	-3.6
2011-2013 (3)	7.3	4.9	1.4	3.3	-0.5	9.1	-1.9	2.8	-4.7
≪タイ≫									
2001-2005 (5)	5.4	3.4	0.6	2.4	0.5	7.0	-1.9	4.8	-6.7
2006-2010 (5)	3.7	1.1	0.9	0.3	-0.2	2.2	1.5	3.6	-2.1
2011-2012 (2)	3.8	2.0	0.7	1.9	0.1	4.7	-1.1	5.3	-6.4
≪インドネシア≫									
2001-2005 (5)	4.7	2.4	0.6	1.5	0.0	4.6	0.1	2.9	-2.8
2006-2010 (5)	5.7	2.7	0.6	1.6	-0.3	4.6	0.9	2.9	-2.0
2011-2013 (3)	6.2	2.8	0.3	1.8	0.7	5.7	0.7	3.2	-2.5

注：1. 期間は開始年と最終年を含むので，開始年の1年前のデータと最終年のデータを比較してい
る。
2. それぞれの支出項目の寄与率の合計が経済成長率となるように計算されている。
3. 需要サイドに統計誤差が含まれるため合計が経済成長率と一致しない場合がある。
4. 固定価格データの基準年が国や期間により異なるので，推計期間が統一できていない。
5. 各国固定価格データの基準年は以下の通り。
日本（全期間：1990年），中国（古い順に2000年，2005年，2010年）。
インド（全期間：2004／2005年），マレーシア（全期間：2005年）。
タイ（全期間：2002年），インドネシア（全期間：2000年）。
出所：ADB，Key Indicators，2014データのデータを使用し，筆者計算。
中国については中国統計年鑑の実質GDPデータと年別需要項目別貢献度データから筆者計算。

1. 高度成長期の成長実績と内外需による成長寄与度　　*197*

とした設備投資であったということがわかる。

中国にとっては，2001年以後の3期間のうちで最も経済成長率が高いのは，2006年からの5年間である。最初の2期間で，民間と政府を合わせた消費支出の寄与率が在庫変動を含めた資本形成の寄与率よりも下回ったことは，民間消費の役割が大きかった日本と対照的である。公共投資を含めた国内投資の成長寄与率が大きかったことがわかる。また，消費支出の貢献度が拡大傾向にあることは，政府消費に大きな変化がないとすれば，内需のうちの民間消費の重要性が増しているということになる。外需データはないが，2010年までの純輸出の成長寄与率は大きくプラスになっていることは，一定の寄与があったことをうかがわせ，2011年以後マイナスになっていることは輸出増加率が低下したことを示唆している。

インドについては，輸出の寄与率が2%台ではっきりと外需の拡大による成長への貢献がわかる。内需の成長寄与率も高いが，固定資本形成の寄与率よりも民間消費に寄与率が高い点が，中国と大きく異なる。投資の寄与率も中国より低い。また，民間消費の寄与率もGDP成長率とシンクロナイズして変動している。

マレーシアについては，全期間を通じて，輸出の寄与率が低下し，民間消費の寄与率が増加するという傾向がみられ，内需主導型の成長パターンが定着したことがうかがわれる。特に，固定資本形成の寄与率が上昇している。

タイについては，輸出の成長寄与率が全項目の中で最も高く，民間消費支出の寄与率が低い。また，輸入によるマイナスの寄与率も高い。アジアの輸出基地としての傾向が強くなり，国内需要の拡大による安定的成長とは異なる発展経路にあると思われる。

インドネシアについては，いまだ投資主導型の発展ではなく，輸出と民間消費主導型の発展経路にあり，民間消費の寄与度は時系列的に上昇していることがわかる。

以上要約すると，アジア諸国ではインドやタイのように輸出主導型発展の最中の国もあれば，中国のように輸出主導型発展と国内公共投資主導型発展の役割がやや後退し，民間消費拡大の役割が増加している国もある。これに対し，1960年代日本の発展過程においては民間消費の成長寄与の役割が非常に大き

かった。この背景には，時代の違いによるグローバリゼーションの影響がある
と思われる。いずれにしても，所得水準の上昇に伴ってミドルクラスの増加の
影響が民間消費を通じて経済成長に影響を与えるというメカニズムに注視する
必要があることが示唆された。

2. 仮説：中間所得層の増大と産業構造および
経済発展メカニズムの変化

　発展途上国は，廉価な労働力や外国直接投資を利用した労働集約財の輸出に
よる輸出指向工業化に成功して高度経済成長を継続する中で，労働市場におけ
る需要増加によりに賃金の上昇に直面する。そして，賃金上昇と雇用の増加
は，中間所得層の増大をもたらす。このことは，一般に，現在の東アジアでは
新たな消費市場の拡大としてとらえられることが多く輸出指向型の投資ではな
く，現地市場向け生産を目的とした地場資本による投資やFDIを増加させて
いる。しかし，中間所得層の増大，あるいはそれがマジョリティーになるとい
うことは，1国の経済発展過程においてそれ以上の意味，すなわち生産構造に
影響を与え，更なる安定成長をもたらす重要な役割を担う可能性があるという
点が必ずしも十分に理解されていないと思われる。以下では，簡単ではある
が，中間所得層の増大が経済発展に影響を与えるメカニズムについて仮説を提
示する。

　一部の富裕層と多くの貧困層で構成されていた発展途上国において，経済発
展が中間所得層を人口の多数を占めるまでに増大させることは，新たな消費需
要をもたらすと同時に複数のチャネルを通じて生産構造に影響を与えると考え
ることができる。

　第1に所得の向上は，中等教育・高等教育を受けるチャンスを拡大し，労働
人口の質の向上をもたらし，産業構造の高度化を労働の質の面から支える。第
2に，工業化は都市化と家族構成の核家族化をもたらし，賃金の上昇とあい
まって都市部での新たな住宅需要を生み出す。それは都市部にコンドミニアム
などの住宅建設ブームを引き起こし，投資の面から経済成長に貢献する。第3

に，若い核家族を中心としたミドルクラスの増大は，これまでにない新商品や新サービスへの新たな需要を生み出し，イノベーションを喚起する。特に，家電などミドルクラスになって初めて購入可能な消費財，外食産業や娯楽施設などのサービスへの国内需要の増加は，大量生産による低価格化と品質向上を通じて産業の育成に役立つ。第4にミドルクラスが需要増加をもたらす大衆消費財産業やサービス産業の発展は，後方連関効果である原材料需要や中間財需要の拡大を通して他の国内産業の生産を誘発する効果が期待される。このように，新製品需要の拡大は産業の高度化に貢献し，国内産業を拡大するとともに，規模の経済を通じてその産業の国際競争力を向上させる。

　これらの変化を総合的に見れば，ミドルクラスの台頭は，これまでの外需主導型・公共投資主導型の経済発展に，国内民間消費と国内民間投資を牽引力とする経済成長メカニズムを追加することができる。世界における生産シェアが大きな品目を生産する国にとっては外需には規模拡大の限界があり，公共投資は各国の財政事情に制約されることから，民間消費と民間投資による内需主導型の成長メカニズムへ重点を移行することは経済成長が持続し，高所得国への移行が可能となる。ミドルクラスの健全な拡大は，新たな成長のエンジンを作り出し，いわゆる「中所得国の罠」に陥ることを回避させる可能性が高いと考えられる。

　日本経済が経験した1960年代と，グローバル化が進み，ITCが普及した現在の世界経済環境では多くの異なる点があるのは当然であり，上記の仮説にはいくつか留意すべき点がある。第1に，グローバル化された現在では，消費需要や投資需要の拡大が輸入需要となって海外に漏れ，必ずしも内需牽引型の経済成長に結びつかない恐れがある。第2に，経済の自由化が進み，日本が実施したような強権的な産業政策の実施は不可能な時代になっており，国内産業の優遇はWTO規則に抵触する。第3に，少子化と高齢化により，ミドルクラスの拡大のスピードが近い将来鈍化する可能性がある。第4に国境を超えたインターネット・ショッピングの普及により，ミドルクラスの新たな需要が海外製品に向けられることが容易になっている。第5に，FDIに限らず国内大手企業も，国際立地戦略の観点から企業立地を考えており，海外への工場再配置の可能性はいつでも存在する。一言でいえば，以前よりも，ミドルクラスの台頭

200 第7章 日本の産業構造と消費構造の変化

による経済発展への貢献が容易ではなくなっている。しかし，ミドルクラスの健全な拡大なしには，高所得国への持続的な成長が容易ではないことも明らかであろう。

3. 2000年以後の東アジアにおける中間所得層の台頭と増大

本節では，日本の1960年代のミドルクラス台頭による消費構造の変化の分析が東アジア諸国に持つ意義を明らかにするために，Osada（2016）および長田（2012）を参考に，東アジア諸国においてもミドルクラスの台頭が始まっている現状について，簡単に概観しておく。

まず，先行研究としては，2000年を超えたころから，世界の生産基地としてではなく，世界の消費市場としての東アジアへの関心が高まり，分析が始まった。日本では経済産業省（2009）『通商白書2009年』で最初の言及があった。本格的な調査研究には，McKinsey Global Institute（2006, 2007）があり，それぞれ中国とインドについて中間所得層を定義し，その規模の推計を行っている。拡大するアジア消費市場を分析した一般向け書籍としては，高橋（2010），大泉（2011），大木（2011）がある。また，ADB（2010）*Key Indicators for Asia and the Pacific* は，「Rise of Asia's Middle Class（アジアの中間層の台頭）」という章を設けて，実態把握と予測を行っている。このほか，学術的なアプローチとしては，Brookings研究所のHomi Kharasによる Kharas（2010），Kharas and Gertz（2010）などがある。

中間所得層の定義は，分析目的に従って様々である。厳密には，所得ではなく支出で定義されることが多いが，表示の仕方も様々である。比較のために，年間1人当たり米ドルに換算して主要なものを示すと，消費者調査データベースを作成しているEuromonitor社による定義が1,730ドルから1万2,111ドル。McKinsey Global Institute（2006）が中国では3,020ドルから1万2,079ドル，ADB（2010）が1,460ドルから7,300ドル，Homi and Gertz（2010）が3,650ドルから3万6,500ドルである。中国国家統計局のChen Xuebinによれば2,474ドルから2万0,615ドル，インド国立応用経済研究所の定義が，世帯

年間収入で 4,444 ドルから 2 万 2,320 ドルである。長田（2012）では，中国での若干の聞き取りから 5,000 ドル以上 1 万 5,000 ドル以下が，妥当ではないかとした。

中間所得層の規模についての推計は家計調査の綿密な集計とサンプルデータから母数の推計が必要となって容易ではない。Kharas and Gertz（2010）は 1 日 1 人当たり所得が 10 ドルから 100 ドルの層を中間層と定義し，145 カ国について，世界銀行の家計調査データから得られる所得分布と国民所得統計の家計消費支出額により 2009 年の中間層を推計し，人口予測を加味して 2020 年と 2030 年を予測している。これによれば 2009 年のアジア太平洋地域のミドルクラス人口は 5 億 2,500 万人，2020 年が 17 億 4,000 万人，2030 年が 32 億 2,800 万人と速いスピードで増加し，世界中間層の 66% を占めると予想される。中国については，通商白書（2010）が 5 億人（2010 年時点），McKinsey Global Institute（2006）が 9 億人（2015 年時点），筆者が 5 億人（2009 年時点）と推計している。インドについての推計には，McKinsey Global Institute（2007）の 2 億 5,000 万人（2015 年時点）がある。このほか，タイのバンコク，インドネシアのジャカルタなど主要都市でもショッピング・モールの増加，コンビニの普及，住宅団地の建設などが進んでおり，ミドルクラスの増大と新たな消費パターンの定着が顕著に見られる。

4. 日本における中間所得層の増大と消費構造の変化

中間所得層の増大の影響は，消費構造の変化や経済構造の変化に限られず，社会構造や価値観の変化でもある。この結果，その影響は単に商品やサービスの需要規模の量的拡大をもたらすだけではなく，新たな製品，新たなサービスの創出を含む質的な変化をもたらす点に注目することは重要であり，ここに経済構造の質的向上の可能性が秘められている。1960 年の日本では，多くの勤労者家庭には生活の余裕はなかった。しかし，高度成長が始まり，1964 年には東京オリンピックが開催され，世界に先駆けて新幹線が開通した。このことは，日本が先進国の仲間入りをしたということを人々に意識させ，人々は生活

202   第7章　日本の産業構造と消費構造の変化

水準の上昇に大きな期待を抱いたのである。このようにして，1970年になると多くの人々は，自分たちは「人並みである」，すなわちミドルクラスに属するという意識を明確に持つようになっていた。いわゆる，「一億総中流意識」の定着である。

　表7-4は1960年から1970年への人々の生活様式の代表的な変化をデータとして示したものである。

　1人あたり名目所得（米ドル表示）は，472ドルから1,947ドルへと増加した。円ベースの実質所得は2.3倍となった。労働市場の需給ひっ迫により，賃金も大きく上昇した。一般男性の月給は2万2,000円から6万8,400円へ，一般女性の場合は9,900円から3万5,200円へ増加した[2]。なお，消費者物価水準で見た10年間のインフレ率は75％であったので，実質所得の増大が大きかったということである。製造業常用雇用労働者月間労働時間数は，この間，207

表7-4　日本におけるミドルクラスの出現と社会経済構造の変化

		1960	1970
1人あたり所得（米ドル）		472	1,947
賃金（男・月額・千円）		22.0	68.4
大学進学率（％）		8.2	17.1
核家族世帯比率（％）		53.0	56.7
単身世帯比率（％）		16.1	20.3
非農家家計における普及率（％）			
	電気冷蔵庫	10.1	90.8
	電気洗たく機	40.6	91.6
	電気掃除機	7.7	73.8
	扇風機	34.4	85.5
	白黒テレビ	44.7	89.8
	乗用車（*は1961年）	2.8*	22.0
	オートバイ・スクーター	9.6	20.4
共同住宅数は1963−1973に，2.54倍に。			
6大都市土地価格は，6.06倍（消費者物価は1.74倍）			

　資料：総務省統計局監修『新版日本長期統計総覧』2007。
　出所：長田（2012）表2を引用。

時間から 187 時間へ減少しており，生産性の上昇が顕著であったことがわかる。大学進学率は 8％から 17％に増加し，労働者の高学歴化が進み，労働の質の向上に，ひいては産業の競争力向上に効果を発揮したのではないかと思われる。「就職列車」が運行されたことがシンボリックに示すように，農村から工業化が進む都市への労働移動が進み，核家族や単身世帯比率が増加した。このような変化を反映して，都市の住宅需要の急増には，コンパクトであるがモダンな設計の団地（共同住宅）の建設で対応が進んだ。一戸建てが 10 年間で1,467 万戸から 1,862 万戸へ増加したのに対し，共同住宅は 254 万戸から 645万戸へと顕著な伸びを示した。

　また，消費パターンには，「電化」がキーワードとなる大きな変化が現われた。特に主婦が長時間の肉体労働から解放され生活も便利になった。表 7-4 では 1960 年からデータが利用可能な非農家世帯における普及状況を示している。電気洗濯機，電気冷蔵庫，掃除機，扇風機，白黒テレビなど耐久消費財はほとんどの家庭に普及が進んだ。農家世帯も含んだ全世帯のデータは 1964 年から利用可能であるが，その数値によれば耐久消費財の普及の程度は農家世帯と非農家世帯では大きな差はなかった。表 7-4 に掲げたものの他，石油ストーブ，扇風機，掃除機などもこの時期に普及した。モータリゼーションも進み，ミドルクラスにも購入可能なスバル 360 やマツダのファミリアなど小型乗用車の普及が始まった。1970 年には 22％の世帯に普及した。

　このようにミドルクラスの増大は，電気機器，乗用車，住宅建設への需要，特に新製品への需要を大きく拡大させ，これら産業の発展と高度化に影響を与えたことは明確であるが，後方連関効果を通じて原材料や中間財生産にどのような影響を与えたかは，第 6 節で検討する。

5. 需要構造・消費パターン・産業構造における変化の概観

　本節と次節では，「昭和 35-40-45 年（1960 年-65 年-70 年）接続産業連関表」を使用して，民間消費と固定資本形成の支出額と支出パターンの変化，そしてその生産構造に対する影響を産業別にみる。分析対象は 1960 年から

204 第7章 日本の産業構造と消費構造の変化

1970年への変化である。ただし，ミドルクラスの特定化と規模の推定，消費
パターンの推計は家計調査データの大量な作業を必要とするため，今回は実施
していない。1960年代は，平等度が高くなった時期であるので，家計消費ベ
クトルがミドルクラスの消費パターンを強く反映しているという仮定を置いて
いる。

　本章で利用した産業連関表は上記の接続産業連関表のうち，1960年表（1970
年固定価格表示）と1970年表（名目表）である。PCで利用できる利用可能
なデジタルデータがなかったので，産業連関表データは出版物から手入力し
た。原分類は，59部門であるが，部門数が大きくて分析しにくいので，筆者
作成の分析用31部門分類に統合した。原59部門分類と，統合31部門分類の
コンバーターは付表として添付した。統合にあたっては，第1次産業と第3次
産業を簡単化し，製造業分類はなるべく詳しく残すという方針をとった。な
お，本章での産業連関データはすべて，1970年価格で統一されており，1960
年と1970年の比較においては，インフレーションの影響は処理済みであり，
実質数量の増減を示している。

　最初に，産業連関表の支出項目の実質変化から，日本の最終需要構造におい
て内需と外需のどちらが1960年から1970年までの10年間で増加したかを見
る。表7-5に示したように，国内最終需要額（内需）は2.6倍になったのに対
し，輸出（外需）は3.9倍となって外需の増加率が高い。しかし，内需を項目
別にみると固定資本形成が4.1倍で輸出を上回る増加率である。民間消費は，
2.4倍である。経済への影響は，増加率に加えて規模（構成比）からも検討す
べきであるので，国内最終需要を100として各需要項目の規模を構成比（％）
で示したのが，表7-5の右半分である。1960年の民間消費シェアは54.6％と
最も大きな規模で，輸出シェアは7.6％で資本形成や政府消費のシェアよりも
小さい。また，1970年にかけて，輸出シェアは11.3％へとやや増加したもの
の，大きな変化は資本形成のシェアの増加に見られる。特に，シェア変化分を
見ると，資本形成が12.5％ポイント，輸出が3.7％ポイント増加したのに対し
政府消費が7.4％ポイント減少している。民間消費は4.8％ポイントの減少であ
るが，そのシェアは内需の半分で依然として高い。

5. 需要構造・消費パターン・産業構造における変化の概観　*205*

表 7-5　内外需の伸び率とシェア変化（1970 年固定価格）

	金額（10 億円，1970 年価格）			国内最終需要に対するシェア（%）		
	1960 年	1970 年	1970/1960	1960 年	1970 年	変化分
家計外消費	13,762	31,638	2.3	4.8	4.2	-0.6
民間消費	156,714	377,322	2.4	54.6	49.8	-4.8
政府消費	45,002	62,486	1.4	15.7	8.2	-7.4
資本形成	63,729	262,579	4.1	22.2	34.7	12.5
在庫変動	7,809	23,596	3.0	2.7	3.1	0.4
国内最終需要	287,016	757,621	2.6	100.0	100.0	0.0
輸出	21,804	85,450	3.9	7.6	11.3	3.7
輸入	20,607	82,235	4.0	7.2	10.9	3.7
GDP	288,213	760,836	2.6			

注：輸出は特需を，輸入は関税を含む。
出所：行政管理庁他（1975）『昭和 35-40-45 接続産業連関表』をもとに筆者作成。

　要約すれば，最終需要においては，日本はもともと民間消費の割合が高い国
で，それは 10 年間で変わっていない。内需構造変化が最も顕著なのは資本形
成であった。輸出（外需）も最終需要増加に少しは貢献しているが，その規模
はそれほど大きくはないと言える。

　以上の最終需要項目の相対的規模変化を踏まえたうえで，表 7-6 によってそ
れら項目ごとの品目別需要構造の変化と付加価値ベースで見た産業構造の変化
を概観する。

　産業構造であるが，生産額で見ると産業間の比較ができないので付加価値
ベースで見る。換言すれば，生産額ではなく，GDP への寄与でみた規模であ
り，収益性も反映されている。

　この産業分類を前提とすると，1960 年には付加価値の規模が大きかった順
に，1 位サービス，2 位農業，3 位商業，4 位電気・ガス・水道となっている。
細分化された製造業の中では，鉄・金属製品，その他繊維製品，その他食品が
2%以上である。いわゆる基幹産業である鉄と労働集約産業に分類される産業
である。10 年間で，増加率が大きいのは，電気機械（10 倍），化学・石炭・石
油製品（7.3 倍），一般機械（5.4 倍）などである。このような変化の結果，構

206 第7章 日本の産業構造と消費構造の変化

表 7-6 消費構造，資本形成構造，産業付加価値構造の変化（1970 年固定価格）

産業部門	民間消費 1970/1960 (倍)	構成比 1960	構成比 1970	構成比 変化分	固定資本形成 1970/1960 (倍)	構成比 1960	構成比 1970	構成比 変化分	付加価値 1970/1960 (倍)	構成比 1960	構成比 1970	構成比 変化分
01 農業	1.8	4.0	2.9	-1.1	2.2	0.4	0.2	-0.2	1.0	9.8	3.6	-6.2
02 畜産	1.6	0.9	0.6	-0.3	2.7	0.2	0.2	-0.1	1.5	1.2	0.7	-0.5
03 林業	0.5	0.6	0.1	-0.5	0.0	-0.1	0.0	0.1	0.7	2.7	0.8	-2.0
04 漁業	1.3	1.9	1.1	-0.8	0.0	0.0	0.0	0.0	1.4	1.7	0.9	-0.8
05 鉱業	0.4	0.0	0.0	0.0	0.0	0.0	0.0	0.0	2.4	0.9	0.8	-0.1
06 肉・酪農品	3.1	2.1	2.7	0.6	0.0	0.0	0.0	0.0	2.8	0.2	0.2	0.0
07 その他食品	1.3	19.9	10.4	-9.5	0.0	0.0	0.0	0.0	1.3	2.1	1.1	-1.0
08 飲料・たばこ	2.1	5.2	4.5	-0.7	0.0	0.0	0.0	0.0	2.4	2.5	2.3	-0.2
09 衣服など	3.3	2.1	2.9	0.8	0.0	0.0	0.0	0.0	4.5	0.4	0.6	0.2
10 その他繊維製品	2.0	4.1	3.4	-0.7	11.4	0.1	0.2	0.1	1.5	2.8	1.6	-1.2
11 製材・家具	2.2	0.6	0.6	0.0	10.3	0.4	1.1	0.6	3.1	1.1	1.3	0.2
12 パルプ・紙・印刷出版	4.4	0.5	0.9	0.4	0.0	0.0	0.0	0.0	5.0	1.1	2.1	1.0
13 皮革・ゴム	2.8	0.4	0.5	0.1	0.0	0.0	0.0	0.0	2.9	0.4	0.4	0.0
14 化学・石炭・石油製品	5.5	1.1	2.5	1.4	0.0	0.0	0.0	0.0	7.3	1.6	4.5	2.9
15 窯業土石製品	-2.3	-0.2	0.1	0.3	0.0	0.0	0.0	0.0	4.1	0.9	1.4	0.5
16 鉄・金属製品	10.1	0.2	0.7	0.6	-0.3	-1.8	0.1	1.9	5.1	3.0	5.7	2.8
17 一般機械	3.3	0.3	0.4	0.1	4.8	12.8	14.9	2.1	5.4	1.9	4.0	2.0
18 電気機械	5.0	1.0	2.1	1.1	5.8	5.6	7.9	2.3	10.0	0.9	3.6	2.6
19 輸送機械	5.4	0.7	1.5	0.8	4.7	9.5	10.8	1.4	4.7	1.9	3.4	1.5
20 精密機械	4.1	0.4	0.7	0.3	4.2	0.6	0.6	0.0	4.0	0.4	0.6	0.2
21 その他製造業	6.0	0.5	1.3	0.8	31.3	0.1	0.5	0.4	10.4	0.3	1.0	0.8
22 建築	0.0	0.0	0.0	0.0	4.0	37.2	35.7	-1.5	3.7	3.5	4.9	1.4
23 土木	0.0	0.0	0.0	0.0	2.7	31.8	20.9	-10.8	2.4	3.5	3.2	-0.3
24 電気・ガス・水道	2.4	1.8	1.8	0.0	0.0	0.0	0.0	0.0	2.6	2.4	2.3	-0.1
25 商業	3.3	11.4	15.4	4.0	9.4	2.9	6.6	3.7	4.3	8.3	13.4	5.2
26 金融・保険	2.0	5.3	4.5	-0.8	0.0	0.0	0.0	0.0	2.2	6.5	5.3	-1.2
27 不動産業	2.4	12.3	12.1	-0.2	0.0	0.0	0.0	0.0	2.2	6.3	5.3	-1.0
28 運輸・通信	2.9	5.2	6.3	1.1	6.1	0.3	0.4	0.1	3.1	5.9	6.8	1.0
29 公務	0.0	0.0	0.0	0.0	0.0	0.0	0.0	0.0	1.0	8.2	3.0	-5.2
30 サービス	2.5	19.2	20.0	0.8	0.0	0.0	0.0	0.0	1.9	16.2	11.5	-4.7
31 その他	0.0	-1.5	0.0	1.5	-4.2	0.1	-0.1	-0.1	6.4	1.4	3.5	2.0

注：産業部門は 1960-1965-1970 接続表の 59 部門分類を分析用に 31 部門に統合した。コンバーターは付表参照。

出所：行政管理庁他（1975）『昭和 35-40-45 接続産業連関表』をもとに筆者作成。

5. 需要構造・消費パターン・産業構造における変化の概観　*207*

成比が大きく減少したのが，農業（6.2% ポイント），公務（5.2% ポイント），サービス（4.7% ポイント），林業（2% ポイント）である。製造業は，ほとんどがシェアを伸ばしているが，2% ポイント以上シェアを伸ばしたのは，化学・石炭・石油製品，鉄・金属製品，電気機械，一般機械である。製造業以外でシェアを伸ばしたのは，商業（5.2% ポイント），建設（1.4% ポイント），運輸通信（1% ポイント）だけである。これらの産業構造の変化は，すでによく知られていることで，実質データによってもはっきりと確認できる。

　次に，表7-6 で，ミドルクラスの増加と関連が深い民間消費の構造変化について検討する。1960 年の構成比でみると，支出割合が高いのがその他食品（19.9%），飲料・たばこ（5.2%），その他繊維製品（4.1%），農業（4.0%）などとなっている。しかし，1970 年になると農業や食料品関連の品目への支出が減少しているのが顕著である（いわゆるエンゲル係数の低下）。ただし，食品の中では，肉・酪農品への支出が増えるなど食生活が近代化していることもわかる。他方，電気機器，輸送機器，鉄・金属製品への支出が増加しており，第4 節でみたミドルクラスの生活パターンの変化が確認できる。また，衣服，商業，運輸・通信などへの支出も増加して，生活に余裕が出てきたことがわかる。

　固定資本形成には，企業の投資，公共投資，家計の住宅投資などが含まれる。数値は，それぞれの産業の固定資本投資ではなく，それぞれの産業の生産物がどれだけ投資されたかを示している。変化分の欄を見ると 10 年間の変化がよくわかる。多く減少したのは土木（−10.8%）で，建築も少し減少している。しかし，倍率はそれぞれ 2.7 倍，4 倍であり，相対的地位の低下を示しているのである。明瞭にシェアを増加させたのは一般機械，電気機械，輸送用機械であり，企業の設備投資が活発化したことを物語っている。輸送用機械と電気機械については，家計の需要増加も含まれていると考えられる。

　以上のように，本節のデータ分析では，前節で説明した中間所得層の増大による影響と整合的な結果が確認できた。

6. 消費構造の変化が生産構造に与える 変化のシミュレーション分析

　本節では，産業連関モデルによって，最初に，各産業への最終需要の変化がどのように，各産業の生産，輸入，付加価値に影響を与えるかを見る。その効果は，需要の変化が与える直接的効果だけではなく，投入財を通じた後方連関効果（間接的効果）の両者を含むもので，10年間の技術変化，輸入構造の変化，国内産業連関関係の深化などの結果としてのものである。簡単に言えば，特定商品の生産に国内産業がどの程度深くかかわるようになったか，どの程度生産プロセスが複雑な産業が増加したかなどを反映している。次に，この産業連関モデルを使用して，民間消費支出の増加と構成変化が，各産業の生産と付加価値にどのような影響を与えたかについてシミュレーション分析を行う。

　分析に入る前に，ここで使用する産業連関モデルについて簡単に説明する。使用するのは標準的な産業連関モデルである。

　X を生産額ベクトル，A を投入係数行列，Fd を国内最終需要行列，E を輸出ベクトル，M を輸入ベクトル，M^ を輸入係数を対角要素とした輸入係数行列とおく。本章では，財毎の輸入係数は中間需要と国内最終需要の合計に対する輸入比率と定義している。この場合均衡産出額モデルは，

$$X = AX + Fd + E - M = AX + Fd + E - M^{\wedge}AX - M^{\wedge}Fd \tag{1}$$

となり，生産額について解くと，

$$X = [I - (I - M^{\wedge})A]^{-1}[(I - M^{\wedge})Fd + E] \tag{2}$$

　このとき，最終需要部門別生産誘発係数は，$[I-(I-M^{\wedge})A]^{-1}$（レオンチェフ逆行列）の列和として与えられる。また，最終部門別輸入誘発係数は $M^{\wedge}A[I-(I-M^{\wedge})A]^{-1}$ の列和，付加価値誘発係数は $V^{\wedge}[I-(I-M^{\wedge})A]^{-1}$ の列和として与えられる。なお，$V^{\wedge}$ は付加価値率を対角要素とした正方行列である。

また，一定の最終需要行列（Fd），例えば民間消費ベクトルや固定資本形成ベクトルが与えられた時の，各産業への生産誘発額と付加価値誘発の計算式は以下の通りである。

生産誘発額：$[I-(I-M^)A)]^{-1}(I-M^)Fd$ (3)

付加価値誘発額：$V^[I-(I-M^)A)]^{-1}(I-M^)Fd$ (4)

表7-7の第1欄は各産業部門が生産する生産物への国内需要合計の中で輸入によって賄われている部分の比率が1960年から1970年にかけてどのように変化したかを示している。換言すれば，1から輸入係数を引けば，自給率を示す。輸入係数がもともと高いのは，農業（0.11），鉱業（0.47），精密機械（0.07）であり，1970年にかけてほとんどの品目の輸入係数が上昇している。1960年以後の貿易自由化を反映している。特に，輸入比率が増えたのが農業（変化分は0.11），林業（同0.26），鉱業（同0.23）である。

第2欄は，各産業の付加価値率の変化を示している，付加価値率の上昇は利益率の上昇と考えることもできるが，迂回生産過程が増えて中間財の投入が増加すると低下する。したがって，製造業での付加価値率が農業よりも低いのは自然なことである。問題は変化であり，一次産業や三次産業の一部の付加価値率が減少したのに対し，多くの製造業の付加価値率は上昇している。とくに，需要が伸びた機械関連の部門の付加価値が上昇し，労働集約的なその他繊維製品の付加価値率が減少しているのは常識的な変化と思われる。

次に，生産誘発係数，輸入誘発係数，付加価値誘発係数であるが，これはその産業へ1単位の最終需要が増えた場合，全産業の生産，輸入，付加価値がどれだけ増えるかを示すものである。消費構造の変化に対して国内の生産構造がどのように反応するかということを見ることができる。まず，わかることは生産誘発係数が高いのは，製造業，特に機械工業であり，農業やサービス業などは低いということである。したがって，生産誘発係数が高い産業への最終需要，すなわち民間消費や固定資本形成が拡大すればその国の産業構造の高度化に有利に働くことになる。1960年から70年への変化を見ると，特に製造業で生産誘発係数が低下している。これと対照的に特に製造業において，輸入誘発係数が上昇しているのは，同じ物事の両面である。付加価値誘発係数は，多く

210　第7章　日本の産業構造と消費構造の変化

表 7-7　最終需要部門別生産・付加価値・輸入誘発係数

	輸入係数			付加価値率			生産誘発係数			輸入誘発係数			付加価値誘発係数		
	1960	1970	変化分	1960	1970	変化分	1960	1970	変化分	1960	1970	変化分	1960	1970	変化分
01 農業	0.11	0.22	0.11	0.83	0.76	-0.08	1.31	1.44	0.13	0.02	0.04	0.02	0.98	0.96	-0.02
02 畜産	0.10	0.08	-0.02	0.49	0.34	-0.14	1.93	2.24	0.31	0.06	0.13	0.07	0.94	0.87	-0.07
03 林業	0.06	0.32	0.26	0.60	0.53	-0.06	1.64	1.55	-0.09	0.04	0.18	0.14	0.96	0.82	-0.14
04 漁業	0.01	0.05	0.04	0.77	0.73	-0.04	1.49	1.54	0.04	0.02	0.04	0.02	0.98	0.96	-0.02
05 鉱業	0.47	0.70	0.23	0.61	0.66	0.05	1.78	1.63	-0.14	0.04	0.05	0.01	0.96	0.94	-0.01
06 肉・酪農品	0.08	0.09	0.01	0.15	0.15	0.00	2.61	2.77	0.16	0.13	0.16	0.04	0.87	0.83	-0.04
07 その他食品	0.04	0.06	0.02	0.15	0.14	-0.01	2.27	2.31	0.04	0.10	0.17	0.07	0.90	0.83	-0.07
08 飲料・たばこ	0.00	0.01	0.01	0.64	0.70	0.06	1.61	1.50	-0.11	0.04	0.05	0.01	0.96	0.95	-0.01
09 衣服など	0.02	0.02	0.00	0.19	0.27	0.08	2.87	2.56	-0.30	0.07	0.09	0.03	0.93	0.90	-0.03
10 その他繊維製品	0.01	0.04	0.03	0.31	0.28	-0.04	2.45	2.45	0.00	0.08	0.12	0.05	0.92	0.88	-0.05
11 製材・家具	0.00	0.03	0.03	0.24	0.29	0.05	2.35	2.11	-0.24	0.07	0.20	0.13	0.93	0.80	-0.13
12 パルプ・紙・印刷出版	0.01	0.02	0.01	0.26	0.36	0.10	2.70	2.32	-0.37	0.06	0.07	0.01	0.94	0.93	-0.01
13 皮革・ゴム	0.02	0.02	0.01	0.33	0.35	0.02	2.42	2.26	-0.16	0.08	0.11	0.03	0.92	0.89	-0.03
14 化学・石炭・石油製品	0.09	0.08	-0.02	0.22	0.38	0.16	2.44	1.91	-0.53	0.15	0.18	0.03	0.85	0.81	-0.04
15 窯業土石製品	0.01	0.01	0.00	0.40	0.41	0.00	2.09	1.89	-0.20	0.11	0.16	0.05	0.89	0.84	-0.05
16 鉄・金属製品	0.06	0.04	-0.02	0.21	0.26	0.04	2.92	2.62	-0.30	0.16	0.15	-0.01	0.84	0.84	0.00
17 一般機械	0.06	0.05	-0.02	0.31	0.36	0.05	2.70	2.39	-0.31	0.10	0.08	-0.02	0.90	0.92	0.02
18 電気機械	0.01	0.01	0.00	0.18	0.35	0.17	3.10	2.39	-0.71	0.11	0.08	-0.03	0.89	0.92	0.02
19 輸送機械	0.02	0.03	0.01	0.34	0.34	0.01	2.62	2.46	-0.16	0.08	0.08	0.00	0.92	0.92	0.00
20 精密機械	0.07	0.12	0.06	0.40	0.42	0.02	2.30	2.14	-0.15	0.07	0.08	0.01	0.93	0.92	-0.02
21 その他製造業	0.02	0.05	0.03	0.21	0.36	0.15	2.72	2.20	-0.52	0.10	0.11	0.01	0.90	0.89	-0.01
22 建築	0.00	0.00	0.00	0.35	0.34	-0.01	2.45	2.32	-0.13	0.07	0.10	0.03	0.93	0.89	-0.03
23 土木	0.00	0.00	0.00	0.49	0.44	-0.05	2.15	2.05	-0.10	0.07	0.10	0.03	0.93	0.89	-0.03
24 電気・ガス・水道	0.00	0.00	0.00	0.71	0.66	-0.04	1.52	1.54	0.01	0.06	0.08	0.02	0.94	0.92	-0.02
25 商業	0.00	0.01	0.00	0.68	0.71	0.03	1.62	1.50	-0.13	0.02	0.02	0.00	0.98	0.98	-0.01
26 金融・保険	0.00	0.00	0.00	0.85	0.82	-0.02	1.31	1.32	0.01	0.01	0.01	0.00	0.99	0.99	-0.01
27 不動産業	0.00	0.00	0.00	0.93	0.84	-0.09	1.17	1.35	0.19	0.00	0.01	0.01	1.00	0.98	-0.01
28 運輸・通信	0.04	0.06	0.02	0.65	0.70	0.05	1.76	1.55	-0.21	0.04	0.03	0.00	0.96	0.97	0.00
29 公務	0.00	0.00	0.00	1.00	1.00	0.00	1.00	1.00	0.00	0.00	0.00	0.00	1.00	1.00	0.00
30 サービス	0.00	0.01	0.00	0.73	0.59	-0.14	1.52	1.73	0.22	0.02	0.05	0.02	0.98	0.95	-0.03
31 その他	0.00	0.04	0.04	0.21	0.45	0.24	2.78	2.05	-0.73	0.08	0.06	-0.02	0.92	0.94	0.02
平均	0.04	0.05	–	0.50	0.47	–	2.12	1.97	–	0.07	0.09	–	0.93	0.91	–

注：誘発係数は，その品目の最終需要が1単位増加した場合の全産業での増加額計。
出所：行政管理庁他（1975）『昭和35-40-45接続産業連関表』から筆者計算。

の産業で低下している。特に，林業や食品や繊維産業などでの低下は，輸入の増加の中で国際競争力を失っていることを示唆している。他方，生産誘発係数が減少しても付加価値誘発係数が増加したのは一般機械と電気機械である。

次に，より具体的に，民間消費の金額と消費パターンの1960年から1970年への変化が，どれだけ各産業の生産額と付加価値額を増加させたのかを計算したものが，表7-8である。すべて1970年価格での表示である。

第1欄には比例的成長からの「かい離」を参考として示した。これは，民間消費および固定資本形成が，1960年の構成比を保ったまま，1970年の民間消費総額まで増加した場合の各産業への需要額から実際の1970年の需要額を差し引いたものとして計算した。例えば，民間消費のかい離からわかることは，その他食品，飲料・たばこ，その他繊維製品への支出が，所得水準の上昇とともに減少し，代わりに，衣服，肉・酪農品，機械製品，商業などへの支出が増加したことを示している。基本的には表7-6で見たのと同じ情報である。固定資本形成についても同じように比例的成長からのかい離を計算した。ここで顕著なのは建築・土木が大幅なマイナスを示しているということである。従来の固定資本形成では，インフラ整備と建設が中心であったが，1960年代の変化の中でいわゆる設備投資が重要となったことを示している。

第2欄は民間消費の生産誘発を示している。①は1960年の民間消費ベクトルを，上記(3)式に適用して生産誘発額を計算したものである。ここで使用したレオンチェフ逆行列は1960年のものである。②は，1970年の民間消費ベクトルで同様に計算したもので，1970年のレオンチェフ逆行列を使用している。③は1970年へと1960年ベクトルが比例的に成長したと仮定した時の，民間消費ベクトルによる生産誘発額である。(3)式で，1970年のレオンチェフ逆行列を使用したものである。②－③は，民間消費の規模ではなく，まさに，消費パターンの変化が純粋にどのような変化をもたらしたかを示している。たとえば，農業の「－1兆5,866億円」は，全体的な消費パターンの変化の結果，農業の生産が比例的成長のケースよりも1兆5,866億円減少したことを示している。消費パターン変化は，所得上昇によりミドルクラスが増加した結果である。もし，所得分配構造にそれほど変化がなければ，このような生産誘発額の変化はなかったと考えられる。消費パターンの変化によって，発展を促された

212 第7章　日本の産業構造と消費構造の変化

表 7-8　内需構造の変化による生産誘発効果と付加価値誘発効果

(1970年固定価格, 億円)

産業部門	比例的成長からのかい離 民間消費	比例的成長からのかい離 固定資本形成	民間消費の生産誘発 ①1960年	民間消費の生産誘発 ②1970年	民間消費の生産誘発 ③比例的成長1970年	民間消費の生産誘発 かい離②-③	固定資本形成の生産誘発 1960年	固定資本形成の生産誘発 1970年	固定資本形成の生産誘発 比例的成長1970年	固定資本形成の生産誘発 かい離	民間消費の付加価値誘発 1960年	民間消費の付加価値誘発 1970年	民間消費の付加価値誘発 比例的成長1970年	民間消費の付加価値誘発 かい離	固定資本形成の付加価値誘発 1960年	固定資本形成の付加価値誘発 1970年	固定資本形成の付加価値誘発 比例的成長1970年	固定資本形成の付加価値誘発 かい離
01 農業	-4,086	-451	27,888	30,261	46,127	-15,866	712	1,570	1,967	-397	23,232	22,849	34,829	-11,980	593	1,185	1,485	-300
02 畜産	-1,080	-212	5,021	11,876	12,636	-760	145	813	1,009	-196	2,458	4,092	4,354	-262	71	280	348	-68
03 林業	-1,768	272	4,604	2,940	4,428	-1,488	454	6,269	5,732	536	2,740	1,568	2,361	-793	270	3,342	3,056	286
04 漁業	-3,165	0	5,023	7,950	13,715	-5,764	125	185	176	9	3,849	5,794	9,994	-4,201	96	134	128	7
05 鉱業	-156	0	1,438	2,713	2,397	316	190	4,128	4,563	-435	879	1,787	1,579	208	116	2,719	3,005	-286
06 肉・酪農品	2,233	0	3,928	11,480	9,398	2,082	151	222	210	11	585	1,707	1,398	310	23	33	31	2
07 その他食品	-35,698	0	36,862	51,963	91,388	-39,425	610	828	897	-68	5,390	7,092	12,472	-5,380	89	113	122	-9
08 飲料・たばこ	-2,501	0	9,071	20,446	22,865	-2,418	392	351	348	3	5,823	14,275	15,963	-1,688	252	245	243	2
09 衣服など	2,911	0	3,699	12,509	9,509	2,999	95	1,282	1,338	-56	714	3,358	2,553	805	18	344	359	-15
10 その他繊維製品	-2,719	269	14,310	27,318	29,281	-1,963	249	3,917	3,558	358	4,471	7,546	8,088	-542	78	1,082	983	99
11 製材・家具	-185	1,678	3,085	7,637	7,278	359	337	21,646	20,427	1,219	751	2,228	2,123	105	82	6,315	5,959	356
12 パルプ・紙・印刷出版	1,601	0	5,745	22,133	17,877	4,256	1,296	8,965	8,853	112	1,469	7,960	6,429	1,530	331	3,224	3,184	40
13 皮革・ゴム	244	0	1,324	3,430	2,823	608	110	2,518	2,280	238	431	1,187	977	210	36	871	789	82
14 化学・石炭・石油製品	5,285	0	10,154	41,911	37,667	4,243	1,072	19,714	19,888	-174	2,263	15,870	14,263	1,607	239	7,465	7,531	-66
15 窯業土石製品	1,161	0	936	4,133	3,027	1,105	132	18,215	21,513	-3,299	378	1,680	1,231	449	53	7,404	8,745	-1,341
16 鉄・金属製品	2,135	4,968	7,281	25,538	18,176	7,362	986	86,562	79,788	6,774	1,555	6,588	4,689	1,899	211	22,331	20,583	1,748
17 一般機械	386	5,493	1,901	6,238	5,279	959	256	58,955	52,882	6,073	599	2,264	1,916	348	81	21,399	19,195	2,204
18 電気機械	4,153	6,099	3,075	13,002	7,338	5,664	330	40,295	33,966	6,329	551	4,601	2,597	2,004	59	14,260	12,020	2,240
19 輸送機械	3,019	3,602	3,485	12,914	8,602	4,312	867	40,421	36,028	4,394	1,169	4,412	2,939	1,473	291	13,809	12,308	1,501
20 精密機械	1,125	14	1,007	3,811	2,489	1,322	135	2,767	2,661	106	407	1,610	1,051	558	24	1,169	1,124	45
21 その他製造業	2,858	1,086	1,315	8,708	5,537	3,171	112	6,414	5,156	1,258	278	3,114	1,980	1,134	54	2,294	1,844	450
22 建築	0	-3,961	2,810	9,432	9,433	-1	368	95,793	99,735	-3,941	994	3,246	3,247	0	130	32,971	34,327	-1,357
23 土木	0	-28,479	0	0	0	0	0	54,956	83,435	-28,479	0	0	0	0	0	24,400	37,044	-12,644
24 電気・ガス・水道	-48	0	5,398	13,592	13,155	437	983	6,105	6,030	75	3,824	9,038	8,747	291	696	4,059	4,009	50
25 商業	15,118	9,635	52,684	77,986	62,698	15,288	771	42,106	32,916	9,189	15,467	55,746	44,818	10,928	526	30,098	23,529	6,569
26 金融・保険	-3,004	0	14,386	29,438	31,311	-1,873	1,869	10,095	9,685	409	12,168	24,258	25,801	-1,543	1,581	8,318	7,981	337
27 不動産業	-588	0	19,505	46,962	47,397	-435	35	724	667	57	18,074	39,316	39,680	-364	32	606	558	48
28 運輸・通信	4,231	351	13,868	36,899	32,382	4,517	1,590	15,432	15,638	-206	8,985	25,756	22,603	3,153	1,030	10,772	10,916	-144
29 公務	0	0	0	0	0	0	23,648	0	0	0	0	0	0	0	23,648	0	0	0
30 サービス	2,942	0	34,590	87,007	83,691	3,317	18,148	8,831	8,752	80	25,398	51,734	49,761	1,972	13,326	5,251	5,204	47
31 その他	5,597	-365	6,682	23,432	17,329	6,104	1,178	16,827	17,063	-236	1,398	10,429	7,712	2,717	246	7,489	7,594	-105

出所：行政管理庁他（1975）『昭和35-40-45 接続産業連関表』をもとに筆者作成。

産業は「かい離」の値がプラスであった産業である。それが 4,000 億円以上の産業は、パルプ・紙・印刷出版、化学・石炭・石油製品、鉄・金属製品、電気機械、輸送機械、商業、運輸・通信であった。他方、大きなマイナスは、農業とその他食品産業で見られた。

第3欄は固定資本形成について民間消費と同様に生産誘発額を計算し、比例的成長からの変化を示したものである。ここでは、土木・建設への需要が減少したことに対応して、自産業（土木・建設業）の生産誘発が減少し、窯業・土石製品の生産減少を招いたことを示している。具体的には、セメント需要が比例的成長の場合よりも大きく減少したと言える。

以上から類推できるように、「かい離」がプラスの産業は、経済発展により所得が上昇し、消費構造が変化するとともに、成長してゆく産業であり、「かい離」がマイナスの産業は斜陽産業ということができる。

続いて、民間消費と固定資産形成による付加価値額の誘発について、比例的成長からのかい離を示したのが第4欄と第5欄である。基本的には、生産誘発と同様な傾向を示しているが、産業毎の付加価値率の差が反映されている。

以上のように、ミドルクラスの出現等による消費構造の変化が、産業構造をより高い付加価値を生み出す方向に変化させていくことが数量的にも確認できた。

おわりに

経済発展戦略を立案するときには理想的な産業構造を描き、それをどのように育成して実現していくか、より具体的にはどのような産業政策を採用するかというところに思いをはせることが多い。しかし、介入的政策だけで経済発展が持続するわけではない。同時に、消費パターンの変化が産業構造変化に影響を与えるということも考えておかなければならない。こちらは、介入的というよりは市場を介在した変化である。そして消費パターンの変化には、所得分配構造の変化、特に健全な中間所得層の増大が重要であるのではないかという点について、1960 年代の日本を事例として考察してみた。

214 第7章 日本の産業構造と消費構造の変化

今後の研究の方向としては，日本が明確に先進工業経済となった1980年までの10年間について分析を進め，ここでの暫定的結論を確認したいと思う。

付表．1960-1965-1970 接続表と分析表の部門分類コンバーター

接続表 59 部門分類	分析用 31 部門分類	接続表 59 部門分類	分析用 31 部門分類
01 一般作物	01 農業	31 石油製品	14 化学・石炭・石油製品
02 工芸作物	01 農業	32 石炭製品	14 化学・石炭・石油製品
03 繊維用畜産	02 畜産	33 窯業土石製品	15 窯業土石製品
04 その他畜産養蚕	02 畜産	34 銑鉄・粗鋼	16 鉄・金属製品
05 林業	03 林業	35 鉄鋼一次製品	16 鉄・金属製品
06 漁業	04 漁業	36 非鉄金属一次製品	16 鉄・金属製品
07 石炭・亜炭	05 鉱業	37 金属製品	16 鉄・金属製品
08 鉄鉱石	05 鉱業	38 一般機械	17 一般機械
09 非鉄金属鉱石	05 鉱業	39 電気機械	18 電気機械
10 原油・天然ガス	05 鉱業	40 輸送機械	19 輸送機械
11 その他鉱業	05 鉱業	41 精密機械	20 精密機械
12 屠殺・肉・酪農品	06 肉・酪農品	42 その他製造業	21 その他製造業
13 水産食品	07 その他食品	43 建築	22 建築
14 精穀・製粉	07 その他食品	44 土木	23 土木
15 その他食料品	07 その他食品	45 電気	24 電気・ガス・水道
16 飲料	08 飲料・たばこ	46 都市ガス	24 電気・ガス・水道
17 タバコ	08 飲料・たばこ	47 水道	24 電気・ガス・水道
18 天然繊維・紡績	10 その他繊維製品	48 商業	25 商業
19 化学繊維・紡績	10 その他繊維製品	49 金融・保険	26 金融・保険
20 織物・その他繊維製品	10 その他繊維製品	50 不動産	27 不動産業
21 身の回り品（衣服等）	09 衣服など	60 不動産賃料	31 その他
22 製材・木製品	11 製材・家具	51 運輸	28 運輸・通信
23 家具	11 製材・家具	52 通信	28 運輸・通信
24 パルプ・紙	12 パルプ・紙・印刷出版	53 公務	29 公務
25 印刷出版	12 パルプ・紙・印刷出版	54 公共サービス	30 サービス
26 皮革・皮革製品	13 皮革・ゴム	55 その他サービス	30 サービス
27 ゴム製品	13 皮革・ゴム	66 事務用品	31 その他
28 基礎化学製品	14 化学・石炭・石油製品	67 梱包	31 その他
29 化学繊維原料	14 化学・石炭・石油製品	57 分類不明	31 その他
30 その他の化学製品	14 化学・石炭・石油製品	68 内生部門計	68 内生部門計

出所：行政管理庁他（1975）『昭和35-40-45接続産業連関表』から筆者作成。

注

1 　世界銀行の貧困ラインは 1990 年に 1 日 1 ドル（PPP レート表示）と定義され，それ以下の支出の人々を貧困層とみなしていたが，インフレーションの影響で貧困ラインは徐々に引き上げられ，2008 年に 1.25 ドルに改定，2015 年以後は 1 日 1.9 ドルに改定されている。

2 　ここでのデータは総務省統計局監修（2007）『日本長期統計総覧』による。

参考文献

大泉啓一郎（2011）『消費するアジア─新興国市場の可能性と不安』中公新書。

大木博巳（2011）『アジアの消費─明日の市場を探る─』ジェトロ。

長田博（2012）「ミドルクラス出現による消費パターン変化と産業構造変化─中国とインドの事例─」『帝京経済学研究』第 46 巻第 1 号。

行政管理庁他共同編集（1975）『接続産業連関表 昭和 35−40−45 年』全国統計協会連合会。

経済産業省（2009）『通商白書 2009』。

高橋俊樹（2010）『世界の消費市場を読む─中間層を軸に広がるビジネスチャンス』ジェトロ。

Asian Development Bank (2010), *Key Indicators for Asia and the Pacific 2010*.

Kharas, H. (2010), "The Emerging Middle Class in Developing Countries", OECD Development Centre Working Paper N.285.

Kharas, H and G. Gertz (2010), "The New Global Middle Class: A Cross-Over from West to East", Wolfensohn Center for Development.

McKinsey Global Institute (2006), *From 'Made in China' to 'Sold in China,'* November. (available from http://www.mckinsey.com)

McKinsey Global Institute (2007), *The 'Bird of Gold' : The Rise of India's Consumer Market*. (available from http://www.mckinsey.com)

Osada, H. (2016), "Rise of Middle Income Class and its Impacts on Consumption Pattern and Industrial Structure: The Cases of China and India", *The Teikyo University Economic Review*, Vol.49, No.2, 2016.

Umemura,T and H. Osada (2016), "Japan's Economic Growth and the Integration into the ·Global Economy: Experiences in the 1960s and 1970s" in S. Otsubo (ed.) *Globalization and Development, Vol. II* (Chapter 16), Routledge, 2016, pp.84-113.

（長田　　博）

第8章

中国産業の競争力と日中産業比較

要約

　産業競争力についての議論は，1980 年代から始まったので，その原理
やメカニズム及び計算法はまだ統一されていない。そのため，本章ではポ
ター等の理論を参考とし，資源の賦存量，産業技術のレベル，経営管理，
政策的環境，産出の実現という 5 要素モデルをもって，中国の産業競争力
を計量し，ケーススタディーとして幾つかの産業の競争力に対して日中間
の比較をしたものである。これによって，改革開放後，中国産業の競争力
が急速に伸び上がり，多くの産業は，世界 5 位以内に達している。また，
現段階において一部の産業の競争力が日本に接近しており，さらに農業，
電気製品製造業，コンピューター産業などの産業が日本の同産業の競争力
を超えるといった趨勢がうかがえる。

はじめに

　産業競争力についての議論は，1980 年代から始まったので，その原理やメ
カニズム及び計算法はまだ統一されていない。そのため，本章は，ポター等の
理論を参考し，資源の賦存量，産業技術のレベル，経営管理，政策的環境，産
出の実現という 5 要素モデルをもって，中国の産業競争力を計量し，ケースス
タディーとして幾つかの産業の競争力に対して日中間の比較をすることにす
る。それによって，中国改革開放後，中国産業の競争力が大またに伸び上が

り，多くの産業は，世界5位以内に達している。また，現段階において一部の産業の競争力が日本に接近しており，さらに農業，電気製品製造業，コンピューター産業などの産業が日本の同産業の競争力を超えるといった趨勢がわかる。

グローバル的な産業競争は，第1次産業革命以来，既に何百年にわたって広く展開してきている。しかし，産業の競争力に関する研究はずっと無視され，1980年代の始めから初めてアメリカの大統領産業競争力委員会（The President's Commission on Industrial Competitiveness, PCIC）やワールドエコノミクフォーラム（WEF），スイスの International Institute for Management Development（IMD）などの研究機関によって提唱されたのである。そして，産業競争力の考え方が世界中に広がっている。

一方，それからの研究成果を整理して見れば，産業競争力に関する研究は，まだ不完全なことが分かる。それは，産業競争力についての理論の枠が，つまり定義，影響要素，また計算方法がまだ統一されないためである。本章は，これを前提に日中両国の現実を踏まえ，より合理的な定義や影響要素及び計算法を考え，日中産業の比較研究を進めたい。

1. 産業競争力について

産業競争力に関する研究は1980年代からPCIC，WEF，IMDによって提起され，マイケル・ポーターなどの研究者により展開されてきた。それぞれの研究が，自己の研究対象としての産業競争力を設定し，その影響要素を考察し，モデルをもって計算するのである。

1.1 産業競争力の定義

まず，産業競争力の定義に関して，最初から統一されていないまま争論しながら議論してきたのである。アメリカのPCIC（1985）の設定によれば，いわゆる産業競争力とは，「自由と公平の市場環境を前提に，国際市場の試練に耐える製品やサービスなどを提供し，また国民の実質収入を保持しそして拡大さ

せる能力」である[1]。WEF の研究では，産業競争力は「企業家が現在及び将来にかけて，それぞれの環境の中に国内・海外の競争者より大きい引力をもつ価格や品質をもって，その製品やサービスをデザインして生産し，また販売する能力」(1985) から，「一人あたりの実際収入ちなみに不変価格で計算する GDP を持続的に成長させる能力」(1997) へと変身したのである[2]。なお，IMD (1997) の定義では，産業競争力とは「一国もしくは一会社が国際市場において競争相手より多い財貨を均衡的に産出する能力」である[3]。他に，産業競争力とは「國際競争において，企業，産業，地域，国，多国地域がより高い要素収入及び要素使用のレベルを支える持続可能な能力」であるという OECD の定義も個性的な視角を示した[4]。

　中国の研究者は 1980 年代の末期から産業競争力の検討を開始し，それぞれの定義をもって研究を進めて来ている。狄昂照氏 (1992) は，産業競争力を「自由貿易を前提にする，一国の特定産業の製品がもつ，市場を創出して占領によって利益を獲得する能力」と設定した[5]。金碚氏 (1997) は，「国際競争力とは生産力の競争力である」と考えていた[6]。

　また，「中国国際競争力発展報告（白書）」の編集者グループは，国際競争力とは「企業また企業家たちがいろんな環境の中に経営活動を成功させる能力である」(1997)，「一国が世界市場の競争環境において，他国と競い合うことによって国民の財貨を持続的に成長させるシステム的な能力である」(1999)，「持続的また最大限に国民の生活レベルを高めることを目標に，競争によって形成され，促進される一国のトータル的な成長能力である」(2001)，というような変化を示した[7]。

　なお，ポターもクルーグマンも，競争力を国のレベルで検討するべからず，競争そのものは企業より行われ，そして競争力は産業のレベルで議論するべきである。ポターは国の競争力と言えば，生産力しかないと主張する[8]。なお，クルーグマンは，国というものは企業と違って，倒産できず，優位性の比較もできないと主張したのである[9]。

　以上の各研究を踏まえて，本章は下記の通り，産業競争力を限定しよう。つまり，産業競争力とは，1 国のある産業が不完全競争の市場を前提に，国際市場において他国の同産業より多く生産要素を占用し，利用して，製品（もしく

はサービス）それ自身の市場価値を実現させ，それによって現在及び将来において当事国の社会福祉をトータルに高める能力である。

上の定義によれば，本研究の産業競争力は下記の3つのことを特徴にしている。その1，産業競争力は1国のある産業の国際競争力である。その2，国際市場は自由競争の市場ではなく，不完全競争の市場である。その3，産業競争力は当面の能力の上に未来へ伸び続ける能力を要求する。

1.2 産業競争力の影響要素

産業競争力を分析し計算するため，各研究はそれぞれの分析モデルを唱えた。その中に，代表的なものは下記の4種類である。

その1は，ポター（Michael E. Porter, 1990）の「ダイヤモンド・モデル」である。1990年に出版された「国の競争優位」において，ポターは1国の産業競争力が生産要素，ニーズ，関係産業，企業の戦略・構造及び業内の競争という4つのキー・フォースのほか，チャンスや政府行為の2つのアシスタント・フォースに影響されていると議論した（図8-1）[10]。

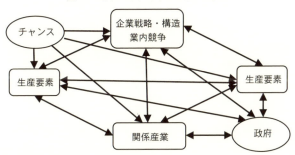

図8-1 ポターのダイヤモンド・モデル

出所：*The Competitive Advantage of Nations*, New York: The Free Press, 1990.

その2は，アラビ（Hamid Alavi, 1999）の2部に分けたモデルである。2部は国際競争力を強化する環境要素と企業内部要素である。具体的に，その影響要素は環境要素に含まれる国総体のシステム活力，金融システム活力，市場システム活力，基礎施設，ヒューマンリソースなど，企業内部要素に含まれる生産効率及びその機動性，生産過程を支持する要素である（図8-2）[11]。

図8-2 アラビの2部モデル

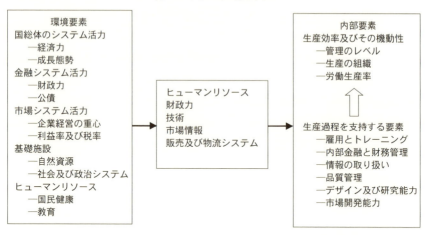

出所：Hamid Alavi (1999), Regional Coordinator for Trade Facilitation, MNSIF, World Bank.

　その3は，Dong-Sung Cho (2000) の9要素モデルである。ポーターのダイヤモンド・モデルが先進国の産業競争力を解明するには適当であろうと，同氏は指摘し後進国に適用する9要素モデルを提唱する。9要素は自然資源，ビジネス環境，関係産業，国内ニーズなどの物的要素と，労働者，政治家・官僚，企業家・プロ経理人，エンジニアという人的要素と，外部の偶然事件である

図8-3　Dong-Sung Choの9要素モデル

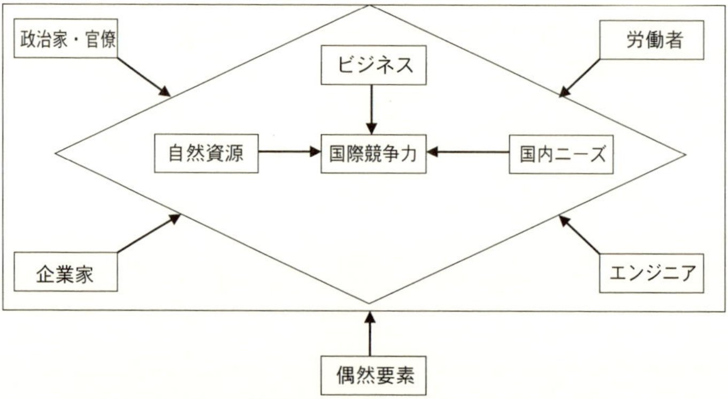

出　所：Dong-song Cho, Hwy-chang Moon, "From Adam Smith to Michael Porter: evolution of competitiveness theory," *world scientific*, 2000.

1. 産業競争力について　221

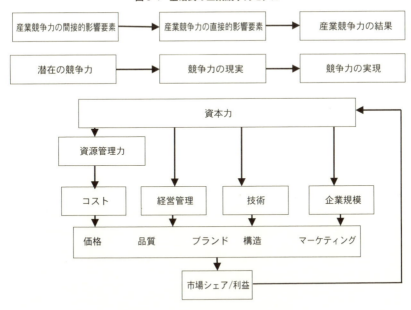

図 8-4　金碚氏の工業競争力モデル

出所：金碚『中国工業の国際競争力』北京：経済管理出版社，1997.

(図 8-3)[12]。

その4は，中国研究者を代表する金碚氏の工業競争力モデルである。当モデルは，結果と原因両方を参考し分析を展開する（図 8-4)[13]。

上記の4モデルを参考にし，データの完備性などを含めて，本章は下記の産業競争力分析モデルが適当であろうと思う。

本章の産業競争力分析モデルは，産業競争力の影響要素を資源の賦存量，産業技術のレベル，経営管理，政策的環境，産出（製品もしくはサービス）の実現という5つのファーストグレード評価指標に分け，議論する（図 8-5)。

資源の賦存量は，自然資源，労働力，資本を含み，それぞれのあり方を考察する。産業技術のレベルは，1国のある産業が生産活動を行う過程に用いる技術の平均水準であり，限定された資源を利用しより多く産出する能力である。経営管理は元々は産業面のものではなく，企業面のものであるが，すばらしい企業の経営管理のノウハウが全産業に滲んでいくことも事実である。政策環境

222　第 8 章　中国産業の競争力と日中産業比較

図 8-5　本研究の 5 要素モデル

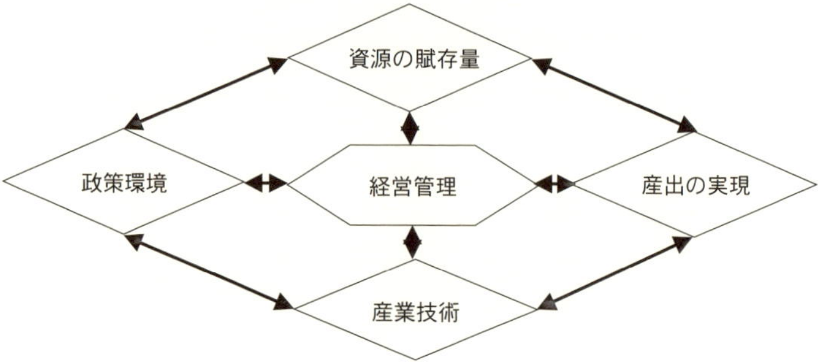

資源の賦存量

政策環境　経営管理　産出の実現

産業技術

出所：趙儒煜等『中国産業競争力報告（2008）』長春：吉林大学出版社，2008。

は 1 国の政府が特定の産業に対し実行するあらゆる政策，つまり産業政策，競争政策さらに公共政策などの公的政策を含む。産出の実現とは生産過程が完了してからの市場販売の過程であり，競争力を反映する生産の結果でもあり，競争力に影響する市場力でもある。

1.3　産業競争力の評価方法

産業競争力を評価するための指標システムに関して，従来の研究者たちがそれぞれの評価指標を選び，システム化していた。ページの制限のため，ここでそれらの指標システムの紹介を省略し，単刀直入に本章の評価指標システムを論じよう。

表 8-1　産業競争力評価の指標システム

評価目標	ファーストグレード評価指標	セカンドグレード評価指標	サードグレード評価指標
産業競争力	資源の賦存量	自然資源	保有量（万トン） 産量（万トン） ネット輸入量（万トン） 貿易依存度（％）
		ヒューマンリソース	労働人口総数（人） 産業労働者人数（人） 従業員平均教育年数（年） 失業人数（人） 失業率（％）

1. 産業競争力について　　*223*

産業競争力	資源の賦存量	資本	固定資産総額（万元） 固定資産現値（万元） 固定資産新度（%） 1人あたり固定資産額（万元／人） 総資産貢献率（%） 資本の保値・増値率（%） 流動資産回転率（回）
	産業技術のレベル	R&D	技術者人数（人） R&D研究者比率（%） R&D経費（万元） R&D経費強度比率（%） R&D経費対売上比率（%）
		新製品	特許権の新製品化率（%） 新製品の生産額（万元） 新製品の生産額比率（%）
	経営管理	国際化	世界トップ500企業数（個） 世界業界ランキング（位）
		起業家	新規企業成長率（%）
	政策的環境	公的政策	1人あたり鉄道・道路・飛行機保有量（キロ／人，キロ／人，機／人） 教育普及率（%） 都市化率（%）
		産業政策	産業集中度（%） 財政手当比率（%）
		環境政策	エネルギー強度（%） 生産額あたりの廃水量（トン） 生産額あたりの排気量（トン） 生産額あたりの固体ゴミ量（トン）
	産出の実現	生産規模	産出総額（万元） 増加産出額（万元） 増加産出額比率（%） 利益率（%） 全員生産率（%）
		市場	市場占有率（%） 製品出荷率（%） 製品輸出率（%） 国際貿易競争力（%）

出所：筆者作成。

　上記のデータを計算する便利のため，ここでZ-score法を使って標準化しベクトル化する。その算式は下記のとおりである。なお，x_{ij}はi国のj指標の数

値である。

$$Z_{ij} = \left(x_{ij} - \overline{x_j}\right) \big/ S_j$$

その中, $\overline{x_j} = (\sum\limits_{i=1}^{n} x_{ij}) \big/ n$, $S_j^2 = \left[\sum\limits_{i=1}^{n} (x_{ij} - \overline{x_j})^2\right] \big/ (n-1)$, $i = 1,2,\cdots,n$, $j = 1,2,\cdots,p$

　さらに, 下記の算式を使って, 計算した結果を簡単に比較できるように, 百分制に転じる。

$$T = 10Z + 50$$

　なお, 本章のデーターの採取は, 『中国統計年鑑』, 『日本統計年鑑』, 『世界統計年鑑』によるものであり, 各産業の分野では, 自動車産業の場合は『中国自動車工業年鑑 2014』, 『日本自動車工業年鑑 (2014)』を採用するように, 産業別の統計年鑑を使うことになる。また, 資料の不足を補うため, 『世界統計年鑑』, 『世界銀行データベース』なども参考にする。

2.　中国産業の競争力

　改革開放後, 中国は長期にわたった成長を遂げてきた。その経済成長に伴い, 産業競争力も高めてくる。なお, 前述のように, 産業競争力と言えば, 国際比較でなければ, わからないため, 中国の産業競争力を解明するには世界中の当産業と比べることが必要である。ここで, データの制限もあるが, 2008年のデータをベースに各国の産業競争力を検討しよう。

　上記の指標システムによって, 各国の産業について, 資源の賦存量, 産業技術のレベル, 経営管理, 政策的環境, 産出 (製品もしくはサービス) の実現という5つのファーストグレード評価指標を計算した結果に基づき, 最終の競争力総体の評価値を得た。

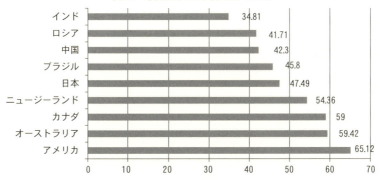

図 8-6　農業競争力の国際比較（2008）

出所：各種データに基づき筆者が作成。以下各図表同じ。

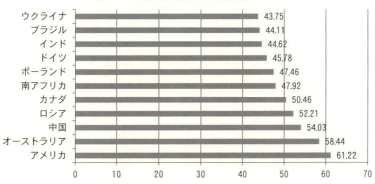

図 8-7　石炭産業の競争力の国際比較（2008）

図 8-8　自動車産業の競争力の国際比較（2008）

226　第8章　中国産業の競争力と日中産業比較

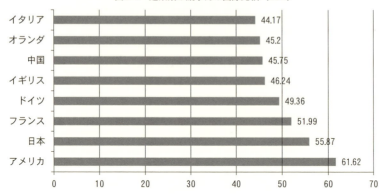

図8-9　建築業の競争力の国際比較（2008）

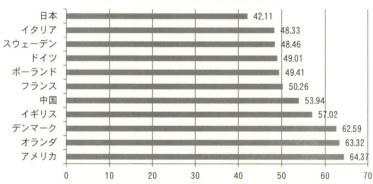

図8-10　採鉱業の競争力の国際比較（2008）

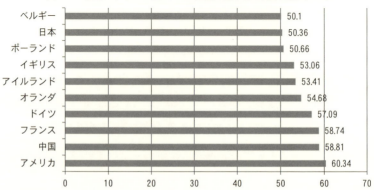

図8-11　食品・ドリンク及びタバコ産業の競争力の国際比較（2008）

2. 中国産業の競争力　　227

図 8-12　化学原料・材料・製品産業の競争力の国際比較 (2008)

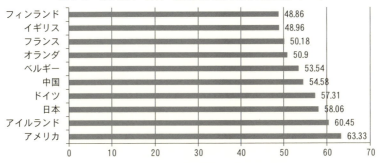

図 8-13　非金属鉱物・製品製造業の競争力の国際比較 (2008)

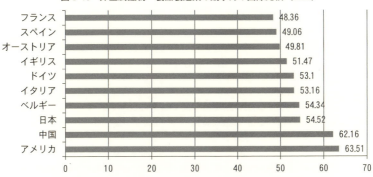

図 8-14　金属製品製造業の競争力の国際比較 (2008)

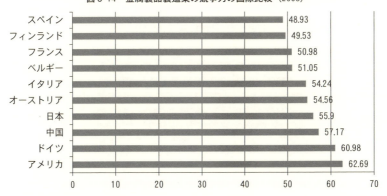

228　第8章　中国産業の競争力と日中産業比較

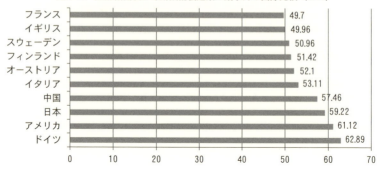

図8-15　通用機械及び専用設備製造業の競争力の国際比較（2008）

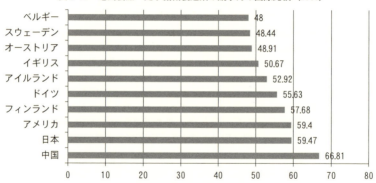

図8-16　電気製品・光学機械製造業の競争力の国際比較（2008）

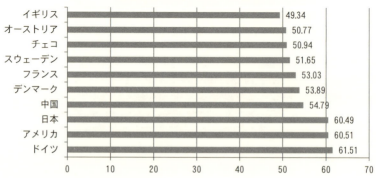

図8-17　交通運送機械製造業の競争力の国際比較（2008）

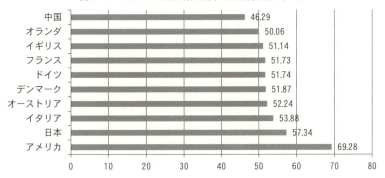

図 8-18 リサイクル加工業の競争力の国際比較 (2008)

3. 現段階における日中両国の産業競争力の比較

　2008年，アメリカによる世界的な金融危機が広がり，日本も中国もその影響を受けて経済成長のテンポを緩めた。なお，こうした環境の激変の中に，日中両国の産業の競争力がどう変わっているか，ここでデーターの制限もあったが，幾つかの産業をもって，ケーススタディーをしたい。

3.1　農業の比較

　農業について，日中両国間の比較は，規模の差が目が立って，中国がかなりの優位にあるが，効率や技術のギャップがこの数年間に縮める傾向を示している。さらに，産業の内部構造から見れば，日本の方がだいぶ安定した状態に対して，中国の方が肉類，水産類，卵などの成長が著しく，輸出能力も大きな進歩を見せたのである。そこで，2014年の両国の農業の競争力が，2008年の結果を逆転し，中国の農業の競争力がわずかながら優位になった（図8-19）。

　なお，資源の賦存量，産業技術のレベル，経営管理，政策的環境，産出（製品もしくはサービス）の実現という5つのファーストグレード評価指標を計算した結果によれば，下記の比較ができる。概観して，中国の方は人口の規模で産出の実現が大きいのに対して，日本の方は産業技術が優位にあることが分かる。

図 8-19 日中両国の農業の競争力 (2014)

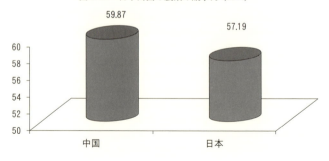

図 8-20 中国農業の競争力の内訳 (2014)

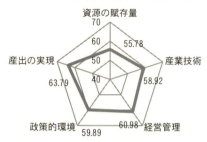

図 8-21 日本農業の競争力の内訳 (2014)

3.2 自動車産業の比較

　自動車産業において，日中両国の従来の格差が大きいであろう。日本は，自動車産業が工業の代表的な存在として，技術も看板方式の管理法も世界上位のものである。一方，中国は改革開放後，自動車産業の成長に励んできていた

図 8-22　日中両国の自動車産業の競争力 (2014)

が，技術の導入が資本の導入に取り替わられ，看板方式もあまり重視されていなかった。しかし，この数年来，量的成長が質的成長へと転換していく姿勢が強く，産業のクラスターが重視され，生産のチェーンの組立が看板方式に似た形で展開されている。一方，技術の自主開発や導入，さらに省エネカー，電気自動車，ソーラーカーなどの画期的新製品開発が活発に行われている。こうした動きの結果，中国の自動車産業は，ある程度，日本との格差を縮めたのである。

なお，資源の賦存量，産業技術のレベル，経営管理，政策的環境，産出（製品もしくはサービス）の実現という5つのファーストグレード評価指標を計算した結果によれば，下記の比較ができる。概観して，中国の方は政策的環境の支持が大きいのに対して，日本の方は産業技術や経営管理がかなりの優位にあることが分かる。

図 8-23　中国自動車産業の競争力の内訳 (2014)

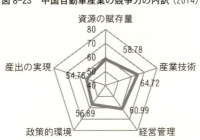

図 8-24　日本自動車産業の競争力の内訳（2014）

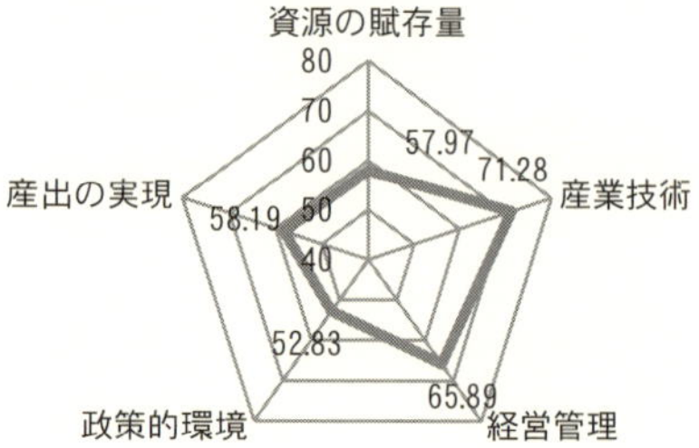

資源の賦存量
80
70
60
50
40
57.97
71.28
産業技術
65.89
経営管理
52.83
政策的環境
58.19
産出の実現

3. 3　化学工業の競争力

化学工業は20世紀の始めの第2次産業革命に発足したものであり，110年以後の現時点には，それ自身の産業技術が既に成熟して，また多くの部分が新材料や新エネなどの新産業へ移り変わった。さらに，化学工業の汚染性のため，化学工業そのものはだんだん発展途上国へ転移し，先進国にはある程度の空洞化が現れた。こうした現実を背景に，日中両国の化学工業の競争力は，日本の技術優位が弱まり，中国の産出優位が強まる形で，接近してくる。

なお，資源の賦存量，産業技術のレベル，経営管理，政策的環境，産出（製品もしくはサービス）の実現という5つのファーストグレード評価指標を計算した結果によれば，下記の比較ができる。概観して，両国のキャップを成した原因は産業技術にあることが分かる。

図 8-25　日中両国の化学工業の競争力（2014）

59.97
60.38
60
55
50
中国
日本

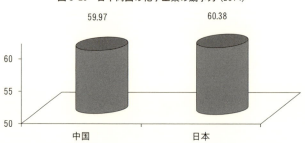

3. 現段階における日中両国の産業競争力の比較   233

図 8-26　中国化学工業の競争力の内訳（2014）

図 8-27　日本化学工業の競争力の内訳（2014）

3.4　電気製品製造業の競争力

　電気製品製造業において，中国は 2000 年までに日本・ドイツなどの先進国を追いかけていたのである。社会消費の高度化・大衆化に伴って，当産業が技術の R&D に励み，液晶テレビやクーラーや冷蔵庫などの分野で新製品を開発し，市場の占有に成功した。それに対して，日本の電気製品製造業は技術の優位を保ったけれど，コストなどの制限で，市場の占有率がより低い現状である。

図 8-28　日中両国の電気製品製造業の競争力（2014）

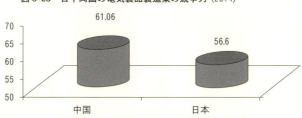

234   第8章　中国産業の競争力と日中産業比較

図 8-29　中国電気製品製造業の競争力の内訳（2014）

図 8-30　日本電気製品製造業の競争力の内訳（2014）

なお，資源の賦存量，産業技術のレベル，経営管理，政策的環境，産出（製品もしくはサービス）の実現という5つのファーストグレード評価指標を計算した結果によれば，上述の比較ができる。概観して，両国のギャップを成した原因は産出の実現および経営管理にあることが分かる。

3.5　コンピューター産業の競争力

コンピューター産業は現代社会の最も応用の幅広い産業部門である。中国は後発国として，資本の導入，技術の導入そして開発，政策環境の支持，市場の拡大そして人材の育成などの要素を強めつつある。それによって，総体的に日

図 8-31　日中両国のコンピューター産業の競争力（2014）

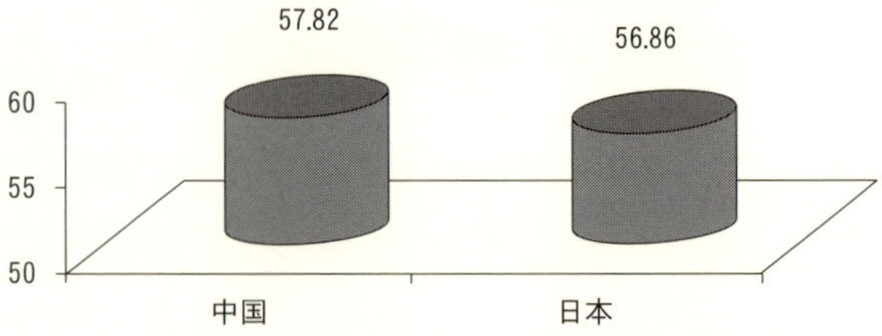

図8-32 中国コンピューター産業の競争力の内訳（2014）

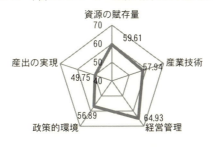

図8-33 日本コンピューター産業の競争力の内訳（2014）

本に追いつき，僅かばかり優位にある。なお，日本は当産業においてアメリカについで世界2位にある強国であり，産業技術から見れば，その優位性は変わっていない。

　なお，資源の賦存量，産業技術のレベル，経営管理，政策的環境，産出（製品もしくはサービス）の実現という5つのファーストグレード評価指標を計算した結果によれば，上述の比較ができる。概観して，両国のギャップを成した原因は中国側がより多い資源の投入，経営管理（新規企業の設立，大企業の育成）の投入にあることが分かる。

4. 産業競争力への影響要素についての考察

4.1 資源の賦存量の変化

　資源の賦存量から見れば，日中両国の格差が著しく存続していることが分かる。まず，土地の占有量では，国土面積の制限があるため，1人あたりの土地

占有を考察しよう。中国が膨大な人口を抱えても，日本より優位にあることが分かる。しかし，日本の1人あたりの土地占有が安定しつつあるのに対して，中国のほうはやや減少する趨勢を見せている。

図8-34 土地占有の日中比較――1人あたりの耕地占有（単位：ヘクタール／人）

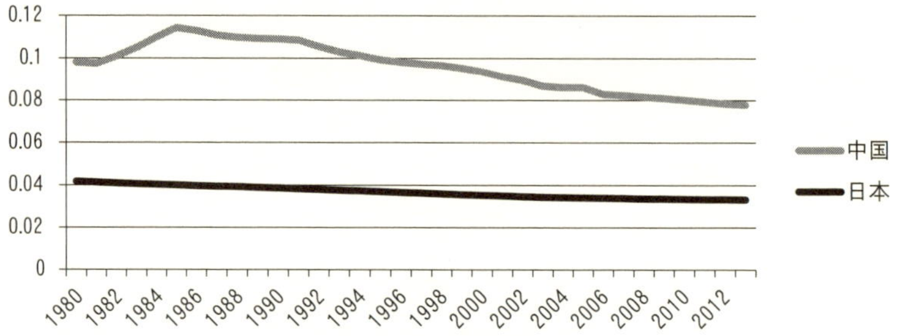

次に，労働力の比較を考えると，人口総数も労働力人数も日本は横ばいの安定した様子を見せているのに対して，中国の方は両方とも増えていることが分かる。逆に，老齢化率の場合では，日本も中国もどんどん伸びている趨勢であるが，日本の方が25％を超えるというより厳しい事情にあるのである。

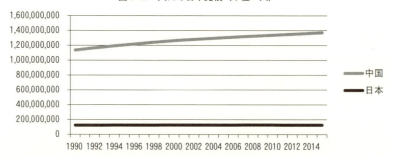

図8-35 人口の日中比較（単位：人）

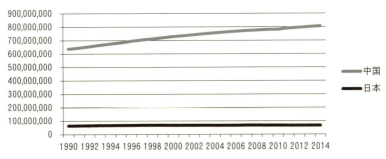

図 8-36　労働力総数の日中比較（単位：人）

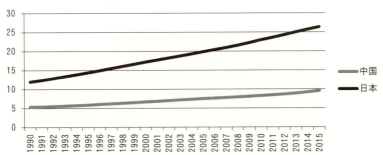

図 8-37　老齢化の日中比較（単位：%）

　さらに，資本の量を考察すれば，中国の場合は，2006年を転換点として，日本の投資総額を超えて，高騰し始め，2014年までに日本の5倍以上に達している。それに対して，日本の投資は基本的に起伏が微小であり，2012年以後は小幅の縮小傾向を見せている。

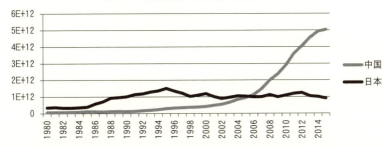

図 8-38　投資総額の日中比較（単位：ドル）

以上の土地，労働力，資本という資源の賦存量をまとめてみると，中国のほうが明確に優位にあることが分かり，それでここ数年来の産業競争力の急成長もある程度理解できる。

4.2 産業技術

産業技術は1産業の成立の先決的条件であり，その産業の存否を決めるものである。この視点から見れば，産業技術の差は産業競争力の差に大いに影響するのである。

なお，中国は，工業化の後進国として，改革開放を始めた1978年の時点では，産業技術のレベルが日本やアメリカなどの先進国に比べて大きなギャップがある。以後，技術導入やFDI導入を通して大幅に技術の更新や改良を行い，先進国との格差を縮めていく。

こうした過程において，外来の技術に依存しすぎ，逆に自己開発を無視したこともあって，企業が学界に批判され，産業政策にR&Dを励まれつつあった。図8-39が示したように，中国企業のGDPにおけるR&D経費のシェアは，日本よりまだかなり低いレベルであろうが，スピードを見ればより早いテンポで伸びていることが分かる。

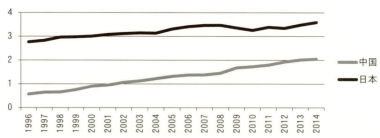

図8-39　R&D投資の日中比較——GDPにおけるシェア（単位：％）

その上，2008年以後，世界的衰退が広がり，中国経済の成長のテンポがその影響を受けてスピードダウンして，8％，7％前後の「新常態」となる。こうした情勢の下，中国共産党の第18回大会が「小康社会を全面的に建設し，改革を全面的に深化し，法律をもって国を治め，厳しく党務を治め」という新し

い戦略を提出し，地方政府に「新常態に積極的に対応し，主動的に導引しよう」と要求した。具体的に言えば，高度成長から中，高度の成長へのスピード転換に対応し，経済成長のエンジンを労働力・土地・資源などの伝統的な要素から技術の創新へとシフトさせ，成長の方式を粗放的なのから集約的なのへとシフトさせる成長方式の転換を加速しよう。そのため，産業技術の創新，産業構造の高度化を促進する一連の産業政策が実行され，「供給側改革」の新戦略を推進することになる。

　具体的な産業政策と言えば，到来する新産業革命により順調に合流し，またそれを早めに実現するため，中国の国務院が2015年3月に提出した「中国製造2025」がその代表的なものであり，また綱領的なものである。この「中国製造2025」の中に，次世代情報技術，高度のデジタルコントロールマシン・ロボット，航空・航天設備，海洋工程装備及びハイテク船舶，高度の軌道交通装備，省エネ・新エネ・カー，電力設備，新材料，生物医薬品及び高度の医用機械，農業機械装備という十大産業を重点産業としてこれからの方向を示した。この十大産業は，現段階の中国における技術面では，より後進的状態にあり，産業の規模も製品の品質も励まれ，技術の開発や応用が急成長しつつあるのも現実である。そして，新産業を早めに成立させるために，中国はイノベーションを提唱し，技術のイノベーション政策の実行に力を入れている。前述の中国企業のR&Dの拡大には，政府の推進が無視されてはならない。

　なお，上に議論したのは技術面に中国企業の競争力を高めるメリットの点であるが，先進国の競争力を低めるデメリットの点が現実にほとんど無視されている。それは，現段階の産業の技術サークルが長すぎるからである。

　現段階の産業システムを見れば，1900年代に発足した第2次産業革命を基本としたものであり，電気の発電機技術（1831）や石油の分溜技術及び自動車のエンジン技術（1885）を源技術（ソース・テク）としたものである[14]。それは，紡績や蒸気機関車を源技術として第1次産業革命の成果を引き受けて，紡績産業，石炭産業，鉄鋼産業，交通物流産業，機械製造業を引き続き発展し生活の各方面を覆わせる膨大な産業システムを成り立てたのである。なお，戦後の電子技術やIT技術も1990年代のIT革命も，この産業システムの技術的基本は変わらなかった。電子技術は電気製品製造業を成立させ，電気系の産業群

の拡大にすぎない。なお，IT 産業の場合は，経済活動の便益化，快速化，ネットワーク化といった役目において，それに参入し，それを拡大してゆくのである。しかし，こうした産業技術のシステムは，IT 技術を除いて，1970 年代から技術の革命的な進歩がなく，先進国の技術進歩を緩めていると同時に，後進国が技術導入そして自己開発によって先進国のレベルに接近する可能性が出てくる。中国企業の技術競争力の成長は，こうした産業革命の遅れ，先進技術の停滞がその原因の 1 つになるのである。

4.3 経営管理

技術が産業の存否を決めるのに対して，経営管理が企業の存否を決める。しかし，経営管理はその内容とした企業の経営戦略，管理の制度や方式，マーケティング，人材の育成と活用，創業と起業家精神などの細かい内容が，簡単に指数化して計算するものではないため，評価し難い。おまけに，データの制限もあって，大体の経営管理の数的計算は，その全貌を展示できず，ただ一部だけ象徴的な指数を計算するものであろう。

本章では，同じく指数化の困難を克服し全面的な評価をすることができなく，企業の世界ランキングや新規企業数など，データの便利な指数をもって，簡単な比較をする。こうした理由として，ランキングは経営管理の結果とは言え，新規企業数は起業家精神の結果なのである。そして，これらの指数を参考にして見れば，中国企業は確かに目覚しい成長を遂げた。

しかし，後進国の影響があって，中国の超大企業が世界的な成功を果たしたものの，中小企業や普通の上場企業の場合は，まだ経営管理の革命を必要としている。特に，家族企業の経営は，株式会社の形を取ったが，まだ家族の家長が主催するのが多い。また，人材に関する管理文化はまだ外部から適応する人材を雇うことに専念し，自ら人材を育てることをほとんど重視されていなかった。

なお，経営管理における中国企業の成長は，産業技術と同じく，先進国を追いかける過程である。こうした過程において，FDI 企業の示範作用が大きく，実効が高い。特に，超大企業の国営企業や中央企業の場合，外資を参入した合弁企業の形で，技術を輸入すると同時に，その経営管理の理念や方式も導入し

たのである。一般的な独資企業でも、その立地が政府指定の産業園しかできないので、産業クラスターの形で、学習の促進メカニズムによって、その経営方の影響を広げるのである。そのため、ここでFDIのデータを見れば、1990年代に入ってから、中国のFDIが急騰し、企業経営への影響がさぞ大きいであることが分かる。

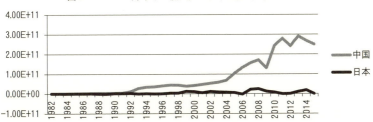

図8-40　FDI（ネットの流入）の日中比較（単位：ドル）

4.4　政策環境

政策環境に関わるのは、たいていの国で、経済成長に影響を与える政策を含んでいるが、地域政策、産業政策、環境政策、都市化政策、国際政策、公共政策がその基本的な内容である。

地域政策を言えば、日本は過密・過疎政策を中心に、国土開発計画などが挙げられるが、中国は、東部先行、中部決起、西部開発、東北振興などの地域発展格差を是正し、そして経済の効率的成長を保つ戦略を確立し、頻繁に関係政策を実行していた。そして、「十三次五カ年計画」において、「一帯一路」経済帯、長江経済帯、京・津・冀経済圏という新しい経済地域を企画して、その発展に励んでいる。

産業政策の面では、日本は産業政策の提唱国として、高度成長期に一連の政策をもって、多数の産業を支えていた。その成功を勉強して、世界中の国が産業政策の重要性を認めている。中国も例外ではない。特に、中国の膨大な経済には産業部門がほとんど欠かせず、各部門に発展の格差が著しい現状に対して、産業別の政策が要求されている。そのため、「中国製造2025」のような全面的な産業政策のほかに、農業や自動車やハイテク産業を対象とする産業別の政策も多数ある。そして、そういう産業政策において、必ず技術創新の方向や

242　第8章　中国産業の競争力と日中産業比較

生産の規模など細かい指導が含まれている。

　環境政策は，経済成長のデメリットの環境汚染を制限するため，工業廃棄物を禁止し，減少させる制度や法律及び産業政策である。中国の場合は，自然環境を回復させるための土地退耕制度や森林の保護制度などのほかに，工業生産の廃棄物に対する制限政策もある。特に，近年来厳しくなりつつある大気汚染・環境汚染を減少するため，二酸化炭素の排出を制限し，電気自動車や新エネカーの生産や消費を奨励する政策が多い。図8-41に示したように，1983年から，中国の二酸化炭素濃度（単位標準オイル使用に当たる二酸化炭素の排出量）は日本を超えていたが，2012年頃から，政府の制限で，低下する趨勢を見せている。

図8-41　二酸化炭素濃度の日中比較

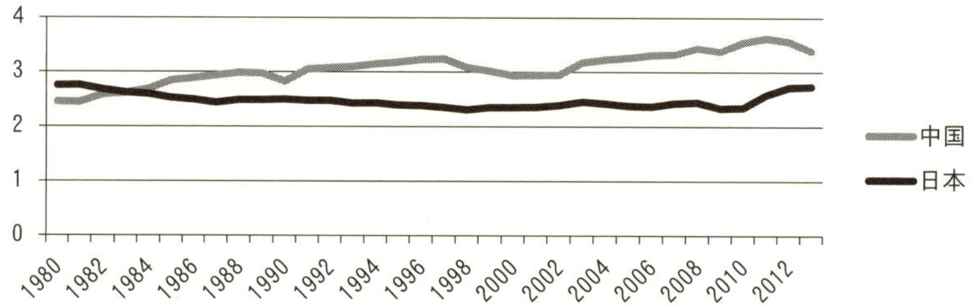

　なお，直接に経済成長を目指す政策のほかに，社会や福祉に関する政策も大きくその経済的影響を示した。この数年間，これらの政策の代表的なものは「新型城鎮化」戦略であろう。当戦略は農民がより順調に都市の生活に参入するため，多数の優遇条件を都市部で働いている農村の若者に与え，それらの都市生活を保障する効き目を期待している。当然，こうした都市化政策によって，消費の拡大や労働者供給の増加が実現される。こうした結果，図8-42が示すように，日本の都市化率がわりに安定しているのに対して，中国の都市化率は長期的に伸びている。

　また，国際政策の分野において，日本はアメリカが主導するTPPに熱中するのに対して，中国は自ら対外関係を強化する「一帯一路」戦略を公表し，積極的に展開させ，アジア基礎施設投資銀行の創立に成功したといった豊富の成

図 8-42 都市化率の日中比較（単位：％）

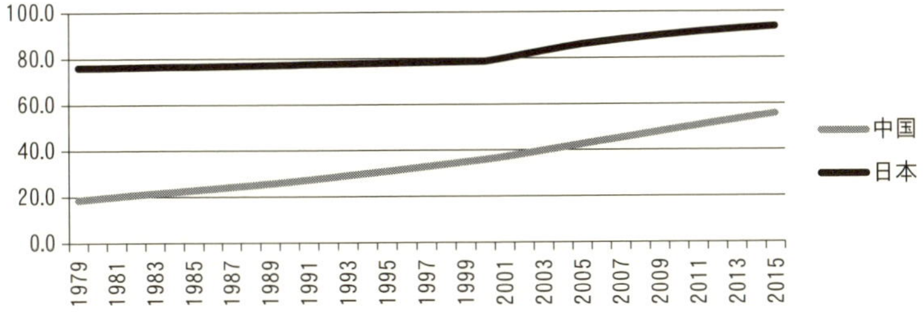

果を遂げている。こうした努力によって，中国は国内の過剰の設備能力を輸出し，高鉄製造業などのハイテク産業の輸出も拡大している。

その他，公共政策の重要な一部として，インフラ建設が改革開放以来，中央にも地方にも重視されてきた。特に，交通施設の建設が優先され，高速道路や高鉄が急速に伸ばしている。鉄道の保有量を取り上げて見れば，日本の方がほぼ横ばいの状態に対して，中国の方がどんどん伸ばして，1980 年の 5 万キロ台から，2014 年の 7 万キロ近くに増やしたのである（図 8-43）。特に，インフラの建設が今回の世界経済の停滞に際して，衰退対策として活用され，中国の高鉄製造業や鉄鋼・セメントなどの建築材料製造業に大きな恩恵を与えた。

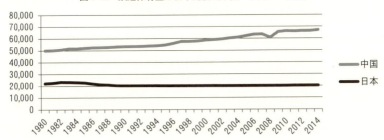

図 8-43 鉄道保有量の日中比較（単位：キロメートル）

前述をまとめてみると，日中両国は共に産業政策を多用しているけれど，中国の方が産業政策以外に地域政策，環境政策，都市化政策，国際政策，公共政策を併用して，著しく好効果を収めている。

4.5 産出の実現

産出の実現は，普通の意味では企業の製品やサービスの強さを象徴するものであるが，その製品の誕生，産業の育成がいずれもニーズに恵まれたのである。というのは，高い市場占有率の後ろに，好製品や好生産を育てる強い市場があるのである。

こうしたメカニズムは中国の産業競争力を説明するのに適当であろう。中国の産業競争力の育成には，国内市場そして国際市場の支えが大きい。

まず，中国の産業成長期は，大衆消費社会の成熟期でもある。改革開放後，渡来の技術と同時に，新しい消費財や消費の理念も渡来され，物質の豊富にしたがって消費も拡大しつつある。また，厖大な人口をもつ中国には，どんな幼稚産業でも，その市場分野を探し出せ，それを利用して成長する可能性が大きい。さらに，前述のように，中国の都市化が長期をわたって高騰する趨勢を保っている。その結果，2014年に55.3%の都市化率に達して，都市部だけにも7億人以上の消費力の強い市場があることを意味する。こうした規模が大きく，製品の選択が寛容で，急成長しつつある市場は，中国の産業の競争力を育てる重要なポイントだろう。

次に，国内市場の上，国際市場の影響がさらに大きいである。周知のように，日本の高度成長の原因の1つが輸出の強さである。中国の経済成長も輸出の成長を伴っている。そして，現段階において，中国はすでに世界一の輸出国になり，日本の5倍ぐらいの総額を成り遂げた。なお，WTOによれば，2015年の輸出ランキングは1位が中国（2兆2,700億ドル），2位がアメリカ（1兆5,000億ドル），3位がドイツ（1兆3,200億ドル），4位が日本（6,251億ドル）の順位となっている。

最後に，国レベルでの産出を考察すれば，GDPの成長率が挙げられる。図8-44に示したように，中国は改革開放の1978年から，経済の高成長が続き，成長率の起伏があるが，平均的に10%の業績に達している。2008年以後の「新常態」にも，7%以上の成長率を成し遂げる。日本の場合は，同段階には，ちょうど高度成長の終了からの時期であり，消費市場が成熟し，産業の技術も革命的なものが少なく，そして，経済の空洞化やバブル化が現れていた。1990年，バブルの崩壊にしたがって，日本経済は低迷な局面が続き，成長率がわず

か1%前後の状態である。こうした両国間の成長率の差が，産業競争力の成長の差でもあると思う。

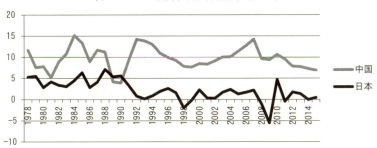

図8-44　GDP成長率の日中比較（単位：%）

まとめ

　日中両国の産業競争力の比較を通して，多くの産業部門において日本が優位にあるが，両国間の格差が縮まりつつあり，さらに農業，電気産業などの産業には中国が逆転して日本を超えたケースもあるといったことが分かる。
　しかし，産業競争力というものは，アメリカ政府が当該国の経済停滞を検討するルーツの1つに過ぎない。それは，現状の解明には役に立つかもしれないが，未来の対策検討には物足りない。おまけに，第4次産業革命が幕を開きかける現時点では，画期的な新産業技術の到来のため，元の技術先進国がその優位性を失い，既存の資源が不適用なものになり，従来の経営方式も改正が迫られるであろう。その点では，現段階の産業競争力の強さは，新技術の創出にさえ繋がらなければ，一時の栄光しかでないと思われる。

注
1　杨华『発展中国家の経済グロバール化への参入対策に関して』工業技術経済［J］．2002年（2）．
2　WEF (1985), "Global Competitiveness Report 1985", WEF (1997), Global Competitiveness Report 1997, World Economic Forum, Geneva, Switzerland.
3　IMD (1997), *The World Competitiveness Yearbook 1997*, Institute for Management Development, Lausanne, Switzerland.
4　裴光『中国保険業競争力研究［M］』中国金融出版社，2002年．
5　狄昂照・吴明录・韩松・李正平『国際競争力［M］』北京，改革出版社，1992年．

246   第 8 章　中国産業の競争力と日中産業比較

6　金碚『中国工業の国際競争力の理論，方法及び実証研究［M］』北京，経済管理出版社，1997 年。

7　連合研究グループ『中国国際競争力発展報告（1997）［M］』中国人民大学出版社，1998 年。連合研究グループ『中国国際競争力発展報告（1999）―科学技術をめぐって［M］』中国人民大学出版社，1999 年。中国人民大学競争力与評価研究センター『中国国際競争力発展報告（2001）―21 世紀の発展主題をめぐって［M］』中国人民大学出版社，2001 年。

8　*The Competitive Advantage of Nations.* New York: The Free Press, 1990.

9　Paul Krugman and the controversial art of popularizing economics. http://www.economist. com/people/ displayStory.cfm?story_id=2208841 Nov. 13th, 2003

10　*The Competitive Advantage of Nations.* New York: The Free Press, 1990.

11　Hamid Alavi (1999), *Regional Coordinator for Trade Facilitation*, MNSIF, World Bank.

12　Dong-song Cho, Hwy-chang Moon, *From Adam Smith to Michael Porter: evolution of competitiveness theory*, world scientific, 2000.

13　金碚『中国工業の国際競争力』北京，経済管理出版社，1997 年。

14　趙儒煜『産業革命論』北京，科学出版社，1995 年。

（趙　　儒煜）

第9章
日中産業の補完と日中企業の連携

要約

　貿易・投資とも減少基調が続き，事業拡大意欲も低下傾向にあった日中の経済関係に底打ちの兆しが顕在化しつつある。2016年の日中貿易総額は1.3％減となったが，中国全体の減少率（6.8％減）を下回ったことから，シェアは0.5ポイント増の7.5％となった。日本の対中直接投資はドルベースでは3.1％減となったものの，人民元建てでは1.7の増加に転じた。ジェトロの調査によると，中国で今後の事業展開の方向性を「拡大」と回答した日系企業の割合は40.1％と若干回復した。

　日中の貿易構造は依然として相互依存的な関係にあり，中国市場開拓を志向した日系企業の投資意欲も決して低下していない。最近の日中企業の連携は，製造業の高度化，環境・省エネ，医療・介護，農業・食品といった日本が「課題先進国」として解決に取り組んできた分野に及んでおり，日本企業が技術や経験，ノウハウを活かして，ビジネス参入を図る動きが活発化しつつある。

はじめに

　日本と中国は2017年，国交正常化45周年という節目の年を迎えた。日中両国は政治・外交的にはさまざまな問題を抱えているが，経済的には切っても切れないほど相互依存関係が深まっている。こうした中で，日本企業は好き嫌い

248　第9章　日中産業の補完と日中企業の連携

にかかわらず，中国と付き合っていかざるを得ない。加えて，少子高齢化を背景に国内市場の拡大が期待できない中で，日本企業は中国経済の活力を取り込み，成長戦略を描いていくことも喫緊の課題となっている。

　日本企業は中国経済の活力を，着実に，したたかに，かつ戦略的に活用し，それを日本経済の復活につなげていくことが求められている。そのためには，バイアスをかけずに出来るだけ客観的に中国企業の強みと弱みを分析しつつ，ウイン・ウインの連携を目指した対中ビジネス戦略を策定していくことがますます重要になっている。

　本章では，まず日本企業の対中ビジネスの現局面について，日中の産業の補完性を日中貿易における主要品目から検証するとともに，投資統計やアンケート調査を基に，日系企業の対中ビジネスの方向性を考察する。その上で，中国の事業環境の変化および政策動向を踏まえた日中企業の連携について，最近の具体的な事例を概観する。

1.　日本企業の対中ビジネスの現局面

1.1　日中貿易の動向

　中国の海関統計によると，2016年の日中貿易総額は前年比1.3％減の2,748億31万ドルと，2012年以来5年連続で前年割れとなった（表9-1）。

　輸出入別にみると，中国の対日輸出は4.7％減の1,292億4,494万ドルと4年連続で前年割れとなった。他方，輸入は1.9％増1,455億5,510万ドルと2年ぶりに増加に転じた。その結果，中国の対日貿易収支は163億1,016万ドルの赤字となった。

　ただし，中国全体の減少率（総額は6.8％減，輸出は7.7％減，輸入は5.5％減）をいずれも下回ったことから，中国の貿易に占める日本のシェアは，総額が7.5％，輸出が6.2％，輸入が9.2％となり，それぞれ前年比で0.5ポイント，0.2ポイント，0.7ポイント上昇した。

　なお，日本の財務省の貿易統計によれば，日本の貿易総額に占める中国のシェアは21.6％，輸出では17.6％，輸入では25.8％となった。貿易総額と輸入

に占める中国のシェアは，それぞれ，2007年以降10年連続，2002年以降15年連続で第1位となっている。輸出のシェアは2012年までは第1位だったが，2013年以降は4年連続で米国に次ぐ第2位となっている（表9-2）。

表9-1　日中貿易の推移

（単位：100万ドル，%）

	輸入額	伸び率	輸出額	伸び率	総額	伸び率	貿易収支
2006年	91,623		115,673		207,295		▲ 24,050
2007年	102,009	11.3	133,942	15.8	235,951	13.8	▲ 31,934
2008年	116,132	13.8	150,600	12.4	266,733	13.0	▲ 34,468
2009年	97,868	▲ 15.7	130,915	▲ 13.1	228,783	▲ 14.2	▲ 33,047
2010年	121,043	23.7	176,736	35.0	297,780	30.2	▲ 55,693
2011年	148,270	22.5	194,564	10.1	342,834	15.1	▲ 46,293
2012年	151,622	2.3	177,834	▲ 8.6	329,456	▲ 3.9	▲ 26,212
2013年	150,132	▲ 1.0	162,245	▲ 8.8	312,378	▲ 5.2	▲ 12,113
2014年	149,391	▲ 0.5	162,921	0.4	312,312	▲ 0.0	▲ 13,529
2015年	135,616	▲ 9.2	142,903	▲ 12.3	278,519	▲ 10.8	▲ 7,286
2016年	129,245	▲ 4.7	145,555	1.9	274,800	▲ 1.3	▲ 16,310

出所：国家統計局編「中国統計年鑑」各年版および中国海関総署資料より作成。

表9-2　2016年の日本の貿易相手国上位5カ国・地域

（単位：100万円，%）

輸出				輸入				総額			
国名	金額	伸び率	シェア	国名	金額	伸び率	シェア	国名	金額	伸び率	シェア
総額	70,039,535	▲ 7.4	100.0	総額	65,969,288	▲ 15.9	100.0	総額	136,008,823	▲ 11.7	100.0
米国	14,143,115	▲ 7.1	20.2	中国	17,016,400	▲ 12.4	25.8	中国	29,378,341	▲ 10.0	21.6
中国	12,361,941	▲ 6.5	17.6	米国	7,308,923	▲ 9.3	11.1	米国	21,452,038	▲ 7.9	15.8
韓国	5,021,138	▲ 5.7	7.2	オーストラリア	3,307,855	▲ 21.4	5.0	韓国	7,740,623	▲ 9.7	5.7
台湾	4,267,647	▲ 4.6	6.1	韓国	2,719,485	▲ 16.2	4.1	台湾	6,763,035	▲ 7.2	5.0
香港	3,651,596	▲ 13.8	5.2	台湾	2,495,388	▲ 11.4	3.8	タイ	5,164,443	▲ 11.8	3.8
EU	7,982,083	0.0	11.4	EU	8,136,144	▲ 5.7	12.3	EU	16,118,227	▲ 3.0	11.9
ASEAN	10,380,474	▲ 9.7	14.8	ASEAN	10,045,658	▲ 15.2	15.2	ASEAN	20,426,132	▲ 12.5	15.0

出所：財務省貿易統計を基に作成。

250　第9章　日中産業の補完と日中企業の連携

　減少基調が続く日中貿易だが，貿易構造は相互補完的な関係にある。中国の
対日輸入を品目別（HSコード4桁ベース）にみると，集積回路（IC）が137
億ドルで第1位の輸入品目となっている。つまり製造業の生産に必要不可欠な
集積回路を日本に大きく依存していることがわかる。この他，上位20品目を
みると，自動車部品，液晶デバイス，半導体デバイス，電気回路用機器（コネ
クタ等），電話機の部品といった基幹部品，乗用車や半導体デバイス・集積回
路・フラットパネルディスプレイ等の製造用機器などの高付加価値製品が並ん
でいる（表9-3）。

表9-3　中国の対日輸入上位20品目（HSコード4桁ベース）

（単位：100万ドル，％）

	HSコード	品目	2014	2015	2016	伸び率	シェア
1	8542	集積回路（IC）	12,346	12,753	13,714	7.5	9.4
2	8703	乗用車	8,590	6,885	7,573	10.0	5.2
3	8708	自動車部品	7,205	5,352	6,109	14.1	4.2
4	9013	液晶デバイス	6,598	5,860	5,022	▲ 14.3	3.5
5	8486	半導体デバイス・集積回路・フラットパネルディスプレイ等の製造用機器	3,279	4,000	4,913	22.8	3.4
6	8541	半導体デバイス	4,684	4,118	4,332	5.2	3.0
7	8536	電気回路用機器（コネクタ等）	3,818	3,627	3,746	3.3	2.6
8	8517	電話機（部品等）	2,611	3,108	3,544	14.0	2.4
9	8479	機械類	2,873	2,327	2,751	18.2	1.9
10	2902	環式炭化水素	3,717	2,763	2,559	▲ 7.4	1.8
11	8532	コンデンサー	2,670	2,610	2,520	▲ 3.4	1.7
12	3920	プラスチック製のシート，フィルム	2,298	2,007	2,066	3.0	1.4
13	8443	印刷機・プリンター・複写機およびファクシミリ	2,761	2,354	2,058	▲ 12.6	1.4
14	3824	化学工業において生産される化学品および調製品	1,888	1,688	1,809	7.2	1.2
15	8504	スタティックコンバーター（整流器等）およびインダクター	2,036	1,770	1,721	▲ 2.8	1.2
16	9001	光ファイバーおよび同ケーブル	1,987	1,693	1,650	▲ 2.5	1.1
17	9031	測定用または検査用の機器	1,766	1,409	1,474	4.6	1.0
18	7403	精製銅および銅合金	1,699	1,520	1,433	▲ 5.7	1.0
19	9027	物理分析用または化学分析用の機器	1,263	1,269	1,361	7.2	0.9
20	8481	コック・弁等に類する物品	1,331	1,092	1,242	13.7	0.9

出所：Global Trade Atlas を基に作成。

1. 日本企業の対中ビジネスの現局面　　*251*

　他方，対日輸出をみると，電話機（携帯電話等）が第1位，自動データ処理機械（パソコン等）が第2位となっているが，これらは輸入した部品を基に組み立てられた完成品がほとんどである。その他，輸出の上位20品目には，ジャージー・カーディガン・ベスト等に類する製品，女性用の衣類，バッグ類，Tシャツ等の肌着，男性用の衣類といった労働集約型の製品が少なくないのが現状である（表9-4）。

　すなわち，日中の貿易構造は，中国が基幹部品・素材を日本から輸入し，それを基に組み立てた完成品や労働集約型の製品を日本に輸出するという相互補完的な関係になっているのである。

表9-4　中国の対日輸出上位20品目（HSコード4桁ベース）

（単位：100万ドル，%）

	HSコード	品目	2014	2015	2016	伸び率	シェア
1	8517	電話機（携帯電話等）	9,599	10,605	11,367	7.2	8.8
2	8471	自動データ処理機械（パソコン等）	9,643	7,032	6,268	▲ 10.9	4.8
3	8541	半導体デバイス	5,613	4,508	3,360	▲ 25.5	2.6
4	8708	自動車部品	2,834	2,671	2,799	4.8	2.2
5	6110	ジャージー・カーディガン・ベスト等に類する製品	2,924	2,756	2,587	▲ 6.1	2.0
6	8443	印刷機・プリンター・複写機およびファクシミリ	2,692	2,508	2,344	▲ 6.5	1.8
7	6204	女性用の衣類	2,423	2,207	2,187	▲ 0.9	1.7
8	8544	ケーブル類	2,503	2,039	1,801	▲ 11.7	1.4
9	4202	バッグ類	1,738	1,712	1,722	0.6	1.3
10	6109	Tシャツ等の肌着	2,262	1,776	1,626	▲ 8.4	1.3
11	8415	エアコンディショナー	2,069	1,666	1,613	▲ 3.2	1.2
12	9401	腰掛け	1,587	1,573	1,590	1.1	1.2
13	8542	集積回路	1,603	1,942	1,563	▲ 19.5	1.2
14	6203	男性用の衣類	1,851	1,602	1,468	▲ 8.4	1.1
15	8528	テレビ，モニター等	1,480	1,295	1,450	11.9	1.1
16	8504	トランスフォーマー・スタティックコンバーター（整流器等）およびインダクター	1,664	1,470	1,404	▲ 4.5	1.1
17	8516	電熱機器（電子レンジ等）	1,464	1,364	1,330	▲ 2.5	1.0
18	3926	その他のプラスチック製品	1,247	1,170	1,183	1.1	0.9
19	9403	家具	1,314	1,176	1,171	▲ 0.4	0.9
20	9103	液晶デバイス	1,607	1,368	1,145	▲ 16.3	0.9

出所：Global Trade Atlas を基に作成。

252　第9章　日中産業の補完と日中企業の連携

1.2　日本の対中直接投資の動向

　中国の商務部の統計によると，2016年の日本の対中直接投資は前年比3.1％減の31億ドルとなり（表9-5），4年連続で前年割れとなったものの，底打ちの兆しも現れており，商務部によれば人民元建てでは1.7％の増加に転じている。

　日本の対中直接投資が減少した要因としては，コスト上昇や中国経済の減速といった事業環境の変化に加えて，2011〜2012年に投資が大幅に増加したことに対する反動が挙げられる。日本の対中直接投資は，2011年に前年比49.6％増の63億4,800万ドルと急増，2012年は16.3％増の73億8,000万ドルと過去最高を更新した。この背景には，円高の進展に伴う輸出から現地生産への切り替え，東日本大震災の発生によりサプライチェーンが寸断されたことから，リスク分散を目的とした中国への生産拠点移転が活発化したこと等が挙げられる。

表9-5　中国の国・地域別対内直接投資

（単位：100万ドル，％）

	2014年				2015年				2016年			
	国・地域名	実行額	シェア	伸び率	国・地域名	金額	シェア	伸び率	国・地域名	実行額	シェア	伸び率
1	香港	85,740	71.7	9.5	香港	92,670	73.4	8.8	香港	87,180	69.2	▲ 5.9
2	シンガポール	5,930	5.0	▲ 19.1	シンガポール	6,970	5.5	17.5	シンガポール	6,180	4.9	▲ 11.3
3	台湾	5,180	4.3	▲ 1.3	台湾	4,410	3.5	▲ 14.1	韓国	4,750	3.8	17.6
4	日本	4,330	3.6	▲ 38.8	韓国	4,040	3.2	1.8	米国	3,830	3.0	47.9
5	韓国	3,970	3.3	29.8	日本	3,210	2.5	▲ 25.2	台湾	3,620	2.9	▲ 17.9
6	米国	2,670	2.2	▲ 20.4	米国	2,590	2.1	▲ 2.0	マカオ	3,480	2.8	291.0
7	ドイツ	2,070	1.7	▲ 1.2	ドイツ	1,560	1.2	▲ 24.6	日本	3,110	2.5	▲ 3.1
8	英国	1,350	1.1	28.0	フランス	1,220	1.0	71.8	ドイツ	2,710	2.2	73.7
9	フランス	710	0.6	▲ 6.8	英国	1,080	0.9	▲ 20.0	英国	2,210	1.8	104.6
10	オランダ	640	0.5	▲ 50.1	マカオ	890	0.7	53.4	ルクセンブルク	1,390	1.1	n.a.
	その他	6,970	5.8	▲ 13.5	その他	7,630	6.0	9.5	その他	7,540	6.0	▲ 1.2
	全世界合計	119,560	100.0	1.7	全世界合計	126,270	100.0	6.4	全世界合計	126,000	100.0	▲ 0.2

注：2014年以降のデータは1,000万ドル以上の単位で公表されているため，シェアおよび伸び率は実際の数値と異なる可能性がある。

出所：商務部「中国投資指南」ウェブサイトを基に作成。

しかし，2013年以降は為替レートが円安に転換する中，中国に投資して現地生産に切り替えるよりも，むしろ輸出した方が有利になっており，また，人民元建てでみた場合，投資コストが円高時より高くなっていることも投資にマイナスの影響を与えている。日中関係の悪化がネガティブな影響を及ぼしたことも否定できないものの，日本の対中直接投資の減少は，上記のような複合的な要因によるものと考えられる。

1.3 日本の対中ビジネスの今後の方向性

ジェトロでは，アジア・オセアニア地域における日系企業活動の実態を把握し，その結果を広く提供することを目的に，同地域の計20カ国・地域に進出している日系企業を対象とした「アジア・オセアニア進出日系企業実態調査」を年1回実施している。2016年度調査は，2016年9〜11月に実施し，合計4,642社（うち中国は604社）より有効回答を得た。ここでは，本調査の結果を基に日本企業の対中ビジネスの今後の方向性について考察する。

今後の事業展開の方向性について，中国進出企業で「拡大」と回答した企業の割合は，2011年度調査では6割を超えていたが，2012年度は反日デモの影響などもあり52.3％に低下，2015年度は38.1％と，1998年度の調査開始以来，初めて4割を割り込んだ。2016年度調査では40.1％と，2015年度調査と比較して若干回復したものの，アジア・オセアニア地域の全体平均（52.2％）を10ポイント以上下回る結果となった（図9-1）。

ただし，回答割合が低下傾向にあるとはいえ，4割超の企業が中国で事業を「拡大」すると回答している。その理由を尋ねたところ，「売上の増加」（81.6％）が最も多く，次いで「成長性，潜在性の高さ」（44.4％）となっており，市場に対する期待が拡大の理由となっていることがうかがわれる（図9-2）。

他方，「現状維持」は前年比1.5ポイント増の52.8％となり，2年連続で5割を超えた。また，「縮小」もしくは「移転・撤退」と回答した企業の割合は3.4ポイント減の7.2％となった。このうち，「縮小」は5.3％，「移転・撤退」は1.8％となっており，その比率は必ずしも高くはない。

なお，事業を「縮小」もしくは「移転・撤退」と回答した企業に，その理由

図 9-1 今後の事業展開の方向性

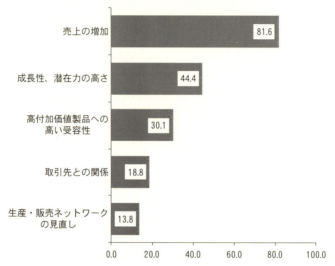

出所：ジェトロ「アジア・オセアニア進出日系企業実態調査」(2016年度調査)。

図 9-2 事業を拡大する理由

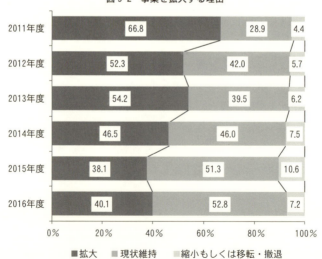

出所：図9-1に同じ。

図 9-3　事業縮小もしくは移転・撤退の理由

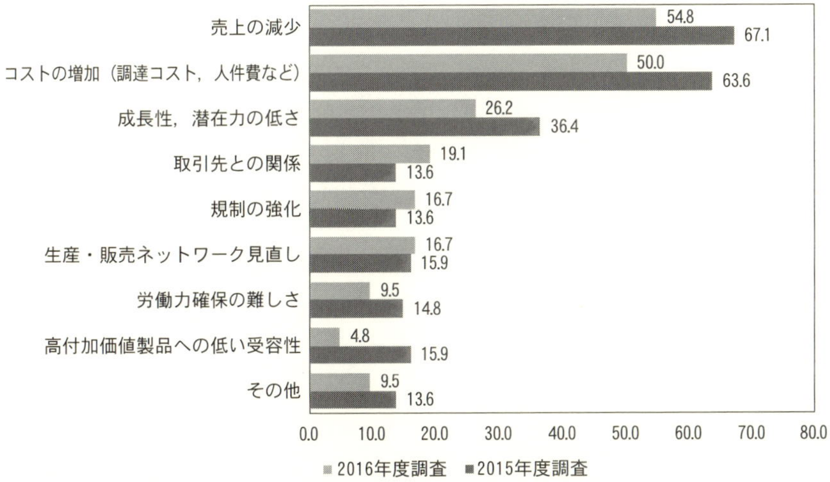

理由	2016年度調査	2015年度調査
売上の減少	54.8	67.1
コストの増加（調達コスト，人件費など）	50.0	63.6
成長性，潜在力の低さ	26.2	36.4
取引先との関係	19.1	13.6
規制の強化	16.7	13.6
生産・販売ネットワーク見直し	16.7	15.9
労働力確保の難しさ	9.5	14.8
高付加価値製品への低い受容性	4.8	15.9
その他	9.5	13.6

■2016年度調査　■2015年度調査

出所：図 9-1 に同じ。

を尋ねたところ，「売上の減少」（54.8％），調達コストや人件費等の「コスト
の増加」（50.0％）という回答が多くなっている（図 9-3）。

　中国進出日系企業の「今後の事業展開の方向性」は，「拡大」との回答が約
4 割にとどまった。ただし，業種，地域による格差も大きい。「拡大」の比率
を地域別に見ると，内陸部の「湖北省」（50.0％），大消費地である「北京市」
（46.7％）および「上海市」（45.9％）で「拡大」の割合が全体平均を超えた。
他方，輸出加工型が多い「遼寧省」（32.8％），「山東省」（28.9％），「広東省」
（26.9％）で拡大意欲が相対的に低い（図 9-4 ～ 5）。

　業種別では，非製造業（47.0％）が製造業（36.3％）より 10 ポイント以上高
い。また，製造業の中でも「食料品」（53.6％），「化学・医薬」（43.4％），「輸
送機械器具」（43.0％）など内需型産業で，「拡大」と回答した比率が相対的に
高い。他方，輸出型産業である「繊維」（19.1％）は同比率が 2015 年調査に続
いて 2 割を下回った（図 9-6 ～ 7）。

　「新常態」下の中国では，産業構造の転換に向け，過剰生産能力を抱える製
造業が投資を絞る方向にあり，輸出も外需の弱まり等を背景に減少している。
他方，消費の伸びは安定的に推移，E コマースも拡大している。進出日系企業

256 第9章 日中産業の補完と日中企業の連携

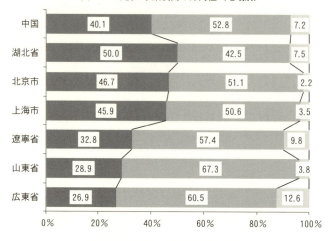

図9-4 今後の事業展開の方向性（地域別）

出所：図9-1に同じ。

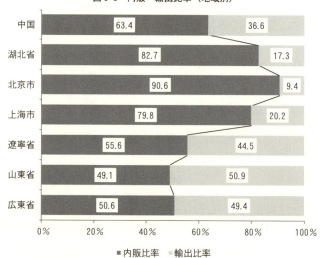

図9-5 内販・輸出比率（地域別）

出所：図9-1に同じ。

1. 日本企業の対中ビジネスの現局面   257

図 9-6　今後の事業展開の方向性（業種別）

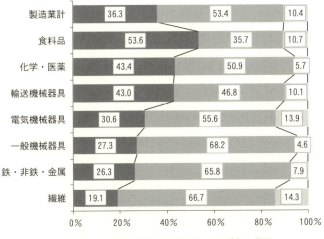

出所：図 9-1 に同じ。

図 9-7　内販・輸出比率（業種別）

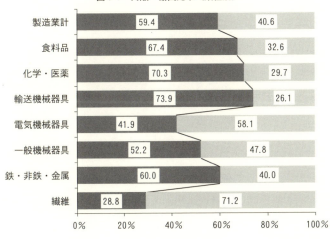

出所：図 9-1 に同じ。

258 第9章 日中産業の補完と日中企業の連携

へのヒアリング調査でも中国経済の減速を感じつつも，悲観一色ではなく，事業内容によって明暗が交錯しており，まさに「まだら模様」となっている。

日中の経済関係は，ここ数年，貿易・投資とも減少基調が続いており，日系企業の事業拡大意欲も低下傾向がみられていた。ただし，最近では中国経済の「新常態」への転換が進展する中で，いずれも底打ちの兆しが顕在化しつつある。日中の貿易関係は，依然として相互依存的な関係にあり，日系企業の対中ビジネスについても，中国の市場開拓を志向した投資意欲は決して低下しているわけではなく，事業環境の変化の中で新たな市場開拓を模索する段階に入りつつあるといえよう。次項では，こうした現局面を踏まえた最近の日中企業の連携について，具体的な事例から概観していくこととする。

2. 中国の政策動向を踏まえた日中企業の連携

中国は共産党一党独裁の中央集権国家であり，展開するビジネス分野によっては，共産党や政府の方針や考え方が色濃く反映されるケースも少なくない。そういう意味で，中国においては，中国政府の政策や方針を踏まえたビジネス展開が必要不可欠となる。

最近の政策動向をみると，中国が抱える課題は，まさに日本がいわゆる「課題先進国」として解決に取り組んできた分野であり，日本企業がその技術や経験，ノウハウを活かして，その解決に向けてビジネス参入を図る動きが活発化しつつある。

ここでは，その代表的な分野として，①製造業の高度化，②環境・省エネ，③医療・介護，④農業・食品，⑤第三国・地域での事業展開に焦点を当てて，最近の中国の政策動向および日中企業の連携の事例を紹介する。

2.1 製造業の高度化

中国は従来のような労働集約型産業だけで生き残りを図ることは難しくなっており，資本集約型産業やサービス産業をさらに振興し，産業構造を高度化させていくことが求められている。そういう意味で，中国における製造業も含め

た産業構造高度化の成否は，中長期的な発展を占う上でも極めて大きな注目点となる。

　こうした背景の下，中国政府は2015年5月，「製造大国」から「製造強国」への転換を目指す国家戦略「中国製造2025」を打ち出し，製造業の高度化に向けて大きな一歩を踏み出した。「中国製造2025」では，製造強国への転換に向けて，5大プロジェクトと重点10分野が定められている（表9-6～7）。

　また，2016年3月に公表された第13次5カ年計画（2016～2020年）においても「製造業の高度化を目指し，イノベーション発展を推進する一環として，製造強国の建設を目指す「中国製造2025」という政策を実施し，製造業のイノベーション力と基礎力の向上を重点として，情報技術と製造技術の融合を推進し，製造業のハイエンド，スマート，グリーン，サービスといった方向への発展を促進し，製造業の競争をめぐる新たな優位性を育成していく」としている。

　「中国製造2025」の施行以降，2016年5月には，伝統的産業の高度化と新興産業の発展の統一的な推進を目的とした「製造業の高度化・改造重大プロジェクト」，中国が発展をリードする上で第1の原動力と位置付けるイノベーションによる発展を目指す「国家イノベーション駆動型発展戦略」が相次いで公表されるなど，製造業の高度化に向けた動きが本格化しつつある。さらに，2017年1月には「対外開放の拡大と外資の積極的利用の若干の措置に関する通知」を公表。外資系企業と中国企業に「中国製造2025」の政策措置を同等に適用し，「スマート製造」や「グリーン製造」への投資を奨励する方針も打ち出した。

　中国は製造強国への転換を目指し，「中国製造2025」を始動したものの，現状では自主イノベーション能力の不足，コア技術および基幹部品の対外依存度の高さ，世界的に有名なブランドの不足など，解決しなければならない問題を数多く抱えており，短期間でのキャッチアップが難しいことは中国自身も認識している。

　とりわけ，イノベーション能力の向上については，政府が政策を策定しただけでできるものではなく，企業自身がいかに自主イノベーション能力を高めるかにかかっているわけだが，国内の多くの企業はイノベーション能力に欠けて

260　第9章　日中産業の補完と日中企業の連携

表 9-6 「中国製造 2025」における 5 大プロジェクト

プロジェクト名	概要
製造業イノベーションセンター（工業技術研究基地）建設プロジェクト	製造業イノベーションセンターを設立し，業界の基礎技術および共通・基幹技術の研究開発，成果の産業化，人材育成などの業務を重点的に実施する。製造業イノベーションセンターの選出，審査，管理の基準および手続きを制定，整備する。2020 年までに，約 15 カ所の製造業イノベーションセンターを重点的に設立し，2025 年までに約 40 カ所の設立を目指す。
スマート製造プロジェクト	2020 年までに，製造業の重点分野におけるスマート化レベルを顕著に引き上げ，パイロットモデル事業の運営コストを 30％削減し，製品ライフサイクルを 30％短縮し，不良品率を 30％低減する。 2025 年までに，製造業の重点分野において全面的にスマート化を実現し，パイロットモデル事業の運営コストを 50％削減し，製品ライフサイクルを 50％短縮し，不良品率を 50％低減する。
工業基礎強化プロジェクト	2020 年までに，中核基礎部品，基幹基礎材料の国内自給率 40％を実現し，宇宙設備，通信設備，発電・送変電設備，建設機械，軌道交通設備，家庭用電化製品などの産業において必要とされる中核基幹部品および基幹基礎材料の先進的製造プロセスの普及と応用を実現する。 2025 年までに，中核基礎部品，基幹基礎材料の国内自給率 70％を実現し，代表的な先進的プロセス 80 種類の普及と応用を実現し，一部を世界トップレベルに引き上げ，整備された産業技術基礎サービス体系を構築し，完成品が牽引し，基礎が支える協働的・互助的な産業イノベーションによる発展の構図を形成する。
グリーン製造プロジェクト	2020 年までに，グリーンモデルファクトリー 1,000 カ所およびグリーンモデル産業パーク 100 カ所を建設し，重点業界における主要な汚染物質排出量を 20％削減する。 2025 年までに，製造業のグリーン発展および主要製品における単位当たり消費量を世界トップレベルに到達させ，グリーン製造体系を基本的に構築する。
ハイエンド設備イノベーションプロジェクト	大型航空機，航空機用エンジン，ガスタービン，民用宇宙，スマート・グリーン列車，省エネルギー・新エネルギー自動車，海洋事業用設備，ハイテク船舶，スマートグリッド設備，ハイレベル工作機械，原子力発電設備，ハイエンド診療設備などのイノベーション・産業化の特別・重要事業を実施する。 2020 年までに，前述の分野における自主開発，応用を実現する。2025 年までに，独自の知的財産権のあるハイエンド設備市場のシェアを大幅に高め，中核技術の海外依存度を顕著に低下させ，インフラ能力を顕著に引き上げ，重要分野の設備で世界トップレベルを達成する。

出所：国務院「『中国製造 2025』に関する通知」を基に作成。

2. 中国の政策動向を踏まえた日中企業の連携　*261*

表 9-7　「中国製造 2025」における重点 10 分野

重点分野	主な対象（一部抜粋）
次世代情報技術産業	集積回路および専用設備：国家の情報，サイバー空間の安全および電子機器産業の成長に関わる中核汎用チップなどで飛躍を遂げ，国産チップの応用，適合能力を高める。 情報通信機器：第 5 世代移動通信 (5G) 技術，超高速大容量インテリジェンス光転送技術などで飛躍を遂げ，量子計算，ニューラルネットワークなどの成長を推進する。核心的な情報通信機器の体系的な発展と大規模な応用を推進する。 オペレーションシステム (OS)，業務用ソフト：ハイエンドな業務用ソフトウェアの中核技術などで飛躍を遂げ，業務用ソフトの統合規格とセキュリティーアセスメントシステムを構築する。自前の業務用ソフトの体系化と産業化を進める。
ハイエンド工作機械・ロボット	ハイエンド工作機械：精密，高速かつハイパフォーマンス，フレキシブルな工作機械と基礎製造機械および統合製造システムを開発する。ハイレベル工作機械，積層造形などの先端技術，機器の研究開発を強化する。 ロボット：産業用ロボット，特殊ロボットおよび医療健康，家政サービス，教育・娯楽など向けのロボット応用の需要に応えて新製品の研究開発，ロボット標準化の促進，モジュール化を進め，市場での応用を拡大する。
航空・宇宙用設備	航空用設備：大型航空機の開発を進め，ワイドボディー機の開発に着手する。先進的な機上装備および機上システムを開発し，独自の完全な航空産業サプライチェーンを形成する。 宇宙用設備：次世代の運搬ロケット，重量物搬送装置の開発を進め，宇宙開発能力を高める。有人宇宙飛行，月面探査事業を推進し，宇宙探査能力を強化する。宇宙技術の実用化，空間技術の応用を推進する。
海洋工程設備およびハイテク船舶	深海探査，海洋作業向け安全保障用設備およびその主要システム，専用設備の開発に注力する。海洋事業用設備の総合試験，検査，鑑定能力を強化し，海洋の開発・利用を進める。 液化ガス運搬船などのハイテク船舶の国際競争力を大幅に強化する。
先進的軌道交通設備	先進的で信頼性，適合性のある製品の開発，製品の軽量化，モジュール化，系統化を進める。 エコロジー性，スマート性の高い次世代の重量物搬送用高速軌道交通設備システムの研究開発を進め，世界トップレベルの現代軌道交通産業体系を構築する。
省エネルギー・新エネルギー自動車	電気自動車，燃料電池自動車の開発を引き続き支援し，自動車の低炭素化，情報化，スマート化の中核技術を掌握し，事業化，実用化を進め，部品から完成車までの完全な工業・イノベーション体系を整備し，自主ブランドの省エネルギー・新エネルギー自動車を世界トップレベルに引き上げる。

(つづく)

262　第9章　日中産業の補完と日中企業の連携

電力設備	ウルトラクリーン石炭プラントの実用化とモデル事業を推進し，水力発電・原子力発電ユニット，重量型ガスタービンの製造能力を高める。 新エネルギー，再生可能エネルギー機器，先進的なエネルギー貯蔵装置，スマートグリッド用送電・変電機器などの開発を推進する。 主要な部品，材料の製造・応用技術で飛躍を遂げ，産業化能力の形成を図る。
農業用機器	大口消費食糧，戦略的経済作物の主な生産プロセスで使用する先進的な農業用機器を重点的に開発し，ハイエンドの農業用機器および主要な中核部品の開発を強化する。 農業用機器の情報収集，スマート意思決定，作業の正確性を高め，農業生産向けのITトータルソリューション体制構築を推進する。
新材料	特殊金属機能材料，高性能構造材料，機能性高分子材料，特殊無機非金属材料，先進的な複合材料を重点とし，新材料調製の主要な技術，設備の研究開発を強化し，実用化に向けた調整のボトルネックを打破する。 軍民共用の特殊新材料の開発を進め，軍民用の新材料産業の調和のとれた成長を促進する。
バイオ医薬および高性能医療機器	イノベーション的な漢方薬および独創的な治療薬物を開発する。 医療機器のイノベーション能力・産業化水準を向上させ，映像機器，医療用ロボットなどの高性能診療機器，生分解性血管内ステントなどの高付加価値医療消耗材，遠隔診療などの移動型医療機器の開発に重点を置く。

出所：表9-6に同じ。

いるのが現状といわれる。コア技術および基幹部品の中国国内自給率を高め，ハイエンドの製品を製造するには長期的な技術の蓄積が必要であり，ブランド構築も一朝一夕にできるものではないことは，中国の有識者も率直に認めている。

とはいえ，中国が製造強国入りを目指して本格的に動き出したことは確かであり，日本企業としては，今後とも常に研究開発を行い，技術の先進性・優位性を保持していくことが，中国企業との競争上重要となる。また，製造強国への転換を急ぐ中国企業による，単に技術の獲得だけを目的とした敵対的買収を回避するなど，技術流出の防止や知的財産権の保護に努めていくことも肝要になると思われる。

他方，中国が重点的に取り組もうとしている5大プロジェクトや重点10分野には，今後の中国ビジネスにおける有望分野のほか，日本企業が優位性を持つ分野も数多く含まれており，技術を必要とする中国企業と提携しつつ，市場開拓を推進することがビジネスチャンスにつながると考えられる。中国の製造

業の高度化に資する日本企業の動向について，以下に概観する。

①日立製作所

「中国製造 2025」では，環境や省エネに配慮した製造を目指す「グリーン製造」，IT を活用して高い生産性や高品質を目指す「スマート製造」によって，中国の製造業の現状を改善していくことが謳われている。

こうした中，日立製作所は 2015 年 11 月 23 日，北京市において行政・企業間の交流および協力の促進を目的に，「グリーン製造」や「スマート製造」に関する技術を紹介する「中国製造 2025」技術交流会を開催[1]。中国政府や業界団体，企業の代表者など約 200 名が参加し，中国の製造業に同社の技術がどのように適応できるかといった議論が行われた。

また，同社は 2016 年 12 月 15 日，北京市において，国家発展改革委員会とともに，行政・企業間の交流および協力の促進を目的に，「創新と健康養老」をテーマとした経済技術交流会を開催[2]。経済技術交流会には政府代表者に加えて，中国の製造業や IT，ヘルスケア関連企業，各業界の協会代表者などが 200 名以上出席した。会場では，「中国製造 2025」に応える日立の社会イノベーション事業や IoT 関連の研究開発に加え，中国政府が 2016 年 10 月に発表した国民の健康増進を主眼とした重要施策である「健康中国 2030」に応え，介護を含むヘルスケア関連事業・技術をパネル展示により紹介した。

日立製作所は中国において，「スマート製造」や「グリーン製造」などをテーマに技術交流会を実施することで，同社の取り組みや技術力をアピールするとともに，中国の地方政府や企業との積極的な交流によりニーズを把握し，新しいビジネス価値の創出を図っている。同社は技術交流会での中国政府・企業との交流を通じ，協創をさらに加速し，社会イノベーション事業を展開することで，「中国製造 2025」「健康中国 2030」の実現に貢献していくとしている。

②三菱電機

中国では「中国製造 2025」の推進において，工場や研究機関などで強化プロジェクトが指定されており，大規模な設備投資が予定されている。

三菱電機は同社の FA 機器との接続親和性の良いソフトウェア・機器を提供するパートナーとそれらを活用しシステムを構築するシステムインテグレー

ションパートナーとの強力な連携により，顧客に最適なソリューションを提供するための FA パートナープログラムである「e-F@ctory Alliance」を展開している。富士通や NEC，米 IBM など 300 社と提携関係があり，多くのパートナーメーカーと多彩なコラボレーションを展開し，高度なシステムソリューションを構築することで，「生産の最適化」と「経営の効率化」を着実に達成することを目指している。

　中国では，これら企業の現地法人のほか，新たに地場企業にも呼びかけて中国版 e-F@ctory Alliance を立ち上げた。2015 年 12 月 17 日に上海で 50 社を集めた発足会を開き，今後は説明会や展示会で提携企業を増やしていくとしている[3]。同社は中国版 e-F@ctory Alliance をテコに，政府主導で製造業の高度化に力を入れる中国での需要取り込みを強化し，自動化設備等の自社製品の販売拡大を図る方針を示している。

③富士通

　中国政府は「中国製造 2025」を通じて最先端の ICT と製造業を融合し，製造の品質を重視した「製造強国」に転換することを目指していることから，富士通と富士通（中国）信息系統有限公司（FCH）は 2016 年 10 月 5 日，中国のスマートシティソリューションを提供する国有大手企業の上海儀電（集団）有限公司（INESA）と製造業における競争力強化を目指す中国製造 2025 に向け，「スマート製造プロジェクト」で協業すると発表した[4]。

　電子製造業界において 50 年以上の歴史を持つ INESA は，近年は新しい時代の変革に順応するため，製造業とともに情報産業の発展を牽引し，スマートシティの構築に貢献することをビジネスモデルとして戦略目標に掲げ，ICT と製造業を融合させた新しい産業の創造に取り組んでいる。

　今回，富士通と FCH は，INESA のグループ会社である INESA Display Materials Co., Ltd のカラーフィルター製造工場で，現在の業務プロセスや課題を把握し，それらを検証することで，現状の業務に合ったスマート工場の実現に向けた計画を策定した。既存の自動生産ラインと製造管理システムなどの情報に基づき，製品の製造工程や生産ラインの配置などの製造全体のプロセスをビッグデータや IoT などのデジタル革新を実現するテクノロジーと結び付け，富士通のセンサーやネットワーク技術，ダッシュボードソリューション，

ビッグデータ分析プラットフォームなどを活用した工場の効率性を可視化するシステムを構築し，INESA グループの製造のスマート化を進めていくとしている。

④三井物産

「中国製造2025」は戦略任務の1つとして「サービス型製造と生産型サービス業の積極的な発展」を掲げ，企業の生産活動をサポートし，製造業と密接に関わる専門的サービス業の発展に力を入れる方針を示している。

「中国製造2025」の施行に先立ち，国務院は2014年8月，「生産型サービス業の発展加速による産業構造の調整・向上の促進に関する指導意見」を打ち出し，サービス業の発展による経済構造の転換を目指している。「指導意見」に挙げられているのは，研究開発設計，3PL（サード・パーティー・ロジスティクス），ファイナンスリース，情報技術（IT）サービス，環境保護サービス，検査認証，E コマース，ビジネス・コンサルティング，アウトソーシング・サービス，アフターサービス，人的資源サービスとブランド構築の11分野である。これらは，中国では専業企業が育っておらず，中国政府が未成熟と認識する分野であり，豊富な経験を有する日本企業が，先行者としての地位を確立することも期待される分野でもある。

例えば，企業が自社の事業活動の一部を外部の専門企業に委託するアウトソーシング・サービスは，中国においても近年，経済成長の減速，人件費をはじめとしたコストの上昇，競争環境の激化などを背景としてニーズが高まっている分野である。中でも成長著しい分野の1つが給食サービスである。この背景には，生産年齢人口が減少し，労働者の確保が難しくなる中，社員食堂の運営を外部企業に委託することで福利厚生を充実させ，社員が長く働くモチベーションを高めようとする企業が増えていることがある。

このような中，三井物産は2015年7月，中国給食事業者の健力源グループ（健力源社）を統括する北京三源餐飲管理（三源社）の株式約25％を取得し，中国での給食事業に参入した。2001年に山東省青島市で創業した健力源社は，青島市の大手家電メーカー，ハイアールを最大のクライアントとし，華北地域を中心に事業を展開している。ハイアール以外では，欧米系自動車メーカーや日系電機メーカーなどの外資系製造業から給食事業を受託している。

従来，三井物産は，グローバルに展開する米国の給食会社アラマークと1976年に合弁企業「エームサービス」を設立。以来，40年余りにわたって日本国内で給食事業を展開し，順調に業績を拡大してきた。日本企業の海外展開が進展し，国内市場の伸びが鈍化する中，新たな成長戦略として新興国における給食事業を重点事業に掲げ，三源社に出資することになった。

同社の出資後，三源社は中国最大の検索エンジン企業である百度の給食事業を受託し，中華料理に加えて和食も提供している。同社は「中国でも，都市部では和食文化が根付いており，他社との差別化も図れることから，今後は和食メニューを増やしていく」と語っている。また，今後の事業展開については，「病院，介護施設，都心部オフィスといった中国では未開拓な分野への給食の拡大が期待される。病院や介護施設では栄養食や嚥下食等，機能性の高い食事が要求される分野であり，日本の給食ノウハウが活用できる」と述べている。

三井物産としては当面，日本で培ってきた経営管理手法，原材料のトレーサビリティといったノウハウを三源社に供与しつつ，中国での給食事業の拡大を図る方針である。また，将来的には，給食事業を通じた各社との関係構築を足掛かりとし，日本国内で展開してきたファシリティ・マネジメント（施設管理）やユニフォーム・レンタルといった分野にも業態を拡大し，中国での多角的ビジネス展開を視野に入れている。

2.2　環境・省エネ

中国における環境事故は，件数ベースでは減少基調で推移しているものの，2015年は334件に達しており，1日1回は事故が発生していることになる（図9-8）。

中国では，深刻化する環境問題に対応すべく，2015年1月1日に改正環境保護法が施行された。1989年の旧法施行から25年ぶりの改正であり，これまでで最も厳格な環境保護法となった。改正環境保護法では，環境違法処罰が強化されたほか，汚染物質の排出総量管理規制や許可管理制度が導入されている。

全国人民代表大会（全人代）常務委員会は2016年12月26日，大気・水質

図 9-8　中国における環境事故の発生件数の推移

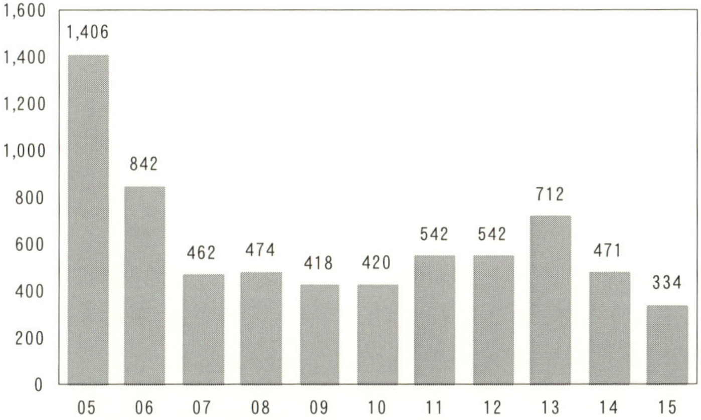

年	件数
05	1,406
06	842
07	462
08	474
09	418
10	420
11	542
12	542
13	712
14	471
15	334

出所：国家統計局編「中国統計年鑑」各年版を基に作成。

汚染の防止を目的とした「環境保護税」を導入する法案を可決。同税は2018年1月1日から施行され，汚染物質の排出量に応じて企業に課税し，企業の汚染物質排出削減を促進させる方策が打ち出されている。

　また，第13次5カ年計画では，同計画期の主要目標・任務と重要措置として，5年で単位GDP当たりの水使用量，エネルギー消費量，二酸化炭素排出量をそれぞれ23%，15%，18%削減し，エネルギー・資源の開発利用の効率を大幅に高めるという具体的数値目標を打ち出し，「美しい中国づくり」を目指すとしている。

　このような環境分野での規制強化に伴い，環境ビジネスの規模はさらに拡大することが見込まれており，環境分野において豊富な経験，技術，ノウハウを有する日本企業のビジネスチャンスが拡大することが期待される。

①川崎重工業

　川崎重工業は2016年2月16日，中国CONCHグループとの合弁会社である安徽海螺川崎工程有限公司（ACK）が，中国において共同開発した環境配慮型ごみガス化システム「CKKシステム（CONCH Kawasaki Kiln System）」4機を受注したと発表した[5]。CONCHグループは，中国最大手で世界有数のセメントメーカーであるCONCHセメントを傘下に持ち，セメントや建材，

貿易等の事業を展開している企業集団である。

CKK システムは，川崎重工業が長年磨きあげてきたごみ処理技術およびセメントプラント技術と CONCH グループのセメントプラントにおける運転ノウハウを融合させることにより実現した世界初の環境・省エネルギーシステムとされる。

本システムは既存のセメントプラントにごみ焼却炉を併設することにより，セメント生産工程とごみ処理工程を一体化させ，ごみの無害化・減量化・再資源化を図る。また，ごみや下水汚泥をガス化し，そこで得られる熱エネルギーをセメント生産工程で有効利用することにより，同工程で使用される石炭などの化石燃料および CO_2 排出量を削減することができる。ごみ・下水汚泥をガス化した後の灰などはセメントの原料として再利用できるため，従来のごみ焼却処理に必要な焼却灰の最終処分が不要で，完全なゼロエミッションを実現する。

さらに，ごみ処理の際に発生するダイオキシン等の有害物は，セメント焼成工程において無害化されるため，有害物処理専用の設備を必要としない。加えて，CKK システムは既存のセメントプラントにごみ焼却のガス化炉を併設するだけでよいため，新規にごみ焼却処理施設を建設する場合に比べて，初期費用を抑えることが可能となっている。

川崎重工業と ACK は，今回の受注を含めて中国向けに 23 機の受注実績を有している。中国や東南アジアをはじめとする新興国では，都市化の進展に伴い増加する都市廃棄物の処理が喫緊の課題となっている。特に中国では，2013年 10 月に発令された国務院通達において，既設セメントプラントの 10％以上でごみ処理が義務付けられたことから，今後も CKK システムの需要拡大が見込まれている。

②豊田通商，昭和メタル

豊田通商と昭和メタル（埼玉県越谷市）は 2014 年 2 月 5 日，北京博瑞聯通汽車循環利用科技有限公司に資本参画したと発表した[6]。中国での自動車解体リサイクル業界への直接外資参入は，本件が日本では初めての試みとなる。

現在，中国では使用済み自動車（End of Life Vehicle ＝ ELV）のリサイクル業界は，機械化の遅れおよび処理に伴う環境負荷が増大している状況にあ

る。自動車保有台数の急増や，排ガス対策未対応の旧式車両の ELV 適正処理の必要性増大などにより，2020 年には約 1,000 万台の ELV が発生すると予想される。そのため，ELV の効率的かつ環境負荷を低減した処理が，社会的にも求められている。

豊田通商と昭和メタルは，トヨタ自動車とも連携し，中国国内でも圧倒的な台数を保有し，環境規制強化の面からも ELV 量増大が見込まれる北京にて，リサイクル会社へ経営参画することとし，2013 年 12 月 30 日までに，豊田通商グループが 32%，昭和メタルが 8% を出資した。

2014 年 2 月より，「中国の ELV 解体モデル工場」を目指し，「環境，安全，高生産性」を念頭に先進的自動車解体リサイクル会社を運営している。

豊田通商は，約 40 年前から ELV のリサイクル事業に取り組み，日本国内にて ELV リサイクル・バリューチェーンを築いてきた。今回，北京市に設立したリサイクル工場を足がかりに，他地区においても数カ所のリサイクル会社への資本参加，もしくは設立を計画しており，中国においても No.1 の ELV リサイクル・バリューチェーンの構築を目指す。また，本件取り組みを通じて，中国における環境問題の解決に貢献していく意向を示している。

③三菱日立パワーシステムズ

三菱日立パワーシステムズ（MHPS）は 2015 年 9 月 29 日，中国の電力大手である華能国際電力股份有限公司が新設する熱電併給ガスタービン・コンバインドサイクル（GTCC）発電設備向け M701 F5 形ガスタービン 2 基を受注したと発表した[7]。最新鋭機である M701 F5 形ガスタービンの中国向け受注は今回が初めてとなった。

M701 F5 形ガスタービンは，同クラスで世界最高レベルの GTCC 熱効率となる。高効率化により CO_2 排出量を低減するとともに，高温化に伴う NOx の発生も従来機レベルに抑えて，エネルギーの有効利用と環境保全に寄与する。

また，同社は 2016 年 8 月 18 日，首鋼京唐鋼鉄連合有限責任公司（首鋼京唐）向けに高炉ガス焚きガスタービン発電設備 1 系列を受注したと発表した[8]。首鋼京唐が河北省唐山市で計画している曹妃甸第二期プロジェクトの高炉プロセスから発生する低カロリーガスを有効利用するガスタービン・コンバイドサイクル（GTCC）発電設備の中核を構成するもので，最新鋭 M701 S

270　第9章　日中産業の補完と日中企業の連携

（DA）X形ガスタービンを海外では初めて採用することにより高い発電効率を実現する。

　高炉ガス焚き発電は，天然ガスなどに比べて極端にカロリーが低いガスを燃料にするため，ガスタービンの安定運転などに高度な燃焼技術が要求される。当社はこれまで，専用の燃焼器を開発するなどして独自の高炉ガス焚き発電技術を確立。国内外の製鉄所に多くの高炉ガス焚きガスタービンを納入しており，その世界シェアは約7割，中国でも7割近くに達している。

　このほか，MHPS は 2016 年 11 月 22 日，同社が中国で設立した環境装置エンジニアリングの合弁会社「浙江菲達菱立高性能烟気浄化系統工程有限公司（FMH）」が，中国華電集団傘下の華電鄒県電力有限公司から FMH 初号機として受注していた排煙処理システム改善工事が完成し，営業運転が開始されたと発表した[9]。

　この工事は，山東省にある華電鄒県発電所の出力 100 万キロワットの 8 号機を対象に，電気集じん装置，排煙脱硫装置，ガスガスヒーター（GGH）などを改造・追設したもので，ボイラー排出ガスに含まれる SO_2（二酸化硫黄）と煤じんを除去し低濃度化する。

　MHPS は石炭火力プラントから排出されるガスをクリーンにする AQCS 製品として，脱硝装置，脱硫装置，電気集じん装置，GGH 熱回収装置，GGH 再加熱装置，水銀除去装置などを保有しており，これらの組み合わせで「ワン・ストップ・ソリューション」を提案することができる企業であり，今後も中国の環境負荷低減に貢献していく意向を示している。

④パナソニック

　パナソニックは 2015 年 11 月 9 日，同社グループの中でエコソリューションズ社に属するパナソニックエコシステムズがディーゼルエンジンの排ガスに含まれる粒子状物質を分解する新しい方式のディーゼル排ガス浄化用触媒フィルター工場を中国の蘇州市に新設したと発表した[10]。

　同社は，換気扇や空気清浄機などの IAQ（Indoor Air Quality：室内空気質）製品をグローバルに展開しており，ディーゼルエンジン車の規制が強化される中，高価な白金を使用せず，低温で粒子状物質を分解する省エネ性に優れた新しい方式のディーゼル排ガス浄化用触媒を 2010 年に開発した。今回，規

制が強化される中国で，当社として初めて，エンジンメーカーからの受注が決定。また，既存車や，これから規制が強化される非道路機器にも採用が決定し，需要に迅速に対応するために，本工場を設立し，ディーゼル排ガス浄化用触媒事業を本格的に展開するとしている。

また，パナソニックは 2016 年 2 月 5 日，大連遼無二電器有限会社と遼寧省大連市に車載電池製造の合弁会社を設立したと発表した[11]。中国で経済発展と共に環境問題が深刻化し，今後環境対応車の需要が拡大することが期待される中，合弁会社は同社の車載電池の生産・品質管理に関する技術・ノウハウを活用し，環境対応車向け車載電池を生産していくとしている。

さらにパナソニックは，中国政府が深刻な環境問題の解決に向け電気自動車（EV）の普及を推進する中，中国の大手自動車メーカー北京汽車と組んで，天津市で電気自動車（EV）向けの基幹部品を合弁生産する[12]。同社にとって現地完成車メーカーとの合弁は初めてで，主要部品の現地生産で先行し，中国でのEV事業拡大を狙う。2018 年を目処に EV などで使うエアコンの主要部品である電動コンプレッサーを量産するとしている。

⑤日本ガイシ

中国では自動車の排ガス規制が強化されており，2017 年には欧州の「ユーロ5基準」と同等の厳しい排ガス規制「国5」が全国で適用される。また，2020 年には「ユーロ6基準」に相当する「国6」が全国で適用される予定となっている。国6ではディーゼル車に加え，ガソリン車にもPM（粒子状物質）の排出個数規制が適用されるため，PMを除去するフィルターが必要になるとされている。

こうした中，日本ガイシは 2016 年 10 月 28 日，中国における自動車排ガス浄化用触媒担体「ハニセラム」の需要拡大に対応するため，製造子会社 NGK（蘇州）環保陶瓷有限公司の生産設備の増強を決定したと発表した[13]。また，ガソリン車用のPM除去フィルター「ガソリン・パティキュレート・フィルター（GPF）」の生産ラインも導入し，中国向けの生産を開始するとしている。

同社は今後も世界的な排ガス規制の強化に対応できる高機能製品を開発するとともに，最新鋭の高効率生産ラインを海外拠点に展開することで，拡大する

272　第9章　日中産業の補完と日中企業の連携

需要に安定的に供給する体制を構築していく方針を示している。

⑥東レ

東レは 2016 年 10 月 28 日，中国江蘇万邦達環保技術有限公司と合弁で設立した新会社「万邦達東麗膜科技（江蘇）有限公司」の開所式を執行したと発表した [14]。

合弁会社では，下廃水再利用等で膜分離活性汚泥法（MBR）向けの水処理膜を生産販売する。中国では産業の発展に伴う水質規制強化や水不足解消のため，MBR の需要増加が見込まれており，工業用廃水分野の有力エンジニアリング会社である中国の万邦達グループとの合弁会社を設立することにより，MBR 用膜・メンブレイ ® 事業を一気に拡大していくとしている。

東レは中期経営課題「プロジェクト AP-G2016」で掲げる「グリーンイノベーション事業拡大（GR）プロジェクト」において，環境問題や資源・エネルギー問題の解決に貢献する事業の拡大を目指している。水処理膜事業の展開は GR プロジェクトの中核であり，今後も MBR 用膜メンブレイ ® を使った大型案件受注を進めるとともに，すでに世界でトップクラスのシェアを持つ逆浸透（RO）膜ロメンブラ ® や UF 膜トレフィル ® による河川水等浄化用途でも着実に受注を重ね，総合膜メーカーとして水資源問題解決に貢献する事業活動を引き続き強力に推進していく方針である。

⑦日立製作所

日立製作所は 2016 年 11 月 26 日，北京で開催された「第 10 回 日中省エネルギー・環境総合フォーラム」において，中国の企業，大学などと省エネ・環境保護，電力，ICT，スマート製造などの分野において協業していくことに合意したと発表した [15]。

日立グループは，中国の企業や大学との協創を加速し，中国における社会課題の解決や持続可能な発展に貢献していくとしている。今回調印した内容は表9-8 のとおり。

表 9-8　第 10 回日中省エネルギー・環境総合フォーラムにおける日立製作所の調印内容

案件	内容
1 　日立，日立（中国），日立産業系統（中国）有限公司，蘇州太谷電力股份有限公司による電力需要側管理システムプラットフォームにおける省エネサービス提供に関する協力覚書	国家発展改革委員会と日立および日立（中国）では，中国経済の持続可能な発展に向けた提携関係強化に関する覚書のもと，蘇州市などで電力需要側管理システム（DSM）に関する多くの実績を有する蘇州太谷電力股份有限公司と，エネルギーマネジメントシステム関連で豊富な技術を持つ日立とでパートナーシップを構築し，DSM および関連システムにおけるモデル事業を展開・推進する。今回の覚書締結によって，蘇州太谷電力股份有限公司のプラットフォームに参加する企業に対し，共同で省エネルギーを実現するサービスを提供する。
2 　日立，日立（中国），中国能源建設集団湖南電力設計院有限公司によるコージェネレーションシステム導入に関する事業推進協力協定書	日立と日立（中国）は中国能源建設集団湖南電力設計院有限公司と省エネルギーおよび環境事業を協力して推進する。具体的には，コージェネレーションシステムで多くの実績を有する湖南院と，コージェネレーションシステム向けの設計の知見や豊富な製品，サービスを有する日立および日立（中国）が協力することで，中国でのコージェネレーションシステム導入事業を推進する。
3 　日立，日立（中国）研究開発有限公司，清華大学によるグリーン ICT 等についての共同研究契約の締結	清華大学と日立，日立（中国）研究開発有限公司は，連合実験室を設置して環境負荷の低減に貢献する情報技術である「グリーン ICT」の研究を進めている。今後，環境調和型 IT 技術，ビッグデータ解析，IoT 等に関する共同研究を推進し，研究開発を通じて環境負荷低減に貢献していく。
4 　日立，日立（中国）研究開発有限公司，華南理工大学によるスマート製造についての共同研究契約の締結	日立（中国）研究開発有限公司は，2016 年 4 月に中国製造業の重要地域の 1 つである華南地区の広州に，北京，上海に続く 3 番目の研究開発拠点を開設している。広州の研究開発拠点では，スマート製造に関する華南理工大学との共同研究を推進しており，本研究開発を通じて，製造業のスマート化に貢献していく。

出所：日立製作所ニュースリリース（2016 年 11 月 28 日付）を基に作成。

2.3　医療・介護

中国では「未富先老（豊かになる前に高齢化社会が訪れる）」と称されるように，先進国の水準に達しない段階で高齢化が進んでいる。加えて，いわゆる「一人っ子政策」により，人口構成に歪みが生じており，絶対的な高齢者人口が多いという課題を抱えている。国連の推計によると，今後中国では急速な高

図 9-9　中国における高齢者人口（65 歳以上）の推移

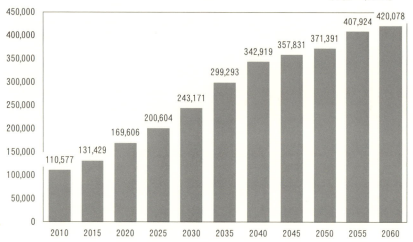

出所：United Nations「World Population Prospects: The 2015 Revision」を基に作成。

齢化が進展し，65 歳以上の高齢者人口は 2035 年には 3 億人近くに達し，2055 年には 4 億人を超える見込みである（図 9-9）。

本格的な少子高齢化時代を迎える中，中国では増大する医療費の削減が喫緊の課題となっており，医療費等の支出を示す「衛生総費用」は，2015 年は前年比 16.0％増の 4 兆 975 億元に増加，GDP に占める比率は 6.0％と，統計で遡れる 1978 年以降では過去最高となった（図 9-10）。

他方では，国を挙げて国民の健康増進に向けた福祉充実を推進しており，健康関連市場の拡大が期待されている。国務院は 2016 年 8 月 26 日付で，国民の健康増進を目的とした国家戦略「健康中国 2030 規画要綱」を公表した。国民の健康水準の持続的な向上，主要な健康リスク要因の有効なコントロール，健康サービスの大幅な向上，健康産業規模の顕著な拡大，健康制度体系のさらなる整備の促進を戦略目標として，多岐にわたる政策措置が打ち出されている。

また，国務院は 2016 年 11 月 28 日，「観光，文化，スポーツ，健康，養老，教育訓練等の分野における消費のさらなる拡大に関する意見」を公表した。

図 9-10 中国の衛生総費用の推移

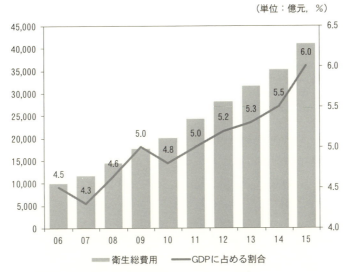

出所：国家統計局編『中国統計年鑑』2016年版より作成。

①「幸福産業」（観光，文化，スポーツ，健康，養老が「五大幸福産業」とされる）のサービス消費の質的向上と供給拡大，②伝統的実物消費の拡大・高度化の促進，③消費市場環境の持続的改善の3分野で消費拡大を促進すべく，35項目の具体策が挙げられている。

　消費水準の上昇とライフスタイルの変化，医療保険制度の整備などを背景に，中国では医薬品や医療機器に対する需要が拡大している。また，少子高齢化が進展する中で，介護事業に対するニーズも高まりつつあり，日系企業をはじめとする外資系企業の中国市場に対する期待が高まっている。

①メディパルホールディングス，三菱商事

　中国が本格的な少子高齢化時代を迎える中，医療費削減が喫緊の課題となっている。中国のヘルスケア市場には，1万社を超える流通企業が存在することに加え，2次・3次流通段階が介在する。このように複雑かつ非効率な流通形態にあることが医療費の増大を招いているといわれ，構造的な問題の解決が求められている

　そんな中国で注目を集めているのが医療品などの購買，配送，管理を一括提

供する「院内物流管理業務（SPD：Supply Processing & Distribution）」だ。もともとは米国の経営コンサルタント，ゴードン A. フリーセン氏が 1966 年に経営危機に陥った病院に対して提唱した院内物流管理の概念で，約 20 年前に日本に紹介された。

当時は日本でも医療経営に効率性が求められた時期で，その一環としてSPD が導入された。だが，米国とは医療制度が異なるため，そのまま導入しても活用できなかったという。日本の SPD は米国のシステムを応用しつつ，日本流に改善したシステムである。

米国の SPD は病棟の医薬品の在庫管理から始まったシステムといわれるが，その業務は医療従事者が担うことが多い。それを日本では流通企業が受託し，スタッフを派遣して管理するというアウトソーシング業務に展開させた。これが米国との違いであり，病院のニーズに応じてきめ細かく対応するという日本のやり方が生まれた。

病院では，薬の在庫管理や院内搬送を看護師や薬剤師が行っており，そうした業務の全業務に占める比率がかなり高い。それをアウトソーシングすることにより本来の業務に集中でき，医療サービスの質の向上や経営の効率性を図ったのが日本流に改善させた点といえよう。

この日本の SPD を中国の病院に初めて本格導入したのが，最大手の医薬品流通企業メディパルホールディングスと総合商社の三菱商事である。両社は2009 年，中国最大の医薬品流通企業である国薬控股股份有限公司（国薬）と包括業務提携を締結，2013 年 7 月に北京市を代表する北京大学人民医院とSPD 事業の第 1 号となる受託契約を締結した。国薬は中国で必ず SPD のニーズが高まるとの考えから，各病院の現場のニーズに応じた日本の SPD のきめ細かな対応に注目し，業務提携に至ったという。

中国の医療制度は公的保険を前提としている点で米国より日本のそれに近い。そのため日本の SPD を導入した方が有利だという。人民医院に続いて，新規に開院した国際医院（北京大学系列では最大の病床数を持つ）への導入も決まるなど，米国で生まれた SPD は，日本で 20 年余りかけて進化し，中国での展開が始まった。中国の医療改革に対する日本の SPD の貢献が期待される。

②日立製作所

日立製作所は 2016 年 1 月 27 日，中国の医薬品メーカーである石薬集団有限公司の子会社である石薬集団欧意薬業有限公司（石薬欧意）および石薬集団中諾薬業（石家庄）有限公司（石薬中諾）より，医薬品製造管理システム「HITPHAMS」およびデジタル統合監視制御システムを受注したと発表した[16]。

「HITPHAMS」は，医薬品製造プロセスのシステム化を実現するソフトウェアパッケージで，石薬集団からの受注は，2 件目となる。また，デジタル統合監視制御システムは，日立のソフトウェアパッケージによって設備の運転状況の監視制御を行うシステムで，中国の医薬品メーカーからの受注は今回が初めてとなる。両システムを導入・連携させることにより，石薬欧意および石薬中諾は，医薬品製造プロセスの自動化による効率化と製品の高品質化が可能になる。今回の受注は，石薬集団と日立が 2014 年 6 月に締結した戦略合作協議書に基づくものである。

日立は今後もこれまでに培った医薬品製造管理システムに関する経験やノウハウを生かし，中国の医薬品メーカーに対して，専門的なコンサルティングやシステム導入サービスを含むトータルなソリューションを提供し，中国の医薬品業界の発展に貢献していくとしている。

また，日立製作所のグループ会社である日立ハイテクノロジーズは 2016 年 5 月 31 日，100% 子会社である Hitachi High-Technologies (Shanghai) Co., Ltd.（日立ハイテク上海）と日立ハイテクの中国における大手医用機器販売代理店の 1 つである上海日和貿易有限公司（上海日和）が中国における体外診断 (IVD) 検査機器・試薬の販売およびサービス事業において協業することに合意し，日立ハイテク上海と上海日和との合弁による新会社「Hitachi High-Tech Diagnostics (Shanghai) Ltd」(HTD) を 2016 年 9 月 1 日付で設立すると発表した[17]。

日立ハイテク上海が長年培ってきた生化学自動分析装置の販売・マーケティング力と，上海日和が長年ノウハウを蓄積した検査機器サービス事業を統合し，中国大手試薬メーカーとの提携も視野に入れながら，検査機器・試薬の販売およびサービスにワンストップで対応できるトータルソリューションを中国

全土で展開していく。また，さらなる検査効率化を実現する検体検査自動化システムの販売も HTD で行い，生化学だけでなく広く IVD 検査分野での効率化を求める顧客ニーズにも対応していくとしている。

また，日立ハイテクノロジーズは 2016 年 11 月 1 日，HTD と中国大手試薬会社である寧波美康生物科技股份有限公司が中国における IVD 検査機器・試薬の販売事業の強化を目的とした協業を開始したと発表した[18]。

今後，HTD は，寧波美康より供給を受ける生化学検査試薬を，日立ハイテク製生化学血液検査機器と共に，長年培って来た販売ネットワークを通じて中国全土で販売する。また寧波美康は自社の試薬販売ネットワークを活用し，日立ハイテク製生化学血液検査機器を中国全土で販売する。中国大手試薬会社である寧波美康製の検査試薬が中国における試薬ラインナップの 1 つとして加わることになり，HTD のトータルソリューション提供力がさらに高まる。また寧波美康が有する試薬販売ネットワークも活用して，生化学血液検査装置の拡販を進める。

さらに，日立ハイテクノロジーズは 2017 年 1 月 25 日，HTD と中国大手試薬会社である四川迈克生物科技股份有限公司が，中国における IVD 検査機器・試薬の販売事業の強化を目的とした協業を開始したと発表した[19]。日立ハイテクは，四川迈克と協業を行うことにより，複数の試薬会社から発売されている幅広い試薬項目の使用を求める顧客のニーズに対応し，HTD のトータルソリューション提供力をさらに高め，中国全土における生化学向け血液検査装置のさらなる拡販を推進する。一方，四川迈克は，この契約により，自社の試薬販売ネットワークを活用し，日立ハイテク製の生化学向け血液検査機器を中国全土で販売できることになる。

日立ハイテクノロジーズは，中国における IVD 事業のソリューション提供力を一層強化することで，より高品質で効率的な医療を中国の人々に提供できるよう貢献していく意向を示している。

③富士フイルムホールディングス

中国では，通常の季節性インフルエンザ以外にも，鳥インフルエンザのヒトへの感染が確認されている。さらに今後，鳥インフルエンザウイルスが，ヒトからヒトへ感染する能力を獲得し，新型インフルエンザウイルスへと変異する

ことで，パンデミックに繋がることが懸念されており，新たな治療薬の開発ニーズが高まっている。

こうした中，富士フイルムは2016年6月21日，抗インフルエンザウイルス薬「アビガン錠」の有効成分「ファビピラビル」に関する特許ライセンス契約を，中国大手製薬会社の浙江海正薬業股份有限公司と締結したと発表した[20]。「アビガン錠」は，富士フイルムグループの富山化学工業株式会社が創製したもので，2014年3月に日本で製造販売承認を取得した抗インフルエンザウイルス薬である。

富士フイルムは本契約に基づき，海正薬業が中国における「ファビピラビル」の関連特許を用いて抗インフルエンザウイルス薬の開発・製造・販売を中国で行う権利を同社に対して許諾する。また，それに伴い，同社より一時金および販売開始後のロイヤリティを受け取る。

海正薬業は，抗がん剤や抗生物質などの原薬や医薬品の研究開発・生産・販売を行う中国大手の製薬会社で，世界70以上の国・地域でビジネスを展開しており，昨今では，大手製薬企業とのグローバルな提携も積極的に進めている。海正薬業は，中国内で懸念されているインフルエンザのパンデミックなどへの対応として，日本で製造販売承認を取得している「アビガン錠」に注目。2015年，富士フイルムにその有効成分である「ファビピラビル」に関する特許のライセンス要請を行ってきた。

また，富士フイルムは2016年10月13日，中国有数の複合企業である「華潤（集団）有限公司」（華潤集団）の中核会社「華潤医薬集団有限公司」（華潤医薬集団）と，同社の香港証券取引所上場に際し，普通株式8.2億香港ドル相当を取得する契約を締結したと発表した[21]。

華潤医薬集団は，低分子薬やバイオ医薬，漢方薬など多種多様な医薬品の製造・卸売・小売ビジネスを展開している。中国内の製薬・流通企業の戦略的な買収を通じて成長し続け，2015年の売上高では中国第2位の医薬品事業会社となり，医薬品卸売業としても有力なプレーヤーである。富士フイルムは，今回の華潤医薬集団への出資を機に，当社がもつ良質な医薬品やサプリメント，再生医療，医療機器といったヘルスケア分野での中国ビジネスのさらなる拡大を検討していくとしている。

富士フイルムホールディングスの事業会社である富士フイルムの華潤医薬への出資は，富士フイルムホールディングスと華潤集団との包括的な事業提携を視野に入れたものであった。富士フイルムホールディングスは 2016 年 11 月 10 日，華潤集団とヘルスケア領域を中心とした包括的な事業提携を進めることで合意したと発表した[22]。今回，富士フイルムホールディングスは，華潤集団と以下のテーマを含めたヘルスケア領域で幅広く協業を進めていくとしている。

(1) 富士フイルムグループが有する医薬品（低分子医薬品，抗体医薬品，バイオシミラー），再生医療，医療機器などのヘルスケアビジネスの中国市場における事業展開。

(2) 華潤集団グループの流通網を活用した，サプリメントなどの当社製品の中国展開。

(3) 当社技術を活用した，華潤医薬の漢方薬の機能向上の検討。その漢方薬の海外展開に関する事業提携。

(4) 日本の医療サービスを参考にした，中国でのハイエンド医療サービスの展開。

また華潤集団は，複合企業として，ヘルスケア領域以外でも，ガス事業，ビール製造業，小売業などを展開するなど，さまざまな領域でビジネスを行っている。富士フイルムホールディングスは，ヘルスケア領域以外にも，同社が取り組む産業機材やフォトイメージングの領域でも華潤集団と幅広く協業していくことを目指している。

④損保ジャパン日本興亜ホールディングス

損保ジャパン日本興亜ホールディングスは中国現地法人において，2016 年 8 月 16 日から中国人向けに「健康診断医療保険」を外資保険会社として初めて販売したと発表した[23]。「健康診断医療保険」は，中国国内または海外での健康診断サービスと，その健康診断でがん等の恐れが指摘され，再検査が必要となった場合の再検査費用の補償をセットで提供する医療保険。

同社は，中間層以上の経済的に余裕のある方は，高額であっても質の高い医療サービスを希望するケースが多く，ここ数年で検診市場が急速に成長しており，このニーズに応えるため，中国現地法人が中国国内外の医療機関等と業務

提携し，「健康診断医療保険」を開発したとしている。

⑤伊藤忠商事

伊藤忠商事は 2015 年 1 月 20 日，CITIC Limited および Charoen Pokphand Group Company Limited（CPG）の 3 社間で，同社グループ，CITIC Limited を中心とする企業集団（CITIC グループ）および CPG を中心とする企業集団（CP グループ）それぞれの企業価値向上を目的とした戦略的な業務・資本提携を行うことを決議し，本戦略的業務提携に関する契約を締結したと発表した[24]。

この一環として，同社は 2016 年 9 月 20 日，CITIC Medical & Health Group Co., Ltd.（CITIC Medical）との間で，医療・健康関連ビジネスにおける合弁会社設立に向けた意向書を締結したと発表した[25]。CITIC Medical は，CITIC Group Corporation（CITIC）の全額出資子会社として設立され，医療・医薬，医療機器，病院施設運営，健康管理，養老およびリハビリ等の健康関連産業への投資，並びに経営に積極的に取り組んでいる。

伊藤忠商事および CITIC Medical は，病院の経営・管理や医療・健康関連ビジネスへの投資を目的とする合弁会社の設立に向けて共同で事業化調査を実施していくことになる。また，両社のリソースを最大限活用することにより，合弁会社を通じて，病院周辺ビジネスの集約化による経営合理化や日本からの先進的な医療技術の導入に関しても検討を進めることで合意している。

伊藤忠商事は，CITIC グループとの戦略的業務・資本提携の下で，高い成長が期待される中国の医療・健康関連ビジネスの共同事業化を検討していくとしている。

⑥丸紅

丸紅は 2016 年 12 月 27 日，上海復星医薬（集団）股份有限公司（復星医薬）の 100％子会社である上海復星医薬産業発展有限公司との間で，高品質な日本製医薬品の中国市場におけるニーズの高まりを満たすため，主に日本製医薬品等を中国で販売することを主目的とした合弁会社の設立の検討を進めることに合意したと発表した[26]。合弁会社においては，中国で製造される高品質な医薬原材料や，開発が進んでいるバイオシミラー等の日本市場展開にも取り組む予定である。

復星医薬は，医薬品の研究開発・製造，医療サービス，医学診断・医療機器製造・代理販売並びに医薬品の卸・小売販売など多岐にわたり，医療・ヘルスケア産業分野に取り組んでいる。丸紅および復星医薬は，両社のリソースを最大限活用しながら日系製薬会社の中国市場進出と中国医薬品市場の発展に貢献していくとしている。

⑦ ANA ホールディングス

ANA ホールディングスのグループ企業である ANA セールスは 2017 年 1 月 12 日，中国人向けに亀田病院での総合健診（人間ドック）を受診するパッケージ商品を，中国 6 都市の旅行代理店 10 社で販売を開始すると発表した[27]。

当商品は，中国の北京，上海，青島，大連，杭州，成都の 6 都市から，亀田総合病院での VIP 総合健診（人間ドック）を組み込んだパッケージツアー。飛行機は往復 ANA のビジネスクラスを利用し，自宅＝空港＝亀田総合病院の往復専用車送迎と，宿泊は鴨川市内，東京都内等のホテルを用意した。中国人の VIP 医療スタッフが顧客の健康状況や病歴を問診し，1 泊 2 日または 2 泊 3 日の総合健診を受診してもらう。健診（人間ドック）のほか，オプションで頭部 MRI，大腸 CT などの検査も用意している。また，東京観光や日本各地の観光ツアーをアレンジすることも可能であり，2017 年度中に ANA が就航する他の中国路線においても同ツアーを発売する予定としている。

⑧ウシオ電機

ウシオ電機は 2017 年 1 月 16 日，100％子会社である牛尾電機（蘇州）有限公司と牛尾貿易（上海）有限公司が，中国の医療機器の技術開発販売会社である生標（上海）医療器械科技有限公司と合弁で，中国において先端医療機器および周辺機器の研究開発・製造・販売会社を設立したと発表した[28]。

同社はすでに中国において紫外線皮膚治療器や動物用血液検査装置などの医療機器を製造販売しており，生標は中国における前癌病変診断の特許とともに，中国政府や医療施設への強固な販路を有している。

今回の合弁会社設立により，両社は互いのリソース活用が可能となり，ウシオ電機は中国において医療機器の研究開発体制の構築と販路拡大を進めるとともに，合弁会社を中国のみならずアジアにおけるウシオグループ全体の医療・バイオ事業の重要拠点として位置づけ，多様な市場の要望に迅速に対応できる

2. 中国の政策動向を踏まえた日中企業の連携　*283*

研究開発・供給体制を構築していく方針である。

⑨リエイ

介護サービスのリエイは 2015 年 10 月 8 日，100％子会社の現地法人「理愛（北京）企業管理諮詢有限公司」と「四川佳年華置地有限責任公司」が，共同で設立した中国合弁法人「成都礼愛年華健康服務咨詢有限公司」への出資手続きが，成都市商工管理局からの本営業許可証の取得をもって全て完了したと発表した[29]。

高齢社会を既に迎える成都エリアにおいて介護施設を開設し，中間富裕層に向けに高齢者サービスの運営を行うことを予定している。介護を切り口に「運営受託方式（MC 方式）」にてヘルスケア事業を推進し，3 年間で 15 カ所の運営を目指しながら，礼愛ブランドの普及に努めていく意向を示している。

リエイは 2011 年 5 月，中国事業展開のハブ企業となる理愛（北京）企業管理諮詢を設立し，2012 年 10 月，北京市海淀区に単独資本で，10 床の小規模多機能施設の「礼愛老年看護服務中心」をオープンした。また，上海市では，リエイと地場企業の上海協通集団が 50％ずつの折半出資で合弁企業を設立し，2013 年 12 月，同市嘉定区に上海礼愛頤養院（養老院）を開設した。北京市と上海市で介護施設を経営した経験を基に，認知症ケアを中心とする介護サービスに需要を見いだし，1 級都市に加えて，地方都市での経営モデル確立を狙う[30]。

2.4　農業・食品

中国共産党と国務院は 2016 年 1 月 27 日，中央 1 号文件「発展の新理念を着実に実行し，農業現代化を加速させ，小康社会を全面的に実現させることに関する若干の意見」を発表した。中国経済が「新常態」にある中，農業の質・効率と競争力の向上，農業グリーン発展の推進など，6 分野での取り組みを展開するとしている。

「中央 1 号文件」は，その年の最重要課題として位置付けられており，三農（農業，農村，農民）問題が取り上げられるのは 2004 年以降，13 年連続となる。1978 年からの改革開放政策は農村改革から始まったが，それから 40 年近くを経ても，三農問題が最優先課題となっていることは，農村改革がいかに解

284　第9章　日中産業の補完と日中企業の連携

決の難しい構造的な問題であるかを示している。意見では，イノベーション牽引力を増強し，農業の「供給側（サプライサイド）の構造改革」を推進し，農業発展方式の転換を加速し，農業の安定的発展と農民の増収を維持するとした。

　また，第13次5カ年計画では「農業は小康社会の全面的な実現と現代化の実現の基礎であり，農業の発展方式の転換を早急に進め，現代農業の産業体系，生産体系，経営体系の構築に力を入れ，農業の質と効果，競争力を高め，高効率で，安全な製品を生む，資源節約型，環境配慮型の農業の現代化への道

表 9-9　農業現代化重大プロジェクト

	プロジェクト名	概要
1	高基準農地の整備	食糧主要生産エリアを重点として，人々が必要とする食糧の安全を確保するための高基準農地を優先的に整備し，耕地の灌漑・排水施設，機械工作用の道路，耕地の防風・防砂林，送電・配電施設および土壌改良など，耕作地の工事・建設を展開し，高基準農地8億ムー（約3億5,557万ha）を確保し，10億ムー（約4億4,446万ha）達成を目指す。耕地の品質等級評定・モニタリングプロジェクトを実施する。
2	現代種子産業	国家遺伝形質資源収集・保存・研究体系を構築する。雑種の優位性の利用，分子デザイン育種，細胞工学と染色体工学，高効率な育種・繁殖，種子の付加価値・精密加工など，基幹技術の研究開発を重点的に強化する。種子の品質検査などに関するキャパシティービルディングを強化する。海南，甘粛，四川など，国家レベルの育種拠点と地域的な優良種育成・繁殖拠点を100カ所整備する。
3	節水農業	節水灌漑技術の普及を図り，施設・工事面での節水，品種面での節水，農芸面での節水，管理面での節水を推進する。東北地域における節水・食糧増産，西北地域における節水・効果向上，華北地域における節水・地下水過剰揚水防止，南方地域における節水・排水削減など地域の大規模化な高効率節水灌漑工事を早急に実施する。高効率な節水灌漑面積を新たに1億ムー（約4,444万ha）増やし，耕地の灌漑水の有効利用係数を0.55以上に引き上げる。
4	農業の機械化	水稲の機械による植え付け，アブラナの機械による種まき・機械による収穫，綿花およびサトウキビの機械による収穫などのボトルネックを解決し，高出力・高性能農業機械および手軽で耐久性があり，低燃費で中小型の耕作・種まき（植え付け）・収穫機械，植物保護機械の普及を図り，全工程機械化モデル県を500県設け，主要農作物の耕作・種まき（植え付け）・収穫の総合機械化率を70%前後まで引き上げる。

5	スマート農業	「インターネット・プラス」の現代農業を実施し，作付面積の大きい田畑栽培，家畜・家禽の養殖（飼育），漁業生産等について，モノのインターネット（IoT）に対応した改造を行い，電子商取引，物流，商業・貿易，金融などを手掛ける企業による農業関連電子商取引プラットフォーム構築への参加を支持する。農業情報モニタリング・分析・早期警戒体系を構築する。
6	農産物の品質安全	農産物の生産をめぐる農薬・化学肥料の使用量削減を強力に推進する。無公害農産物，グリーン食品（自然食品），有機農産物および地理的表示を取得した農産物の発展を図る。疾病・虫害のモニタリング・早期警戒およびエコロジーな手法による防御・コントロールを強化し，農産物の品質安全監督・管理トレーサビリティ情報システムを構築し，トレーサビリティ・プラットフォームの相互接続と監督・管理情報の共有を実現する。動物用抗菌剤管理行動を実施し，農薬・動物用医薬品の残留量の指標を基本的に国際食品規格委員会（CAC）の規格にリンクさせる。
7	新型農業経営主体の育成	モデル家族経営農場，農業合作社のモデル社，産業化モデル拠点，モデルサービス組織を創設する。現代農業人材支援計画を実施する。新型農業経営主体のリーダー育成行動を展開し，現代の青年農場経営者，農村の実用的な人材および新型職業農民育成プロジェクトを実施する。
8	農村の第1次・第2次・第3次産業の融合発展	「百県・千郷・万村」農村第1次・第2次・第3次産業融合発展試験モデルプロジェクトを実施し，複製・普及可能な融合発展モデルと業態を形成し，農村の産業融合のリーダー型企業を創出し，産業融合先導エリアを構築する。

出所：「中華人民共和国国民経済・社会発展第13次5カ年計画要綱」を基に作成。

を歩まなければならない」との方針が打ち出され，農業の現代化に向けて8つの重大プロジェクトを推進するとしている（表9-9）。

　こうした中，中国の農機市場は政府の農業機械化推進政策を背景に，近年高成長を続けており，世界最大のマーケットとなっている。また，市場の発展に伴い，高機能・高品質な日本製農機や安心・安全で美味しい日本式の農業に対するニーズも高まっている。

　①IHI

　IHIは2015年6月26日，遼寧省の大手企業である遠大企業集団（遠大）と新たに農機事業を行う合弁会社設立について，合弁契約書に調印したと発表した[31]。

　IHIグループの農機事業は，国内中心に製造・販売しているが，将来的に成

長・発展の余地が大きい海外市場への展開についても検討を進め，今般，中国での農機事業への参入を企図していた遠大の戦略が合致し，成長が続く中国市場において高品質の農機を提供することを目的に，合弁事業を開始することにしたとしている。

遠大企業集団は数年前から農業ビジネスに参入しており，灌漑技術を用いた砂漠緑地化に取り組んでいたが，更なる発展を求めて農機事業の検討を進めており，瀋陽市政府の紹介で東北地域での農機事業展開を検討していた同社と合弁事業化の検討を進めてきた。

合弁事業では，遼寧省を含む東北三省で特に機械化が遅れており，現在急速に市場が拡大しているコーン収穫機に着目し，中国市場向けに共同開発したコーンピッカーを投入する。併せて，中国市場向けに農業用トラクタの一部機種を製造・販売していくとしている。

②井関農機

井関農機は2015年7月13日，関連会社である東風井関農業機械有限公司が，湖北省襄陽市に新工場を建設すると発表した[32]。中国国内においては，現在2カ所の工場があり，常州工場（江蘇省常州市）では乗用田植機および自脱型コンバインを主に生産，襄陽工場（湖北省襄陽市）では歩行田植機および汎コンバイン用を主に生産している。

今後，中国事業の拡大に向けて新たに投入するトラクタの生産を始めとして，現在生産している歩行田植機・汎用コンバインにおいては，中国国内における販売台数の増加に加え，アジア諸国への輸出による生産数量の増加が見込まれる。さらには農業の機械化と共に，多様なニーズに対応するため，ラインナップの拡大が必要となることが見込まれることから，襄陽工場の生産機種の拡充および生産数量の拡大を図るため，新工場の建設で対応するとしている。

③クボタ

クボタは2016年5月9日，中国の製造会社「久保田農業機械（蘇州）有限公司」（KAMS）にトラクタ，ホイールコンバインの生産工場を新たに設立し，生産能力の増強により畑作事業の拡大を目指すと発表した[33]。

同社は，1998年にKAMSを設立し，コンバイン，田植機等の農業機械の生産販売を行ってきた。また，トラクタについては2009年，ホイールコンバイ

ンについては 2013 年よりレンタル工場内に生産ラインを設置し，製品供給を行いながら事業を拡大してきた。今後の畑作事業の伸長を生産面から支えるため，KAMS 本社工場敷地内に，新工場（第二工場）を建設することを決定したとしている。

クボタは今回の投資による生産能力増強と合わせて原価低減や生産性向上を進め，より競争力の高いモノづくりを目指し，中国農業の機械化の更なる発展に貢献していく方針を示している。

④ベルグアース

野菜苗販売大手のベルグアースはタイの財閥大手，チャロン・ポカパン (CP) グループと業務提携した。CP グループが北京に設けるモデル農場を借り，ベルグアースがトマトを生産する[34]。2019 年には両社で中国に合弁会社を設立し，事業を拡大する。

ベルグアースは中国で苗の販売を独自に手掛けてきたが，農家は野菜を種から育て上げるのが一般的で苗の需要が少なかった。一方，CP グループは知名度を生かした営業網を持つ中で高い農業技術を求めており，両社の思惑が一致した。良質な苗を使い，味などが優れた野菜を栽培する日本式の農業を中国に広げる。

⑤センコン物流

センコン物流は 2017 年夏にも大連で大規模野菜工場を稼働する[35]。現地で立ち上げた合弁会社を通じ，レタスなど葉物を中心とした無農薬野菜を生産。今秋ごろから現地のスーパーやレストランに出荷し，富裕層向け市場を開拓する。農業は同社が進める事業多角化の一環で，海外進出は初めて。中国では富裕層を中心に無農薬野菜の関心が高まっており，人口も多いため需要が見込めると判断し，進出を決めた。

無農薬野菜の新工場は大連市の旅順に建設する。旅順では行政当局が最先端の農業に注力しており，2016 年 11 月には旅順の行政関係者がセンコン物流の名取市の野菜工場を視察した。

2.5 第三国・地域での事業展開

最近の日本企業の対中投資の新たな動きとして注目されるのが，第三国・地

域での事業展開である。1980〜90年代の日本企業の対中投資は，中国において低コストで生産した製品を日本へ持ち帰る，あるいは欧米向けに輸出するための進出だった。それが，2000年代には，中国で生産した製品を中国で売るという市場開拓型の進出が増加した。現在，各社が模索しているのは，中国に進出することで，新興国向けのビジネスモデルを確立し，それを他の新興国に転用・応用する，あるいは中国で量産した低価格製品を他の新興国に輸出するという戦略である。また，新興国にもパイプを持つ有力な中国企業と戦略的なビジネスアライアンスを締結し，パートナーシップを確立した上で，第三国・地域に連携して進出することを目指す企業もある。

中国は「第10次5カ年計画」(2001〜05年）以降，「走出去（海外進出）戦略」を打ち出し，有力地場企業の対外直接投資や経営の国際化を奨励する政策を本格的に展開してきた。商務部，国家統計局，国家外貨管理局が共同で公表している「中国対外直接投資統計公報」によれば，中国の対外直接投資は2005年の123億ドルから2015年には1,457億ドルと，わずか10年余りで10倍以上に拡大し，対内直接投資（1,356億ドル）を初めて上回った（図9-11）。

また，中国の対外工事請負契約額は，2015年には2,101億ドルに達し，ここ10年で約7倍に増加している。ちなみに，日本の海外建設協会によれば，

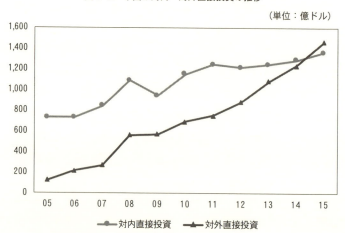

図9-11　中国の対内・対外直接投資の推移

出所：商務部資料を基に作成。

2015年度に同協会会員が海外で受注した建設工事（1件1,000万円以上）の合計額は1兆6,825億円（約153億ドル，1ドル＝110円）となっている。統計の集計方法が異なることから単純に比較はできないものの，中国は日本の10倍以上の建設工事を海外で受注していることになる（図9-12）。

こうした中国企業の海外展開をさらに推進する役割を果たそうとしているのが「一帯一路」と呼ばれる中国の国家戦略だ。「一帯一路」は，かつてシルクロードが欧州とアジアをつなぐ重要な交易路だったことに着目し，インフラ整備を中心に沿線各国との地域経済統合を推進する構想。国家発展改革委員会，外交部，商務部は2015年3月28日，「一帯一路の共同建設推進におけるビジョンと行動」を共同で公表した。ガイドラインとなる文書が公表されたことで，「一帯一路」は構想から実施段階に入っている。

「一帯一路」構想を推進していく中で，中国企業の海外展開はますます拡大していくことが予想される。今後は中国企業が競争相手となっていくことが予想されるため，警戒心を高めている企業もあるが，他方では，中国企業とうまく組めればビジネスチャンスが広がるとみて，第三国・地域でのビジネス展開を検討する日本企業も増えている。実際，中国の国有企業と組んで中東の発電

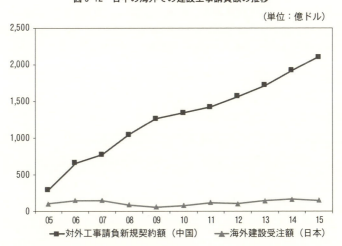

図9-12　日中の海外での建設工事請負額の推移

注：為替レートは1ドル＝110円で算出。
出所：中国は『中国商務年鑑』各年版，日本は海外建設協会資料を基に作成。

290 第9章 日中産業の補完と日中企業の連携

プロジェクトに参画した日本企業もある。

　中国は近年，政府の「走出去」や「一帯一路」の推進を背景に，対外直接投資や対外工事請負を急速に拡大させている。しかし，「中国企業は国際化が遅れ，経験も不足しており，多くの中国企業は国際化のプロセスにおいて，リスクが発生する可能性については意識しているが，予防措置が不十分で，とりわけ政治リスクと法務リスクは中国企業が国際化において直面する主要なリスクとなっている」と指摘されている[36]。

　また，中国企業は低コストでの建設工事力には優れるものの，技術力や工程管理力は相対的には劣るといわれている。日本企業がこういった中国企業の弱みを補完することで，日中企業の連携による第三国・地域での事業展開やプロジェクトの受注獲得を図ることも期待される。

　ただし，「一帯一路」の沿線国にはかなりインフラ整備が遅れ，投資リスクが高い国もあり，こういった国向けのインフラプロジェクトでは，日本企業がビジネスとして参画することが難しい案件も少なくないと思われる。いずれにしても，日本企業としては，中国が「一帯一路」構想の実現に向けて打ち出す政策動向を慎重に注視しつつ，リスクとチャンスを見極めながら，是々非々で対応していくことが肝要といえよう。

　中国企業と組んだ海外展開で過去の好事例は，川崎重工業が 2007 年 10 月，中国最大のセメントメーカーである CONCH と中国でセメント排熱発電設備を製造する合弁会社を設立した案件である。セメント排熱発電設備とはセメントを製造する過程で発生する熱を回収して，蒸気を発生させ，タービンで発電する省エネ設備で，日産 5,000 トンのセメント製造プラントの場合，年間 5 億円の節電効果が見込めるといわれている。

　この設備は 1 基生産するのに日本では約 25 億円かかったが，日本側の技術力と中国側の低コスト生産力を組み合わせ，中国で現地生産することにより，10 億円までコストを下げることに成功した。これにより，2 年で初期投資を回収できるようにした結果，受注が急増し，日本での納入実績は 15 年で 13 プラントにすぎなかったが，中国では 7 年余りで 160 を超えるプラントに納入された。さらには，中国を拠点に，タイやパキスタン，トルコといった新興国にも輸出を拡大するといった第三国・地域への展開につなげた。

2. 中国の政策動向を踏まえた日中企業の連携　　*291*

この事例が興味深いのは，セメント排熱発電設備は日本では需要がなくなった技術だということである。日本ではほとんどのセメントプラントにこの技術が導入されているので，もはや販売するところがない。他方，中国をはじめとした新興国では，こうした技術が莫大な需要を生む可能性があることを示している。

「一帯一路」のインフラ案件で，セメントや鉄鋼を輸出するというビジネスでは日本企業が参入する余地はないかもしれないが，日本ならではの技術やノウハウを生かして参入できる分野はあり得ると考えられる。

①川崎重工業

川崎重工業は 2015 年 9 月 22 日，Kawasaki Heavy Industries（Singapore）Pte. Ltd.（KHI-SIN）が中国中車青島四方機車車両股份有限公司（中車四方）と共同で，シンガポールの Land Transport Authority（LTA）から地下鉄電車 72 両（12 編成）を受注したと発表した[37]。

本件は川崎重工業がプロジェクト全体の統括，設計，台車や主要機器の供給を行い，中車四方が完成車両の製作および工場試験，KHI-SON が車両の基地搬入や納入整備，現地試験を担当し，LTA に引き渡す契約となっている。

これまで同社は，中車四方との共同受注を含めて，LTA 向けに 1,300 両を超える地下鉄電車を受注した実績がある。今回の受注は，当社の納期を守る契約履行能力，納入車両の運行実績ならびに本入札で提案した技術・価格が総合的に評価されたものとしている。

川崎重工業と中車四方は，1985 年に友好工場協定を締結してから 30 年の協力関係にあり，広州地下鉄向けリニア車両や中国鉄道部向け高速車両を共同受注するなど，中国国内のプロジェクトで実績を重ね，同社の豊富な海外プロジェクトの実績および高い技術力と，中車四方の生産力との組み合わせによる，日本，中国以外の第三国での共同プロジェクトを進めてきた。両社は共同で，2014 年までに LTA に地下鉄電車 210 両を納入した実績がある。

また，川崎重工業は，CONCH グループとの合弁事業として，海外事業を展開する「上海海螺川崎節能環保工程有限公司」を 2016 年 1 月に設立し，新興国における環境・省エネルギー事業を積極的に展開していく方針を示している[38]。

②伊藤忠商事

伊藤忠商事は 2016 年 12 月 20 日，CITIC Pacific と共同で，デンマーク年金ファンドが保有するドイツ・ブーテンディーク洋上風力発電所の権益 22.5％を取得することで合意したと発表した[39]。本権益取得を契機に，両社は今後共同で他案件への取組みも検討していく。

本発電所は，ドイツ北海沖で稼働中の洋上風力発電所としては最大級となる288MW の総発電容量で，ドイツ標準家庭の約の 37 万世帯分の電力を供給しており，2015 年 8 月の営業運転開始以降順調に操業を続けている。ドイツは環境政策の一環として，2050 年迄に総電力消費量に占める再生可能エネルギーの割合を 80％以上へ引き上げることを目標として掲げており，今後も中長期的に洋上風力発電を始めとする再生可能エネルギーの需要が高まる見込みとなっている。本件を通じ，クリーン電力供給に貢献することが期待されている。

CITIC Pacific は中国最大のコングロマリット CITIC Limited の 100％子会社で，CITIC Group の海外ビジネスのプラットフォームとして海外投資に取組んでいる。成熟市場である欧州での風力発電事業への投資を通じて得る知見・経験を活かし，中国においても今後洋上風力発電の成長が見込まれていることもあり，今後の取組みにつなげていくものである。伊藤忠商事と CITIC Pacific は環境面に考慮したエネルギーの導入が進む欧州市場において，再生可能エネルギービジネス促進に向けた覚書を締結しており，本件は初号案件としての取り組みとなる。両社はこの覚書に基づき，互いの協業促進を更に深めていくとの方針を示している。

むすびにかえて

中国は経済成長の減速という問題に直面しているが，中国経済の先行きを過度に悲観する必要はないかと思われる。減速傾向にあるとはいえ，中国政府の目指す 6 ～ 7％程度の中高速成長は世界的にみてもまだ高い水準であり，中国が経済成長のモデルチェンジを推進する中で，製造業の高度化，環境・省エ

ネ，医療・介護，農業・食品，第三国・地域での事業展開といった新たな分野がビジネスチャンスになりつつあることは明るい材料だといえる。

　また，中国が抱えるこれらの政策課題は，まさに日本がいわゆる「課題先進国」として解決に取り組んできた分野であり，日本企業がその技術や経験，ノウハウを活かして，同様の課題を抱える中国で，その解決に向けてビジネス参入が期待できる分野でもある。

　そうしたポジティブな事業環境の変化が顕在化する中で，それを見逃さずに商機を模索することが，「新常態」時代における中国ビジネスの鍵となる。そして，そのヒントとなるのが 2016 年から始まった第 13 次 5 カ年計画である。

　市場経済が進展したとはいえ，中国は共産党一党独裁の中央集権国家であり，展開するビジネス分野によっては，共産党や政府の方針や考え方が色濃く反映されるケースも少なくない。そういう意味で，中国でのビジネス展開に当たっては，中国政府の政策や方針を踏まえることが重要であり，その基本となるのが 5 カ年計画である。特に 2020 年までの中国ビジネスの展開に向けては，第 13 次 5 カ年計画の全体の方向性に加えて，自社に関連する産業・分野の記述を詳細に分析・研究した上で中国ビジネスに臨む必要があると思われる。

　本章は，中国での事業環境の変化や政策動向を踏まえた日中企業の連携の事例を分野別に整理するにとどまった。今後は日中企業の強みと弱みをより詳細に分析した上で，両者がウイン・ウインとなる連携を目指すには戦略的な観点からどのようなビジネスモデルが望ましいのか，といった視点で日中連携のあり方を検討していきたいと考える。

注

1　日立製作所ニュースリリース（2015 年 11 月 24 日付）　http://www.hitachi.co.jp/New/cnews/month/2015/11/1124.html
2　日立製作所ニュースリリース（2016 年 12 月 16 日付）　http://www.hitachi.co.jp/New/cnews/month/2016/12/1216a.html
3　「日本経済新聞」2015 年 12 月 17 日付。
4　富士通プレスリリース（2016 年 10 月 5 日付）　http://pr.fujitsu.com/jp/news/2016/10/5-1.html
5　川崎重工業プレスリリース（2016 年 2 月 16 日付）　https://www.khi.co.jp/pressrelease/detail/20160216_1.html
6　豊田通商プレスルーム（2014 年 2 月 5 日付）　http://www.toyota-tsusho.com/press/detail/140205_002591.html

294　第9章　日中産業の補完と日中企業の連携

7　三菱日立パワーシステムズ・ニュース（2015年9月29日付）　https://www.mhps.com/news/20150929.html

8　三菱日立パワーシステムズ・ニュース（2016年8月18日付）　https://www.mhps.com/news/20160818.html

9　三菱日立パワーシステムズ・ニュース（2016年11月22日付）　https://www.mhps.com/news/20161122.html

10　パナソニック・プレスリリース（2015年11月9日付）　http://news.panasonic.com/jp/press/data/2015/11/jn151109-1/jn151109-1.html

11　パナソニック・プレスリリース（2016年2月5日付）　http://news.panasonic.com/jp/press/data/2016/02/jn160205-1/jn160205-1.html

12　「日本経済新聞」2016年6月12日付。

13　日本ガイシ・ニュース（2016年10月28日付）　http://www.ngk.co.jp/news/2016/20161028_01.html

14　東レ・プレスリリース（2016年10月31日付）　http://www.toray.co.jp/news/archive/2016/index.html

15　日立製作所ニュースリリース（2016年11月28日付）　http://www.hitachi.co.jp/New/cnews/month/2016/11/1128b.html

16　日立製作所ニュースリリース（2016年1月27日付）　http://www.hitachi.co.jp/New/cnews/month/2016/01/0127a.html

17　日立ハイテクノロジーズ・ニュースリリース（2016年5月31日付）　http://www.hitachi-hightech.com/jp/about/news/2016/nr20160531_2.html

18　日立ハイテクノロジーズ・ニュースリリース（2016年11月1日付）　http://www.hitachi-hightech.com/jp/about/news/2016/nr20161101.html

19　日立ハイテクノロジーズ・ニュースリリース（2017年1月25日付）　http://www.hitachi-hightech.com/jp/about/news/2017/nr20170125.html

20　富士フイルム・ニュースリリース（2016年6月22日付）　http://www.fujifilm.co.jp/corporate/news/articleffnr_1082.html?_ga=1.104125955.289426000.1483953219

21　富士フイルム・ニュースリリース（2016年10月13日付）　http://www.fujifilm.co.jp/corporate/news/articleffnr_1120.html?_ga=1.162509375.289426000.1483953219

22　富士フイルムホールディングス・ニュースリリース（2016年11月21日付）　http://www.fujifilmholdings.com/ja/news/2016/1121_01_01.html

23　損保ジャパン日本興亜ホールディングス・ニュース・トピックス（2016年8月22日付）　http://www.sompo-hd.com/~/media/hd/files/news/2016/20160822_1.pdf

24　伊藤忠商事プレスリリース（2015年1月20日付）　https://www.itochu.co.jp/ja/ir/news/2015/__icsFiles/afieldfile/2016/08/10/ITC150120_2_j.pdf

25　伊藤忠商事プレスリリース（2016年9月20日付）　https://www.itochu.co.jp/ja/news/press/2016/160920.html

26　丸紅ニュースリリース（2016年12月27日付）　http://www.marubeni.co.jp/news/2016/release/00078.html

27　ANAセールス・プレスリリース（2017年1月12日付）　http://www.ana.co.jp/group/pr/201701/20170112.html

28　ウシオ電機ニュース（2017年1月16日付）　https://www.ushio.co.jp/jp/news/1001/2017-2017/500124.html

29　リエイ・ニュースリリース（2015年10月8日付）　http://www.riei.co.jp/wp/wp-content/

uploads/2016/05/Riei_Press_201508-1.pdf

30 ジェトロ「通商弘報」2016 年 3 月 17 日付。

31 IHI プレスリリース（2015 年 7 月 1 日付） https://www.ihi.co.jp/ihi/all_news/2015/press/2015-7-01/index.html

32 井関農機新着情報（2015 年 7 月 13 日付） http://www.iseki.co.jp/news/up_img/1436743185-354135.pdf

33 クボタ・ニュースリリース（2016 年 5 月 9 日付） https://www.kubota.co.jp/new/2016/16-11j.html

34 「日本経済新聞」2017 年 1 月 11 日付。

35 「日本経済新聞」2017 年 1 月 25 日付。

36 王輝耀主編『中国企業国際化報告』2014 年版，社会科学文献出版社，2014 年 11 月。

37 川崎重工業プレスリリース（2015 年 9 月 22 日付） https://www.khi.co.jp/news/detail/20150922_1.html

38 川崎重工業プレスリリース（2016 年 2 月 16 日付） https://www.khi.co.jp/pressrelease/detail/20160216_1.html

39 伊藤忠商事プレスリリース（2016 年 12 月 20 日付） https://www.itochu.co.jp/ja/news/press/2016/161220.html

参考文献

日経ビジネス（2008）「環境立国に中国の壁」2008 年 6 月 30 日号。

箱﨑大（2016）「『生産型サービス』発展の意義」日本貿易振興機構『ジェトロセンサー』2016 年 2 月号。

真家陽一（2015）「キーワードで世界を巡るビジネスのヒント：院内物流管理業務（SPD）」日本貿易振興機構『ジェトロセンサー』2015 年 1 月号

真家陽一（2015）「始動する国家戦略『中国製造 2025』」日本貿易振興機構『月刊中国経済』2015 年 8 月号。

真家陽一（2016）「キーワードで世界を巡るビジネスのヒント：給食」日本貿易振興機構『ジェトロセンサー』2016 年 1 月号。

真家陽一（2016）「第 13 次 5 カ年規画をどう読むか」日本貿易振興機構『月刊中国経済』2016 年 2 月号。

（真家　陽一）

補章
中国の対外経済戦略
―対外直接投資を中心に―

要約

■ 中国経済の減速に伴い構造的転換が進展する中，中国は対外直接投資や M&A を急拡大させ，米国に次ぐ世界 2 位の対外投資大国に躍り出た。これまでの対外投資状況と比べ，直接投資は金額だけでなく，構造的にも大きく変化してきている。

■ 対外投資は業種別に大きな変化が見られる。2016 年には製造業や金融業，不動産業のシェアがそれぞれ 18.3%，17%，5.3% にまで拡大した。IT ソフト・情報技術サービス・研究開発分野の構成比も 1 割強にまで拡大した。対外投資の業種は従来の資源開発に偏らず多様化し，製造業や IT ソフト・研究開発型投資の拡大が目立っている。

■ 中国は新興国として，その後発の多国籍企業が先進国の先発多国籍企業のように，世界のどの市場でも通用する技術等の「企業優位性」を持ち合わせていないため，製造業が主にアジア，中央アジア，アフリカなど途上国・低所得国市場いわゆる後進市場に進出し「相対的優位性」を実現している。途上国・低所得市場投資市場では，M&A 投資を行うより，上述のような効率追求・市場開拓型進出を中心に，グリーンフィールド投資を展開している。一方，中国は先進国企業のような先端技術資源の優位性を有しておらず，短期間で内部だけで開発・蓄積することは難しい。先進国への M&A を加速し，技術資源の獲得を狙っている。

■ 現在中国は，「一帯一路」の対外戦略の展開，AIIB（アジアインフラ投

資銀行）やシルクロード基金の創設によって，人民元経済圏の構築を目指し，対外直接投資・買収をより一層拡大し，技術資源の獲得や，海外市場の開拓を目指している。

■ だが，中国の対外投資・買収はさまざまな課題に直面している。特に対米国などの技術資源獲得型の買収がさらに厳しい局面に直面するとみられる。今後，中国は対米ハイテク分野の投資・買収について，中米両国における「1年計画」に盛り込んで交渉し，おそらく買収でハイテク技術の獲得を目指し，国内市場のさらなる開放や対米貿易不均衡是正と抱き合わせ，投資・買収を進めるであろう。

はじめに

世界全体に占める中国の GDP シェアは，1990 年の 3％から，2016 年には 15％以上に達している。経済規模の拡大に伴い，中国の対外経済のパワーも大きく拡大している。中国は，2012 年には米国を超え，世界の 1 位の貿易大国になっており，2016 年に日本を超え，米国に次ぎ，世界 2 位の対外直接投資大国になっている。

昨今中国は，内外の経済のプレゼンスが高まり，経済パワーが大きく拡大している。しかしながら，2016 年の貿易総額は前年比 6.8％減の 3 兆 6,849 億ドルと，2015 年に続き減少し，輸出，輸入ともに貿易総額と同様に 2 年連続のマイナスとなった。内訳をみると，輸出は 7.7％減の 2 兆 974 億ドルと大幅に減少した。主要輸出先の ASEAN 向けが 7.8％減と大きく落ち込んだ。日本と EU はともに 4.7％減，米国は 5.9％減と先進国向けも低調だった。一方，輸入も中国経済の持ち直しの鈍さを反映し，5.5％減の 1 兆 5,874 億ドルにとどまった。

欧米などと貿易摩擦も加速するにつれ，中国の対外経済環境，特に輸出環境が厳しくなっている。近年中国経済の減速に伴い，政府は，資源・エネルギー多消費型重厚長大の重化学産業である鉄鋼，セメントから，付加価値の高い半導体や自動車，装置産業などにシフトし，経済構造転換を目指し，生産・供給

298　補章　中国の対外経済戦略

過剰能力の解消や軽減に積極的に取り組みつつある。こうした中，中国政府は，内外環境に鑑みて，対外投資・対外買収の拡大を通じて，抱える経済の問題を解決しようとしている。近年，特に 2016 年から中国の対外直接投資・買収が加速している。

　目下，中国が対外投資を拡大させる中，トランプ政権発足で予想される米中通商摩擦や EU 側の中国の投資・買収への警戒・抵抗に対応するための対米欧投資・M&A の行方が注目される。本章では，中国の対外投資を中心に対外経済政策の特徴・動向を検討して，さらにトランプ政権発足後に向けた対米投資の動向やビジネスの出方を考えてみたい。

1.　中国の対外経済戦略の動向

1.1　対外投資・海外進出の展開

　中国経済の減速に伴い構造的転換が進展する中，中国は対外直接投資や M&A を急拡大させ，米国に次ぐ世界 2 位の対外投資大国に躍り出た。対外直接投資額は 14 年間連続で増加しており，2016 年に前年比 44％増の 1,701 億ドルと過去最高を記録している（図補 -1）。このうち対外 M&A は 922 億ドルで 5 割強も占め，前年比 69.4％増と急増している。ストックベースで 2016 年末時点の対外投資額は 1 兆 2,680 億ドルに達している。

　これまでの対外投資状況と比べ，直接投資は金額だけでなく，構造的にも大きく変化してきている。

　業種別にその変化をみると，2016 年には製造業や金融業，不動産業のシェアがそれぞれ 18.3％（2010 年 6.8％），17％（同 13％），5.3％（同 2.3％）にまで拡大した。加えて IT ソフト・情報技術サービス・研究開発分野の構成比は 12％（同 2.2％）にまで拡大した。一方，エネルギー・資源開発はピーク時の 2 割から 7％台にまで縮小した。こうして対外投資の業種は従来の資源開発に偏らず多様化し，製造業や IT ソフト・研究開発型投資の拡大が目立っている。

　地域別では，1 位はアジアで，投資全体の 7 割以上も占め，2010 年の構成比（6 割台）を上回っている。ここにきて，市場開発・効率追求型の進出，つ

まり労働集約型を中心とする，東南アジア・中央アジア諸国への投資が600億ドルと5年前と比べ約50倍大幅に増加した。これは「一帯一路（陸と海のシルクロード）」による「シルクロード基金」[1]融資に伴う，インフラ関連等の投資によるものである。例えば，2015年にシルクロード基金は中国長江三峡集団傘下でパキスタンの民間電力インフラ委員会（Private Power and Infrastructure Board）と共同で，開発に当たる三峡南亜公司（China Three Gorges South Asia Investment）に出資し，パキスタン北東部のジェラム川のカロット水力発電所[2]の整備に乗り出している。2015年1月に総投資が16億5,000万ドルに上る同水力発電所のメイン工事が着工した。

このほか，人民元オフショア市場の整備や現地中国企業への資金支援のため，対アジア地域の投資が拡大している。中でも対シンガポール投資が2010年より9倍強拡大した。

中国国家発展改革委員会によると，2013年に「一帯一路」構想を実施してから2016年にかけて，中国のアジア・中央アジアを中心とする沿線諸国への直接投資は600億ドルを超えている。直接投資の拡大により，貿易が促進されている。2014年から2016年まで，中国の「一帯一路」関係国との貿易総額は

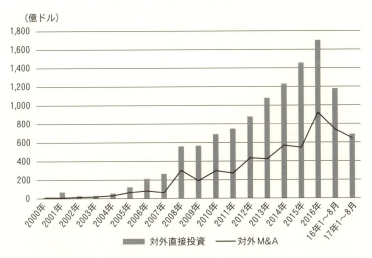

図補-1　中国の対外直接投資・M&A

出所：中国商務部などより作成。

300　補章　中国の対外経済戦略

3兆ドルを超えている。中国の対「一帯一路」沿線諸国輸出は2001年より15倍（3,800億ドル以上）も拡大している。

　北米への投資は欧州を上回っている。特に米国への不動産やエンターテイメント，製造業分野での買収を中心とする投資は100億ドル以上拡大し，米国の対中投資（年約30億ドル）を超えている。一方，欧州への投資は減少したものの，英国のヒンクリーポイント原発基地への出資，ロンドンの金融・不動産分野への買収やフランスパリのホテル・ブランドの買収などで，英仏への投資が際立っている。

　他方，資源開発投資の減速により南米とアフリカへの投資は減少した。南米とアフリカへの投資構成比はそれぞれ5年前の15.3％，3.1％から8.7％，2％に低下した。投資額はそれぞれ5年前の1.2倍の126億1,000万ドル，1.4倍の29億8,000万ドルとなり，欧米とアジア地域と比べ，投資のペースが減速した。

　ストックベースでも2015年末時点でアジア，南米，アフリカなど途上国地域向け投資が対外投資残高に占めるシェアは2010年末時点の9割から，2015年末に8割強に減少した。一方，欧米など先進国・地域は1割から2割近くにまで増加した。

　なお，地域別投資パターンについて，途上国地域向けは，主にグリーンフィールド投資である一方，先進国・地域では，M&Aがメインだった。

1.2　対外投資・M&Aの背景と狙い

　こうした中国の対外投資変化は，主に以下のような背景がある。まず，国内生産コストの上昇・供給過剰に伴い，従来の資源開発を重心とする投資より，効率追求・市場開拓型の投資を拡大している。特に経済減速の中，労働集約型産業や生産過剰の業種のアジアなど途上国・地域への海外移転が加速した。また，原発輸出の押し上げや中国観光客を取り込むビジネスおよび人民元国際化関連の金融業への投資が増大した。特に経済減速に伴う減益やさらなる元安の推測で，海外不動産などの買収・投資拡大に拍車がかかった。

　中国は「一帯一路」という対外戦略の下で，官民を挙げて中東やロシア・中央アジア，欧州等に投資を拡大してきた。沿線諸国への投資額は2015年には前年比38.6％増の184億ドルと大幅に増加し，2016年には投資額186億ドル，

進出企業 1,082 社に達している。業種は繊維や家電，移動・固定通信，インフラ設備等多岐にわたっている。これまで中国海洋石油（CNOOC）によるカナダ・ネクセン買収等で資源確保型の進出が活発化したものの，原油安や国内石油閥等の腐敗問題に伴う買収案件採算性の影響で，資源開発投資が大幅に減少した。

　中国は新興国として，その後発の多国籍企業が先進国の先発多国籍企業のように，世界のどの市場でも通用する技術等の「企業優位性」を持ち合わせていないため，製造業が主にアジア，中央アジア，アフリカなど途上国・低所得国市場いわゆる後進市場に進出し「相対的優位性」を実現している。途上国・低所得市場投資市場で，M&A 投資を行うより，上述のような効率追求・市場開拓型進出を中心に，グリーンフィールド投資を展開している。

　近年の中国沿海地域における出稼ぎ労働者の減少や人件費高騰，欧米など先進国との貿易摩擦に伴い，アパレル・繊維製品や雑貨といった従来の労働集約型業種・企業の多くがベトナム，カンボジア，ナイジェリアなどの途上国にシフトした。

　こうして後進市場の現地企業に対する相対的「企業優位性」という強みを持つことができる。新興多国籍企業は後進市場でも先発多国籍企業より低所得層のニーズに柔軟に適応できるので，非先端技術分野では優位性を持つのだ。対外直接投資を担う中国発の新興多国籍企業は積極的に途上国・地域に進出し，現地市場で相対的優位性を実現している。例えば，海信家電企業のアフリカへの進出，自動車メーカーの吉利，奇瑞によるロシア，ウクライナなど CIS（独立国家共同体）地域，イランなど西アジアでの現地生産・販売だ。

　一方，新興国企業は先進国企業のような先端技術資源の優位性を有しておらず，短期間で内部だけで開発・蓄積することは難しい。中国は，先進諸国に比べ先端技術の自主開発が不得意で，対外 M&A に頼って研究・開発拠点や人材，ブランド・ノウハウなど技術資源の獲得を目指している。こうして米欧など先進国地域に進出する場合，中国の対外投資はほとんど技術や経営資源獲得型を中心とする投資・買収や販売・不動産などに傾斜している。最近，先進国市場での買収が加速している。中国の後発多国籍企業は，先進国市場では競争優位に立ちにくいことから，グリーンフィールド投資よりも M&A に集中し

302 補章　中国の対外経済戦略

ている。

　その技術関係の買収案件は主に以下のとおりである。2015年3月に中国化工集団が，イタリアの高級タイヤの会社であるピレリを71億ユーロで買収し，ハイテクのタイヤ製作技術を手に入れた。7月には，紫光集団が米国半導体大手であるマイクロン・テクノロジーに対して230億ドルの権益を取得した。9月には，生産設備の製造を手掛ける民間である長春合心機械製造がドイツの同業GRGの株式54.98％を1,200万ユーロで取得，合弁社「GRG（中国）」合弁会社を設立して，ドイツ側の合心機械に関する技術など経営資源を共有した。さらに2016年1月には，海爾集団が米国電機大手のゼネラル・エレクトリック（GE）の家電部門を54億ドルで買収，知的財産やGEブランドを入手した。同年2月には，中国化工集団がスイスの農薬大手企業であるシンジェンタ（Syngenta）を430億ドルで買収し，シンジェンタの農薬や，種子などに用いられている先端技術を獲得し，過去最大の買収案件となった。

　その後4月下旬，浙江万豊科学技術開発が米パスリを3億2,000万ドルで買収，溶接ロボット技術と人材資源を手に入れ，7月に紫光集団が米国半導体大手であるマイクロン・テクノロジーに対して230億ドルによる買収を予定。8月には美的集団が世界有力の産業ロボットメーカーであるドイツ・クーカ社の株式約95％を取得した。

　2016年の中国の対外買収の金額（1,072億ドル）と案件（923件）は，それぞれ2015年より，約2倍，2.4倍も大幅に増加し，5年前に比べ4倍近くも拡大している。

　足元の内外経済の減速が続く中，それでも買収・投資拡大に動く背景には，技術力・ブランド力を高めないと，経済構造転換に必要な産業高度化の実現がおぼつかないとの焦燥感がある。大型買収案件の裏には，「技術グレードアップ」を国策に掲げる政府指導部の意向が働いたこともある。近年の大型買収は，ほとんど「国家の技術戦略指針（中国製造2025）」で掲げたデュアルユーステクノロジー分野でみられる。2017年の国際会計事務所プライスウォーターハウスクーパース（PwC）中国の対外M&A投資報告によると，2016年の中国の対外買収案件（923件）のうち，7割近く（635件）が欧米など先進国に集中し，製造業や技術関係の分野への買収は約6割（363件）を占めてい

る[3]。技術資源獲得型の投資・買収が際立っている。

　他方，従来の資源探究・確保型の進出も上述の原油安や石油閥など腐敗問題に伴う海外買収案件の採算性の影響で減速したものの，2017年に入って中国の対外不動産，エンターテイメントなど非実体経済部門への買収が縮小する中，資源・エネルギー分野への投資・買収はまた活発化している。例えば，2017年2月19日にCNPC（中国石油天然ガス集団公司）が17億7,000万ドルを投じアラブ首長国連邦（UAE）アバザビにおける陸上石油公司（ADCO）[4]の8%権益を取得している。そして　中国石油化工集団公司（Sinopec）が3月22日，9億ドルでシェブロン（Chevron）の南アフリカの石油下流部門の資産（ケープタウン製油所，ダーバン潤滑油会社，南アとボツワナにおける820カ所のガソリンスタンド，220カ所のコンビニおよび油槽配送施設）を買収した。さらに4月に中国投資有限責任公司が51億9,000万ドルで，ブラジル国家石油会社（Petrobras）の西南天然ガスパイプライン会社の株式90%を購入した。

　なお，2015年末時点で，鉱業・採掘業における投資・M&A額（ストックベース）は，2,000億ドル以上で全業種の2割強を占め，中でもその買収額は全体の5割以上にも達している。狙いはエネルギーや資源の安定的な調達にある。昨今，重化学産業に依存する経済成長パターンの下で，急速的に進展しているモータリゼーションなどにより，石油などのエネルギー需給逼迫が深刻化している。例えば，2013年2月，CNOOC（中国海洋石油総公司）によるカナダ・ネクセン買収が，米政府の対米外国投資委員会（CFIUS）から承認されたことにより，海外過去最大規模の買収が実現，そして2014年11月には中国石油天然ガス集団（CNPC）が約26億ドルで，ブラジルのペトロブラスがペルーに持つ石油会社の株式100%を取得した。目下，中国の資源開発・確保型の投資・買収により取得した海外石油・天然ガスプロジェクトは200件を超え，その権益量は，年間1億5,000万トン以上と，原油輸入量の4割を占めている。

　日本でも，近年の中国電気自動車大手のBYDがオギハラのハイレベルの金型技術を獲得したモノづくり分野での買収に続き，2015年11月，中国の商業施設運営会社「上海豫園旅游商城」が，日本の観光ブランドである北海道のス

キーリゾート・星野リゾートトマムの全株式を 183 億円で取得したことが注目されている。中国企業は M&A 等を通じて，先進国特に近隣の日本企業の技術資源の獲得に積極的に取り組み，成功させている。例えば，山東如意科技集団の邱会長は，2010 年 7 月に，記者会見で「レナウンを通して日本企業の良さを学びたい」と強調した。同集団はレナウンのシンプルライフなどの有力なブランドを獲得し，世界市場シェアを拡大させた。また，上海電気も，アキヤマと池貝会社の買収により，印刷機械製造や旋盤・NC 工作機械等のハイレベルの技術を手に入れ，モノづくりの技術・ノウハウを中心とする経営資源を蓄積した。

さらに 2016 年中国企業による日本企業への M&A 件数は 51 件と，前年の 35 件から 45.7％の大幅増加となっており，対日買収全体の 25.3％を占めている。金額も 9,322 億円と中国のテンセントによるフィンランドのゲーム会社・スーパーセルの買収など大型案件の登場により 2015 年比 5.7 倍に急拡大し，件数，金額ともに過去最高を記録した[5]。テンセント（Tencent Holdings）がつくるグループは，ソフトバンク傘下のゲーム開発元スーパーセルの株式 84.3％を 86 億ドルで取得して，日本の IT ゲーム開発の技術・ノウハウを身に着けようとしている。最近，日本企業がビジネス事業構造改革の動きを本格化させる中で，中国企業の役割や対外投資を活用し，IT 関連など新しい事業部門では事業連携・協力する動きも目立っている。

上述のように中国が対外投資・買収を確実に拡大させている背景として，以下の点を指摘すべきだ。第 1 に，中国経済転換期における設備過剰である。これまで，2009～2014 年に中国の重厚長大産業を中心とする投資率（総固定資本形成の GDP 比）は 4 割以上という高水準に達し，莫大な設備過剰能力が積み上がった。2015 年時点で鉄鋼，セメント，電解アルミ，板ガラス，造船の 5 産業でその生産能力が大きく過剰となっている。板ガラス，造船は 30％，37％に達するほか，鉄鋼，セメント，電解アルミの余剰能力はそれぞれ 50％，59％，54％に上っている。こうして余剰設備能力の消化・削減を目指し，アフリカ，アジアなど途上国・地域への設備移転を進めている。

第 2 に，エネルギーなどの資源の欠乏である。現在の石油をはじめとする需給ギャップは，4 億トン以上と 2000 年より 14 倍以上も増大した。中国は国内

生産供給の制約・需給ギャップの拡大により，海外資源権益の買収を加速させた。

第3に，中国は足元の中国経済の減速が続く中，技術力やブランド力を高めなければ，経済成長維持や企業の発展がおぼつかないとの懸念や緊迫感を有している。これまで，中国のモノづくり分野では，外資企業が主役であった。2000年以来，中国の製品輸出の5割以上を外資系企業が担っている。外資系企業による技術集約度・付加価値の高い製品の輸出は，全体の8割をも占める。中国における新製品開発も4割が外資系企業によるものだ。中国企業は資金が豊富でもモノづくりの高機能技術・ブランド力に欠けている。それゆえ，中国企業は速やかにM&A等を通じ，日米欧先進国企業の技術・ブランド資源の獲得を狙っている。

1.3 首脳外交をはじめとする国家サポートと「一帯一路」の戦略支援

中国政府は，首脳外交をはじめとする国家支援と「一帯一路」の対外戦略の下，積極的に対外投資・買収を推進しようとする。最近国家的な戦略として，技術獲得をはじめとする資源確保や市場開拓のための企業の海外進出を積極的に支援している。国内R&D（研究開発）や融資・税金面での優遇のほか，商務省や現地の大使館などを通じて情報面でもサポートしている。

さらに中国政府はアフリカや中東，ロシア・中央アジア，南米・欧米などの諸外国に対し，活発に政府や共産党トップ・要人による首脳外交を行い，中国企業の海外自主開発や事業権益の取得をバックアップしたことが注目されている。近年，習近平国家主席も江沢民・胡錦濤両政権と同様，とりわけエネルギー・資源諸国を中心として積極的に首脳外交を展開している。

例えば，習主席は2016年1月下旬，サウジアラビア，エジプト，イランの3カ国を訪問し，中東地域に計350億ドルの融資を約束し，石油・エネルギー依存度の高い同地域でのエネルギー資源確保を主眼に，中国の影響力を強化しようとしている。こうした首脳外交を積極的に進めることで，中国は石油・ガス開発権益に関する主要案件を数多く取得している。これまでの海外における石油資源投資・買収案件は290件に上り，その金額は合計約3,000億ドルに達した。その投資・買収における取り分の権益量は1億5,000万トンと，中国

306 補章　中国の対外経済戦略

の原油輸入量の4割以上も占めている。

　また，李克強首相も積極的に海外の高速列車や原発などの分野の投資・輸出に関して，積極的に外交を展開している。2014年6月に李首相が英国を訪問する際，デービッド・キャメロン英首相とともに発表した共同声明には，英国側が原子力発電，高速鉄道，海上における風力発電，太陽光発電など交通，エネルギー，インフラ建設の分野で中国企業の投資を歓迎するとの内容が盛り込まれた。こうして中国はイギリスなど欧州のほかに，アジアから中東・アフリカ，さらに南米まで，原発分野の投資・輸出を広げようとしている。(表補-1)。

　中国は既に，世界数10カ国に対して「高速鉄道の売り込み商談」を行っている。中国政府がサポートしたトルコ（中国企業が初めて海外で建設に参加したトルコの首都アンカラと同国最大の都市イスタンブールを結ぶ）高速鉄道は既に2014年7月に開通した。同高速鉄道は，中国が海外で請け負った最初の

表補-1　中国原発の海外進出

国名	年月	概要
ルーマニア	13年11月	原子炉2基を増設するプロジェクトに投資する計画で，李克強首相が同国訪問にあわせ，ルーマニア国営のニュークリアエレクトリカ ROSNN.BX と意向書に署名。
イギリス	13年12月	ヒンクリーポイントでの欧州加圧水型原子炉 (EPR) プロジェクトでは，中国原発企業が，同建設に当たるフランス電力公社（EDF）が率いる企業連合（コンソーシアム）に30％〜40％出資で参入（原発建設180億ポンド（約3.3兆円）のうち，中国側が60億ポンドを出資（15年10月）。16年9月にイギリス政府が承認。
南アフリカ	14年3月	国家核電技術公司，中国広核集団（中広核）と南ア原子力エネルギー集団が共催した「中国ー南アフリカ原発協業研究会議」が南アで開かれ，中国は，南アと交流を強化，同国の原発市場への参画。
アルゼンチン	14年7月	同国と重水炉建設で MOU を締結。15年11月に契約。2つ目の原子炉には「華龍1号」技術が採用される予定。
トルコ	14年11月	中国国家核電技術公司と米ウェスティングハウス社は，トルコ国営電力公社 EUAS と原子力協力覚書に調印。
カザフスタン	14年12月	中広核はカザフスタン国営原子力公社と原子力分野の協力とで合意，内外原発を拡大するための原発上流分野の燃料を確保。
カナダ	16年5月	中広核と同国最大のウラン企業 Cameco 社が，ウラン資源共同開発協力に関する協定に調印。

パキスタン	15年8月	中国核工業集団（中核集団）が担当しているパキスタンのカラチ原発 K2・K3 建設が着工（すでに93年に同国へ原発ユニット CNP300 を2台輸出し，チャシマ原発建設・運行を担当，その後ユニット3号機・4号機も供給。3号機と4号機がそれぞれ16年12月，17年8月に運営。
サウジアラビア	16年1月；17年3月	中国核工業建設集団（中核建）が高温ガス炉協力に関する MOU に調印；習近平国家主席とサウジのサルマン国王の立会の下で，中核集団とサウジ地質調査局が『ウラン・トリウム資源協力了解覚書』に調印。
チェコ	16年3月	中広核と同国エネルギーグループ（CEZ）プラハで『原子力発電及び再エネ分野における協力』に関する MOU に。
スーダン	16年5月	中広核とスーダン水力発電省が原子力発電をめぐって協力協定を締結。
インドネシア	16年8月	中核建と同国原子力機構が高温ガス炉協力に関する合意書に署名。
ケニア	15年9月	中広核は，ケニア原子力発電庁と覚書に調印，中国独自ブランドの第三世代原発技術「華龍1号」及びその改良型技術をベースにケニアの原発のキャパシティ・ビルディングをめぐって全面的に協力を展開。
タイ	17年3月	Nur Bekri 中国国家能源局長と対の Anantaporm エネルギー相が北京で『中タイの原子力平和利用協力協定』に調印。
イラン	17年4月	23日にウィーンで中国とイランの企業がアクラ原子力発電所重水炉改造事業に関する契約を結ぶ。

注：海外進出の主力原子炉：1. CAP1400；華龍1号（HuaLong-HPR1000）；高温ガス冷却炉（高温ガス炉（High Temperature Reactor）。

出所：中国各原発企業 HP・聞き取り調査より作成。

高速鉄道建設プロジェクトで，高速鉄道の「海外進出」を進める上で，極めて重要な意義を持っている。

　このほか，中国企業が海外で建設や受注計画を進めている主要な大型高速鉄道関連プロジェクトには，中国〜ラオス高速鉄道や中国〜タイ高速鉄道，ハンガリー〜セルビア高速鉄道，インドネシア・ジャカルタ〜バンドン高速鉄道，ロシア・モスクワ〜カザン高速鉄道，マレーシア〜シンガポール高速鉄道，などがある（表補-2）。そして受注目標としている南米大陸横断の両洋鉄道，タンザニア・ザンビア鉄道などもある。

　今後，中国はさらに，習主席が提唱している「一帯一路」という対外戦略構想の下で，官民を挙げて中東やロシア・中央アジア，欧州，アフリカにわたって対外協力・連携を行いながら，米国のアジア・リバランス戦略に対応し，対外投資拡大などで海外進出を強化しようとしている。目下，中国は世界最大で

308 補章　中国の対外経済戦略

表補-2　主要高速鉄道建設計画

国名	年月	プロジェクト概要（計画，協力を含む）
トルコ	05 年 10 月	中国鉄道建築総公司と中国機械進出口（集団）有限公司らはアンカラとイスタンブールを結ぶ高速鉄道の第 2 期工事の主要路線を 12 億 7,000 万ドルで落札。総延長は 158 キロメートル，設計速度は時速 250 キロメートル。14 年 7 月開通。
サウジアラビア	10 年	中国鉄道建築総公司（中国鉄建）はサウジアラビアのメッカ・ライトレール建設プロジェクト。10 年，中国鉄建は海外企業との入札に競り勝ち，落札。
インド	13 年 12 月	同国の菱形の 5 本の高速鉄道建設計画に，中国企業と日本企業がそれぞれ 2 本の事業化調査を落札。
イギリス	14 年 6 月	中国の李克強（リー・カーチアン）首相は 17 日，ロンドンでキャメロン英首相と会談，両国は原発・高速鉄道などのインフラ協力で合意。（双方は両国市場の鉄道の設計コンサルティング・建設・設備供給・メンテナンスなどの分野で実質的な協力を推進）
タイ	14 年 11 月；15 年 9 月	バンコクと東北方向のラオス国境都市ノンカイまでの鉄道（時速 180 キロ）を中国が受注。インラック政権時代，中国と「米と高速鉄道の取引」案件，失脚の理由に，14 年 11 月計画復活，12 月に鉄道協力の覚書を調印。(5 年 9 月，政府間契約，10 月末に着工式，将来の高速化，北に中国，南にシンガポールに接続が可能。
セルビア・ハンガリー	15 年 12 月	24 日に開かれた李克強首相と中東欧 16 カ国首脳との会議の席で中国はハンガリーとセルビアの両首都間を結ぶ高速鉄道を 3 カ国共同で建設する契約に調印。ハンガリー・セルビア鉄道の全長は 350 キロ。工期は 24 カ月を予定。
ロシア	15 年 5 月	15 年 5 月モスクワ―カザン区間（770 キロ）を受注，時速 400 キロ，投資額 100 億ドル，18 年完成。モスクワ―北京の高速鉄道（中国・カザフスタン・ロシアを結ぶ全長 7,000 キロで，北京からモスクワまで 2 日間の行程。同プロジェクトには 1 兆 5,000 億元（約 29 兆円）が投じられる予定。
インドネシア	15 年 10 月	中国と同国高速鉄道プロジェクト建設契約に調印。同プロジェクトは首都ジャカルタとインドネシア第 2 の都市バンドンの約 140 キロを結ぶ路線。完成後，時速は 250 キロ前後となる見通し。
マレーシア，シンガポール	16 年 12 月	12 月 14 日マレーシア，シンガポール両政府は高速鉄道計画の合意文書に調印。2026 年開業。中国が入札を予定。

出所：各種資料より作成（2017 年 1 月 25 日日本記者クラブの筆者の講演資料を基に）。

ある外貨準備を活用し，リーマン・ショックにより投資のドル依存リスクを視野に入れ，人民元の国際化を進め，「一帯一路」の対外戦略の展開や AIIB（アジアインフラ投資銀行）やシルクロード基金の創設によって，人民元経済圏の

構築を目指し，対外直接投資をより一層拡大しようとしている。2020年まで
に中国の年間の対外直接投資・買収額は，2,000億ドル以上に達すると見込ま
れている。さらに2025～2030年に米国を抜き，世界1位の対外直接投資国と
なる可能性がある。

　2016年3月に開催した中国の全国人民代表大会（国会に相当）による「第
13次5カ年（2016～2020年）計画」は海外市場・資源をさらに活用するよう
提唱している。つまり，中国の対世界直接投資の拡大は，高度成長から安定成
長期に移行しつつある新常態（ニューノーマル）の下で，海外の現地生産・現
地販売を促し，輸出依存型の経済成長の制約を克服し，重厚長大産業にかかわ
る生産・設備余剰能力を軽減することにつながっている。他方，中国は対外投
資の拡大を通じて，国際金融危機以来低迷している世界の実体経済を潤し，諸
外国のモノづくりなどの設備投資，探鉱開発を促進している。さらに対外投資
の拡大により，人民元経済圏の構築を目指し，海外事業のダイナミックな動き
を展開し世界的影響力を一段と強化しようとしている。

　また，被投資国と投資保護協定・二重課税防止を実施している。中国政府は
2009年10月に86カ国と「二重課税防止」協定を制定し，海外進出を行って
いる企業にかかる二重課税コストを避け，対外事業の拡大につなげた。

1.4　対外投資・買収の難局および最近の政府の政策

　だが，中国の技術資源獲得型の買収，特に対米の大型買収はうまくいかな
かった。これまでの買収失敗案件は十数件，数百億ドルに上り，中でも米国で
のM&Aに失敗事例が最も多い。1例として2016年の紫光集団の米半導体大
手マイクロン・テクノロジーへの230億ドルの買収案は米国の安保の脅威とな
るという理由で米議会・政府に却下された。

　特にトランプ政権の「米国第1」主義の下で，今後中国の対米技術獲得型の
買収は難航すると予測される。中国はトランプ政権下の米中貿易摩擦の激化を
見越し，対米投資・買収の拡大により貿易摩擦の緩和を図ろうとするものの，
さまざまな制限に直面している。つまり大型技術買収案に対するトランプ政権
の反発や，グリーンフィールド投資を行う後発多国籍企業としての中国製造企
業の技術劣位に制約されるのだ。

310　補章　中国の対外経済戦略

　米中貿易摩擦は中国の対米投資を促進する効果があると言われるが，中国の対米製造企業の買収・投資拡大よりも，不動産・サービス等非製造業への投資増大をもたらす。まして米中貿易摩擦の火種である国内過剰の鉄鋼製品を対米輸出から簡単に現地生産に移すわけにはいかない。

　こうして中国はトランプ政権発足で予想される米中通商・投資摩擦への対応として，対米鉄鋼等輸出の削減を，ハイテク技術案件の買収と抱き合わせ，対米投資・買収を進めると考えられる。また，中国は対米製造業投資の劣位を避け，トランプ政権が進めるインフラ整備・建設に積極的に参与しようとする。そしてさらに EU，日本への技術型買収を強化する可能性がある。ただし，中国と EU の相互投資の不均衡が目立ち，2016 年に中国の対 EU 投資は EU の対中投資の 5 倍近くにまで拡大している。それは中国の対 EU 投資・買収の拡大への警戒・抵抗につながった。

　中国は対 EU 投資・買収を遂行するため，EU に企業買収の門戸を開けさせるべきだ。そして EU 側等のセンシティブな分野での中国買収への警戒感を緩和する一環として，関係国・企業と共同投資・買収が求められる。

　また，中国企業は今後経済減速に伴う事業低迷により，対外投資を事業ポートフォリオの多角化に注力していく。例えば，不動産コングロマリットの大連万達集団が既に国内不動産事業の減益で米国の映画製作会社買収などを通じて事業多角化を進めており，足元でドイツ銀行傘下の金融大手ポストバンクなどの買収も模索しようとしている。

　しかしながら，2017 年に入って以降，中国の対外直接投資と対外 M&A は，大幅に減少している（図補 -1）。PwC がこのほど発表したレポートによると，今年第 1 四半期（1～3 月）の中国企業による海外での合併・買収（M&A）は，金額ベースで前年同期比 77％減の 212 億米ドル（約 2 兆 3,300 億円）となった。件数ベースは 39％減の 142 件にとどまった[6]。

　2016 年と 2017 年第 1 四半期の M&A の対象は，約 6 割が欧米市場だった。中国政府による「一帯一路」の推進で，アジアで M&A を模索する動きも増えている。

　PwC 中国の李明氏は，中国政府が昨年末から海外での投資に対する監視体制を強化していることに加え，世界の政治，経済が新たな局面を迎えるなど外

部の不確定要素が増すとし，2017 年通年の海外 M&A は「合理的な水準に戻る」と予測している。

2017 年に入って以降中国の対外直接投資は急減した。1 ～ 8 月に前年同期比 44.3％減の 687 億 2,000 万ドルとなっている。対外買収は，上半期に前年同期比 13％大幅減の 644 億ドルとなっている[7]。しかも投資構造も大きく変化した。中でも不動産，娯楽分野が 85％減，92％減と大幅に減っている。背景にあるのは，中国政府の「資本流出の抑制と行政指導」だ。経済成長減速による国内市場の投資機会が減少，元安への懸念も強まる中，元を外貨に変えて海外に移す動きが活発化している。これで資本収支の悪化や外貨準備高の減少を招き，元安が進んでいる。2016 年末政府はこうした動きを規制しようと，原則として 500 万ドル以上の対外投資・買収，特に不動産など非製造業分野や投資側の非専業分野への買収案件を厳しく審査するなどして，虚偽の対外投資を取り締まり対外投資を実体経済に寄与するよう導こうとしている。

中国政府は，「一帯一路」に合わせる投資や実体経済・産業高度化につながる対外投資・買収を推奨する一方，不動産・娯楽など非実体分野への投資・買収に対し審査・規制，指導を強めている。2017 年 1 ～ 8 月に「一帯一路」沿線国への投資額は 85 億 5,000 万ドルと前年同期比 4.3％増加，対外投資総額の 13.4％を占めている。8 月末時点，既に対「一帯一路」沿線国投資は 600 億ドルを超えた。

そして業種別に製造業やリース・ビジネスサービス，商業，情報転送・ソフトウェア・情報技術サービス業などモノづくりや技術サービスなど業種は 17％，31.1％，12.6％，10.9％となっている。一方，不動産・スポーツ・娯楽業への投資は昨年同期と比べ大幅減となり，その構成比率は計 28.4％であった。2017 年に入って不動産，娯楽業の買収は政府の規制・指導によってストップしたケースが多い。例えば，万達グループが 2016 年 11 月，米テレビ番組制作大手のディック・クラーク・プロダクションを 100 億ドルで買収すると発表したが，政府の資本規制を受けて送金できず，2017 年 2 月，買収を中止した。

中国政府は非実体・非専業分野や虚偽的対外投資・買収を制限，取り締まりを強化させる一方，従来の技術資源獲得型の買収を推進している。2017 年 1 ～ 3 月に不動産・娯楽業の対外買収件数は前年同期比 21％減少したものの，

312 補章 中国の対外経済戦略

医療やIT技術・製造分野の案件が増加し，全体買収案件の4割近くを占めている。

中国は今後，経済減速や産業構造の調整につれ，対外投資・買収をさらに拡大させようとしている。しかしながら，様々な難題に直面している。まずは米国など先進国のハイテク技術を買収によって簡単に手に入れられないことだ。また，鉄鋼やアルミ，セメント等素材産業の海外移転は，将来現地市場の飽和や環境負荷増・反発で，海外事業を通して国内の過剰能力を削減できないであろう。

最近，中国の専門家たちでは，トランプ政権による通商・投資摩擦への対応として，対米インフラ整備・エネルギー分野の投資を先行し，センシティブ・ハイテク技術案件の買収緩和は一時ストップをせざるを得ないと議論されている。

足元にトランプ政権の発足や英国のEU離脱始動などに伴う貿易保護主義・ポピュリズム（大衆迎合主義）の高揚による世界経済先行きの不確実性が高まる中，中国の対外投資・買収を取り巻く環境はさらに厳しくなる。中国はいかに関係諸国・企業と連携して対外投資・買収を進めていくかが重要だ。また，中国政府は外資による中国企業買収規制を緩和，外資（一部投資側の所有率の制限の撤廃など）に対しもっと国内市場開放をすべきだ。そして中国企業が先進国の技術資源など買収への警戒感の緩和を目指した，先進国企業との共同買収は必要不可欠であろう。

1.5 対外投資拡大の半面—資本逃避・資本転移型の投資が加速—

中国の対外直接投資・買収による資本の海外流出が加速している。よって，中国の外貨準備高の減少や人民元安を招いている。2016年は資本流出の加速により外貨準備は3,200億ドル減少し，人民元の対ドルレートで6.5％下がり，年間の下落幅としては過去最大となった。

そもそも中国の対外直接投資のタイプとして，前述に関連して主に3つがあげられる。第1に，後進国を中心とする市場開拓・効率追求型の進出である。多国籍企業論の「企業優位説」によると，企業が対外事業活動を行うのはその企業が被投資国の企業に対して保有する何らかの「企業優位」に基づくことが

直接投資を行う側の必要条件である。中国のような後発多国籍企業は世界のすべての市場でも通用する上述の優位性は持ち合わせていないことから，先進国企業がまだ十分に浸透していない途上国市場では，現地企業に対する相対的優位性をもつことができる。最近，国内生産コストの上昇・供給過剰に伴い，「効率追求・市場開拓型」の投資が加速された。

第2に技術資源を獲得するための進出である。中国のような新興国企業は先進国企業のような先端技術資源の優位性を吸収・獲得する狙いで，M&Aを通して先進国の技術資源の取得に努めている。こうして最近，国内の産業高度化を目指し，先進国への技術獲得型投資・買収は活発化している。

第3に資源探求型の進出である。中国は資源・エネルギー多消費型産業である重化学工業に依存している経済成長パターンは，エネルギーの需給逼迫を深刻化しており，海外で資源を確保するための開発投資・買収を積極的に行い，エネルギー・資源の調達・安定的供給を図っている。

しかしながら，上述のようなタイプの対外投資が拡大した半面，国内からの「海外移転・逃避型」の資本流出を見逃してはいけない。

中国商務省のデータによると，近年対外直接投資の増加率は20％以上と増大し，特に，16年に対外直接投資は40％以上，対外買収が90％以上と大幅に拡大した。

しかも，中国の対外投資・買収は74％が非製造業分野に集中している。2017年3月21日，中国人民銀行副総裁で国家外貨管理局長を務める藩功勝氏は，「中国発展高層論壇」（中国発展ハイレベルフォーラム）でのスピーチで，「対外投資・買収は，いくつか異常で非理性的な投資行為が見られている」と指摘した。例えば，16年にある鉄鋼会社が海外の映画会社を買収するし，あるレストラン・料理屋が海外のインターネット・ゲーム会社を獲得した。金属製品会社である鑫科材料が16年10月，非専門分野のハリウッド映画テレビ会社Midnight買収を進めたことが際立った。因みに16年中国企業による映画など娯楽業への買収額は15年比4倍も大幅増の76億ドルとなっている。

中国企業は，数多くのサッカークラブを買収している。中でも，家電量販大手の蘇寧雲商集団が2億7,000万ユーロでイタリアの名門サッカークラブ「インテル・ミラノ」の株式を70％獲得。中欧体育集団が，イタリアの名門サッ

カークラブ「ＡＣミラン」を7億4,000万ユーロで買収したなど，中国企業が十数億ユーロを費やして18の海外のサッカークラブを買収した（表補-2）。

そして，大連万達集団が米国の映画会社レジエンダリー・エンターテインメントを35億ドルで買収するなどで，中国企業の海外エンターテインメント分野での投資・買収が目立っている。

表補-2　中国企業もサッカー関係の買収案件（2016年）

買収側	被買収側	金額	所在国
人和集団	Reading FC	N/A	イギリス
莱茵体育	Southampton FC	2億ポンド	イギリス
中資財団	Palermo Club	1億ユーロ	イタリア
中資財団	AC Milan	7.5億ユーロ	イタリア
復星国際	Wolves Club	4,500万ポンド	イギリス
恒大集団	A.S. Roma	7,500万ユーロ	イタリア
光大集団	Liverpool FC	N/A	イギリス
中資財団	Leeds United	N/A	イギリス
IDG資本	LYONNAIS	1億ユーロ	フランス
華信能源集団	SK Slavia Praha	N/A	チェコ
中資財団	Hull City FC	1.3億ポンド	イギリス
中信集団	Real Club Celta de Vigo	1.5億ユーロ	スペイン
棕榈・生態	West Bromwich	N/A	イギリス
蘇寧集団	Inter Milan	2.64億ユーロ	イタリア
双刃剣体育	Granada Club	N/A	スペイン
雷曼投資集団	Newcastle United Jets FC	370万ドル	豪州
宏愛大平台	OGC Nice	2000万ユーロ	フランス
睿康・	Aston Villa FC	N/A	イギリス

出所：CCO（China Go Abroad）資料より作成。

国際金融協会（IIF）によると，2016年の中国における海外への資本流出額は15年比7.4％増の7,250億ドルに達している。前年より500億ドル増加し，過去最高を記録している。

近年，中国が対外投資・買収を拡大する勢いが世界に席巻している。だが，

海外事業の利益・実績が楽観的ではない。中国商務省商務研究院の調査・報告（『中国海外企業可持続発展報告2015』）によると，近年海外進出した中国系企業では，わずか13％の企業しか利益を増やせていない。一方，24％の企業は利益が横ばいだったり，赤字になったりしている。こうした投資・買収の業種は，殆どノウハウ・技術のない非専業分野である。

　それにもかかわらず，なぜ最近中国企業が非専業的な分野へ投資・買収を拡大しているか。なぜ，上述のような非理性的で異常な投資行為を行ったか。答えは，これらの投資・買収は国内資産の海外への移転・逃避のためである。このような投資・買収の主な背景として，いくつかの点が挙げられる。

　まずは，資金の分散・配置である。国有企業以外のいくつかの民営企業は，国有・政府系企業とは異なり，国内投資の政治・社会環境への不安で，とりあえず，一部の資金を対外直接投資・買収の形で，海外へ移転し，万が一のリスクの分散を狙っているのだ。

　第2は反腐敗キャンペーン強化に伴う資本逃避型の買収・投資が拡大することだ。

　これまで不正で巨額のお金・資産を横領・入手した，一部の経営者・幹部は習近平政権が取り締まるターゲットとなる。彼らは政府に摘発されていないうちに，対外投資・買収を装って，コストを無視して資産を海外への逃避を加速させている。

　第3は，海外移民・教育を目指す資産転移である。近年，国内のPM2.5など大気汚染の深刻化につれて，環境先進諸国である欧州や北米，豪州などへの海外移住型の資産転移が増大している。加えて，子供のための優れた先進国の教育環境を求めるための投資も，拡大している。例えば，16年に対欧米の不動産投資の多くは，前年比2，3割以上増加し，海外移住や子供の留学のための住宅や不動産施設への投資・買収のためである。

　こうした資本逃避型などの買収・投資拡大がさらなる人民元安の外貨準備高の減少を招くのに対し，中国政府の懸念が高まって，2016年12月より資本流出への規制を強化させてきている。

　中国政府は上限枠（500万ドル以上）を設け買収案件を厳しく審査する一方，短期金利引き上げで元安に歯止めをかけ，買収名目の資本流出を抑制して

316 補章 中国の対外経済戦略

いる。図補-1 に示したように今年に入って以降の投資とくに対外買収の急減をもたらし，外貨準備高の増加や人民元の対米ドルのレート上昇につながった。しかし外貨準備激減を示す資本流出のラッシュに対応した中国の資本取引・送金規制は，「走出去（海外進出促進）の国策を掲げる政府のジレンマの一面を見せており，今後の対外投資・買収を減少し，資本自由化や人民元の国際化を遅らせかねない。

　今後，中国は供給過剰や技術資源不足に対応する有力な手段として，過剰生産能力の海外へのシフト，技術資源獲得型の対外 M&A を加速していく。だが，トランプ政権発足に伴う世界経済先行きの不確実性が高まる中，中国の対外投資・買収を取り巻く国際環境はますます厳しくなる。中国が抱える問題をいかに克服するかが注目される。

2. 中国の対米ビジネスの方向性

2.1 対話しながら，「win-win」視野で，中米貿易投資問題を克服
　　　―必要な分野での輸入増加や投資拡大を通して対米技術資源・市場シェアを確保―

　21 世紀に入って以降，中国は WTO 加盟を契機に対外輸出，とりわけ対米輸出が著しく拡大した。1979 年の 25 億ドルから 2016 年には 5,243 億ドルにまで大幅に増加し，209 倍も拡大した。それに伴い，2016 年には（米国商務省統計で）約 3,470 億ドルの対米貿易黒字を計上した。

　中国の世界貿易総額が 2015 年から 2 年連続で減少している。これは米国向け輸出が減ったことなどが要因である。対中強硬姿勢を続けるトランプ次期米大統領の就任後，米中貿易摩擦が激化した場合，落ち着きを取り戻しつつあった中国経済が再び減速局面に入り，世界全体に影響が及びかねない。

　中国が懸念するのは自国製品への高率関税適用だ。トランプ大統領は安価な中国製品の流入で米国人の雇用が奪われていると主張しつつある。それに対し中国にとって米国は対世界貿易全体の 2 割を占める最大の輸出先で，対米輸出が滞れば製造業，特に労働集約型の中小企業の倒産や，経営難に陥ることが相

2. 中国の対米ビジネスの方向性　　*317*

次ぐ事態となることが否定できなかろう。

　世界が推進してきた国際自由貿易が逆回転を始めれば，比較優位性を活用し輸出主導で高度成長を遂げた中国は，大きな打撃を蒙るであろう。習国家主席は 2017 年 1 月 17 日，スイスでの世界経済フォーラム年次総会（ダボス会議）でスピーチした時，「グローバリゼーション・自由貿易の必要性や保護主義反対」を訴えてトランプ大統領の「アメリカ第一主義」や貿易保護主義の姿勢をけん制した。一方，4 月の訪米の際，トランプ大統領と融和的姿勢で対話・交渉し，米中 100 日間計画に合意した（表補 -3）。

　米国商務省によると，米中両国貨物輸出額は 5,785 億 9,000 万ドルで前年比3.5％減少した。うち対中輸出額は同 0.3％減の 1,157 億 8,000 万ドルとなっている。一方，米国の対中輸入額は同 4.2％減の 4,628 億ドルとなっている。この結果，米国の対中貿易赤字が 5.5％減少した。

表補-3　米中 100 日計画における主要合意内容（2017 年 4 月 15 日〜 7 月 16 日）

1. 中国は米国産牛肉を輸入。米国は中国産鳥肉輸入へルール作り。
2. 中国による米国 LNG 輸入を推進。
3. 中国は外資系企業による格付け業務や，米金融機関による債券引き受け・決済業務などの参入を許可。
4. 米国は中国の「一帯一路」の重要性を認識。「一帯一路」サミットなど関連会議に代表団を派遣。
5. 鉄鋼の過剰生産能力問題でも成果を得るよう米中両側が取り組む。
6. 100 日計画に基づき「1 年計画」を策定。

出所：各種資料より。

　上述のように，トランプ大統領と習主席はこうした貿易不均衡の是正や貿易摩擦回避へ具体策を協議することに 2017 年 4 月 6 〜 7 日の首脳会談で合意した。5 月 11 日にこの合意した 100 日計画が発表された。

　中国側は禁止していた米国産牛肉の輸入を認め，金融分野の規制緩和など計10 項目の取り組みを盛り込んだ。核・ミサイル開発を進める北朝鮮問題の緊迫化により，米中それぞれの思惑が経済分野で歩み寄った。つまり，トランプ政権にとって米中貿易の不均衡是正はトランプ大統領選挙時の最大の公約の 1つであり，そして FBI（米国連邦捜査官）の更迭問題で内政がきしむ中，経済

318 補章 中国の対外経済戦略

外交成果がアピールしやすい。一方，今回の合意は中国にとって米中貿易摩擦
による貿易戦争を回避できるほか，米中関係の安定が今秋に共産党大会を控え
る外交成果になる。そして習主席が提唱した「一帯一路」への米国の協力も取
り付け，同戦略構想が世界に広がりやすい形になった。

　なお，安全の前提での米国牛肉輸入の再開は，中国消費者のニーズにかな
う。債券市場の開放も米機関投資家を呼び込めることが中国の資本流入につな
がるし，人民元の国際化の拡大にプラスの影響を与えると考えられる。

　米中両国は5月11日に，今夏米中「包括的経済対話」を開催して，さらに
協議を進めるとし，1年間の長期計画も策定すると発表した。なお，今回の合
意には中国鉄鋼生産過剰に伴う不当廉売対策は盛り込まれなかった。牛肉と液
化天然ガス（LNG）の対中輸出は年3,000億ドル以上の米国の対中貿易赤字を
是正するより，一部緩和するだけであろう。これに対しロス米商務長官は，経
済対話をめぐって「今回は10項目だけだが，議題は500項目以上ある」と，
追加協議を中国側に求める姿勢である。やはり米中貿易経済の交渉の幅が大き
く，利害をめぐる摩擦の可能性が残っている。

　最近，中国国内専門家たちは，米国側に，対米投資拡大に伴う雇用拡大効果
をアピールし，中国の対米エネルギー輸入（シェールオイルやシェールガスな
ど石油・天然ガス輸入およびハイテク分野輸入）を拡大することを抱き合わ
せ，対米貿易不均衡の是正を目指すべきと話し，提案している。特に対米買収
のみならず，グリーンフィールド投資も拡大し，米国での雇用効果をもたらす
ほか，中米の貿易摩擦の回避・緩和にも寄与する。

2.2　中国企業の対米投資の展開

　近年，中国の対米直接投資は拡大し，2016年に初めて米国の対中直接投資
（138億ドル）を超え前年比300％大幅増の460億ドルに達した。2015年の中
国企業の対米直接投資は前年比28.6％増の153億ドル（米民間調査会社ロー
ディアム・グループ調べ）に上り，過去最高を記録した。M&Aが約9割を占
め，不動産，金融，エネルギー分野への投資額が大きかった。2016年1〜10
月，中国の対米投資は173.9％増と成長が著しかった。製造業向けの投資額だ
けは，163.8％増の262億3,000万ドルだった。

2. 中国の対米ビジネスの方向性　*319*

　米国米中関係全国委員会（NCUSCR）と米ロジウム・グループが 2017 年 4 月 25 日に共同で発表した報告書によると，2016 年，中国の対米投資額は前年比 2 倍の大幅増の 460 億ドル（約 5 兆円）に達し，米国国内に約 5 万の就業ポストを創出したという。2016 年に中国企業 178 社が米国に 1,300 カ所の事業拠点・子会社を設立・保有し，米国にある中国企業はストックベースで 2016 年末時点 3,200 社に達している [8]。

　中国の対米投資はグリーンフィールドよりも，M&A に集中している。2016 年には，対米直接投資（460 億ドル）のうち，M&A が 96％を占めているのに対し，グリーンフィルド投資は，わずか 4％しか占めず，18 億 4,000 万ドルであった（図補 -2）。

　業種別の対米投資の特徴は，対米買収の案件からうかがえる。上述のように，2016 年 1 月，海爾集団が米国 GE の家電部門を 54 億ドルで買収，知的財産や GE ブランドを入手した。2 月には，海航集団が米イングラム・マイクロの全株式を 60 億ドルで買収して，世界の技術製品供給チェーンを取得した。また，同年 1 月には，大連万達グループが米大手映画製作会社レジェダリー・エンターテインメントを 35 億ドルで買収，3 月にもカーマイク・シネマズを

図補-2　中国対米国直接投資・買収

（単位：件数，100万米ドル）

出所：Rhodium Group. See Date Appendix for more details.
　　　中米関係国家委員会・Rhodium グループ『新隣人：2017 アップデーター』2017 年 4 月，2 頁より。

買収した。中国の対米投資はほとんど買収の形式で行い，しかも不動産・エンターテインメントなど非製造分野に集中している。

また，2010年から2016年6月までの累計ベースの対米買収額を見ると不動産・ホテルフードサービス，エンターテインメント，金融・専門サービス，情報技術分野はそれぞれ，19.2％，10.4％，17.2％を占めている。非製造業分野の買収比率は全体の8割以上となっている。一方，電機や工作機械や自動車など製造業への買収は全体買収額の16％しか占めておらず，モノづくり分野での技術資源獲得型の買収はうまく進まなかった。

他方，中国企業の対米グリーンフィールド投資はまだ比較的少ないものの，2015年に比べ約5％増の18億4,000万ドルと，過去最高を記録した。2016年の主な投資案件は以下のとおりである。

① 玉皇化工が18億5,000万ドルを投じ，ルイジアナ州でメタノール生産工場を設立。
② 泉林紙業によるバージニア州の20億ドルの製紙工場。
③ 福耀集団によるオハイオ州の6億ドルの自動車ガラス工場。
④ 吉利ボルボによる5億ドルの南カロライナでの自動車生産工場。
⑤ ガラス繊維メーカーの巨石グループによる南カロライナでの3億ドル製造施設。

上述のように，中国の対米直接投資は，近年，特に2016年に入ってから，急速に拡大してきた。しかも対米買収が投資の主要パターンであり，グリーンフィールド投資は増加したものの，まだ対米買収と比べられないほど少ない。

業種別では，不動産やエンターテイメント，サービスなど非製造分野への投資・買収が目立っている。一方，製造業への投資は2割たらずだった。製造技術に代わる研究開発や実験室などの投資が際立っている。例えば華為（HUAWEI）が2016年3月に米国シアトルベルビューに研究開発センターを設立し，これまで合計六つの研究開発拠点を設けた

また，中国中車集団（CRRC）が2016年5月に，UIUCで中国同済大学と）イリノイ大学アーバナ・シャンペーン校と共同でレールトランジットセンター研究開発機構を設立した。CRRCは，同機構の共同研究を通して，産業用イーサネット，モジュールの設計と製造，持続可能な生産，組立，溶接技術，変形

制御および 3D プリント，ビックデータ処理など技術力を高めようとしている。

ハイテク企業は，米国における中国の投資のための主要な標的となっている。2016 年 6 月の時点で，中国企業の対米技術分野の投資案件と金額は 39 件，20 億ドルになっている。例えば，小米科技（Xiao Mi）はインテルの米国特許 332 件を購入した。

こうした中国企業の対米投資のパターン・特徴をもたらした背景として，主に以下の点が挙げられる。

まず，技術資源の制約により，技術大国である米国への技術・ブランドなどの技術獲得型の投資・買収に力を入れている。

また，技術資源を獲得するための進出も際立っている。中国では，米国をはじめとする先進諸国のようなイノベーションの蓄積や自主開発の基盤が浅いことから，活発な対米技術分野の投資・M&A を通じて，米国の先進的な設備・工場，ブランドなど技術資源の獲得を狙っている。

なお，中国では，製造業における技術者が不足している。目下，製造業分野の高級職人・技術者がわずか 10％しか占めていない。一方，先進国の日本，ドイツは製造業の高級技術人材が，それぞれ製造分野の従業員の 40％，50％も占めている[9]。中国政府はこうした制約を克服するために，長期的にさらなる融資，税金などの対策をとって，イノベーションを起こしやすい環境づくりに取り組むべきだ。

こうして最近，中国の多国籍企業による先進国市場への先端技術やブランド，人材を獲得するための進出・買収が加速している。

2.3 対米ビジネスの行方

今後，米国の科学技術関連企業は，ますます多くの中国企業から注目されていると前述の報告は分析している。2016 年，米国の実験・研究室，研究開発センター，測定・検査機関に対する中国企業の投資は増加の一途をたどったという。

最近の中国版 LIJNU『在米国投資報告書』によると，中国の対米投資は 2016 年に 2015 年比 2 倍以上の 460 億ドルに達している。対米 M&A と対米グリーンフィールド投資を通して，前述のように新規プロジェクトが 1,300 件増

322　補章　中国の対外経済戦略

加し，2016 年年末にストックベースで中国系企業は 3,200 社に達した。これら
の中国企業は 2016 年に 14 万人を雇用して米国での雇用効果を創出している。

　2017 年に入って中国企業の対米投資・M&A の勢いが依然として強い。今
後中国政府の資本流出への規制は人民元の安定化に伴い，徐々に緩和する。ま
た，米国のビジネス環境がさらに整備されている。2017 年 4 月 26 日に米トラ
ンプ政権は連邦法人税率を現在の 35％から 15％まで引き下げるなど大型減税
案を発表し，米国の投資・ビジネス環境を整備しようとしている。こうして対
米投資，とりわけインフラ整備・建設やエネルギー関連分野などでのグリーン
フィールド投資が増大していく。また，中国の技術資源の制約により，対米技
術資源取得型の買収・投資が活発になると考えられる。

　だが，中国の対米投資の拡大，特にハイテク分野など技術資源取得型の買収
について，米国は懸念している。調査企業マージャーマーケットによると，中
国企業は 2016 年 12 月 12 日までの時点で，米国に対し 75 件の取引を通じ 539
億ドル（約 6.3 兆円）投資した。2015 年の 117 億ドルより 4.6 倍も急増してい
る。こうして対米投資・買収による中国資本の急激な流入は米国の安全保障上
の懸念も引き起こしている。

　2016 年 2 月から 150 名以上の米国議員らが財務省に対し，対米外国投資委
員会（CFIUS）による監査を強めるよう書簡を通じて促している 2016 年 1 月
に米国議会の諮問機関「米中経済・安全保障検討委員会」は，中国の国営企業
による米国企業の買収を禁止すべきだと政府に提案した[10]。

　米国政府の中国企業の買収に対する警戒は，とりわけ半導体を中心とするハ
イテク技術分野である。例えば，前述のように，紫光集団の米半導体大手マイ
クロン・テクノロジーへの 230 億ドルの買収案の却下がある。また，2017 年
に入り中国の福建芯片投資基金（FGC）がドイツの「アイクストロン」のカ
リフォルニア州の子会社を約 5 億 5,000 万ドルで買収しようとしていたが，こ
れも米国政府が停止させた。

　今後，中国企業は対米投資を拡大するものの，ハイテク分野などの技術資源
獲得型の買収がさらに厳しい局面に直面するとみられる。今後中国の対米ハイ
テク分野の投資・買収について，中米両国における「1 年計画」に盛り込んで
交渉し，おそらく買収でハイテク技術の獲得を目指す中国は，国内市場のさら

なる開放や対米貿易不均衡是正と抱き合わせ，投資・買収を進めるであろう。

　よって，今後，中国の対米ビジネス展開の行方は，かなりの度合いで米中政府が交渉合意するかどうかにより影響・左右される。

おわりに―中国の対外経済戦略と対米ビジネスの展開への展望

　目下，中国経済の世界におけるプレゼンスがますます高まっている。GDP，貿易・対外投資の世界シェアは20年前の数％から，2016年には15％，12％，10％と大きく拡大している。2020年までに中国は習国家主席の「中国夢」にかかわる国民の所得を2005年比で倍増とする計画を実現するために経済成長を安定的に進めなければならない。

　しかしながら，中国経済はさまざまな難題を抱えている。とりわけ経済構造の転換や産業高度化やグレードアップに伴うハイテク・付加価値の高い産業技術が足りない。

　また，国民経済活動を維持するための石油をはじめとするエネルギー資源は年間4億トン以上の需給ギャップがある。そして周知のように，経済転換期における供給サイドの改革の下，鉄鋼や石炭，セメント・ガラス・アルミニウムなど重厚長大の素材産業の生産・供給過剰が深刻化している。

　中国政府にとってこうした課題を克服しないと，習国家主席の「中国夢」・経済発展目標を達成できないことになる。だが，国内だけ（国内市場と国内資源）で解決はなかなか難しい。そのために「国際市場・国際資源の利用」という方針で積極的にグローバール経済に参与し海外市場・海外資源（技術資源・自然資源）を中国経済発展に活用することを目指している。

　今後，中国の米国をはじめとする先進国への技術資源型買収は加速するのみならず，さらに中国政府のサポート（相手国政府との交渉，首脳外交，融資など）の下，進むと考えられる。また，資源開発型・確保型の投資・買収も拡大するだろう。そして生産・供給過剰を解消・軽減するための市場開拓型や効率追求型の投資は，「一帯一路」沿線エリアを中心に展開していく。中国政府は特に「一帯一路」への投資事業に力を入れようとしている。2017年5月，「一

帯一路」国際サミット会議の習国家主席は「中国は『一帯一路』建設への資金支援を強化し，シルクロード基金に 1,000 億元の資金を新たに拠出していくほか，金融機関の人民元建て海外基金業務の展開を推奨し，その規模は約 3,000 億元に達すると表明した。そして『一帯一路』エリアのインフラ整備，生産能力，金融協力支援に向け，中国国家開発銀行，中国輸出入銀行はそれぞれ 2,500 億元と 1,300 億元相当の特別融資を供与する」と明らかにしている。

中国は，対外進出・事業展開におけるさまざまな難題を抱えながら，ハイテク技術導入・ハイテクの生産財・製品およびエネルギー需要といった巨大な国内市場を活用し，戦略的に対米・対外大型投資・買収を推進するであろう。

注

1　シルクロード基金は　主に「一帯一路」沿線エリアを中心とするインフラを整備するため，中国が 2014 年末に独自に創設したファンドである。その資金について，外貨準備などから 400 億ドルを拠出する。同基金は，国際機関として創設するアジアインフラ投資銀行（AIIB）とは異なり，中国の独自の政策判断で投資先を決める。中国政府内では AIIB は財政部，同基金は中国人民銀行（中央銀行）が所管している。なお，2017 年 5 月 14 日に北京で開催された「一帯一路」構想の初めての国際会議で，習近平国家主席はシルクロード基金に対し，新たに 1,000 億元（約 1 兆 6,000 円）を増資すると表明した。

2　水力発電所は容量 72 万キロワット，年間 3,213 メガワット時の規模で，投資額は 16 億 5,000 万ドルを見込んでおり，2020 年に稼働する予定だ。

3　PwC China『2016 年中国企業併購市場回顧与 2017 年市場展望』2017 年 1 月 12 日 pp.24-26。

4　ちなみに UAE アブダビ陸上石油会社は石油生産量が 160 万バレル／日で，15 の油田（生うち操業中の油田は 9 つ，開発準備の油田は 6 つ）を保有している。

5　「中国企業の対日 M&A 動向（3）」2016 年は件数，金額ともに過去最高」『MARR　Online』2017 年 2 月特大号。

6　NNA ASIA「海外での M&A，1Q は金額ベースで 8 割減」2017 年 4 月 25 日。

7　21 財経「普華永道（PwC China）：海外併購監管明朗化看好 "一帯一路" 機会」2017 年 8 月 25 日。

8　中国の対米直接投資によって，2016 年末の時点で，米国国内で累計 14 万 1,000 の就業ポストが創出された。2016 年，米国は中国にとって最も重要な対外投資目的国の 1 つとなっている。

9　曾宣「高級技工缺口破千万，中国製造成空話」『多維新聞』2017 年 4 月 17 日付。

10　「中国の対米投資，過去最高 6.3 兆円を突破 米国も警戒感強める」Forbes Japan　2016 年 12 月 20 日付。

参考文献

王輝耀編（2015），（2016）『中国企業全球化報告』社会科学文献出版社，2015 年版，2016 年版。
郭四志（2011）「中国企業の対日直接投資・買収」『帝京経済学研究』第 45 巻 1 号 2011 年 12 月。
郭四志（2013）「世界の対外直接投資の新しい変化」『帝京経済学研究』第 46 巻第 2 号 2013 年 3 月。
郭四志（2017）「中国の対外経済戦略と対米ビジネスの展開」ジェトロ『中国経済』2017 年 6 月。
呉其勝（2017）「特朗普主義与中資在美投資的機遇与挑戦」『晨哨併購』2017 年 1 月 17 日。

曾宣（2017）「高級技工缺口破千万，中国製造成空話」『多維新聞』2017 年 4 月 17 日。

中国商務部・国家統計局・国家外汇管理局（2015）『中国対外直接投資統計公報』（2015 年度）中国統計出版社。

中国商務部（ウェブサイト）（2016）「中企赴美投資可関注研発領域」2016 年 6 月 3 日。

中国商務部『関於中美経貿関係的研究報告』2017 年 5 月 25 日。

BBC NEWS（2017）Trump seeks tax windfall for business, 26 April 2017.

PwC China（2017）『2016 年中国企業併購市場回顧与 2017 年市場展望』2017 年 1 月。

The National Committee on U.S.-China Relations and Rhodium Group（2017）New Neighbors 2017.

Update: Chinese FDI in the United States by Congressional District（2017）April, 2017.

（郭　　四志）

索　引

【数字・欧文】A-Z

13 次五カ年計画　17
2 重価格問題　175
2016 世界製造業競争力指数　50
4 兆元の大型財政投資　128
ADB　95
ADCO　303
AIIB　146, 296
American Standard　71
ANA ホールディングス　282
BIS　8, 10
BYD　28, 303
CDO　7
CFIUS　303, 322
Chevron　303
CITIC Pacific　292
CKK システム　267, 268
CNOOC　303
CNPC　303
CO_2　7
CONCH　267
CRRC　320
DJI　73-74, 101-102
Duravit　71
FCH　264
FDI　199
FMS　161
FTZ　91
GATT 体制　184-185
GE　302, 319
GRG　302
HCG　71
IHI　285
IMD　217
INESA　264
IoT　23, 98
ITC　199

ITIC　148
Kohler　71
LD 転炉　171
Lewis　61
LGFV　126, 130
LNG　318
LTA　291
M&A　296, 298
ME　161
NCUSCR　319
NOx　7
PCIC　217
Petrobras　303
PM2.5　7
PPP　123, 139
QC サークル　171
R&D　42, 47, 93-94, 233, 238, 305
　　——投資の日中比較　238
SDR　146
SO2　7
SPD　276
subsistence sector　61
Syngenta　302
TCE　7
TOTO　71
UAE　303
VIP 総合健診　282
WEF　217
WTO 加盟　35
Win-Win　142
WTO　316
ZD 活動　171
Z-score 法　223

【和文】（50 音）

ア行

アパレル　59
　　——産業　74

索　引　327

アメリカ第一主義　317
安価で豊富な労働力　59, 60
鞍山鋼鉄集団　21
井関農機　286
一億総中流意識　191
一石二鳥　144
一帯一路　15-16, 27, 91, 102, 289, 296, 299, 300, 305, 311
一党独裁　258, 293
一般ワーカー　64
移動制限　60
伊藤忠商事　281, 292
イノベーション　17, 27, 28, 74, 78, 80, 199, 239
医療・介護　273
インダストリー4.0　75
インターネット及び関連サービス　89
インターネット＋　17, 110
インテリジェント・ハンガー・システム　75
インド国立応用経済研究所　200
インフラ建設　306
ウイン・ウイン　293
ウシオ電機　282
衛生陶器　59, 69, 70
――産業　70
液晶デバイス　250
エネルギー消費原単位　163

カ行

海外移転・逃避型の資本流出　313
海航集団　319
海爾集団　319
外出農民工　62, 64
海生薬業　279
科学技術金融　50-51
革新的駆動　18-19
華潤医薬集団　279
過剰債務問題　9, 11, 14
過剰生産能力　20, 255
――解消政策　56
――の解消　57
過剰設備能力　1
寡占市場問題　174
課題先進国　247
過当競争保護　192

華能国際電力股份有限公司　269
河北鋼鉄　15
華龍1号　98
カルテル　180
川崎重工業　267, 291
環境規制　176
看板方式　230-231
基幹産業への優遇的・選別的な財政・租税　174
基幹部品　259
企業経営自主権　35
企業内サービスの外注化　166
企業のイノベーション　42
――能力　47
企業活動の分権化・専門化　166
企業のデレバレッジ　109
企業優位性　296, 301
企業優位説　312
技術獲得型投資・買収　313
技術集約化　68
既得権益　30
規模の経済性　174
キャッチアップ　45
九牧厨衛　71
供給側改革　22
行政警告　120
虚偽的対外投資　311
銀行債権の株式化　14
金碚　218
国5　271
国の競争優位　219
国6　271
クボタ　286
グリーン製造　259
――法規と標準　52
グリーンフィールド投資　309, 318
クルーグマン　218
グレードアップ　79
グローバルバリューチェーン　38
軍から民への転換　114
軍民融合　114, 116
経営管理　216
経営の効率化　264
経済構造転換　297

328 索引

経済的離陸　190
経済の空洞化　244
経済の情報化　166
傾斜生産方式　174
健康中国 2030　263
　　——規画要綱　274
減量置換　104
コア技術　259
黄海清　147
公害対策関連法　186
公害問題　174
工業経済の質と効率性　40
工業情報化部　110, 115
工業のパターン転換とグレードアップ　34
　　——計画　39
公正取引委員会　181
厚生福祉　135
構造的転換　296
高速鉄道　306
江蘇沙鋼　21
郷鎮企業　61, 64
効率追求・市場開拓型の投資　313
国際金融危機　123
国内公共投資主導型発展　197
国民所得倍増計画　191
国務院　239, 265
コストアップ　159
戸籍制度　60
国家新興産業ベンチャー投資計画　94
国交正常化 45 周年　247
固定資産投資　3, 10
雇用創出　89
雇用調整助成金制度　179
今後の事業展開の方向性　253

サ行
財政投融資　132
債務株式化　26
債務実態　148
サブプライムローン　123
サプライサイドの構造性改革　33
サプライチェーン　252
三去一降一補　1, 12, 53
産業技術のレベル　216

産業構造改革　178
産業構造調整指導目録　104
産業構造の高度化　198
産業組織構造　43
産業のクラスター　231
産業連関表　204
産業連関モデル　208
産業ロボット　101
三源社　266
産出の実現　216
三農問題　283
ジェトロ　253
資源の賦存量　216
試行錯誤　142
紫光集団　309
自主イノベーション能力　259
市場参入・退出メカニズム　54
市場秩序の監督管理　54
失業保険基金　56
自動車部品　250
篠原三代平　79
資本・技術集約型への転換　72
資本・技術集約型生産技術　60
資本自由化　316
資本集約化　68, 69
資本主義セクター　61, 63
資本生産性の逆数　69
シャドーバンキング　148
上海海螺川崎節能環保工程有限公司　291
上海日和貿易有限公司　277
重化学工業化　37, 43, 152
重厚長大から軽薄短小へ　151, 162, 185
重厚長大産業　6-7
就職促進手当　181
就職列車　203
住専　148
首鋼京唐鋼鉄連合有限責任公司　269
首鋼集団　15
習近平　305
首脳外交　305
シュンペーター　79
省エネ化　152, 163
少子化と高齢化　199
省資源・省エネルギー化　175

省資源・省エネルギー型、知識集約型の産業 157
消費パターン 189, 204
——の変化 213
昭和メタル 268
職業訓練手当 181
シルクロード基金 16, 297, 299
新鋭の一貫製鉄所 168
新型城鎮化 242
新規採用の削減 172
人口高齢化 135
新常態 81, 90, 143, 238, 255, 283
新素材 176
新日本製鉄 168
新富裕層 189
人民元オフショア市場 299
人民元経済圏 309
人民元の国際化 316, 318
スマート製造 259
政策的環境 216
生産関数 66
生産の最適化 264
生産誘発係数 209
生産要素価格 6
政治腐敗問題 126
成熟への前進 190
製造強国 264
生存セクター 61
制度整備 142
制度的障害 33
制度的取引費用 108
政府債務 123
政府主導の投資・生産調整 174
政府承認済投資案件目録 104
政府の構造的不況業種への介入 179
世界の工場 59
石油危機 153
積極的調整政策 185
センコン物流 287
先進工業経済 214
箭牌衛浴 71
早期退職 172
相互補完的な関係 250
走出去 290

相対的優位性 296, 301
ソフトウェア・IT サービス 89
ソフトウェアサポートツール 45
ゾンビ企業 1, 12, 14, 21, 26, 46, 56
損保ジャパン日本興亜ホールディングス 280

タ行

第一次石油危機 183
対外 M&A 302, 316
大疆創新 73, 101
第三国・地域でのビジネス展開 289
大消費地 255
大中型企業 92-94
対内債務 145
第二次石油危機 180
ダイヤモンド・モデル 219-220
大連万達集団 314
多角化事業への出向 172
脱石油化 163
地域雇用促進給付金 181
地条鋼 119-120
地方政府債務 123-124
地方政府融資平台 124
中央 1 号文件 283
中間所得層 189, 198, 200-201, 207, 213
中間層市場 190
中期的な対応策 148
中高速成長段階 1
中国経済の活力 248
中国工業のパターン転換とグレードアップ 39
中国工業発展の内部条件 36
中国工業付加価値 34
中国国家資産負債表 2015 レバレッジ調整とリスク管理 124
中国国家統計局 200
中国国家発展改革委員 299
中国産業の競争力 224
中国製造 2025 91, 110-111, 239, 241, 259, 263, 265, 302
中国都市化率 86
中国の医療改革 276
中国の医療制度 276
中国の科学技術の人的資源の総量 49
中国の産業競争力 216

330　索　引

中国夢　323
中産階級　84
中車四方　291
中所得国の罠　136, 199
中進国の罠　190
中米の貿易摩擦　318
長期的対応策　148
張潔輝　15
狄昂照　218
滴滴出行会社　23
デット・エクイティ・スワップ　8, 14, 139
投資関連コスト比較　64
鄧小平　35
東北特殊鋼集団　21
投融資制度　148
等量置換　104
東レ　272
特安法　180
特安法から産構法へ　185
独占禁止法　175, 184-185
特定不況業種離職者臨時措置法　180
都市化と家族構成の核家族化　198
都市公有部門　60
　——と農村　61
都市部新規就業者　89
土地財政　126
土地譲渡金収入　126
豊田喜一郎　28
豊田通商　268
トランプ政権　298, 310
ドローン　59, 73

ナ行

内需型産業　255
内需牽引型の経済成長　199
内陸部　255
南巡講話　35
ニクソンショック　155
日系企業の対中ビジネスの方向性　248
日中企業の強みと弱み　293
日中企業の連携　247
日中の海外での建設工事請負額　289
日中の産業の補完性　248
日中の貿易構造　247

日中貿易　250
日中両国の格差　235
日中両国の産業競争力　245
　——の比較　229
日中連携　293
日本ガイシ　271
日本の産業構造改革の経験　151
日本の対中直接投資　252
ニューノーマル　1, 309

ハ行

ハイアール　265
バイオテクノロジー　176
ハイテク技術　297
ハイテク産業　50
爆買い　71
パナソニック　270
ハニセラム　271
半導体デバイス　250
反腐敗キャンペーン　315
東アジアの中所得国　190
東日本大震災　252
非実体経済部門　303
日立製作所　263, 272, 277
ビックデータ　23, 100
ファインスチール　173-174
ファーストグレード　231
付加価値額の誘発　213
付加価値誘発係数　209
武漢鋼鉄　21
不完全競争の市場　218-219
富士通　264
富士フイルムホールディングス　278
不動産投資　3, 10
歩留まり　171
フライト・コントローラー　73
プロダクト・ライフサイクル　73
米中通商・投資摩擦　310
米中100日間計画　317
米中貿易摩擦　318
ベルグアース　287
ヘルスケア　279, 283
ベルトコンベア　72
ベンチャー投資　51

貿易自由化政策　191
貿易摩擦　174
包括的経済対話　318
報喜鳥集団　76
宝鋼集団　15
北上広　3
ポター　216
本鋼集団　21

マ行

マス・カスタマイゼーション　75
松下幸之助　28
丸紅　281
三井物産　265
三菱商事　275
三菱電機　263
三菱日立パワーシステムズ　269
ミドルクラス　189, 198-199, 203-204, 207, 211
未富先老　273
民間消費主導型の発展　197
民間消費の構造変化　207
メディパルホールディングス　275-276
メード・イン・チャイナ2025　17

ヤ行

有効需要　57

輸出依存度　194-195
輸出加工型　255
輸出主導型成長　193-194
輸出主導型発展　197
輸入誘発係数　209
要素移動　34
要素価格　37
要素供給　34
要素駆動型から革新駆動型　39
要素構造　34
要素コスト　36
要素賦存構造　37

ラ行

リエイ　283
李克強　306
リスクヘッジ　56
リーマン・ショック　4, 6, 308
ルイスの転換点　136, 191
レオンチェフ逆行列　211
労働集約型から資本・技術集約型の転換　59
労働集約型の製品　251
労働需給のミスマッチ　183
労働生産性の逆数　69
労働集約型生産技術　60

執筆者紹介 （執筆者順，＊は編者）

＊郭　四志（かく　しし）：はしがき，第1章，補章

帝京大学 経済学部教授

1999年法政大学大学院社会科学研究科博士後期課程修了（経済学博士），東京大学社会科学研究所外国人研究員，2001年日本エネルギー経済研究所研究員，2003年同主任研究員，2008年同研究主幹。2012年より現職。

　専攻は国際経済・中国経済，エネルギー経済。

著書に『日本の対中国直接投資』（『明徳出版社』1999年），『中国石油メジャー（文眞堂2006年），『中国のエネルギー 事情』（『岩波新書』2011年）など多数。

付　保宗（FU BAOZONG）：第2章

中国国家発展改革委員会産業経済・技術経済研究所工業研究室主任，研究員

2001年東北財経大学卒・経済学修士号取得，2001年〜2004年　国家計画委員会勤務，2007年中国社会科学院大学院修了（経済学博士），2007年〜現在 国家発展改革委員会産業経済・技術経済研究所にて産業経済，産業政策，産業競争力などの研究に従事，多くの国家重要研究課題の担当・参加及び国家産業政策の制定と案文作成に携わる。

　専攻は工業経済，産業政策・産業競争力。

著書に『中国工業発展の段階的変化』（経済科学出版社，2017年），『工業化中後期の中国工業発展問題研究』（世界知識出版社2015年），『我国工業領域の生産力過剰問題研究』（中国計画出版社2014年）など多数。

丸川　知雄（まるかわ　ともお）：第3章

東京大学 社会科学研究所教授

1987年東京大学経済学部経済学科卒，アジア経済研究所に入り2001年まで所属，1991 − 93年に中国社会学院工業経済研究所客員研究員として中国に駐在，2001年に東京大学社会科学研究所助教授となり，2007年から教授。

　専攻は中国経済，中国産業。

著書に『労働市場の地殻変動』（名古屋大学出版会2002年）（2003年度大平正芳記念賞受賞），『現代中国の産業』（中央公論新社2007年），『現代中国経済』（有斐閣2013年）など多数。

趙　英（ZHAO YING）：第4章

中国社会科学院工業経済研究所研究員・教授

1982年中国伝媒大学新聞学部卒業，中国教育報記者，中国汽車工業公司政策研究室研究員などを経て1998年より中国社会科学院工業経済研究所工業発展室主任・研究員，大学院教授。

　専攻は産業経済，国家経済安全戦略。

2000〜2001年日本貿易振興会・アジア経済研究所客員研究員。

著書に『中国産業政策実証研究』（中国社会科学文献出版社2000年），『中国製造業技術標準と国際競争力研究』（経済管理出版社2008年），『中国産業政策変動趨勢実証研究』（経済管理出版社2012年）など多数。

邵　永裕（しょう　えいよく）：第5章

大手民間金融機関エコノミスト

334 執筆者紹介

1998 年京都大学大学院経済研究科修士課程修了，2000 年東京大学総合文化研究科博士課程，2006 年東京大学学術博士学位取得，2001 年大手民間金融機関に勤務，中国経済・金融調査・研究に従事。

専攻は中国経済・金融経済。

著書に『中国の都市化と工業化に関する研究』（多賀出版社 2012 年），「中国金融債務問題」『みずほ中国経済情報』，「中国地方債務問題の拡大実態と対策動向」（『MIZUHO CHINA MONTHLY』2015 年 9 月号）など多数。

堀内 英次（ほりうち えいじ）：第 6 章

帝京大学経済学部准教授。

1994 年一橋大学経済学研究科博士課程単位取得退学，帝京大学講師，帝京大学非常勤講師，武蔵大学非常勤講師，一橋大学 COE 研究員を経て，2008 年より現職。

専攻は国際経済学，産業政策。

論文，著作に "Tariffs and Technology Transfer through Intermediate Product" (2009 年) *Review of International Economics*, 17 (2), 310-26,「技術導入と人的資本蓄積—教育投資による人的資本蓄積を中心に—」（『帝京経済学研究』2004 年）など多数。

長田 博（おさだ ひろし）：第 7 章

帝京大学経済学部教授

1972 年名古屋大学大学院経済学研究科修士課程修了，1972 年よりアジア経済研究所入所（統計調査部配属），1978 年 3 月よりアジア経済研究所海外派遣員として渡米，1980 年 5 月までイリノイ大学大学院経済学研究科博士課程に留学，統計調査部経済予測課長を経て 1991 年退職，1991 年 4 月より名古屋大学大学院国際開発研究科に所属，国際開発研究科長を経て 2012 年 3 月退職，名古屋大学名誉教授，博士（経済学），2012 年より現職。

専攻は開発経済学，国際経済学。

著書，論文に『グローバリゼーションと開発』（共著）（勁草書房 2009 年），*Economic and Policy Lessons from Japan to Developing Countries*（共著），（Palgrave Macmillan 2012 年）など多数。

趙 儒煜（ZHAO RUYU）第 8 章

中国吉林大学教授，同大学北東アジアセンター　副センター長

1996 年吉林大学大学院修了，経済学博士学位取得，2000 年 1 月〜 2009 年 1 月 環日本海経済研究所（ERINA）客員研究員，西南学院大学経済学部客員教授，ハーバート大学 Fairbank Center 客員研究員歴任。

専攻は産業経済，日中経済・産業。

著書に『ポスト工業化社会反論』（吉林人民出版社 2000 年），『中日産業発展比較』（吉林大学出版社 2008 年），『中国産業競争力報告』（吉林人民出版社 2010 年）など多数。

真家 陽一（まいえ よういち）第 9 章

名古屋外国語大学外国語学部教授

1985 年青山学院大学経営学部卒業，銀行系シンクタンク等を経て 2001 年日本貿易振興会（ジェトロ，現・日本貿易振興機構）入会，北京事務所次長（調査担当），海外調査部中国北アジア課長等を経て 2016 年 9 月より現職。

専攻は中国のマクロ経済，経済産業政策，日本企業の対中ビジネス戦略。

著書に『米金融危機が中国を変革する』（毎日新聞社，2009 年），『中国ビジネスのリスクマネジメント戦略』（編著・日本貿易振興機構，2013 年）など多数。

中国経済の新時代

―成長パターンの転換と日中連携―

2017 年 11 月 20 日　第 1 版第 1 刷発行　　　　　　　　検印省略

編著者　郭　　　四　志

発行者　前　　野　　隆

発行所　株式会社　文　眞　堂

東京都新宿区早稲田鶴巻町 533

電　話 03（3202）8480
ＦＡＸ 03（3203）2638
http://www.bunshin-do.co.jp
郵便番号（162-0041）振替00120-2-96437番

製作・モリモト印刷株式会社

©2017

定価はカバー裏に表示してあります

ISBN978-4-8309-4971-5　C3033